LİMON AĞACI

Pegasus Yayınları: 166
Bestseller Roman: 21

LİMON AĞACI
SANDY TOLAN
Özgün Adı: THE LEMON TREE

Bilgisayar Uygulama: Meral Gök
Kapak Tasarım: Y. Bora Ülke
Film-Grafik: Mat Grafik

<u>Baskı-Cilt: Alioğlu Matbaası</u>
Orta Mah. Fatin Rüştü Sok. No: 1/3-A
Bayrampaşa/İstanbul
Tel: 0212 612 95 59

21. Baskı: Şubat 2013

ISBN: 978-605-5943-51-6

PEGASUS YAYINLARI © 2005 SANDY TOLAN
Türkçe yayın hakkı Akçalı Telif Hakları
Ajansı aracılığıyla alınmıştır.

Yayınevinden yazılı izin alınmaksızın
hiçbir yolla çoğaltılamaz.

Yayıncı Sertifika No: 12177

PEGASUS YAYINLARI
Gümüşsuyu Mah. Osmanlı Sk. Alara Han
No: 27/9 Taksim / İSTANBUL
Tel: 0212 244 23 50 (pbx) Faks: 0212 244 23 46
www.pegasusyayinlari.com / info@pegasusyayinlari.com

SANDY TOLAN

LİMON AĞACI

Bir Arap, Bir Yahudi
Ve Ortadoğu'nun Kalbi

İngilizceden Yeniden Çeviri:
ÖZKAN ÖZDEM

PEGASUS YAYINLARI

LİMON AĞACI HAKKINDA İLK ÖVGÜLER

"Bu büyüleyici kitap bir ülkede bitip tükenmeyen merhamet, ıstırap ve umudun resim gibi dokunmuş halidir. Bugüne kadar dünyada en acımasızca tartışılan ve en yoğun irdelenen İsrail-Filistin anlaşmazlığının insani boyutlarını çok az kitap bu kadar dürüst ve detaylı bir şekilde ortaya koymuştur. Bu acı veren güzel öykü, kitap bittikten sonra bile insanın aklında kalmaya devam ediyor."

—ELİF ŞAFAK, Edebiyatçı-yazar

"Gerçekten dikkat çekici bu kitap görünüşte sonu olmayan nefret ve şiddet zincirini kırmak isteyen Filistinliler ve İsraillilerin etkili bir öyküsünü anlatıyor. Anlaşmazlıkların insani boyutlarını çok canlı ve güzel bir şekilde ele geçiren Sandy Tolan, hem Filistinlilerin hem de İsraillilerin çok sık anlamazlıktan geldikleri bir şeyi sunuyor: Umut ışığı."

—TOM SEGEV, *TEK FİLİSTİN VE 1949: İlk İsrailliler* kitabının yazarı

"Boğazınızda bir yumru olmadan kuru gözlerle okunması zor bir kitap. Ve umudu içinizde yaşamadan okunması çok zor. Ortadoğu hakkında konuşurken bu kelimeyi söylemeye kim cesaret edebilir? Sandy Tolan çok dikkat çekici bir öykü bulmuş ve bu öyküyü tüm güzelliği ve hüznü ile anlatmış."

—ADAM HOCHSCHILD, *Zincirleri Gömün* ve *Kral Leopold'un Hayaleti* kitaplarının yazarı

"Yirminci yüzyılın en önemli olaylarından birine açıklık getiren tutkulu ve şaşırtıcı bir öykü. İki insanın etkileyici hayatları Tolan'ın merhametli ve becerikli anlatımı ile Filistin trajedisine çarpıcı bir şekilde ışık tutuyor. Okuyucular Ortadoğu'da barış ve savaş zamanında yaşanan destansı olayları zorluk çekmeden okurken büyük bir bilgi birikimine de sahip olacaklar."

—KARMA NABULSI, Oxford Üniversitesi'nin ödüllü araştırmacısı ve *Savaş Gelenekleri* adlı kitabın yazarı

1967 yazında, Altı Gün Savaşı'nın hemen ardından, üç Arap genci, şimdi Musevilere ait İsrail'de yer olan Ramla kentinde tehlikeli bir işe girişti. Bunlar çocukluk evlerini görmek üzere çetin bir yolculuğa çıkmış üç kuzendiler; hemen hemen yirmi yıl önce aileleri Filistin'den sürülmüştü. Bir kuzenin yüzüne kapı çarpılmış, diğeri ise eski evinin bir okula dönüştürüldüğünü görmüştü. Ama üçüncü kuzen, Beşir, adı Dalia olan genç bir kız tarafından kapıda karşılanmış ve içeri davet edilmişti.

Bu dokunaklı karşılaşma bölgenin modern tarihinin ortasında biri Arap, biri Yahudi, iki ailenin gerçek öyküsünün başlangıcıdır. Beşir, çocukluğunun geçtiği evde, babasının arka bahçelerine diktiği limon ağacında, mal ve mülklerine el konulmasını ve işgali görür; 1948 yılında henüz bebek iken ailesiyle Bulgaristan'dan gelen Dalia ise, Soykırımda harap olmuş insanlar için bir umut görür. Her ikisi de kendi insanlarının kaderlerinde sürüklenir ve hayatlarıyla, İsrail-Filistin tarihinin yarım yüzyıldan fazlasında, kendi küçük dünyalarını kurarlar.

İki genç arasında basit bir hareketle, birbirine güvenerek başlayan bu şey, bölgenin barış ve hür iradesini temsil eden kırk yıllık bir diyaloğa dönüşür. Zarafet ve merhamet ile yazılmış *Limon Ağacı* her şeyin pamuk ipliğine bağlı olduğunu ama hâlâ her şeyin olabileceğini hatırlatan bir kitaptır.

Sandy Tolan *Ben ve Hank: Bir Erkek Çocuk ve Kahramanı: Yirmi Beş Yıl Sonra* adlı kitabın yazarıdır. Sadece *New York Times* için değil, kırktan fazla dergi ve gazete için yazılar yazdı. Homelands Prodüksiyon'un kurucularından olan Tolan, Ulusal Halk Radyosu ve Uluslararası Halk Radyosu için düzinelerce belgesel yaptı. Yirmi beşten fazla ülkeden, özellikle Orta Doğu'dan ve Latin Amerika'dan haberler verdi ve çalışmaları çeşitli ödüller aldı. ABD Soykırım Anıtı Müzesi'nde sözlü tarih danışmanı olarak hizmet verdi. Tolan 1993 yılında Harvard Üniversitesi'nde Nieman Akademi Üyesi ve UC-Berkeley Gazetecilik Yüksek Okulu'nda I. F. Stone Akademi Üyesi olarak Uluslararası Habercilik üzerine okul projelerini yönetti.

İÇİNDEKİLER

Önsöz 9
Yazarın Notu 11

İngilizce Baskısında Yazım ve Telaffuz Hakkında Bir Not 13

Haritalar
İngiliz Mandası altında Filistin, 1936 15
Birleşmiş Milletler Bölünme Planı, Kasım 1947 16
İsrail ve Filistin Toprakları, İsrail yerleşimi, 2005 17

1 Zil 19
2 Ev 29
3 Kurtuluş 51
4 Sürgün 77
5 Göç 111
6 Sığınak 133
7 Varış 157
8 Savaş 183
9 Karşılaşma 211
10 Patlama 237
11 Sınırdışı 275
12 Umut 317
13 Yurt 351
14 Limon Ağacı 371
Teşekkür 373
Kaynakça 379

ÖNSÖZ

Bu kitapta tasvir edilen ev gerçek bir yerdir ve bahçesindeki limon ağacı da gerçek bir ağaçtır. Eğer Batı Kudüs terminalinden bir otobüse binip, batıya, Akdeniz'e doğru, tepeleri çıkıp inerseniz ve bir zamanlar Filistin olarak bilinen ancak şimdi İsrail'in bir eyaleti olan, telaş içinde koşuşturan insanlarla dolu sanayi şehrine gelene kadar iki şeritli yolu takip ederseniz, bu yeri kendi gözlerinizle görebilirsiniz. Otobüsten indikten sonra, Herzl Bulvarı adıyla bilinen kalabalık ana caddeden aşağı yürümelisiniz, manavları, kebap tezgahlarını ve kıymetsiz eşyaların ve ucuz elbiselerin satıldığı mağazayı geçin ve sola dönerek Klausner adıyla anılan caddeye girin. İşte burada, bir sonraki köşede harap benzin istasyonu ve caddenin karşı tarafında sütun gibi dikilmiş çit, bahçesinde uzun bir palmiye ve krem renkli taşları olan gösterişsiz bir ev gözünüze ilişir.

İşte burası dersiniz kendinize. İşte iki tarihe açılan ev. Bahçesinde limon ağacı olan ev.

YAZARIN NOTU

Bu kitap kurgusal olmayan bir yazım tarzının tohumlarında filizlenen bir romandır. Tasvir edilen birçok olay elli, altmış, yetmiş yıl öncesinden alındı; her şeye rağmen anlatılanlar kitaptaki diğer her şey gibi tamamen haberlere ve araştırmalara, röportajlara, arşiv belgelerine, yayınlanmış ve yayınlanmamış hatıralara, kişisel günlüklere, gazete kupürlerine, birinci ve ikinci derece tarihi hikayelere dayanmaktadır. Yedi yıllık bir süre içinde, daha çok 2002 yılından itibaren, İsrail, Batı Şeria, Ürdün, Lübnan ve Bulgaristan'da Limon Ağacı için yüzlerce röportaj yaptım; Kudüs, Ramallah, Beyrut, Sofya, Londra, New York, Teksas Austin'deki arşivleri inceledim; dünyanın en büyük araştırma merkezlerinden biri olan Kaliforniya'daki Berkeley Üniversitesi'ndeki Doe Kütüphanesi'nde bulunan birinci ve ikinci dereceden kaynaklara başvurdum.

Ne kadar küçük olursa olsun tarihe saygısızlık etmedim. Hiçbir zaman ne olmuş olabileceğini hayal bile etmedim. Örneğin, 1936'daki bir aile dramının aslını anlattım; eğer birinin düşünceleri herhangi bir hatıraya veya röportaja dayandırılmamışsa, onun ne düşünmüş olabileceğini tasvir etmedim. Öyküdeki sahneler ve bölümler elde bulunan kaynakların birleşimiyle kuruldu.

Örnek: Eşkenazi ailesinin etrafındaki olaylarda, Kudüs ve Sofya'daki röportajlar; şimdi İsrail'de yaşayan diğer Bulgar Yahudileriyle yapılan röportajlar; Bulgaristan Devlet Arşivleri'ndeki belgeler, New York, Queens'teki Amerikan Musevi Birliği Da-

LİMON AĞACI

ğıtım Komitesi Arşivleri ve Kudüs'teki Merkezi Siyonist Arşivleri; ve gazete kupürleri ve Sofya'daki Ulusal Kütüphane'den tercüme edilmiş diğer kaynaklar temel olarak alınmıştır. Aynı şekilde 1948'de el-Ramla'da bulunan Hairi ailesinin portresi de değişik kaynaklara dayanmaktadır: Aile bireylerine ait röportajlar, hatıralar ve Arapça'dan tercüme edilmiş diğer öyküler, İsrail askeri istihbarat raporları; devlet ve kibbutz arşivlerindeki belgeler; Yitzhak Rabin ve Arap Lejyon kumandanı John Bagot Glubb'ın anıları; ABD Dışişleri Bakanlığı'nın o zamanki telgrafları; Ortadoğu araştırmacılarının ikinci dereceden öyküleri; ve yıllarca Batı Şeria, Gazze ve Lübnan'da mülteci kamplarında Filistinlilerle yaptığım röportajlar…

Eldeki konu özellikle oldukça öznel iki tarihi resmediyorsa, bir yazarın eserini daha etkili kılmak için edebi özgürlüğü kullanmaması tabii ki anlatılan her olayın nesnel gerçeği gösterdiğinin bir kanıtı değildir. Ayrıca, aynı olay bazı insanlar tarafından Kurtuluş Savaşı olarak anılırken, diğerleri tarafından Felaket veya Nakba olarak anılabilir. Bu gibi durumlarda, özellikle tarif edilen tarih kısa süreli veya Batılı okuyucular tarafından daha az bilindiğinden, bu hikaye, sadece geçmiş kişisel hatıralara dayalı kalmasın diye, temel araştırmalarımda farklı bakış açılarından oluşmuş birçok kaynaktan alınmış bilgilere yoğunlaştım.

Tabii ki bunların hiçbiri *Limon Ağacı*'nın 1948 yılından beri (veya tercihinize göre 1936'dan, veya 1929 veya 1921 veya 1917 veya 1897 veya 1858'den beri) Araplar ve Yahudiler arasındaki anlaşmazlığın kesin tarihini temsil ettiği anlamına gelmez. İki ailenin tarihini yan yana koyarak, birleştirerek ve o günlerin olaylarını daha geniş bir düşünceye yerleştirerek aynı ülkede yaşayan iki toplumun tarihinin ve gerçeğinin anlaşılmasına yardımcı olmaya çalıştım.

İNGİLİZCE BASKISINDA YAZIM VE TELAFFUZ HAKKINDA BİR NOT

Ortadoğu'da tek harfin –örneğin "e" yerine "a"– kullanımı politik bir ifade veya en azından bir kimlik bildirisi olarak yorumlanabilir. Ramla kelimesini ele alalım—veya el-Ramla veya Ramle veya Ramleh veya Ramlah. Günümüzde İsrailliler yol tabelalarında İngilizce'de okunduğu gibi "Ramla"yı kullanıyorlar; klasik Arapça'da bu, "el-Ramla"dır; konuşma Arapça'sında milattan sonra sekizinci yüzyıldan itibaren, buna 1917'den 1948'e kadar İngiliz Mandası da dahil, "Ramle" idi. İsrailli tarihçiler 1948'den önceki devri işaret ederken genellikle "Ramle" olarak kullanırlar ve bazı İsrailliler İbranice söyleyiş olan "Ramla" yerine "Ramle" demeye devam etmektedirler çünkü Yahudilerin yaşadığı diğer şehirlerden farkı, Ramle'nin, 715'de Müslümanlar tarafından kurulmuş özel bir Arap şehri olmasıdır.

İki tarihi anlatmayı tasarlayan bir yazar bu ikilemi nasıl çözmeli? Birçok denemeden sonra şehre Arap gözüyle baktığımda klasik Arapça olan "el-Ramla"yı ve bir İsraillinin başından geçenleri tarif ederken ise "Ramla"yı kullanmaya karar verdim. Böylece, aynı yeri ima ettiğim ve Batı Şeria'dan yirmi mil doğudaki bir Filistin şehri olan Ramallah'tan bahsetmediğim anlaşılır olacaktı.

Tek referanslarda, kişinin tercih ettiği telaffuzları kullanmaya gayret ettim, böylece okuyucu o anda onların gözüyle görebilecekti. Nitekim, *Bashir Qastal'den tepeyi görür,* derken birçok İsraillinin kullandığı Castel ya da Kastel'i kullanmadım.

LİMON AĞACI

Aynı şekilde, *Dalia Juda Tepeleri'ne bakarken* diye yazdığımda Arapça'daki karşılıkları olan Nablus ve Jabal Nablus ve Jalal al Khail'i (Nablus ve Hebron Dağları) kullanmadım.

Birçok okuyucu için yabancı olan Arapça kelimelerdeki vurgulama işaretlerini kullanmamaya karar verdim; bunun yerine Arapça'daki en yakın söyleyiş şekillerini dikkate alarak İngilizce telaffuzu kullandım. İbranice için de aynı yöntemi kullandım. Örneğin, İbranice harfler *khaff* ve *khet* bazı yazarlar tarafından "ch" olarak ifade edilmiştir, "h" olarak söylenir, ama daha gırtlaktan gelen bir sestir; ben genellikle daha yakın olan "kh" kullandım (Chanukah kelimesinde kullanılan 'ch' ise bir istisnadır). Bu gırtlaktan gelen "kh" Arapça'daki "kha" hecesini temsil etmektedir ve benzer bir şekilde söylenir—Beşir"in aile ismi Khairi'de ve Bashir'in kız kardeşi Khanom'da olduğu gibi. Bu arada İngilizce'de Bashir'in adı bah-SHEER olarak telaffuz edilir.

Dalia'nın aile ismi Askhenazi değil Eshkenazi'dir; birçok Musevi okuyucu için bu ne kadar garip görünse de Bulgarlar için bu olağandı ve Dalia babasının ismini İngilizce'de her zaman bu şekilde telaffuz ettiğini söylemişti. Doğumunda ismi Daizy idi ve Dalia olarak değiştirdiği on bir yaşına kadar da bu isimde kaldı. Herhangi bir karışıklığa neden olmamak için Dalia'ya danıştıktan sonra tüm kitapta kendisinden Dalia olarak bahsetmeye karar verdim.

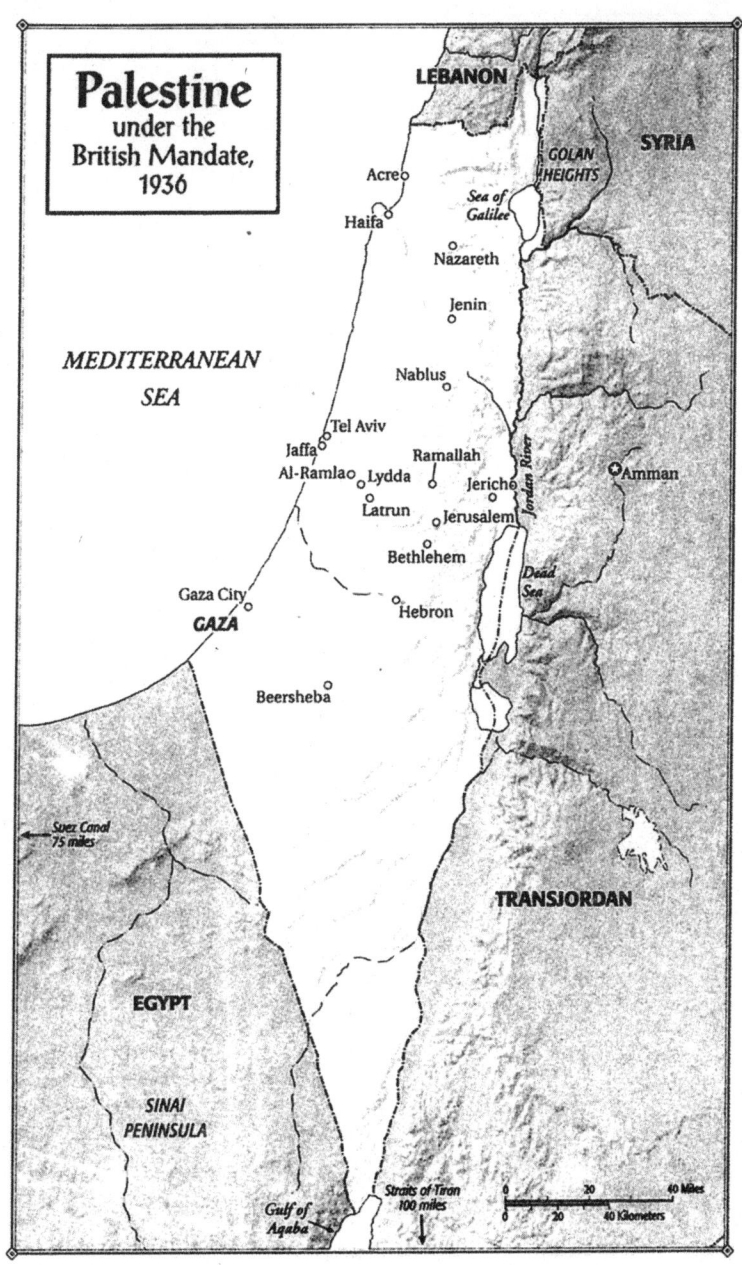

İngiliz Mandası Altında 1936

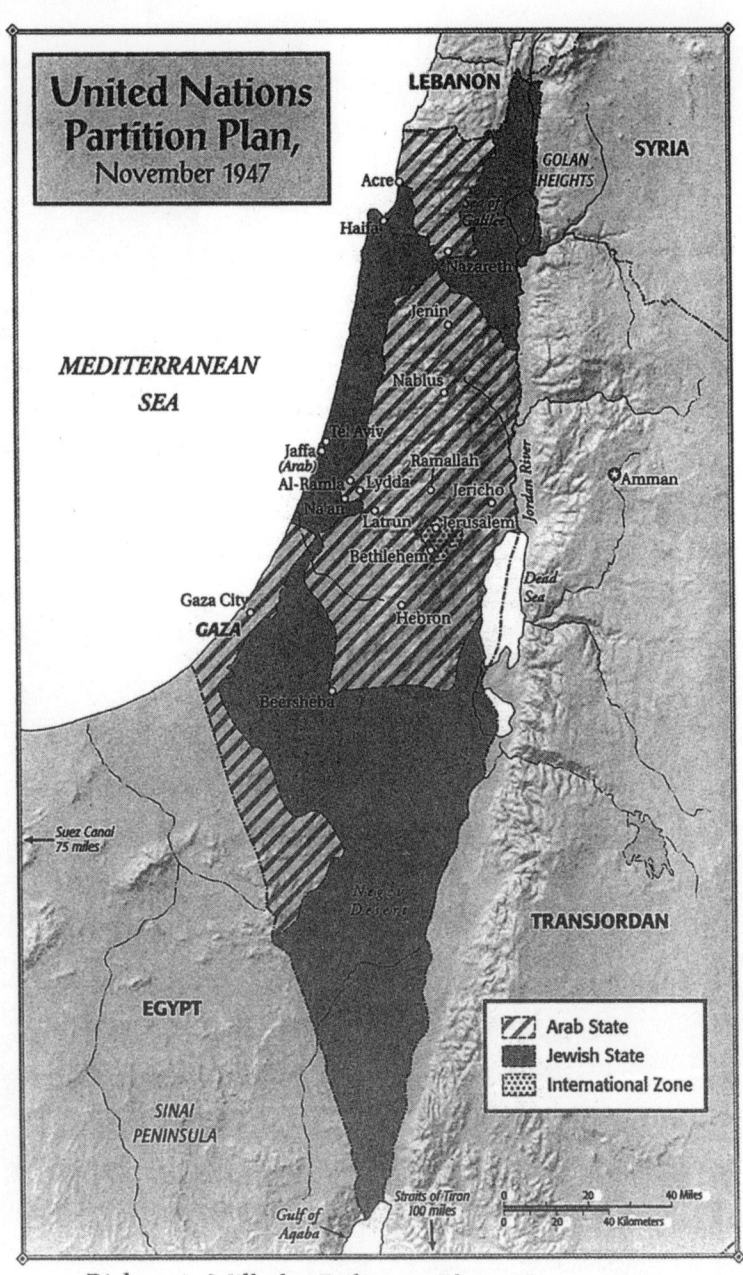

Birleşmiş Milletler Bölünme Planı, Kasım 1947

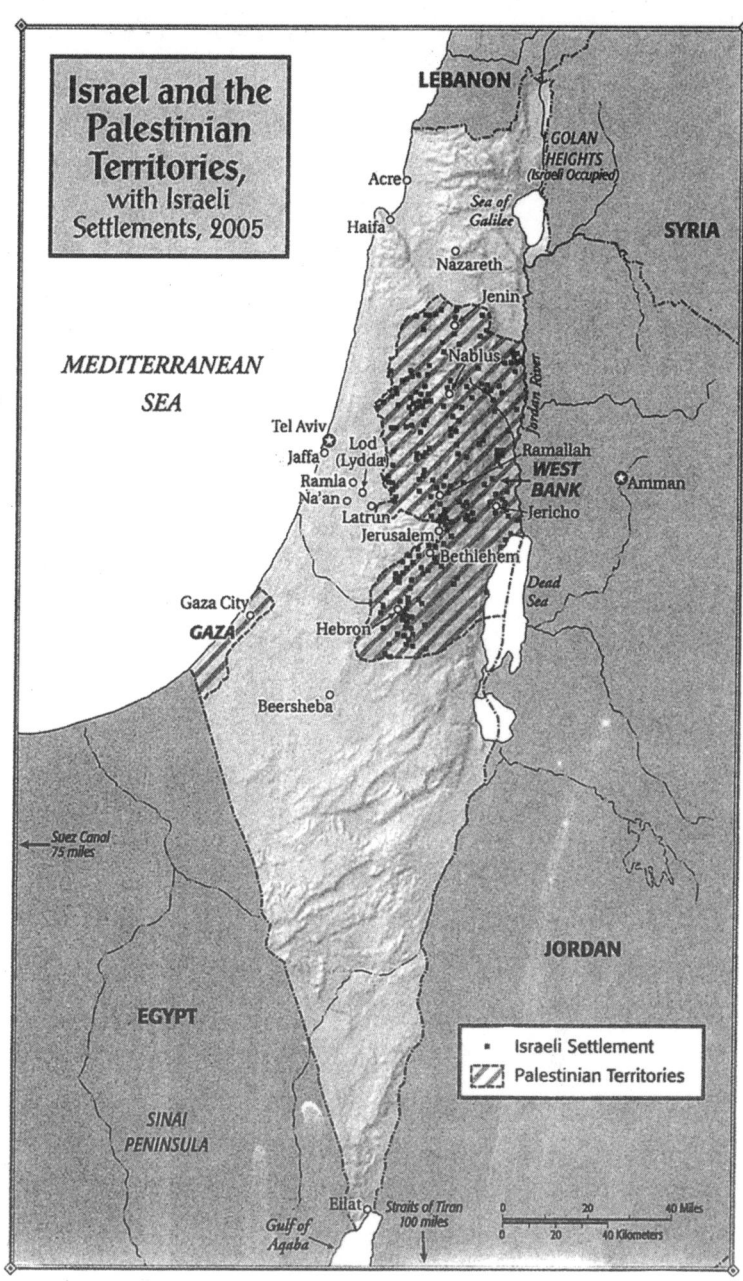

İsrail ve Filistin toprakları, İsrail yerleşimi 2005

Bir

ZİL

I

Genç Arap, Batı Kudüs otobüs terminalinin tuvaletinde aynaya doğru yaklaştı. Beşir Hairi bir dizi porselen lavabonun önünde yalnız başına duruyordu, eğildi ve kendisine dikkatle baktı. Saçlarını ve kravatını düzeltti, tıraşlı yüzünü çimdikledi. Bütün bunların gerçek olduğundan emin olmak istiyordu.

Aşağı yukarı yirmi yıldır, neredeyse altı yaşından beri, bu seyahat için hazırlanıyordu. Bu, hem kendi ailesinin ve hem de tanıdığı hemen hemen her akrabasının nefesi, parası, ekmeğiydi. Herkesin her zaman konuştuğu bir şeydi: Geri dönüş. Sürgünde hayal etmeye değecek çok az şey vardı.

Beşir aynadaki aksine baktı. *Bu yolculuğa hazır mısın?* diye kendine sordu. *Buna layık mısın?* Çoğunlukla duyduğu ama genelde hatırlayamadığı bu yere dönmesi onun kaderi gibi gözüküyordu. Sanki gizli bir büyü onu buralara çekiyordu. Sanki uzun zaman önce kaybettiği bir sevgiliyle karşılaşmaya hazırlanıyordu. İyi görünmek istiyordu.

Kuzeni Yaser, 'Beşir' diye bağırarak, otobüs terminalinin erkekler tuvaletindeki genç adamı şimdiki zamana döndürdü. "Yallah! Haydi! Otobüs kalkıyor!"

İki adam, kuzenleri Gıya'nın sabırsızlıkla beklediği, Batı Kudüs terminalinin geniş bekleme salonuna doğru yürüdü.

LİMON AĞACI

1967'nin Temmuz ayının sıcak bir gününde öğleye doğruydu. Yabancılar Beşir, Yaser ve Gıya'nın etraflarından telaşla geçiyordu: Beyaz bluzları ve koyu renk uzun etekleri ile İsrailli kadınlar; geniş kenarlı, siyah şapkalı ve beyaz sakallı erkekler; yandan bukleli çocuklar vardı. Kuzenler otobüslerine doğru koşturdu. Mülteci olarak yaşadıkları, kuzeye yarım saat uzaklıktaki Filistin'in bir tepe şehri olan Ramallah'tan bu sabah gelmişlerdi. Otobüse binmeden önce İsrail denilen bu yabancı dünyada yollarını nasıl bulacaklarını arkadaşlarına sormuşlardı: Hangi otobüse binmeliydiler? Bilet ne kadardı? Otobüse bindikten sonra kağıtlarını kontrol eden olur mu? Eğer Filistinli olduklarını öğrenirlerse onlara ne yaparlar? Beşir ve kuzenleri sabahın geç saatlerinde Ramallah'tan ayrıldılar. Doğu Kudüs'e kadar güneye doğru dolmuş ile gittiler ve yolculuklarının ilk etabının son bulduğu Eski Şehir'in duvarlarına vardılar. Sadece birkaç hafta önce bu duvarlar, Arapları harap eden ve Doğu Kudüs'ün İsrailliler tarafından işgaline yol açan şiddetli bir savaşa tanık olmuştu. Dolmuştan inen kuzenler, Eski Şehir'in kuzey girişindeki Şam Kapısı'nda mevzilenmiş askerleri gördü. Buradan üç adam batıya dönüp, eski duvarlardan uzaklaştı ve görünmez bir hattan karşıya geçti.

Kuzenler, Eski Şehir'den, eski kutsal yerlerden uzaklaşarak, batıya yürüdü ve eski sınırdan geçti. Birkaç hafta öncesine kadar bu hat Batı Kudüs ve İsrail'i, Arapların Doğu Kudüs'ünden ve Batı Şeria'sından ayırıyordu. Ama Arapların, Altı Gün Savaşı'nda yenilmesinden sonra, İsrail güçleri Batı Şeria, Sina Yarımadası ve Golan Tepeleri'ni işgal etmiş ve yeni sınırları korumak üzere askerlerinin yerlerini değiştirmişlerdi. Nitekim Beşir ve kuzenlerinin, iki cephe arasındaki sahipsiz arazi parçasını geçip, eski ve yeninin bir arada bulunduğu bölgeye girmeleri çok daha kolay olmuştu. Sıcakta birkaç mil zorlukla yürüyerek kalabalık sokaklara ulaşmışlar ve garip derecede aşina gelen taş evleri geçmişlerdi. Sonunda dar sokaklar yerini kalabalık, modern caddelere bırakmış ve Batı Kudüs otobüs terminali görüş alanlarına girmişti.

Beşir ve kuzenleri terminalde telaşla ilerledi, metal parmaklıklar arkasında bilet satan acenteleri, şeker, sakız ve tanıyamadıkları bir dilde yazılı gazeteler satan kulübenin önünden geçti. Terminalin en sonundaki platformlarda şimdiye kadar sadece duydukları topraklara gitmeye hazırlanan otobüsler duruyordu: Kuzeydeki ormanlara; güneydeki çöllere; sahildeki ovalara. Üç adam el-Ramla'ya kadar olan biletlerini ellerinde tutuyorlardı. Onları eve götürmeye hazır, mavi ve beyaz dalgalar şeklinde boyanmış otobüslerinin durduğu on numaralı platforma doğru telaşla ilerlediler.

II

Genç kadın tek başına mutfak masasının başında oturuyordu. Taş evin güneye bakan pencerelerinden güneş ışığı süzülüyordu. Parlak bir sabahtı. Dalia Eşkenazi, sabahın sessizliğinin sadece dumanı tüten çayını yudumlarken veya kalın Bulgar peyniri sürülmüş siyah ekmeğini yerken dişlerinden çıkan sesle bozulduğu günleri düşünüyordu.

Son günlerde, Dalia'nın evinde ve yaşadığı şehirde, Ramla'da, hayat normale dönmüştü. Tabii 1967 yılında İsrail'de hayatın ne kadar normal olması beklenebilirse. Sonunda hava saldırısı sirenleri susmuştu ve Dalia'nın anne ve babası işlerinin başına dönmüştü. Tel Aviv Üniversitesi'nin yaz tatiline girmesiyle, Dalia son birkaç ayda yaşadığı duyguları ancak şimdi düşünme zamanı bulmuştu.

İlk olarak Altı Gün Savaşı'ndan önce büyük bir gerginlik vardı. Kahire'den yayın yapan yabancı sesler Dalia'nın halkına nereden geldilerse oraya gitmelerini, yoksa denize dökülecek-

LİMON AĞACI

lerini söylüyordu. Bazı İsrailliler bu tehditlerin gülünç olduğunu düşünüyordu ama sessiz bir zalimliğin ortasında büyümüş Dalia'nın, bu tehditlerin onda uyandırdığı korkunun derinliğini ifade etmesi olanaksızdı. Savaştan bir ay önce, sonlarının geldiğini düşünüyordu. "Ülkemiz parçalanmakla kalmayacak, aynı zamanda bizlerin de sonu geldi," diye düşünmüştü Dalia. Korkunun yanı sıra Soykırım'dan doğan bir kararlılık vardı: "Asla bir koyun gibi bir kez daha boğazlanmaya götürülemeyiz."

Savaşın ilk gecesinin geç saatlerinde, Dalia, İsrail'in düşman hava kuvvetlerini yok ettiğini öğrendi. Aslında o zaman savaşın sonucunun belli olduğunu biliyordu. Dalia, Tanrı'nın İsrail'in hayatta kalması için yardım elini uzattığına inanıyordu ve kendi korku ve endişelerini, atalarının Kızıldeniz'in ayrılmasına tanık olduklarında duydukları hisleri hayal ederek karşılaştırıyordu.

Dalia'nın anne ve babası hiçbir zaman dindar olmamıştı. Bulgaristan'da yetişmişler ve 1940 yılında evlenmişlerdi, Nazi taraftarı hükümet yönetiminde hayatta kalmışlar ve savaştan sonra İsrail'e göç etmişlerdi. Dalia buraya geldiğinde on bir aylıktı.

Dalia'nın ailesi Hıristiyanlar'ın iyi niyetlerinin sonucunda Bulgaristan'daki zalimliklerden canlarını kurtarmıştı. Ailesi Dalia'ya sürekli bunu hatırlatıyordu. O da şimdi kendi halkının kaderinin İsrail topraklarında olduğuna inanıyordu. Kısmen bu yüzden ona söylenenlere inanmıştı: Evinde yaşamış olan ve diğer şehirlerdeki yüzlerce taş evde yaşamış olan Araplar oradan kendileri kaçmışlardı.

III

Batı Kudüs'ün tepelerinden inerken şoför vites küçülttüğünde 1965 yapımı Leyland Royal Tiger marka otobüs önce hafif bir gürültü ve sonra bir patlama sesi çıkarttı. Otobüsün içinde doğdukları şehre doğru giden üç kuzen bulunuyordu. Önceden kararlaştırdıkları gibi otobüse bindiklerinde beraber oturmamışlardı. Böylelikle seyahat süresince birbirleriyle konuşmayacaklar ve diğer yolcular onların kimlikleri ile ilgili bir şüpheye düşmeyecekti. Ayrıca ayrı oturarak, her biri pencere kenarına düşebilmişti ve evlerine yaptıkları bu yolculuğu tepeden tırnağa içlerinde hazmedebileceklerdi. Manzarayı içlerine çekerek arka arkaya oturmuşlardı.

Beşir bu otobüs yolculuğunun hızlı mı yoksa yavaş mı geçmesini istediğinden emin değildi. Eğer çabuk geçerse daha erken el-Ramla'da olurdu; ama zaman daha yavaş akarsa o zaman her kıvrımı, her sınır taşını, kendi tarihini taşıyan her parçayı daha çok özümseyebilirdi.

Otobüs virajlı yolda Kastal'ın ünlü doruğuna doğru kükreyerek ilerledi; on dokuz yıl önce burada büyük bir Arap komutanı şehit düşmüştü. Bunun sonucunda halk ordusu zayıflamış ve Kutsal Şehir'e giden yol düşmana açılmıştı. Doruğun arkasında, Beşir Kudüs ile deniz arasındaki yolda ayakta kalmış birkaç köyden biri olan Ebu Goş'taki caminin taş minarelerini görebiliyordu. Köyün liderleri düşman ile işbirliği yapmışlardı ve böylece köyleri kurtulmuştu; Beşir, Ebu Goş'un minarelerine karışık duygularla baktı.

Royal Tiger tepeden aşağı hızını azalttı, dağın eteklerine doğru yavaşladı, sonra aşağıda geniş bir vadiye girdi. Sekiz asır önce, Beşir'in Arap ataları Hıristiyan işgalcileri bir süre için geri püskürterek onlara karşı göğüs göğüse savaşmışlardı. Beşir, yol kenarında on dokuz yıl önce ve daha yakın bir zamandaki savaşta, yanmış, patlamış araç iskeletlerini görmek için pencereden dışarı baktı, yanlarına çelenkler ve solmuş çiçekler konmuştu. Çelenkleri buraya koyan İsrailliler kendi Kurtuluş Savaşları'nı onurlandırıyorlardı; Beşir ise aynı olayı Nakba yani "Felaket" olarak anıyordu.

LİMON AĞACI

Otobüs vadiye geldiğinde yavaşladı, sağa, bir dizi sulanmış buğday tarlalarıyla kesişen, dar bir yola döndü ve hafif eğimli bir yokuş çıkmaya başladı. Latrun yakınlarından geçerlerken, Beşir birden yirmi yıl önce telaş ve korkuyla yapılan yolculuğu hatırladı. Detaylar bulanıktı; altı yaşında ona anlatılan öyküleri, son on dokuz yıldır neredeyse her gün derin derin düşündüğü olayları hatırlamaya çabalıyordu.

Beşir yan koltukta kitabına gömülmüş bir şekilde oturan İsrailliye göz attı. *Pencereden dışarı bakmak bu adam için bir şey ifade etmiyor,* diye düşündü Beşir. Belki de birçok kez görmüştü. Beşir adamın bu manzaraya kayıtsız kalmasını nasıl da kıskanmıştı.

Otobüs bir tümseğe girdi. Bu bir demiryolu geçidiydi. Aynı anda, üç kuzen yirmi yıl önceki hatıralara kazınmış tanıdık bir duyguya kapıldı.

Beşir ve kuzenleri el-Ramla'ya ulaştıklarını biliyorlardı.

IV

Dalia sabah bulaşığını bitirdi, ellerini bir havlu ile kuruladı ve bahçeye açılan mutfak kapısına doğru yürüdü. Son günlerde, savaşın bitiminden beri, çocukken başlamış olduğu, Tanrı ile sessiz konuşmalarını sürdürüyordu. *Neden,* diye düşündü, *neden İsrail'i Altı Gün Savaşı'ndan kurtardın ama Soykırım sırasında katliamı önlemedin? Neden İsrail'in savaşçılarını düşmanlarını yenmesi için güçlendirdin ama bir nesil önce insanlarımız yakılırken ve boğazlanırken öylece bekledin?*

Bir çocukken etrafındaki insanların sarsıntılarını anlaması zordu. Ancak araştırma yaptıktan sonra Dalia anlamaya başlayabildi. Annesine şunları sormuştu: İnsanlar nasıl yakıldı? Sırada mı durdular? Acı verdi mi? Birisi böyle bir şeyi nasıl yapabilir? Yıllar sonra, Dalia'nın merakı başkalarının duygularını anlayabilmesini ateşleyecekti. Bu, birlikte büyüdüğü çocukların sessizliğini anlamasına yardımcı oldu. Okuldan sonra eve çağırdığı çocukları özenle hazırladığı oyunlarla ve bahçede solo gösterileriyle neşelendirmeye çabalardı.

Kapıdan, babasının çiçek tarhlarının arasına diktiği jakaranda ağacına baktı. Küçük bir kız iken, Dalia her yeri kaplayan parfümleriyle koyu kırmızı Kraliçe Elizabeth güllerini sulamayı severdi. Jakaranda ağacının yanında limon ağacı vardı. O ağacı, başka bir aile dikmişti. On dokuz yıl önce Dalia, annesi ve babasıyla geldiğinde ağaç çoktan meyve vermişti. Dalia bir Arap evinde büyüdüğünü biliyordu ve bazen onlardan önce oturanları merak ediyordu. Çocuklar yaşamış mıydı? Kaç tane? Kaç yaşında? Dalia onların masalarında çorbalarından hâlâ duman çıkarken onların bir korkak gibi kaçtıklarını okulda öğrenmişti. Küçük bir çocuk olarak o zaman bu öyküyü sorgulamamıştı ama büyüdükçe daha da mantıksız geliyordu: Neden biri kendi arzusuyla bu güzel evi terk ederdi ki?

V

Beşir, Yaser ve Gıya sıcak, parlak, hemen garip ve tanıdık gelen bir yerde otobüsten indiler. Eski belediye binasını, kasaba sinemasını ve büyüdükleri yörenin kenarını görebiliyorlardı. Ama sokakların hiçbiri tanıdık gelmiyordu, en azından ilk bakışta; hepsinin yeni isimleri vardı. Çoğu bina blok şeklinde, karışık İbranice harfler yazılı, parlak renkli tabelalarla kapatılmıştı. Bazı binaların kemer altlarında, orijinal Arapça elyazısının kalıntıları kalmıştı.

En büyükleri olan Yaser birden tanıdığı bir şey gördü: Eski mahallesindeki kasap dükkanı. Kuzenleri onu takip ederken o hemen içeri girdi ve kolları ile kasaba sarıldı, Arapların geleneksel selamlaşma şekliyle yanaklarından öptü. Yaser coşkuyla

LİMON AĞACI

"Ebu Muhamed!" diye bağırdı. "Beni tanımadın mı? *Habibi,* sevgili arkadaşım, ben seni tanıdım! Tekrar karşılaştık!"

Musevi kasap bundan daha fazla şaşıramazdı. Ebu Muhammed yıllar önce burayı terk etmişti. "Haklısın, *habibi,*" dedi yaşlı adam, ziyaretçisinin dilinde acemice kekeliyordu. "Bir zamanlar burada Ebu Muhammed vardı. Artık yok. Mordekay!" Kasap misafirlerini kebap yemeğe davet etti ancak kuzenler adamın gerçek kimliğini öğrendiklerinde taş kesildiler ve akılları kendi planlarıyla bu kadar karışıkken yemek teklifini kabul etmeyi akıllarına bile getirmediler. Telaşla dışarı çıktılar.

Gıya, "Buradaki her şeyi bildiğini sanıyordun!" diye dükkandan çıkarken büyük kuzenini iğneledi. "Buradaki hiçbir şeyi bilmiyorsun!"

Üç adam bir köşeyi döndüler ve kendilerini bir zamanlar oyun oynadıkları daha sessiz bir caddede buldular. Kendilerini rahatlamış ve mutlu hissettiler, birbirleriyle konuşmayacaklardı ama açıkça kendi ana dillerinde konuştular.

Yaser'in evine gelmişlerdi, kapıya yaklaştılar; Yaser öne çıktı ve kapıyı çaldı. Kırk yaşlarında bir kadın kapıya çıktı, tuhaf tuhaf onlara baktı.

"Lütfen," dedi Yaser, "sadece bir zamanlar yaşadığımız evi görmek istiyoruz."

Kadın hırçınlaştı. "Eğer hemen gitmezseniz polis çağırırım!" diye bağırdı. Kuzenler niyetlerini açıklarken kadını sakinleştirmeye çalıştılar. Kadın bağırmaya devam etti, bir adım öne gitti ve onları geri kovaladı. Komşular kapılarını açmaya başlamışlardı. Aynı anda kuzenler yerel otoritelerle başlarının derde gireceğini anladılar ve telaşla geri çekildiler.

Yaser sessiz bir şaşkınlıkla sürükleniyordu. "Sanki ruhu yok gibiydi," diye anımsadı Beşir. "Sadece yürüyen bir vücuttu, başka bir şey değil."

ZİL

"Böyle bir duyguyu kabul edemem," dedi sonunda Yaser. "Bu gerçekten benim dayanabileceğim bir şey değil."

Kısa zamanda Gıya'nın büyüdüğü eve gelmişlerdi. Dışında okuyamadıkları kocaman bir tabela ve elinde makineli tüfek tutan bir koruma vardı. İki katlı ev şimdi bir okuldu. Koruma, kendisi içerideyken dışarıda beklemelerini söyledi ve biraz sonra müdür dışarı geldi ve onları çaya içeri davet etti. Müdire kendini tanıttı: Adı Şulamit idi. Ders saati bittikten sonra odalarda dolaşabileceklerini söyledi ve onları, beklemeleri için ofiste bıraktı.

Sessizce çaylarını yudumlayarak oturdular. Gıya gözlüğünü çıkardı ve gözlerini kuruladı. Sonra geri taktı ve neşeli görünmeye çabaladı. "Duygularımı kontrol edemiyorum," diye fısıldadı.

"Biliyorum," dedi Beşir sakin bir sesle. "Anlıyorum."

Müdire geri geldiğinde onları evin içinde bir tura davet etti. Bütün bir tur boyunca Gıya ağladı.

Bu ziyaretten sonra evden çıktılar ve Beşir'in eski evine doğru yürüdüler. Hiçbiri tam olarak nerede olduğunu hatırlamıyordu. Beşir, evin biri ön kapıya diğeri yan sokağa bakan iki kapısı olduğunu anımsıyordu. Ön kapısında bir zil, ön bahçesinde açmakta olan bir gül, Hint ağacı ve arka bahçesinde bir limon ağacı vardı. Daireler çizerek sıcakta yürürlerken Beşir evi bulduğunu fark etti. İçinin derinliklerinden gelen bir ses ona, 'Bu senin evin' diyordu.

Beşir ve kuzenleri eve yaklaştılar. *Her şey nasıl karşılanacağımıza bağlı*, dedi Beşir kendi kendine. *Sonucun ne olacağını bilemezsin, özellikle Yaser'e olanlardan sonra.* "Bu," dedi Beşir "kapının diğer tarafında kimin olduğuna bağlı."

VI

Dalia şimdiye kadar bildiği tek evin arka verandasında sade bir ahşap sandalyede oturuyordu. Bugün için özel bir planı yoktu. İngiliz edebiyatı okuduğu üniversitenin yaz için vermiş olduğu kitabı okuyabilirdi veya daha önceden de defalarca yapmış olduğu gibi mutlu bir şekilde jakaranda ağacının derinliklerine bakabilirdi.

VII

Beşir metal kapıda durdu ve zile bakındı. Annesi, Zekiye'nin kaç kez bu kapıdan geçtiğini merak ediyordu. Babası, Ahmed kaç kez yorgun argın işten döndüğünde bu kapıyı, eve geldiğini belli eden, kendine özgü bir şekilde çalmıştı?

Beşir Hairi zile uzandı ve bastı.

İki

EV

Taş, Ahmed'in açık ellerinde soğuk ve ağır bir şekilde duruyordu. Çiçek bozuğu gibi, kaba, krem renginde... Köşeleri bir duvarcının keskisiyle köreltilmişti ve ayak kalınlığında kesilmişti. Derinlikleri ve yükseltileri sanki bir arazinin minyatürünü gösteriyordu, aynen geldiği yerdeki, Filistin'in vadileri ve tepeleri gibiydi.

Ahmed açık alanda ceketi, kravatı ve başında Türk fesiyle duruyordu. Yere baktı, eğildi ve ilk taşı temele yerleştirdi. Beyaz Kudüs taşı olarak bilinen, keskiyle kesilmiş yüzlerce taş, arkasında dağ gibi yığılmıştı. İlk taşı koyduktan sonra Ahmed, kuzenlerine, arkadaşlarına ve ücretle tuttuğu işçilerine baktı. İşçiler taş üstüne harç, onun üstüne taş koymaya başladılar.

Yıl 1936 idi ve Ahmed, Hairi ailesi için bir ev inşa ediyordu. Ev, Kudüs ile Akdeniz arasındaki on bir binlik sahil düzlüklerinde bir Arap kasabası olan el-Ramla'nın doğu köşesine yapılacaktı. Kuzeyde Galilee ve güney Lübnan; güneyde Bedevi toprakları, Filistin ve Sina çölleri vardı.

Bazılarına göre El-Ramla ismi kumdan, bazılarına göre ise Arapça kelime olan *raml*'dan geliyordu. Genelde toprak verimliydi; limon, zeytin, muz, mercimek ve susam yetişiyordu. Ahmed Hairi'nin evini inşa ettiği yıl, Arap çiftçiler binlerce ton arpa, buğday, lahana, salatalık, domates, incir, üzüm ve kavun, karpuz yetiştirmişlerdi. Hairiler, halka ait *vakıf*'ta, geniş aileler tarafından ortaklaşa sahip olunan ve İslami kurallara göre yönetilen topraklarda, portakal, zeytin ve bademe yönelmişlerdi.

LİMON AĞACI

Hairiler geçmişlerini araştırmışlar ve tarihlerinin on altıncı yüzyılda din bilgini Hair-el-Din el-Ramlavi'ye uzandığını görmüşler. Hair el-Din, Fas'tan gelmiş ve Osmanlı İmparatorluğu için kadılık yapmıştı. Başkenti İstanbul'da olan Osmanlı İmparatorluğu Filistin'i dört yüz yıl yönetmişti. Yükseliş döneminde, İmparatorluk Viyana dışından, Balkanlar'a, Orta Asya'ya, Kuzey Afrika ve Ortadoğu'ya kadar yayılmıştı. Osmanlı Sultanı İstanbul'dan Hair el-Din'e, asırlar boyu ailede kalacak olan verimli vakıf topraklarını miras bırakmıştı.

1936'da Filistin başka bir denizaşırı ülke tarafından, I. Dünya Savaşı'nda Osmanlı İmparatorluğu'nun çöküşünden sonra ülkeye gelen İngilizler tarafından yönetilmişti. O zamanlar Hairilerin kendi aile semtleri vardı, açık alanlar ve evler taş kapılarla ve kemerlerle birbirine bağlıydı ve semti terk etmeden evden eve geçilebiliyordu. Kadınlar nadiren dışarı çıkıyorlardı, alışverişleri hizmetkarlara bırakıyorlardı.

Hairiler kasaba sinemasının sahibiydiler ve salı günlerini sadece kabile için kullanırlardı. Düzinelerce aile bireyi Mısır'dan gelen en son filmleri izlerdi. Böylece kendi sinema salonlarında Hairi kadınları yabancıların gözlerine, özellikle erkeklerin gözlerine maruz kalmazlardı. Hairiler nadiren kabile dışından evlenirlerdi ama yedi yıl önce, yirmi iki yaşındaki Ahmed'in düğünü bir istisnaydı: Gelini, Zekiye, on dokuz yaşındaydı ve el-Ramla'nın Riyad ailesindendi. Sessiz, farklı ve sadıktı, iyi bir ev kadını olarak düşünülmüş ve Hairiler tarafından çok sevilmişti.

Ahmed'in amcası Şeyh Mustafa Hairi hem ailenin en yaşlısı hem de uzun süre el-Ramla'nın belediye reisiydi. Mustafa, Ahmed için bir baba gibiydi; Ahmed yedi yaşındayken annesi ve babası ölmüştü ve Mustafa'nın ailesi çocuğu kendi çocukları gibi büyütmüşlerdi. Artan gerilime karşın Mustafa, hem kasaba sakinleri hem de İngiliz sömürge yöneticileri tarafından sevilen bir kişilikti.

EV

İngilizler, 1917 yılında, İngiltere'nin Filistin'de "Museviler için ulusal bir vatan" kurmalarına yardım edeceğini taahhüt eden tarihi Belfur Bildirisi'nin yayınlandığı sırada gelmişlerdi. Thedor Herzl tarafından Avrupalı Yahudilerin politik bir hareketi olarak kurulan Siyonizm için bu bir zaferdi. İngilizler "uygun bir Musevi örgütüne" kamu işlerini, kamu hizmet kurumlarını ve doğal kaynaklarını geliştirmek için yetki vermişlerdi. Böylelikle Filistin'de Musevi bir hükümetin şekillenmesi için yetki vermiş oluyorlardı. Son yıllarda, Filistin'e gelen Musevi göçleri Araplar ile İngilizlerin arasını açmıştı ve Şeyh Mustafa, belediye reisi ve kasabanın yaşlısı olarak sömürge koruyucuları ve sabırsız Arap soydaşları arasında aracı olmak zorunda kalmıştı.

Ahmed, duvarlarının el-Ramla'nın doğu eteklerindeki kuvvetli topraktan yükselmesini izliyordu: Temelinden damına kadar on dört sıra Kudüs taşları dizilmişti. Aile semtinden ayrılıp kendi dünyasını kurma kararı olağandışıydı. Ahmed kendini bağımsız hissetmek istiyordu; ama yine de Şeyh Mustafa'ya danışmıştı. Genç adamın mirasından, Hairi vakıf gelirinin kendi payına düşen miktardan ve el-Ramla'daki mobilya atölyesinden gelen gelirle, kendi aile evinin yapılmasına karar verilmişti. Zamanı gelmişti. Yirmi altı yaşındaki Zekiye dördüncü çocuğuna hamileydi ve Ahmed artık bir erkek çocuğunun olmasını umuyordu.

Ahmed, bir İngiliz arkadaşı ve el-Ramla'da yaşayan birkaç Yahudi'den biri olan inşaatçı Benson Solli ile ana planlar üzerinde birlikte çalışmıştı. Hairiler ve birçok Arap için Bay Solli gibi Yahudiler, Ahmed'in çocukluğundan da hatırladığı gibi Filistin toprağının bir parçasıydılar. Kibbutzdaki Yahudiler el-Ramla'nın Çarşamba Pazarı'nda buğday, arpa, kavun ve karpuz takas ediyorlardı. Arap işçiler yakınlardaki Musevilere ait tarlalarda çalışıyorlardı, kibbutzda yapılmış el sabanlarını itiyorlardı ve Musevi çiftçiler el-Ramla'ya atlarına nal takılması için geliyorlardı. Araplar, kasabalarından geçen Filistin demiryolu için çalışan Musevi mühendisleri ve kondüktörleri hatırlıyorlardı; bazıları fabrikalardan bir torba çimento almak için eşekler üzerinde giden sakallı, Arapça konuşan Yahudileri hatırlıyordu. Çoğunlukla bu iki toplum ayrı dünyalarda yaşar ve çalışırlardı, ancak kesişmeler belli bir düzeyde kaçınılmazdı. El-Ramla'nın iyi halli Arapları Musevi terziler tarafından dikilen elbiseleri almak için Tel Aviv'e giderler, fesler Musevilere ait kuru temizlemecilerde temizlenir veya vesikalık fotoğraflar Musevi fotoğrafçıda çektirilirdi. Hairi kadınları elbiselerinin Musevi kadın terziler tarafından yapılması için Tel Aviv'e giderlerdi. Aile doktorlarından biri olan Dr. Litvak Musevi idi; Ahmed ve Zekiye'nin kızlarının gittiği Schmidt Kızlar Koleji'nde kızların birçok sınıf arkadaşı da Musevi'ydi. "Hepsi Arapça konuşurdu ve bizler gibi Filistinliydiler," diye anlatıyordu Hairi'nin kızlarından biri. "Oradaydılar—bizler gibi, Filistin'in bir parçası gibi." Bay Solli mimar ve inşaatçıydı, sessiz sakin biriydi, alçakgönüllüydü, Rosalie ve Eively adında kızları vardı. Arapça konuşurdu. Müslümanların ve Hıristiyan Arapların yaşadığı kasabalarda hiçbir problem olmadan birlikte yaşamışlardı.

 Ahmed ve Bay Solli, çift ahşap kapı ile ayrılmış geniş oturma ve yatak odaları planlamışlardı. Çalışanlara köşede ufak bir yatak odası için duvar örülmüştü. Yassı tuğlalar, elektrik için teller döşemişler ve evin içinde kullanılmak üzere su tesisatı yapmışlardı. Zekiye'nin evin içinde modern fırınlı bir mutfağı olacaktı. Artık Arap ekmeklerini her geleneksel evde bulunan açık havada, odun ateşinde ekmek sacında yapmak yerine, hamurunu, herkesin kullandığı el-Ramla'daki ortak fırına gönderip sıcak ve pişmiş olarak masasına getirme lüksüne sahipti.

 Bunlar on iki asır önce, milattan sonra 715 yılında Müslüman Halife Süleyman Ibn Abdül Melik tarafından kurulmuş kasaba için yeni, lüks olanaklardı.

EV

Söylenildiğine göre Süleyman bu kasabaya ad verirken *raml* veya kumundan esinlenmemişti. Bu bölgeden geçerken kendisine çok iyi davranmış olan Ramla adlı bir kadından etkilenmişti. Süleyman, el-Ramla'yı Filistin'in politik başkenti yapmıştı ve burası bir süre için Kudüs'ten çok daha önemli olmuştu. Şehir Şam ile Kahire'nin ortasındaydı ve kısa zamanda deri, kılıç, kova, ceviz, arpa ve kumaş taşıyan kervanların durak yeri olmuştu. Süleyman'ın işçileri, Arap dünyasının en güzel camilerinden biri kabul edilen Beyaz Cami'yi inşa etmişlerdi. Şehir sakinlerine taze suyu ulaştırmak ve tarlaları sulamak için altı mil uzunluğunda su yolu kemerleri kurmuşlardı. El-Ramla'yı çevreleyen hafif eğimli araziler, Filistin'deki en verimli topraklar olarak kabul edilirdi. Onuncu asırda bir Müslüman gezgin el-Ramla hakkında şöyle yazmıştı:

Güzel ve iyi kurulmuş bir şehirdir. Suyu bol ve iyidir; meyveleri bereketlidir. Pek çok avantajı vardır, güzel köylerin ve muhteşem şehirlerin arasında bulunur, kutsal yerlere ve keyifli köylere yakındır. Geçimi kolaylaştıran ticaret elverişlidir . . . Ekmeği en iyisinden ve en beyazındandır; ayrıca araziler çok zengindir ve arazilerin meyveleri çok lezzetlidir. Başkenti, meyve tarlalarının, şehir duvarlarının ve misafirhanelerin ortasındadır. Muhteşem hanları ve rahatlatıcı banyoları, lezzetli yiyecekleri ve değişik baharatları, geniş evleri, zarif camileri ve geniş yolları vardır.

Bundan sonraki bin yıl, el-Ramla Haçlı Seferleri tarafından işgal edilecek ve Müslüman kahraman Selahaddin tarafından kurtarılacak ve Osmanlı sultanları tarafından İstanbul'dan yönetilecekti. 1930'larda şehir, İngiliz kuvvetleri tarafından üs ve Londra'dan gelen astsubaylar tarafından sömürge bölgesi

LİMON AĞACI

olarak kullanılmıştı. İngiliz subaylar zeytin ağaçları arasında, kaktüs tarlalarında ve taş duvarlar arasında kasabanın köpekleri ile tilki avlamaktan çok hoşnutlardı. Bir İngiliz astsubay düzenli olarak Londra'da Majesteleri'nin hükümetine rapor gönderiyordu. Mavi mürekkepli dolmakalemi ile ürünleri, tonlarını not ediyordu ve 1936 yılında Ahmed Hairi'nin evi ortaya çıkarken kamu düzeninde parçalanmalar artıyordu.

1933'de Almanya'da Adolf Hitler başa geçmişti ve Avrupa genelinde Yahudiler için durum kötüleşiyordu. Birkaç yıl içinde Filistin'e Musevi göçüne dönük istek artmıştı. Yeraltı Siyonist örgütler gemiler dolusu Yahudi'yi, Avrupa limanlarından gidenlerinden çok daha fazlasını, Filistin'in kuzey Akdeniz kıyıları boyunca, Hayfa'ya kaçırıyorlardı. İngiliz otoriteler bu akışı önlemekte güçlük çekiyorlardı. 1922 ve 1936 yılları arasında Filistin'deki Musevi nüfusu, 84.000'den 352.000'e, yani dört katına çıkmıştı. Bu zaman zarfında Arap nüfusu da, 900.000'e çıkmış, yüzde 36 artmıştı. Bu araya giren on dört yıl boyunca Musevi toplumu Filistin'de güçlenmiş, Filistinli Araplar arasında milliyetçi bir hareket başlamıştı. Yıllardır Araplar Avrupa'dan göç eden Yahudilere arazi satıyorlardı. Kademe kademe arazi satışları arttıkça Musevi liderler kendilerine ait bir devlet için baskı yapmaya başlamışlar ve Araplar Musevi istilasından korkmaya başlamışlardı. Çoktan 30.000 köylü Arap yani kırsal nüfusun dörtte biri arazilerin Yahudilere satılması ve birçok Arap arazi sahiplerinin başka ülkelerde olmasıyla evlerinden çıkarılmışlardı. Filistin kentlerindeki aileler fakirleşmişler ve birçoğu yeni gelen Yahudilere evler inşa ederek para kazanmaya başlamışlardı. 1930'ların ortalarında Arap liderler Yahudilere arazi satmanın devlete karşı ihanet olduğunu ilan etmişlerdi. Ayrı bir Musevi devletine karşı çıkıyorlar ve gittikçe artarak, İngilizlerin Filistin'den çıkmalarını istiyorlardı.

Ahmed ve işçileri ahşap panjurları pencerelere taktılar. Dış çit için uzun demir çubukları kireçtaşı kolonlara bağladılar.

EV

Ahmed'in henüz satın almadığı ancak bir gün olacağını umut ettiği araba için yapılan ufak garaja yassı tuğlalar koydular.

Çok geçmeden Ahmed dikkatini bahçeye yöneltecekti. Evin arka bahçesinin köşesinde limon ağacı için bir yer belirlemişti. Ahmed, bir kere toprağa dikildiğinde, kuvvetli Filistin güneşi ve el-Ramla'nın tatlı suyunun ağacı olgunlaştırmasının, yedi yıl veya daha fazla süreceğini biliyordu. Ekme işi bir inanç ve sabır işiydi.

1936 yılının sonlarında Hairilerin evi bitmişti. Kutlama ziyafeti için aile bir kuzu kesmişti: İçi pirinçle doldurulmuş tavuk ve büyük bir yığın kuzu etinin yanı sıra, el yapımı kuskus, yumuşak tereyağlı hamur ile günlük hazırlanmış çörekler, sıcak, şamfıstığı ile kaplanmış pizza şeklinde künefe ve kırpılmış buğday görünümünde bir tatlı bu tür kutlamalar için olağandı. Kuzenler, kız kardeşler, erkek kardeşler ve Şeyh Mustafa, Hairi bireylerinin hepsi gelecek ve topraktan yükselen beyaz Kudüs taşlı bu eve hayran kalacaklardı. Ahmed ceketi, kravatı ve fesi ile duruyordu; hamile Zekiye; kızları altı yaşındaki Hiam, dört yaşındaki Basima ve üç yaşındaki Fatima da oradaydı. Ahmed hâlâ bir oğlan bekliyordu. O arazisi olan iyi bir aileden geliyordu ve atalarının yaptığı gibi mirasını devretmek istiyordu. Zekiye bunu iyi anlıyordu.

Ahmed ve Bay Solli evi, üç katın ağırlığını çekecek şekilde planlamışlardı. Ahmed ve Zekiye aileleri büyüdükçe ve gelirleri olanak verdikçe ileride evi genişletmeyi umut ediyorlardı.

Ama Hairilerin, ailelerinin asırlarca oturduğu topraklarda, yeni evleri için umut ettikleri güven duygusu 1936'ların sonunda Filistin'in günlük yaşamındaki gerçeklerle sarsılmıştı. Artık vatanları tam bir isyanın ortasındaydı.

Büyük Arap İsyanı geçen sonbahar, Şeyh İzzeddin el-Kassam adlı bir Arap milliyetçinin kuzey Filistin'deki Cenin yakınlarındaki tepeleri, küçük bir isyan çetesiyle ele geçirmesiyle patlamıştı. Arap milliyetçileri uzun zamandır İngilizlerin Filistin'de Araplardan daha çok Yahudileri tercih ettiklerinden şüphe ediyorlardı. Belfur Bildirisi, sendikası, bir bankası, bir üniversitesi ve hatta Haganah adıyla bilinen bir Musevi askeri birliğiyle, bir Musevi devleti kurulmasını harekete geçirmeye yardımcı olmuştu. Araplara göre Belfur sadece, Musevi devletinin "Filistin'de yaşayan Musevi olmayan toplumların sivil ve dini haklarını" etkilemeyeceğini bildiriyordu. 1935 yılının sonbaharında, İngiliz otoriteleri silah kaçakçılığı yapan bir Siyonist grubu ortaya çıkarttığı halde faillerini bulamadığı ve ceza veremediğinde, Arapların İngilizlere olan güvensizliği derinleşmiş ve Şeyh el-Kassam isyan başlatmıştı. Sadece silahlı ayaklanmanın Araplara özgürlük getirebileceğine inanıyordu.

İngilizler kibbutzdaki iki yangın bombasındaki ölümlerin ve diğer cinayetlerin sebebinin el-Kassam'ın çetesi olduğundan şüpheleniyordu. Şeyh'i "yasadışı" ilan etmişlerdi; Siyonist liderler ise onun bir "gangster" olduğunu söylüyorlardı; her iki grup da onun bir terörist olduğu konusunda hemfikirdi. 1935 Kasım'ında, "İngiliz Büyükelçisine değil, Allah'a ve Peygamber'e itaat et" yazan bir bildiri yayınlayan el-Kassam, tepelerdeki mağarasının yakınlarında ele geçirilmiş ve kurşuna dizilmişti. "Eşkiya polis tarafından çökertildi," diye duyurulmuştu, bir İngiliz haberinde. Filistinli Araplar kışı ilk Filistinli şehitleri için yas tutarak ve önlerindeki uzun savaşa hazırlanarak geçirdiler.

Çarşamba akşamı, 15 Nisan 1936 yılında, Ahmed ve arkadaşı Bay Benson Solli el-Ramla'da toprağı kazmaya karar verdiklerinde, karışıklık başladı. Şehrin yirmi beş mil kuzeyindeki yolda, arabayla Kuzey Filistin'e geçmek isteyen iki Yahudi, sonradan İngiliz otoritelerinin "Arap eşkıyaları" olarak tanımladıkları kişiler tarafından alıkonuldular. Araplar Yahudileri soydular, sonra vurdular ve öldürdüler. Bir sonraki gece Tel Aviv yakınlarında iki Arap, Musevi suikastçılar tarafından öldürüldü. Bundan sonraki günlerde, Yahudiler Arap kamyonlarını taşladılar ve Araplar tarafından işletilen dükkanları yağmaladılar. İki Arap'ın Tel Aviv yakınlarında Yafa'da öldürüldüğü haberi gibi asılsız söylentiler yayıldı; Araplar şiddetle karşılık verdiler. Saldırılar, misillemeler ve karşı misillemeler başlamıştı.

İngilizler Yafa ve Tel Aviv'e takviye askeri güçleri getirdiler ve olağanüstü durum ilan ettiler. Sömürge otoriteleri katı sıkıyönetim ilan etti, Yahudileri ve Arapları tutukladılar, arama izni olmadan evlerini aradılar ve mektuplara, telgraflara ve gazetelere sansür uyguladılar. Bu arada Arap gerillalar Filistin'deki kasaba ve köylerde isyanlara üs olarak hizmet verecek milli komiteler kurdular. Filistin'deki siyasi partilerin Arap liderleri, genel greve ve Musevi ürünlere karşı boykota çağıran Kudüs müftüsü Hacı Emin el-Hüseyini'nin başkanlığında Arap Yüksek Komitesi'ni kurdular. Filistin'de Müslüman toplumu temsil etmek üzere İngilizler tarafından görevlendirilen müftü eski sömürge işverenlerine karşı sırtını dönmüştü. Onun başkanlığındaki Yüksek Arap Komitesi Musevi göçlerinin durdurulmasını, Yahudilere arazi satışlarına bir son verilmesini ve tek bir devlet olmaları adına İngiliz Mandası'nın sona erdirilmesini talep ediyordu.

Kareli kefiyeleri veya başlarına sardıkları baş örtüleriyle Arap savaşçılar tepelerden vuruyorlardı, İngiliz kuvvetlerine ve Musevi kibbutzlarına ateş açıyorlardı. Fedailer olarak bilinen isyancılar, telefon ve telgraf hatlarını kesiyorlar, su hatlarını sabote ediyorlar, köprüleri mayınlıyorlar, ormanları yakıyorlar, trenleri raydan çıkartıyorlar ve İngiliz müfrezelerini pusuya düşürüyorlardı. "Cinayetler ve diğer zulümler silahlı terörist çeteler tarafından tüm ülkeye yayılmıştı," diye bildiriyordu Majesteleri'nin hükümetine gönderilen rapor. İngiliz bölükler elektrikli coplarla, yeni cephane ve yeni taktiklerle karşılık veriyorlardı: İsyancı olduklarından şüphelendiklerinin ve onların ailelerinin taş evlerini yıkıyorlardı. "Bu ilk yıkımlar, sık duyulan patlamalar ve evlerin yıkılırken çıkardıkları gürültüler ile noktalanacaktır . . . komşular, bu sesleri duyduklarında şaşırmasın, aldanmasın ve korkmasınlar," diye uyarıyordu bir İngiliz bildirisi.

1936'nın yazında, tüm Hairi kabilesi, diğer el-Ramla sakinleri gibi yıllık Nabi Salih festivaline hazırlanıyorlardı. İsyanlara ve İngiliz baskılarına rağmen Filistin'in her yerinden binlerce Arap, Peygamber Muhammed'in gelişini önceden bildiren peygambere saygılarını sunmak üzere geliyorlardı. Filistin'deki her şehirden bir delege Nabi Salih'teki eski camiye gelip şehir bayraklarını dikecekti. "Kadınlar el-Ramla'daki türbesinde doğurganlıkları ve daha sıhhatli olmak için dua etmeye gitmişlerdi," diye hatırlıyordu Ahmed ve Zekiye'nin kızı Hanım. "Şarkı söyleyip dans edecekler, dua edecekler ve piknik yapacaklardı. Bu, yılın önemli bir olayıydı."

Anlaşmazlık haberleri aileye zaman zaman ulaşıyordu. İsyanlar vergiyi zorunlu kılıyordu. Birçok Musevi çiftçi ürünlerini ve hayvanlarını pazara götüremiyorlardı ve götürmeye çalışanlar çoğunlukla saldırıya uğruyorlar ve hayvanları öldürülüyordu. Su projeleri durdurulmuştu çünkü araştırma yapan ekipler saldırıya uğruyorlardı. Kırsal kesimlerdeki gerillalar vur-kaç taktiği uyguluyorlar, İngiliz devriyelerine ateş ediyorlar, bazı durumlarda yakınlardaki köylere çekilip kadın taklidi yapıyorlardı. Bir İngiliz raporu öfkenin önemini vurgulamıştı. Sömürge bölükleri "her yönden ateş altında kalıyorlardı," ancak "düşman bölgesinde silahsız, barışçı çoban ve çiftçilerin yaşadığını," düşünüyorlardı. On iki Ağustos'ta İngiliz bölüğünden bir grup Beisan'da yıkanırken kalabalık, silahlı bir Arap çetesi tarafından sürpriz bir baskına uğramıştı. Maalesef Lewis silahları "sıkıştı" ve nöbette olanlar ise, Lewis silahları ve bazı tüfekleri ele geçirmeyi başaran çete tarafından öldürüldü. İsyan Siyonistlere bir uyarıydı. "Bir tarafta yıkıcı güçler, çölün güçleri ortaya çıkmıştı," diye bildirmişti Haim Weizmann. "Ve diğer yanda medeniyetin güçleri ve binaları aynen duruyordu. Çölün medeniyete karşı eski bir savaşıydı ama biz durdurulmayacaktık."

Geceleri fedailer evden eve geçiyorlar, çamurlu botları ile köylülerin evinde veya şehirde yaşayanların evlerinde uyuyorlardı. Ailenin sözlü tarihine göre Hairilerin bazıları da isyancıları saklıyorlardı. Yerel komiteler silah kaçırmak ve "vergi" toplamak, gözdağı vermek, isyanlara para sağlamak için ağlar kuruyorlardı. İsyancı liderler, kırsal kesimlerdeki isyanların göze çarpması için, buradaki Arapların feslerini çıkartıp kefiyelerini takmaları için baskı uyguluyorlardı. Ahmed'in mobilya dükkanı bu tip "vergi toplama" işlemine hedef olmuş muydu bu tam olarak bilinmiyordu ancak isyancılara göre İngilizlere çok yakın duran amcası belediye reisi Mustafa Hairi çok sık tehdit ediliyordu. Her yönden gelen baskılara rağmen aile normal yaşantısını sürdürmeye çalışıyordu.

Hanım'ın doğumuyla Ahmed ve Zekiye'nin şimdi dört kızı olmuştu. Ahmed hâlâ bir oğlan bekliyordu ve karısının bir erkek çocuk doğurma yeterliliğinin olup olmadığını merak ediyordu. "Bizim de amcamız yoktu. Bu yüzden bir erkek bebek daha da önem taşıyordu," diye anlatıyordu Hanım. Annesi için, "tabii o, bize göre dünyadaki en güzel kadındı," diyordu. Evde Zekiye hep elbise ile dolaşırdı: Aile için ev elbisesi ve misafirler için daha gösterişli elbiseler ve siyah çoraplar giyerdi. Hintli bir kadını andıran özel yassı bir şişeden sürdüğü Bombay parfümü kokardı. O zamanlar el-Ramla'daki çoğu insan hamamları kullanırdı ama Hairilerin kendi özel banyoları vardı; bazen kızların öğretmenleri banyolarını kullanmaya gelirlerdi, bu da çocukları çok şaşırtırdı. "Biz gençken öğretmenlerin melekler gibi olduklarını ve yıkanmaya, yemeye veya uyumaya gereksinim duymadıklarını düşünürdük," diye hatırlıyordu Hanım.

Genelde Zekiye hizmetkarları alışverişe gönderirdi ama bazen alışverişi kendi yapardı. Çarşamba pazarına gitmek üzere evden çıkarken ceket ve koyu renk şapka giyer ve yüzünü bir tül ile örterdi. Duruma göre kızlarını da yanına alırdı.

Pazarda kızlar patlıcanlara ve biberlere; domates, salatalık ve maydanozlara; baharatlara ve otlara; canlı tavuklara ve güvercin yavrularına bakarlardı. Köyün erkekleri kamyonların üzerine yığılmış zeytin çuvallarının üzerinde yağ çıkarmaya giderlerdi. Taşıyabileceğinden fazla ürünle yüklenmiş, atlarla çekilen arabalar pazar yerine girerken gıcırdardı. Köyün kadınları tavuk ve yumurtayı veya zor günlerde gümüş bilezik ve eski Osmanlı paralarını, Suriye ipeği, Mısır çarşafları ve Gazze'den gelen pamukla takas ederlerdi. Kadınlar nakışları için renkli kumaşlar seçer; Ürdün Vadisi'nden çivit mavisi, Filistin'in vahşi tarlalarında yetişen sumağın kırmızısı, Mısır sınırı yakınlarında bulunan topraktan sarı mükra renklerini ararlardı.

Hairi kızları köylülerin elbiselerinin her birinin nasıl bir öykü anlattığını görürlerdi. Bazılarınınki susam dalları, diğerleri ise ayçiçekleri veya tarla laleleri ile işlenmişti. El-Ramla'da limon yetiştirilen yerler denize yakındı, portakal ağaçlarının dalları giysilere işlenmişti. Bunlar, portakal ağaçlarını rüzgardan koruyan selvi ağaçlarını simgeleyen yeşil üçgenlerle çevrilmişti. Bunun altında Akdeniz'i anımsatan dalgalı çivit mavisi vardı.

Evde, Zekiye ve hizmetkarlar sık sık kızların en sevdiği yemek olan *maklube* yaparlardı. Kuzu eti ve patlıcanı güvece koyarak pişirip, fırından çıktıktan hemen sonra ters çevirip üzerine çam fıstığı serperlerdi. Kızlar mutfakta annelerinin etrafında toplanırlar ve künefenin üzerine şeker ve şamfıstığı serpmesini izlerlerdi. Ana yemekler gün ortasında yemek odasında servis edilirdi. Zekiye kızları sofraya çağırır; Ahmed marangoz atölyesinden onlara katılmak üzere eve gelirdi; ve aile kısa ayaklı masada yemeklerini yerlerdi. Misafirler geldiğinde anne ve babaları salona geçer, kızların asla oturmaya izinleri olmadığı, koyu mavi kadife ile kaplanmış oymalı ahşap sedir üzerine otururlardı.

Yemekten sonra Ahmed, hünerli mobilya zanaatçısı olarak ün kazandığı işine dönerdi. Görüşü kötüydü ve bu nedenle okuması zordu, bu yüzden üniversite yerine genç adamları ticarette uzmanlaştıran Kudüs'teki Schneller'in Okulu'nda çalışmıştı. Şimdi, on yıl sonra, Ahmed'in yardımcı tutacak kadar çok işi vardı ve işi Arap İsyanı'na rağmen başarılıydı. İşi ve Hairi arazilerinden gelen gelir, aileye rahat bir hayat yaşatmaya yetiyordu.

Ahmed nadiren evde otururdu; bunun yerine diğer Hairiler ile iskambil oynar, sedirde *Arap* kahvesi ve nargile içer veya aile arazisindeki diğer sosyal toplanma yerlerine giderdi. Burada siyaset konuşmaları hiç bitmezdi.

1936 sonunda Filistin'e göreceli bir sükunet yerleşmişti. Arap Yüksek Komitesi genel grevi ve isyanı, İngilizlerin anlaşmazlığın sebeplerini araştıracaklarına dair verdikleri söze karşılık olarak, bir süreliğine durdurmuştu. Eski Hindistan sömürgesi Dışişleri Bakanı Lord Peel, Londra'dan silindir şapka ve uzun ceketi ile gelmişti. İngiliz lordu parlamento soruşturma komisyonunu yönetecekti ama o zamanlar şaşırmış görünüyordu. Londra'daki bir arkadaşına, "Arapların Musevi tahakkümünden ve baskısından duydukları korkunun bu kadar derin olduğunu anlamamıştım," diye yazmıştı. "Her iki ırkın uzlaşması adına hiç kimse bir atılımda bulunmamış." "Filistin'e yasal veya yasal olmayan yollarla dökülen..." artan Avrupalı Yahudilerin sayısı, diye kınayan Lord Peel, "şüphenin rahatsız edici havası"ndan ve "yapıcı öneriler" yapmanın faydasızlığından yakınıyordu.

1937 Temmuzunda, Filistin Kraliyet Komisyonu 418 sayfalık raporunu İngiliz parlamentosuna sundu. "Yarım ekmek olması hiç olmamasından iyidir," diye bildiren Peel ve komisyondaki arkadaşları Filistin'in –biri Yahudilere ve diğeri Araplara olmak üzere– iki devlete bölünmesini tavsiye etmişlerdi. "Bölünme, barışı sağlamak için bir umut sunuyor," diye sonlandırmıştı Komisyon raporunu Peel. Yüzlerce Arap köyü ve en azından 225.000 Filistinli Arap öngörülen yeni Musevi devletinin sınırları içindeydi; 1.250 Yahudi de bölünme sınırının Arap tarafındaydı. Bir "anlaşma" yapılmalıydı, "gönüllü veya değil, arazilerin ve nüfusun değişimi için. Ancak o zaman oturum temiz ve kesin olur, azınlıkların bu sorunuyla cesaretle yüzleşilmeli ve kararlılıkla çözülmelidir," diye bildirmişti Peel Komisyonu.

Siyonist liderlik, Lord Peel'in tavsiyesini iç muhalefete rağmen kabul etti. Birçok Musevi lider tüm Filistin'de bir Musevi anavatan kurma fikrinden vazgeçmek istemiyordu ve hatta bazı liderler eski Ürdün'ü, Ürdün Nehri'nin karşısındaki çöl krallığını da bir Musevi devleti olarak düşünüyordu. Onlar için Peel Komisyonu'nun raporunu kabul etmek büyük bir fedakarlıktı ve onların bu konudaki uyuşmazlıkları, on yıllarca sürecek ideolojik bölünmeleri yansıtıyordu. Mapai Partisi lideri ve Filistin'deki Siyonistlerin en etkili kişisi olan David Ben-Gurion, bu planı desteklemişti. Peel Komisyonu'nun ana noktasını, Siyonist yanlılarının on yıllarca geliştirdikleri Arapların transfer edilmesi fikri oluşturuyordu. 1895 yılında, siyasi Siyonizmin kurucusu olan Theodor Herzl, Musevi anavatanı için Araplardan satın alınan araziler için şöyle yazmıştı: "Sınırın ötesindeki fakir toplumu transit ülkelerde iş bulmaya heveslendirmeye çalışırken kendi ülkemizde herhangi bir iş vermeyi reddedeceğiz... Hem istimlak ve hem de fakirlerin ortadan kaldırılma işlemi akıllıca ve dikkatlice yapılmalıdır."

Kırk yıl sonra, Lord Peel'in araştırmaları sırasında, komisyona transfer planını sunan Yahudilere Ben-Gurion yol göstermişti. Komisyon raporunun sunulmasıyla Siyonist lider şöyle yazmıştı: "Kalplerimizin kökündeki, bu iş olmaz düşüncesini kökünden söküp atmalıyız. Gerçekte bu olabilir... Bir daha elde edemeyeceğimiz tarihi bir şansı kaybedebiliriz. Nakil hedefi, bana göre, toprak isteğimizden çok daha önemlidir... Arap nüfusun vadilerden boşaltılmasıyla tarihimizde ilk kez bir Musevi devletine sahip oluyoruz." Bir sene sonra, Ben-Gurion, "Zorunlu nakli destekliyorum," diye bildirecekti. Diğer Siyonist sempatizanları bu tip tedbirlere karşı ikazda bulunuyorlardı. Örneğin, Albert Einstein ve Martin Buber, Einstein'in 'sempatik işbirliği' düşüncesini uzun zamandır savunuyordu. Buna göre, iki büyük Sami haklının ortak, büyük bir gelecekleri olabilir.

Araplar, Peel Komisyonu'nun teklifi karşısında, Ben-Gurion'un heyecanlandığı oranda sersemlemişlerdi. Kudüs müftüsü başkanlığındaki Arap Yüksek Komitesi sadece nakil planını değil aynı zamanda bölünme planını da hemen reddetti. Araplar tek, bağımsız, Arap çoğunluklu bir devlet için savaşacaklardı.

Eylül 1937'de, Arap suikastçılarının bir İngiliz komiserini Nazerat'da virajlı, dar bir yolda vurmalarıyla, Arap İsyanı tekrar patlak verdi. İngilizlerin karşılığı çabuk oldu. Askerler kontrolü sivillerden aldı. Askeri mahkemeler şüpheli isyancıları idam ederek gerilimi arttırdılar. İngiliz kuvvetleri el-Ramla da dahil olmak üzere Filistin'i işgal ederken binlerce kişiyi hapse attılar. İngiliz topçular havadan isyancı çeteleri avladılar, bir keresinde

Batı el-Ramla'da 150'den fazla isyancıyı öldürmek için 16 uçak kullandılar. "Terörizm ciddi karşı tedbirlerin alınmasına neden oldu," diyen el-Ramla'daki bölge komiseri Ekim'de şunları yazdı: "Ve bu, kaçınılmaz olarak şiddet duygularını daha da çoğalttı. Ilımlı düşünce, sahip olduğu son etkileyici parçasını da kaybetti ve engelleme gücünü kullanan belediye reisi Şeyh Mustafa Hairi başkanlığında toplanmış olan ılımlılar silahlı kişilere teslim oldu."

Ahmed'in amcası Şeyh Mustafa zor durumdaydı, İngiliz işgal güçleri ve Arap İsyanı fedaileri arasında kalmıştı. On beş yıl, el-Ramla'nın belediye reisi ve en etkili ailelerinden birinin lideri olarak büyük saygı görmüştü. Şeyh Mustafa'nın herkes tarafından sevilmesi, daha sonraki nesle göre, kırsal fakirleri ve daha düşük vergi ödeme haklarını savunmasına dayanıyordu. "Şeyh Mustafa bir odaya girdiğinde herkes ayağa kalkardı," diyordu Hanım Hairi. "Yürürken at üzerindekiler atlarından aşağı inerlerdi. Çalışan insanlar çalışmalarını durdururlardı. Hiç kimse onlara böyle yapmalarını söylememişti; onlar saygılarından böyle yapıyorlardı." Şeyh uzun boyu, ela gözleri ve bıyığıyla çok yakışıklıydı ve hiçbir zaman abayasız görülmezdi. Beyaz türbanını başına kendisi sarar ve üstüne koyu kırmızı *tarbuş* (fes) takardı.

Karizmatik belediye reisi, imparatorluk güçleri ile isyancılar arasında ince bir çizgide yürüyordu. Peel Komisyonu planına karşı çıkmıştı ve İngiliz ve Siyonistlere çok yakın bulduğu Arap ileri gelenleri ile savaşmıştı. Hatta daha sonraki Hairi nesline göre belediye reisi gizlice İngiliz bölüklerinin hareketlerini oğulları vasıtasıyla isyancılara bildirmiş ve bir arabanın bagajında silahları nakletmişti. Eğer bu doğruysa, böyle yaparak idam riskini göze almıştı.

EV

Mustafa Hairi hâlâ toprakları yabancı işgalinde olan bir ülkenin belediye reisiydi ve görevinin gereği olarak İngiliz otoritelerle işbirliği yapması gerekiyordu. Milliyetçi imajına rağmen Arap Yüksek Komitesi lideri Hacı Emin el-Hüseyini'ye karşı direndiği biliniyordu. Bir zamanlar Şeyh Mustafa, Hüseyini'nin rakipleri ile aynı düzeyde görülen ve Siyonistlerle "işbirlikçi" oldukları düşünülen Milli Savunma Partisi'nin bir üyesiydi.

İsyanlar yeniden başlayınca, bazı Arap seçkinlerinin İngiliz ve Siyonistlerle işbirliği yaptıkları, hatta isyanların operasyon planlarının detaylarını bildirdikleri dedikodusu yayılmaya başlamıştı. Aynı zamanda Arapların kasten arazilerini yeni gelenlere sattıklarını, böylece Arapların tahliyesini hızlandırdıklarını ve öfkeli, arazisiz köylü sınıfının ortaya çıkmasını harekete geçirdiklerini anlatan raporlar vardı. El-Ramla'da, şehir sakinleri, Tel Aviv'den Musevi bir adamın gidip gelip daha çok arazi almaya çalıştığını anlatıyorlardı. Ahmed'in diğer amcalarından biri olan, Rasim Hairi'nin bu adamı kızgın bir şekilde gönderdiği söyleniyordu. Şeyh Mustafa'nın kuzenlerinden ve şehrin önemli şahsiyetlerinden biri olan Şükrü Taci'nin, el-Ramla'da kapı kapı dolaşıp insanları, arazilerini satmamaları konusunda uyardığı söyleniyordu. Ama Taci kendisi bile, daha sonraki raporların da doğrulandığı gibi, Yahudilere bir kere arazi satmıştı. Muhbirler, işbirlikçiler ve arazi satıcıları hakkındaki raporlar çoğaldıkça, isyancılar kendi insanlarından yüzlercesini öldürmüştü, buna 1938'de, Lydda yakınlarındaki iki belediye kurulu üyesi de dahildi.

İngiliz raporlarına göre, belediye reisi fedailerin Arap İsyan hareketini finanse etmeleri için istedikleri vergilere karşı çıkıyordu. Ekim 1938'de, bir İngiliz alt komisyon raporuna göre, el-Ramla'nın "etkili belediye reisi" Şeyh Mustafa, suikastten korktuğu için "ülkeyi terk etti" ve Kahire'ye gitti. "Belediye reisinin yokluğu kesinlikle hissedilecektir." Bu arada İngilizler

LİMON AĞACI

vergi isteğine karşı oluşan kızgınlığı kullanarak bu kişilerin arasından daha fazla muhbir elde etmişti.

Bir ay içinde Şeyh Mustafa el-Ramla'ya geri döndü, milliyetçi politikalardan uzak durmaya çalışacağına, Yafa ve Kudüs arasındaki yolda bulunan büyük taş binada sadece belediye işlerine odaklanacağına söz verdi.

Mayıs 1939'da bazı Araplara göre, isyanlarda yaptıkları fedakarlıklar politik bir zafer getirmiş gibi gözüküyordu. İngiliz kuvvetleri hâlâ isyanlar ile boğuşuyordu ve Avrupa'daki durum on binlerce Musevi mülteci yaratıyordu. İngiliz hükümeti, Arap İsyanı'nın birçok isteğini kabul ederek Beyaz Kitap'ı ilan etti. İngilizler, Musevi göçüne ve Filistin'de arazi satışına sıkı kısıtlamalar getirmeyi kabul ettiler. Bundan daha önemlisi, Beyaz Kitap tek bir bağımsız devlet çağrısı yapıyordu. Filistin'deki Arapların çoğu Beyaz Kitap'ı, sorunlarına pratik bir çözüm olarak görmüşlerdi. Ama Hacı Emin el-Hüseyini, Arap Yüksek Komitesi'nin sözcüsü, Beyaz Kitap'ı reddetti. Sürgündeyken yapılmış olsa da sözü hâlâ o günün Arap Filistini'nde geçerliydi: Arap isyanının başı olarak İngilizler tarafından istenen eski müftü, iki yıl önce Filistin'den kaçmıştı. Eski müftünün kararını, bir fırsatı kaçırdıklarına inanan Filistinli Arapların çoğu hoş karşılamamıştı.

İngiliz politikası sadece iki yıl önce yürürlükte olan Peel Komisyonu planından keskin bir dönüş yapmıştı. Beyaz Kitap Araplar için büyük bir imtiyazdı. Filistin'deki Yahudiler içinse bu Avrupa'da Yahudiler'in durumunun oldukça kötü olduğu bir zamanda, Belfur Bildirisi'nde 'Musevi vatan' sözü veren İngilizlerin desteğini kaybetmek anlamına geliyordu... Birkaç hafta içinde, Musevi çete örgütleri İngiliz kuvvetlerine saldırmaya başlamışlar, Kudüs'ün merkez postanesine patlayıcı koymuşlar ve Arap bölgesindeki sivillere saldırılar başlatmışlardı. Beyaz Kitap'ın, Filistin'de Musevi İngiliz ilişkisini büyük ölçüde sarstığı çok açıktı. David Ben Gurion günlüğüne, "Şeytanın kendisi bile daha acıklı ve korkunç bir kabus yaratamazdı," diye yazmıştı.

1940 yılıyla birlikte, İngiliz otoriteleri sonunda Arap İsyanı'nı "ciddi karşı tedbirler" ile bastırmışlardı: On binlercesini hapse atmışlar, binlercesini öldürmüşler, yüzlercesi idam edilmiş, sayısı bilinmeyen birçok ev yıkılmış ve ana liderler sürülmüşlerdi. Bunlara müftü de dahildi. Şehirlerde Araplar, kefiyelerini çıkartmışlar, yine feslerini giymişlerdi. Filistin Milliyetçi Hareketi çok derin bölünmüş ve gelecekteki bir anlaşmazlık için tamamen hazırlıksızdı.

***

İki yıl sonra, 16 Şubat 1942'de, gazete başlıkları, İngilizlerin Burma ve Singapur'da Japonlara yenildiklerini ilan ettiler. Libya çöllerinde ve Mısır'da İngiliz kuvvetleri, Nazi tuğgenerali Erwin Rommel tarafından düzenlenen şiddetli yeni bir saldırıyla 300 mil geri çekilmek zorunda kalmışlardı. Polonya ve Almanya'dan Nazi gaddarlığı üzerine öyküler yavaş yavaş yayılmaya başlamıştı; Filistin'deki Yahudiler Rommel'in Süveyş Kanalı'nı ele geçirirse doğuya Tel Aviv'e doğru ilerleyeceğinden korkuyorlardı.

Birkaç yıl öncesine göre Kutsal Vatan sakindi. İngiliz Yüksek Komisyonu üyesinin sömürge büyükelçiliğine gönderdiği aylık telgrafta Yahudiler arasında "gerçek bir politik gelişme yok" ve "görünürde Arap tarafında da politik bir hareket yok" diye rapor edilmişti. Komisyon üyesi bir savaş sonrası anlaşmazlığı için olası bir Arap asker toplama çabası üzerine endişelerini ifade etmişti. Hacı Emin el-Hüseyini'nin sürgününü derin derin düşünüyordu. Şimdi eski müftü, İngiliz ve Siyonistlere karşı milliyetçi kavgasını İngiltere İmparatorluğu'nun baş düşmanı ile birlikte ele almıştı: Nazi Almanyası. Eski müftü şimdi Berlin'deydi.

Filistin Devleti'ndeki büyükelçi ayarındaki üye Şubat raporunda, suikastlar yapmaya başlamış olan bir "Stern (Yıldız Grup) olarak bilinen sahte politik terörist bir Musevi grup" hakkındaki endişelerini dile getiriyordu. Ama çoğunlukla komisyon üyesi Londra'ya "Hem Araplar hem de Museviler, bir kez daha hayat pahalılığına ve ihtiyaçlarına odaklandılar: Yiyecek dağıtımı, pamuk fiyatları, ayakkabı temini ve her hafta etsiz geçen günlerin sayısı..." diye bildiriyordu.

El-Ramla'da, belediye reisi Hairi bir kez daha belediye hizmeti görevine başlamıştı, savaş ortamından yararlanan, yasa dışı yollardan yiyecek sağlayan karaborsacılara karşı çıkıyordu ve su çıkmayan kuyularla, şehirdeki su kısıntısıyla uğraşıyordu. "Belediye reisinin düşmanları, hem su, hem de yiyecek sıkıntısını ona karşı bir kampanya yürütmek için kullanıyorlar" diye yazmıştı bölge komisyon üyesi.

Bir başka deyişle, ortada Filistin'in geleceği için yapılacak savaşta bir durgunluk vardı. Ve 16 Şubat 1942'de en azından Şeyh Mustafa su savaşlarından, politik saldırılardan ve Filistin'deki yeni şiddeti beklemekten çok daha güzel bir şeyle aklı başından gitmişti. Yeğeni Ahmed yedinci kez baba olmuştu. İlk defa Zekiye bir erkek çocuk doğurmuştu. Bir ebenin yardımıyla evde doğurmuştu. Zekiye mutluydu ve rahatlamıştı.

"İnanamıyorum—karım sadece kız dünyaya getirirdi," demişti Ahmed. "Erkek kardeşimin kundağını açıp gerçekten erkek olup olmadığına bakması için ailenin genç erkeklerinden birini eve göndermişti," diye anlatmıştı Ahmed'in kızı Hanım.

EV

Şükran için birçok kuzu kurban edilmişti. Gazze'den akrabalar gelmiş ve tüm Hairi kabilesi bunu şarkı ve danslarla kutlamıştı.

Hanım, "Büyük bir kutlamaydı," diye hatırlıyordu. "Sonunda bir erkek kardeşimiz olmuştu."

Çocuğun adını Beşir koydular.

Üç

KURTULUŞ

Genç Musevi satıcı caddenin soğuk kaldırım taşlarında hızla yürüdü. Moşe Eşkenazi ince çoraplar, iç çamaşırları ve diğer fabrika numuneleriyle dolu siyah çantasını Bulgaristan'ın başkenti Sofya'da bir dükkandan diğerine giderken yanında taşıyordu. Birden durdu. Tam gözünün önünde, ayağının altında bir cüzdan duruyordu. Almak için durdu. Sanki birisi yeni düşürmüş gibi iyi durumda ve ellenmemişti. Cüzdan para doluydu. 1943 yılında Bulgaristan'da ailesini geçindirmek için koşuşturan bir satıcı için ufak bir hazineydi. Savaş sırasında, Moşe gibi adamların ailelerinin güvenliğini temin etmeleri çok daha zorlaşmıştı ve bazı adamlar için, beklenmedik şeylere karşı koymak olanaksızdı.

Moşe tereddüt etmedi. Kendisi için mümkün olan tek kararı verdi. Cüzdanı polise götürmek, dünyada yapılacak en doğal şeydi.

Polis karakolunda görevli polis memuru kolu sarı yıldızlı satıcının getirdiği, içeriğine hiç dokunulmamış cüzdan karşısında çok şaşırmıştı. Diğer polis arkadaşlarına danıştı ve çok geçmeden Moşe, karakolun daha kıdemli bir memuru ile tanıştırıldığı başka bir ofise gönderildi. Memur olağandışı ziyaretçisine meraklı baktı: Moşe kısa ve bodur, siyah saçları, kalın kaşları ve açık, sabit bakışlarıyla orada duruyordu. Çok geçmeden, satıcı ve kıdemli polis kendilerini derin bir sohbette bulmuşlardı ve gelecek günlerde, arkadaşlıklarını daha da ilerleteceklerdi.

LİMON AĞACI

Bu öyküyle büyüyen Moşe'nin kızı Dalia 1943'te daha doğmamıştı. Bu konuşmaların içeriğini hiçbir zaman duymamıştı. İki adam savaş hakkında mı konuşmuşlardı? Bulgaristan'ın Nazilerle işbirliğini mi yoksa ülkenin Yahudilere karşı tutumunu mu tartışmışlardı? Bunu bilmiyordu ama bir noktada polis memuru bir devlet sırrını vermeye karar vermişti...

"Yahudileri çok kısa bir zaman içinde ülke dışına sürme planları var," demişti Moşe'ye. "İşlerini düzene koy, aileni al ve buradan git." Memurun bu bilgisi, her ne kadar biraz eksik olsa da, bu bilgi kıdemli bir Bulgar yetkilisinden gelmişti ve Moşe'nin başka uyarıya ihtiyacı yoktu. Erkek kardeşi Jak şehri çoktan terk etmişti ve tepelerdeki Komünist direnişçilere katılmıştı. Moşe'nin böyle bir niyeti yoktu ama birkaç gün içinde o ve karısı, Solya eşyalarını toplamış ve doğuya, Bulgaristan'ın Karadeniz kıyısındaki Sliven'deki aile evine gitmişlerdi. Burada güvende olacaklarını umut ediyorlardı.

1943'ün başlarında Bulgaristan, merkezdeki güçlerle işbirliğinde olan bir krallıktı. Hitler güneydoğu Avrupa'ya ulaşmış Balkanlar'a kadar ve doğusunda Karadeniz ve güneyinde Türkiye ve Yunanistan'ın bulunduğu III. Boris'in krallığının ötesine yayılmıştı. Geçen iki yıl içinde Boris'in hükümdarlığında, Moşe, Jak ve Solya'nın kuzeni Yitzhak Yitzhaki gibi eli ayağı tutan Musevi erkekler, Komünistler ve diğer muhaliflerle birlikte İtilaf kuvvetlerinin savaş makinelerine yakıt yüklemek için yollar ve demiryolları inşa ederek, daha sıcak ayları çalışma kampında geçirmişlerdi.

1943'ün başlarında, Avrupa'nın başka yerlerinden sınırları geçen korkunç öykülerin rüzgarı ile birlikte Bulgaristan'daki Yahudiler gittikçe daha huzursuz oluyordu. Zaten ülkedeki kırk yedi bin Yahudi'nin hakları, yayılan Almanya'nın Nuremberg yasaları kapsamında yok edilmişti.

KURTULUŞ

Moşe, Solya ve ailesi o zamanlar bilemezlerdi, hatta genç bir çift olarak bile, Bulgaristan'ın Güller Vadisi'ni ve Sliven'in dağlarını geçerken, Yahudilerin ülkesinin kaderini belirleyecek duygusal olaylar dizisinin gözler önüne serileceğini bilemezlerdi. 1943 Mart ayının başlarında sıradan vatandaşların hareketi, bir avuç politikacı ve dini lider Bulgaristan'ın yönünü değiştirecekti. Bu olaylar dizisinin merkezinde tüm ülkenin genelindeki Eşkenazi ve ailesi gibi ufak Musevi toplulukları olacaktı. Esas oyuncular, batıda Makedonya sınırındaki bir demiryolu kasabasından ve dondurucu bir Mart sabahında şehrin Yahudilerinin erkenden toplanmaya başladığı, Bulgaristan'ın ikinci büyük şehri Plovdiv'den gelecekti.

*
* *

9 Mart 1943'te gece yarısından biraz sonra, Plovdiv şehrinin hahamının kızı, ailenin küçük odasında Jack London okuyordu. Annesi ve babası uyumuştu ve ev sessizdi.

Kapı zili çaldı. Susannah, üniversiteye gidip astronomi okumayı planlıyordu. Bu, Bulgaristan'da Yahudiler için hayat değişmeden önceydi; babası bir cenazeye başkanlık ederken gece sokağa çıkma yasağına yakalanmamak için acele ederken sadece on dakika eve geç geldiği için hapsedilmeden önceydi.

Şimdi, Susannah Bulgaristan'ın yeraltı anti-faşist hareketinin bir parçasıydı. Yasadışı Genç İşçiler Örgütü'ne katılmıştı ve partizan direnişçiler arasında arkadaşları vardı: Acı soğukta Rodop Dağları'nda beş atarlı Avusturya yapımı tüfekleriyle dolaşıyorlardı. Susannah ve kız arkadaşları, kaçırma ve hasar verme görevlerine meyilliydiler. Yoldaşları bir deri fabrikasını yakmak veya Almanya için konserve sebzelerini hazırlayan hattı sabote etmek istediklerinde Susannah gözcülüğe kalıyordu. Geceleri şehirde anti-faşist bildiriler yapıştırıyordu—"Savaşı durdurun!"; "Almanlar Dışarı!"; "İş istiyoruz!" Bu görev genellikle erkek-kadın çiftlerle yapılıyordu, böylece polisler, işbirlikçi suikastçılar geçerken görevlerini gizlemek için birbirlerine sarılabiliyorlar ve öpüşebiliyorlardı. Evde Susannah yazılı kağıtları harika bir yerde saklıyordu: Babasının İncil'inin arasında.

Susannah kapı girişinde şişman fırıncı Totka'yı gördü. Susannah uyarılmıştı: Totka aynı zamanda Plovdiv polislerinden birinin karısıydı. "Git babanı uyandır," dedi kadın.

Bir dakika sonra, sakallı, yumuşak yüzlü haham pijamalarıyla gözüktü. "Biraz sonra seni ve aileni tutuklamaya gelecekler," dedi polisin karısı. "Altınını bana ver. Saklarım ve sonra sana geri veririm."

"Eğer altınımız varsa bizimle yanar," dedi babası. Susannah bunun ne demek olduğunu biliyordu. Babası Nazi Almanyası'nda duyulan hikayeleri ona anlatıyordu.

Totka gitmişti. Bir saat sonra, sabahın ikisinden biraz sonra kapının zili bir kez daha çaldı ve Susannah karşısında siyah çizmeli ve parlak gümüş düğmeli, mavi kumaş paltolu bir polis buldu. Polis Beharlara birkaç parça eşyalarını toparlamaları ve Musevi okulun arka bahçesinde toplanmaları için otuz dakika süre verdi. Burada sonraki emirleri bekleyeceklerdi.

Susannah'ın annesi şoka girmişti. Birkaç ceket ve bir parça ekmekten başka hiçbir şey toplayamamıştı.

Susannah, erkek kardeşi ve ebeveynleri, Musevi Plovdiv'in kalbi olan dar sokaktan Susannah'ın kız arkadaşı Estrella'nın, Benvesti'nin evinin önünden güçlükle yürüyerek geçtiler. Üniformalı ve sivil bir polis yanlarında yürüyordu. Etraf sessizdi yalnızca çakıllı yerde ayak sesleri vardı. Susannah sabahın erken saatinde açık havada asılı Büyük Ayı ve Küçük Ayı'yı görmek için başını kaldırdı—Büyük Ursa ve Küçük Ursa. Annesi, Susannah'ın başkentteki iki kız kardeşine neler olduğunu anlatamayacağı için endişeleniyordu. Susannah annesini zorlukla duyuyordu. Evi terk etmeden önce babasının söylediği bir şeyi düşünüyordu: "Eğer fırsatını bulursan, kaç," demişti haham.

Beharlar Rusya Bulvarı olarak bilinen kaldırım taşlı yola gelmişlerdi. Burada kilisedeki sobayı yakmak için acele eden Plodiv'in Ortodoks piskoposunun hizmetlisi ile tesadüfen karşılaştılar. Saat sabahın üçüne geliyordu. "Bu saatte aileni nereye götürüyorsun?" diye sordu hizmetli, hahama. "Lütfen Piskopos Kiril'i uyandır," dedi Benyamin Behar aceleyle. "Ona Plovdiv hahamının ve tüm ailesinin tutuklandığını ve Musevi okulunun bahçesinde tutulduğunu söyle. Daha birçok Musevi ailenin çok yakında geleceğini sanıyorum."

Hizmetli koşmaya başladı, paltosunun alt kısmı aceleden yalpalanıyordu. Susannah'a sanki uçuyormuş gibi görünüyordu.

Aynı gün doğuda Sliven kentinin tepelerinde, doğuya birkaç saat uzaklıkta Moşe ve Solya sessizlik ve korku içinde bekliyordu. Moşe, Sofya'da arkadaş olduğu polisin uyarısıyla Solya'nın ailesinin yanında güvenli bir yer bulacağını umut etmişti. Bu umutları ailenin Bulgar yetkililerinden aldığı bir mektup ile sönmüştü: Solya'nın ailesi yirmi kilo yiyecek ve eşya toplayacak ve bir yolculuk için hazır olacaklardı. Nereye olduğu belli değildi; ama Avrupa'nın diğer yerlerindeki zalimlikleri bilen Solya'nın bir hayali yoktu. Yıllar sonra, kızı Dalia'ya olayları anlatırken duyguları aynı canlılığıyla yaşayacaktı: *İşte bu sondu.*

Sliven, Plovdiv ve Bulgaristan'ın diğer kentlerindeki yüzlerce Musevi aile aynı emirleri almıştı. 9 Mart 1943'te, Eşkenazilerin, Beharların, tüm Bulgar Yahudilerinin kaderi Avrupa'da geri kalan Yahudilerle aynı olacakmış gibi görünüyordu. Gerçekten, en az iki yıldır anti-Yahudi kanunlar ve Bulgaristan'ın Hitler ile işbirliği olayların bu şekilde olacağını açıkça göstermişti.

1941'de, uzun süre II. Dünya Savaşı'nda tarafsız kalmaya çalışan Kral Boris sonunda İtilaf Kuvvetleri'ne katılmıştı. Bu, Alman işgalini önlemiş ancak faşist hükümetin oluşmasına neden olmuştu. Yahudileri en çok hakir gören Bulgarlar, onların kaderlerinin amiri olmuşlardı. Buradaki kilit adam Aleksander Belev'di, Bulgar Milli Faşist Birliği yani Ratnitsi grubunun eski üyesiydi. Belev, Bulgaristan'daki "Musevi sorunu"nun en önemli yetkilisiydi. Berlin'e, 1935 Alman Kanını ve Alman Şerefini Koruma Yasası'nı ve diğer Nuremberg ırkçı kanunları incelemeye giden Belev'di, bunlar Bulgaristan'da 1941'de Milli Savunma Yasası'nın çıkmasına neden olmuştu.

Bu ve diğer buna benzer kanunlarla Almanya'daki Yahudilerin yasal hakları kısıtlandıkça, Bulgar Yahudilerine de zalimlikler resmen başlamıştı. "Musevi Evi" tabelasının her Musevi evinin kapısına asılması isteniyordu. Yahudiler sokağa çıkma yasağına uymak zorundaydılar ve politik partilere ve sendikalara üye olmalarına artık izinleri yoktu. Yahudiler, Musevi olmayanlarla evlenemezlerdi, hava saldırılarında sığınaklara giremezler veya arabaları, telefonları veya radyoları olamazlardı. Sarı yıldız takmaları zorunluydu.

Solya'nın kuzeni, kuvvetli, yakışıklı, yirmi yaşında olan Yitzhak Yitzhaki Sırbistan yakınlarında bir çalışma kampına gönderilmişti. Her gün fasulye tayınını yiyordu, bazen sosis, ekmek ve *kaşkaval (Bulgarların sarı peyniri)* onu ziyarete gelen aile bireyleri tarafından içeri gizlice sokuluyordu veya yerel köylüler Musevi mahkum doktorlara tedavi karşılığı olarak bunlardan getiriyorlardı. Mahkumların ve köylülerin yiyecekleri gardiyanlarla paylaşılıyordu. Mahkumlar, günlerini kayaları kırarak ve geceleri gaz lambası ışığında evlerine mektup yazarak geçiriyorlardı. Daha soğuk aylarda, biraz daha sıcak tutacak giysileri vardı; ilkel şartlarda, kısıtlı ilaç olanaklarıyla, hastalık sıkça çabuk yayılıyordu. Bir keresinde, malarya salgınında mahkumlar bir ev tedavisi denemişlerdi: Kampın yakınlarında yakaladıkları kaplumbağaların kanını içmişler, sonra ateş üzerinde kızartmışlardı. "Bu şartlar altında, kızarmış kaplumbağalar çok lezzetliydi!" demişti Yitzhaki. İlkbaharda mahkumlar bir şov, Offenbach'ın *Güzel Helena* operetini hazırlamışlardı. "Kıdemli Bulgar komutan, kampındaki yeteneklerden gurur duyuyordu, şov için bir sürü memur çağırmıştı," diye anlatıyordu Yitzhaki. "Avrupa'da olanlar ile karşılaştırıldığında bizler aslında çok şanslıydık."

Kamplarda bazı davranışlar çok kabaydı. Bir yoldaşı istemeyerek bir çadırı ateşe verdiğinde Yitzhaki kurşuna dizilmekle tehdit edilmişti. Bulgaristan, Avrupa'nın diğer yerlerinden gerçekten farklıydı. Tüm hızıyla Bulgar Yahudileri imhaya doğru itilirken, bir şeyler onları geri itiyordu. Anavatanda çok fazla vatansever vardı, faşist kanunlara güçlü tepkiler gerekirdi; kanunlar Bulgarların tarihine ve kimliğine aykırıydı.

1492'de Yahudiler İspanya'dan kovulduklarında, İstanbul'daki Osmanlı Sultanı Cadiz'e gemiler gönderip binlerce Yahudi'yi imparatorluk topraklarına getirmişti. "İspanya kralı Ferdinand'ın akıllı olduğu söylenirdi ama hazinelerinin hepsini bana gönderdiği için o bir aptal," demişti II. Beyazıt. Kısa zamanda Yahudiler Bulgaristan da dahil olmak üzere tüm Osmanlı İmparatorluğu'na yayılmışlardı. Burada alçakgönüllü at arabalı ve sessiz köy köşelerindeki toplumlarda, Avrupa'nın diğer yerlerinden daha az anti-semitizmle karşılaşmışlardı. 1870'lerde Bulgaristan, bağımsızlığı için savaşırken Yahudiler de onlarla Osmanlı boyunduruğundan kurtulmak için vatandaşlarıyla beraber savaşmışlardı; Plovdiv Yahudileri Bulgar Devrimi kahramanı, Vasil Levski'yi saklamışlardı. Levski, Bulgarların George Washington'uydu, Bulgar demokrasisi için kendi görüşünü şöyle belirlemişti: "Kardeşlik ve tüm milliyetler için tam eşitlik. Bulgarlar, Türkler, Yahudiler, v.s. her bakımdan ve her yönden eşit olacaklar..." Bu kelimeler daha sonra ülkenin 1879 Anayasası'nda yer almıştı, o zamanlar Avrupa'nın en ilerici anayasası olarak görülüyordu.

Altmış yıl sonra Aleksander Belev, Kral Boris'in faşist hükümeti için anti Yahudi kanunlarının taslağına yardım edince, Bulgar toplumunun hemen hemen her kesiminden protestolar ve uyarılar sel gibi akmıştı. Kral'a, parlamentoya ve başbakanlık ofisine doktorlar, politikacılar, entelektüeller, terziler, teknisyenler, ayakkabı tamircileri, tütün işçileri, sokak satıcıları ve Bulgar Ortodoks Kilisesi mektup ve telgraf göndermişlerdi.

Biz, Plovdiv'den yiyecek işçileri, sadece ulusu bölmeye yarayacak, böylesine gerici kanunların var olmasından dolayı şaşkınlık içindeyiz...

Biz, Musevi işçilerle yan yana çalışarak ve hayatın adaletsizliğini beraber yaşayan ve Bulgar insanları için mal üreten tekstil işçileri olarak, Bulgar işçi sınıfının çıkarlarına ve ideallerine karşı olan Milli Savunma Yasası'nı protesto etmek amacıyla sesimizi yükseltiyoruz...

Milli Savunma Yasası'nı uygulamakla kimin kazanacağını anlayamadık. Kesinlikle Bulgar zanaatçıları değil. Biz geleneklerin parçalanmasını protesto ediyoruz...

Biz Plovdiv'den hamur işçileri derin öfkemizi belirtiyoruz... bu hesap her zaman Bulgar insanlarının ruhunun bir parçası olan demokrasi anlayışına kesinlikle karşıdır.

Bulgar Komünist Partisi, gizli gazetesi ve yeraltı radyo istasyonuyla devamlı uyarılarda bulunuyordu. "50.000 Yahudi'nin kaderi bizim insanlarımızınkiyle birbirinden ayrılmaz bir şekilde bağlıdır."

KURTULUŞ

Eski hükümet bakanları da parlamentoya şöyle yazmışlardı:

Zavallı Bulgaristan! Biz yedi milyon insanız, hâlâ ulusal düzeyde hiçbir sorumlulukları olamayan 45.000 Musevi'nin ihanetinden korkuyoruz ve onlardan korunmak için olağanüstü kanunları geçirmeye gereksinim duyuyoruz. Ya sonra? Beyler! Şimdi karar verin! Anayasamızın ve bağımsızlıklarını savunan Bulgar insanlarının arkasında mı duracaksınız yoksa politik çıkarcılar ile birlikte ülkemizin hayatını ve geleceğini kazarak yüzünüzü mü kızartacaksınız? Şehirlerde ve kırsal bölgelerde herkes aynı şeyi söylüyor: Keşke Levski ... burada olsaydı ... Bizi kovalar ve düşüncelerinin, sadece Bulgaristan adına öldüğü hürriyetin ne anlama geldiğini anlamamızı sağlamak için bizi kamçılardı...

Bu yasaya dönük yapılan protestolar, Kral'dan, "Musevi sorunu" yetkili faşist hükümet memurlarına kadar tüm Bulgar otoritelerine bir uyarı olmuştu: Yahudi milletine yapılan bu kötü davranış fark edilmeden kalmayacaktı. Bu sebeple, Bulgaristan'daki Nazi idealistlerinin en ateşli hizmetkarı olan Belev mümkün olan en çabuk ve sessiz bir şekilde çalışıyordu.

Ekim 1942'de, Berlin'deki Nazi yetkilileri Sofya'daki ofislerine bir mesaj göndermişlerdi: "Lütfen Bulgar hükümeti ile temasa geçin ve yeni Bulgar yasalarıyla madde madde belirlenmiş Yahudilerin boşaltılma sorununu tartışın... Biz bu Yahudileri kabul etmeye hazırız."

Musevi sorunu komiseri olarak Belev'in "Yahudilerin eyaletlere veya krallık dışına kovulmalarını" görmezden gelme gücü vardı. Ofis için gerekli sermayenin büyük bir kısmı Musevilerin dondurulmuş varlıklarından geliyordu.

LİMON AĞACI

1943 yılının Ocak ayında, Nazi Almanya'sının Paris Musevi sorunu sorumlusu, Theodor Dannecker, Sofya'ya geldi. Burada Belev ile Bulgaristan sınırları içindeki yirmi bin Yahudi'nin tahliyesinde birlikte çalışacaktı. Bu birkaç toplu tahliyenin ilkiydi. Bir ay sonra, iki adam tren istasyonlarını, (Skopje'de: 5.000 kişi 5 trenle... Dupnitsa'da: 3.000 kişi 3 trenle...), hedeflenen tarihleri (Skopje ve Bitola'da toplanmış Yahudiler 15 Nisan 1943'ten sonra gönderilecekler...), istisnaları ("bulaşıcı hastalığa yakalanmış Yahudiler dahil değildir..."), güvenliği, ödemeleri, programları ve pişmanlık taşımayan bir taahhüdü ("Hiçbir durumda Bulgar hükümeti gönderilen Yahudilerin geri dönüşlerini istemeyecektir,") belirleyen Dannecker-Belev Anlaşması'nı imzaladılar.

Anlaşma bu 20.000 Yahudi'nin, Almanya'nın Bulgaristan'a işgal etmesi için bıraktığı "yeni bağımsız olmuş ülkeler" olan, Makedonya ve Trakya'dan gelmesini şart koymuştu. Ancak Belev ve Dannecker işgal edilmiş bu bölgelerde çok fazla Yahudi'nin olmadığını fark etmişlerdi; en azından 7.500'ü "eski Bulgaristan"dan gelecekti, Eşkenaziler, Beharlar ve diğer Yahudiler yetkililerden emir bekliyordu.

22 Şubat'ta, Belev Almanya ile bir anlaşma imzaladı, ofisi Musevi komiserliğinin yirmi bir bölge temsilcisine bir muhtıra gönderdi. "Özel. Çok gizli," diye başlıyordu.

> Bu mesajı aldıktan sonra 24 saat içinde lütfen şehrinizdeki zengin, tanınmış veya halkın temsilcisi olduğu düşünülen Yahudilerin listesini komiserliğe gönderin. Lütfen bu listeye kendi toplumlarında lider olarak hareket eden ve yerel Musevi toplumunda Musevi ruhunu destekleyen veya devlete karşı düşüncelerini veya hislerini ifade eden Yahudileri de ekleyin...

KURTULUŞ

Bir sonraki gün, Belev, "eski Bulgaristan"dan Yahudilerin gönderilmesinin yolunda gittiğinden emin bir şekilde, "yeni ülkelere" seyahat etti. Belev gizliliğin önemli olduğuna inanıyordu. "Sürgün," İçişleri Bakanı Petur Gabrovski'ye bir not ile zaten iletilmişti: "Çok sıkı gizlilik içinde tutulmalıdır."

Buna rağmen Makedonya ve Trakya'dan Yahudilerin sınırdışı edilmesini izlemek üzere güneye gitmiş olan Belev geri dönerken bu sıkı planında sızıntı olduğunu görmüştü.

Şubat'ın sonlarına doğru, Sofya polisinin Moşe Eşkenazi'ye Yahudi tahliyesini açıkladığı zamanlarda, genç bir Bulgar memure de bu rahatsız edici sırrı tutamayacağına karar vermişti. Liliana Panitsa Musevi bir arkadaşını aramış ve gizli bir buluşmada Makedonya'daki Yahudilerin sınırdışı edileceğini söylemişti. Verdiği bilgiler güvenilirdi ve kız bunu büyük bir risk alarak dışavurmuştu: Bayan Panitsa, kimine göre Aleksander Belev'in sekreteri ve kimine göre aynı zamanda sevgilisiydi.

Aşağı yukarı aynı zamanlarda, Musevi bir tanıdıkla sokakta tesadüfen karşılaşan Sofyalı bir gözlükçü, para karşılığında bir parça daha önemli bir bilgi vermeyi teklif etti. Gözlükçü rüşvetini aldı ve hükümetin Bulgaristan Yahudilerini sınırdışı etme planını açıkladı. İçişleri Bakanı Gözlükçü Petur Gabrovski ve bir önceki Bulgar Faşist Örgütü Ratnitsi üyesinin kayınbiraderiydi.

Gözlükçü, Makedonya ile sınır teşkil eden dağlık bölgeye yakın, etrafı meyve bahçeleri ve buğday tarlaları ile çevrili sakin bir dağ kasabası olan Köstendil'de büyümüştü. Gelecek birkaç gün içinde, güzel gölgeli sokaklarıyla, bir çubukta elma şekeri ve kiraz satan sokak satıcılarıyla, kuzu çorbası ve Bulgar şarabı satan aile kafeleriyle Bulgaristan'ın meyve sepeti olan bu yer, Bulgar Yahudilerinin geleceklerine karar verilecek olan savaş meydanı olacaktı.

LİMON AĞACI

Gelmekte olan felaketin korkusu Köstendil'i sarmıştı. Yerel bir cam fabrikası sahibi sınırdışı edilme dedikodularını etrafa yaymıştı; çoğunlukla Almanlarla iş yaptığından bilgisi doğru gözüküyordu. Bir Makedonyalı lider de bu sırrı öğrenmişti, büyük bir olasılıkla Aleksander Belev'in evindeki bir parti sırasında hemen Musevi arkadaşlarını uyarmıştı. Köstendil'in bölge valisi, resmi görevine ve rüşvet alma ününe rağmen, sessiz kalamamıştı: Planları doğrudan Belev'in ofisinden öğrenince, önemli bir Musevi eczacı, Samuel Barouch'u uyarmıştı.

Çok geçmeden Köstendil'deki her Yahudi Belev'in gizli planlarından haberdardı. Korkutucu söylentiler dolaşmaya başlamıştı: Tren istasyonuna yakın olan Fernandes tütün deposu Yahudileri buraya yerleştirmek için boşaltılmıştı. Belev'in ofisi tarafından Yahudilerin bir listesi hazırlanmıştı ve aileler kimin adının o listede olduğunu düşünmeye başlamıştı. Kapalı yük vagonları uzun kuyruklar oluşturmuştu, komşu kasabalardan çoktan toplanıldığı söyleniyordu.

Mart ayının başlarında, şehirde oturanlar Trakya'dan gelip Köstendil'in yakınlarından geçen trenleri görmeye başlamıştı. Trenler ağlayan ve yiyecek dilenen Yahudilerle doluydu. Şaşırmış sakinler ve yakınlardaki çalışma kamplarına hapsedilmiş Yahudiler vagonların yanında koşuyorlar, geçerlerken içlerine ekmek atıyorlardı. Aynı sahneler Ortodoks piskopos ve ülkenin en üst dini görevlisi olan Metropolitan Stefan tarafından da kaydedilmişti. "Gördüklerim dehşet ve zalimlik tanımını aşmıştı," diye yazmıştı piskopos. "Yük vagonlarında, yaşlılar ve gençler, hasta ve sağlıklılar, bebeklerini emziren anneler, hamile kadınlar vardı, sardalye kutusundaymış gibi paketlenmişlerdi ve ayakta durmaktan yorulmuşlardı; çaresiz bir şekilde yardım, merhamet, su, hava, bir parça insanlık için haykırıyorlardı." Stefan başbakana bir telgraf çekmiş, ondan bu Yahudileri

Polonya'ya (bir bebeğin kulağına bile uğursuz gelen bir isim) göndermemesi için yalvarmıştı.

Köstendil'de, Makedonya ve Trakya Yahudilerinin akıbeti yayılırken ve yeni sınırdışı söylentileri yüzeye çıkmış, Yahudiler paniklemeye başlamışlardı. Mati adında genç bir kadın aile albümünü Musevi olmayan, Vela adında yakın bir arkadaşının evine getirmişti. Vela anti-faşist hareketinin bir direnişçisiydi; Plovdiv'deki hahamın kızı Susannah Behar gibi, bu iki arkadaş Yunanistan yakınlarındaki dağlarda savaşan Partizanlara destek vermek üzere yeraltında çalışıyorlardı. Mati boynunda ufak siyah ipekten bir para kesesi taşıyordu. İçinde annesinin, babasının ve kız kardeşinin saçlarından birer bukle ve aile birbirinden ayrılırsa diye bozuk para vardı.

Mati ağlıyordu. "Vela" dedi, "eğer geri gelecek kadar şanslı olursam, albümümü geri alırım. Ama eğer geri gelemezsem, lütfen benden bir hatıra olarak bunu sakla." Arkadaşına garip şekilde bakıyordu: "Polonya'dan bir kalıp sabun alırsan, lütfen yüzünü yıka. Büyük bir olasılıkla benden yapılmış bir sabun olacaktır. Ve böylece ben de yüzüne bir kez daha dokunabileyim."

6 Mart'ta, Köstendil'deki Yahudiler hareket etmişti. O gün eczacı Samuel Barouch, Sofya'daki kardeşi Yako'ya sınırdışı edilmeleri anlattı. Politik olarak başkentte iyi bağlantıları olan Yako, bakanlık ve parlamentodaki ilişkileriyle temas kurmaya başladı. Birçok uyarıcı ve genelde verimsiz toplantıdan sonra, eski bir kolej arkadaşı olan Parlamento Başkan Yardımcısı Dimitur Peshev'i aradı. Peshev Köstendil'de büyümüştü ve her ne kadar Milli Savunma Yasası'nı desteklediyse de, Yahudilerle şahsi ilişkileri gayet iyiydi. Yako'nun kardeşi Samuel, eczacı ile arkadaştı ve onunla Köstendil'de beraber çok zaman geçirmişti, uzo içmişler ve kafelerde baklava yemişler ve kasabanın genel hamamının mineral sularında rahatlamışlardı. Peshev'in

kız kardeşi, Yako'nun kız kardeşinin süt kardeşiydi: Birbirlerinin bebeklerine süt vermişlerdi. Yako Peshev'e yakınlaşması gerektiğini anlamıştı; başka çaresi kalmamıştı. Yako aynı zamanda stratejik bir nedenden ötürü Peshev ile çalışmak zorundaydı. Belirtilen kanunda sadece "yeni hürriyetine kavuşmuş bölgeler"deki Yahudilerin bu tür sınırdışı operasyonuna hedef olduklarını öğrenmişti. Her ne kadar korkunç olsa da yasada "eski Bulgaristan" Yahudilerini kurtarmaya yarayacak bir açık nokta olduğu görünüyordu. Aynı gün, Köstendil'e varan Makedonya lideri Vladimir Kurtev, Sofya'da dolaşan dondurucu detayları anlatıyordu. Musevi arkadaşlarına trenlerin geldiğini ve Köstendil'deki tüm Yahudilerin Polonya'ya sınırdışı edileceklerini söylüyordu.

Şehirdeki Yahudiler paralarını toplamaya başlamıştı. Belki Bölge Valisi Liuben Miltenov, Sofya'ya bir heyetin gitmesine izin verirdi. Yahudilerin özel kağıtları olmadan seyahat etmeleri yasaktı ve heyetin Peshev ve diğer parlamento üyeleriyle görüşebilmesi için başkente gidebilmesi gerekiyordu. Hileli olacaktı: Her ne kadar Miltenov, eczacı Samuel Barouch'u sınırdışına yollama planlarına karşı uyardıysa da, rüşvet almaya alışmış bir politikacı olarak ün yapmıştı. Bölge valisinin seyahat izinlerini vermesi için "ikna" edilmesi gerekecekti.

Tüm şehirde Yahudiler ceplerini boşaltmışlardı. Bağışlar, acil durum grubunun toplandığı şehir merkezindeki bir Musevi evine getirilmişti. Grup, yakın zamanda Sofya'dan üç yaşındaki kızıyla gelmiş genç bir kadını, Violeta Conforty'i parayı Miltenov'a götürmesi için seçmişti. Diğer rüşvetler ve heyetin seyahati için de para biriktirmişlerdi.

Banknotlar, kıvrımları açılmış, düzeltilmiş ve bir yığın halinde büyük kumaş bir çantanın içine konulmuştu. Violeta bu kadar nakit parayı daha önce hiç görmemişti, alışveriş çantasında bundan çok daha azı bulunurdu. Açık ve soğuk bir sabah

KURTULUŞ

Miltenov'un ofisine giden kısa mesafeyi yürürken şimdi çok uzakta, çalışma kampında olan kocasını düşündü. Miltenov'un ofisine geldiğinde, çantayı ona verdi. "Bana birtakım belgeler vereceğiniz söylenmişti. Belgeler nerde?"

"Sana belgeleri veremem," dedi Miltenov.

"O zaman paramı geri ver," dedi Violeta valiye.

"Hayır, paranı sana geri vermeyeceğim," diye cevap verdi vali. "Lütfen odadan dışarı çık."

Sarı yıldızlı genç kadın ayağa kalktı ve ofisten çıktı. Parasız ve belgesiz, yıkılmış bir halde eve geri döndü. Hiçbir Musevi heyet başkente gidemeyecekti. İşte o zaman, Violeta, Köstendil'deki birçok Yahudi'nin umutlarını kaybetmeye başladıklarını hatırlıyordu; işte o zaman, Köstendil'deki diğer şehirliler kendi planlarını oluşturdular.

Asen Suichmezov Yahudiler arasında büyümüştü. İri bir adamdı, boyu belki de 1.90'dı, çok iştahlıydı, Köstendil'de deri ve palto dükkanının olduğu caddenin karşısındaki Musevi kafede kebap yemeyi ve kuzu çorbası içmeyi severdi. Hatta İspanya'dan gelmiş Sefarad Yahudilerinin konuştuğu, 450 yıl sonra bile Balkanlardaki Yahudilerin ana dili olan, Yahudi İspanyolcası olan Ladino konuşurdu.

Savaşın başlarında, Suichmezov Makedonya'ya iş gezisine gitmişti. Üsküp'te Musevi mallarının elden çıkarıldığını görmüştü. Sahipleri Polonya'ya gönderilmişlerdi; Suichmezov donakalmıştı. Mart ayının başlarında, Köstendil Yahudilerinin toparlanacağı tütün deposu hikayesini duymuştu. Günde on beş, yirmi kez, endişeli Musevi arkadaşları, trene bindirilmeden önce şehirde yakalanmış Yahudileri doyuracakları söylenen büyük çorba kazanlarının geleceği söylentilerini sorurlardı. Suichmezov hiç teminat veremiyordu.

LİMON AĞACI

Musevi arkadaşları Suichmezov'un dükkanının önünden geçerlerken "Hoşça kal Asen! Bir daha seni göremeyeceğiz!" diye bağırıyorlardı. Bu kadere karşı çıkan diğer Yahudiler bu sempatik iş adamına, Sofya'ya gitmesi ve parlamentoda Dimitur Peshev ile onların namına görüşmesi için baskı yapıyorlardı. Suichmezov kabul etti. "Yahudilere onları savunacağıma dair söz vermiştim," diye yazmıştı yıllar sonra dükkan sahibi. "Ve bundan dönmeyecektim."

8 Mart gecesinin ilk saatlerinde Suichmezov ve başka üç adam Sofya gezisine başlamıştı. Kırk kişi başlayan heyet dörde düşmüştü; bu parlamento ve onun başkan yardımcısı, Dimitur Peshev'e giden Köstendil heyetinin tamamıydı.

Dört adam, sarı tuğlalı ve zemini geniş parke taşları ile döşenmiş Köstendil tren istasyonunun platformuna geldiklerinde, Yahudileri sınırdışına götürecek yük vagonlarının uzun bir kuyruk oluşturduğunu gördüler. Son durakları, sonra öğrenecekleri, Treblinka ölüm kampıydı.

Platforma yaklaştıklarında, ortaklıkta polislerin dolaştığına dikkat ettiler; birinin onların parlomentoya gidişlerini yetkililere haber verdiğini ve onların Sofya trenine binmelerini engelleyeceklerini düşündüler. Hemen, bir sonraki istasyon olan Kopelovski'ye giden bir atlı arabaya bindiler. Dört adam trene buradan bindi ve başkente, Dimitur Peshev ile görüşmek için kuzeye doğru hareket etti.

※※

Aynı zamanlarda, belki de 1943'ün Mart ayının aynı gecesinde, Moşe ve Solya Sliven'deki ebeveynlerinin evinde oturarak bekliyorlardı. Kimse ne toplaması gerektiğini, ne konuşacaklarını, nasıl bekleyeceklerini, hatta nereye gittiklerini bile bilmiyordu. Moşe ve Solya üç yıl önce Sofya'da Balkan sinagogunda basit bir törenle evlenmişlerdi. Solya kuzguni siyah saçlarını omuzlarına serbest bırakmıştı; Moşe takımı içinde sinirli, ciddi bir şekilde dimdik duruyordu, tüm sorumlulukların ağırlığını omuzlarında taşıyordu. Genç çift hahama ve kutsal sandığa yüzlerini dönmüşlerdi. Düğünleri Musevilere karşı alınacak olan önlemlerin yürürlüğe konulup Moşe'nin çalışma kamplarına gönderilmesinden iki hafta önce yapılmıştı. Şimdi 1943'ün Mart ayında gece Sliven'de, hemen Güller Vadisi'nin arkasında, aile sessizce oturuyordu.

Altmış mil güneydoğuda, sabahın üçünde, Haham Behar ailesi ile birlikte Plovdiv'deki Musevi okula gitmek için Rus Bulvarı'nda yürüyordu. Sonunda, okulun boş avlusunu çevreleyen siyah demir parmaklıkları gözükmüştü. Haham Behar ve karısı, arkalarında Susannah, erkek kardeşi ve iki polisle birlikte kapıdan girdiler. Aile ilk bir saati soğuk avluda tek başlarına geçirdi. Sonra hahamın tahmin ettiği gibi kolları giysiler, battaniyeler, sarı peynir ve yuvarlak siyah Bulgar ekmekleri ile dolu kollarıyla diğer Musevi aileler doluşmaya başladı.

Güneşin doğuşundan hemen sonra Piskopos Kiril'in hizmetkarı gelerek, piskoposun harekete geçtiğini söyledi. Kiril, Kral Boris'e bir telgraf göndermiş, "Tanrı'nın adına bu talihsiz insanlara merhamet etmesi için" yalvarmıştı. Piskopos polis şefine de bir mesaj göndermişti: "Şimdiye kadar hükümete sadık olan ben, şimdi bu konuda bağımsız hareket etme ve sadece vicdanımın sesini dinleme hakkımı kullanıyorum."

Kiril şimdiye kadar "1.500-1.600 Yahudi'nin" Plovdiv'deki okulun avlusunda toplandığını tahmin ediyordu. Plovdiv'deki yaşayanlar da bu durumu öğrenmiş ve okulun dışında protesto için toplanmıştı; şimdi parmaklıkların her iki tarafında da kalabalık vardı. "Halk arasında çok büyük bir öfke vardı," diye anlatıyordu Kiril.

LİMON AĞACI

Bir görgü tanığı Kiril'in o sabah Musevi okula gittiğini ve "Çocuklarım, bunun sizin başınıza gelmesine izin vermeyeceğim. Demiryolu üzerine yatacağım ve sizlerin gitmenizi engelleyeceğim," dediğini hatırlıyordu.

Susannah bunu hatırlamıyordu ama okul bahçesinin müştemilatının gevşek tahtasından gizlice sürünüp bir arkadaşıyla acil durum planı yaptığını hatırlıyordu: Zamanı geldiğinde gizlice kaçacak ve Rodop Dağları'nda partizanlara katılacaktı. Okul bahçesine gizlice tekrar geri dönünce babasına bu planı anlattı. Eğer sınırdışına sürülmeleri yakın zamanda olacaksa, haham ve kızı, Susannah'ın faşist monarşiye karşı savaşan silahlı çetelere katılmak üzere kaçması konusunda anlaşmışlardı. Moşe'nin erkek kardeşi, Jak, çoktan onlara katılmıştı.

Bu arada Köstendil'de, şehrin Yahudileri endişeyle başkentten, parlamento başkan yardımcısı Dimitur Peshev ile görüşmeye giden heyetten gelecek haberleri bekliyorlardı.

Dimitur Peshev sağlam vücuduna oturan şık takımlardan çok zevk alırdı; istisnasız, hepsinin göğüs cebinde üçgen, beyaz temiz bir mendil bulunurdu. Kol düğmeleri takardı ve saçlarını yağlayarak özenle geriye tarardı.

Peshev kız kardeşi Sofya'nın dairesinin üçüncü katındaki bir odada yalnız başına yaşıyordu. Tavla oyununu ve Voltaire'i seviyordu. Sık sık fötr şapkası ve iliklenmiş paltosu ile aşağı inip ufak yeğenlerini çağırırdı. Dantel elbiseleri ve parti ayakkabılarıyla amcalarının elini tutarlar ve yakınlarındaki şekerci dükkânına giderlerdi.

Dimitur Peshev, "milli ülküler, saf ve kutsal bir şey için evrensel insani bir çaba" üzerinde hayaller kurarak çok zaman geçirmişti. Parlamento demokrasisine inanıyordu. Bulgar Nazi taklitçilerini, "sloganları heyecanla okuduklarında" ve kahverengi üniformalarıyla yürürlerken "soytarı ve zavallı vodvil oyuncularına" benzetiyordu.

Yine de Peshev Kral III. Boris'in faşist lehtarı hükümetinde, parlamento başkan yardımcısıydı. Genç avukat işçi rejiminin sert kurallarına tanık olunca sosyalizmden hayal kırıklığına uğrayarak büyümüştü. Faşistlerle birlikte olmasını Avrupa jeopolitik durumun bir gerçeği olarak görüyordu. Geleceğini Kralın ve Bulgaristan'ın Nazilerle anlaşmasına bağlayarak, Peshev, Bulgaristan için milli egemenlik temin etmenin bir yolunu arıyordu. Ülkenin Almanya ile ilişkileri istikrarsızdı; nasıl olduysa ülke işgal edilmeden kalmayı başarmış, hatta anavatanının eski topraklarını geri bile almıştı. Kral gibi, Peshev de dış politikanın bu tehlikeli dengesinde Hitler'in onayının gerektiğine inanıyordu. Yıllar sonra, Milli Savunma Yasası'na kabul oyu verdiğini hatırlayacak ve şöyle yazacaktı: "Bu fedakarlık, Yahudilere konulan bu kısıtlamalar, her ne kadar acı verici olsa da, geçici ve en uç noktalara götürülmeyeceğinin bilgisi ışığında yapılmıştı." Şimdi Yahudi ulusunun kaderi herkesten çok bu adamın elindeydi.

9 Mart sabahında Asen Suichmezov Sofya caddesinde bir şapka dükkanının önünde durdu ve Dimitur Peshev'in evinin zilini çaldı. Suichmezov ve 3 refakatçısı bir gece önce Köstendil'den gelmişti. Peshev adamları evine davet etti, burada Suichmezov gözyaşları içinde Köstendil olayını, tren istasyonundaki uzun tren vagonlarını anlattı.

Son haftalarda yapılan birçok toplantıda Bulgaristan millet meclisi başkan yardımcısı, hatırı sayılır bir zaman ve enerji harcayarak, Yahudilerin sınırdışı edilmesinin söz konusu olmadığını açıklamaya çalışmıştı. Eğer olsaydı, kesinlikle bundan haberi olacağını söylemişti. Ama 9 Mart sabahı Suichmezov ve diğerleri onun önüne geldiklerinde Peshev bu olayı soruştur-

LİMON AĞACI

maya başlamıştı. Sınırdışı edilme söylentilerini Köstendil'deki çok yakın bir Musevi arkadaşından duymuştu. Bir parlamenterin Makedonya'dan anlattığı acıklı hikayeleri dinlemişti: "Yaşlı insanlar, kadın, erkek ve çocuklar eşyalarını taşıyor, yenilmiş, korkmuş, güçsüz insanlar yardım istiyor, bilinmeyen bir hedefe doğru sürükleniyor ... ancak bunun zihinlerindeki en karanlık korkularını oluşturabilecek bir kader olduğunu düşünüyorlardı..." Suichmezov ve diğerlerinin gelmesinden kısa bir süre önce, Peshev duyduğu söylentilerin gerçek olduğunu anlamıştı. Bu noktada Dimitur Peshev –meclisin kralcı üyesi, parlamentonun lideri, Nazilerle anlaşma yapan, Yahudi ulusuna karşı yapılan sert kısıtlamalara kabul oyu veren bu adam– bir seçimle karşı karşıyaydı. Bu, belki de karmaşık ve kırılgan hikayede Bulgaristan tarihini Avrupa'dan sonsuza kadar kesin bir şekilde ayıracak en önemli andı.

"Hareketsiz kalamam," diye karar verdi Dimitur Peshev. "Buna maruz kalan insanlar ve ülkem için bu tehlikeli sonuçlara vicdanım ve anlayışım izin vermez. O zaman gücümün yettiği kadarıyla, Bulgaristan'ı dünyanın gözünde küçük düşürecek ve hak etmediği şekilde utançla yakacak bu planın işleme konulmasını engellemeye karar verdim."

Peshev adamlara öğleden sonra üçte parlamentodaki ofisinde buluşmalarını söyledi. Başbakanla görüşmeye çalışmak artık şarttı.

Üç adam tekrar öğleden sonra üçte parlamento binasında buluştular. Ama Başbakan, Peshev ve Köstendil'den gelen heyetle görüşmeyi reddetti. Sınırdışına gönderilme emri yerinde kaldı. Artık 9 Mart günü akşamüstü olmuştu; sınırdışına gönderilmelerin başlama zamanı çok yaklaşmıştı. Fazla seçeneği kalmayan Peshev en kuvvetli, son kozunu oynadı. İçişleri bakanı, Petur Gabrovski ile görüşme talep etti.

Birkaç dakika içinde, Peshev, Suichmezov ve diğer sekiz adam –Parlamento üyeleri ve bazı raporlara göre Sofya'dan birkaç Musevi lider– Gabrovski'nin ofisine gittiler. Adamlar Bakanı Köstendil'deki olaylarla yüzleştirdiler. Gabrovski bu bilgilerin gerçek olduğunu kabul etmedi. Ama Peshev İçişleri Bakanı'nın gergin ve sinirli olduğunu hatırlıyordu. Adamlar ona baskı yaptılar ve Gabrovski yine sınırdışına gönderilme hakkında bilgisi olduğunu kabullenmedi. Bu noktada, heyetten biri, Dannecker-Belev anlaşmasını sordu. Alman-Bulgar belgesi, tren vagonları ve sınırdışı merkezleri detaylı olarak yazan bu gizli planı ortaya çıkarıyordu. Adamlar İçişleri Bakanı'nın böyle bir şeyden nasıl haberi olmadığını öğrenmek istiyorlardı.

Gabrovski kendi itirazlarının tuzağına düşmüştü. Ya kendi bakanlığında ne olduğunu bilmiyordu ya da çok daha büyük bir olasılıkla yalan söylüyordu. Veya Peshev'in düşündüğü gibi, "kendini sıkıcı bir durumdan çekip çıkartmak için yavan sözler" söylüyordu...

Akşamüstüydü. Bir saat içinde parlamento akşam seansı için toplanacaktı. Peshev ve yandaşları görüşmede bu seansı, gizli sınırdışı planlarını anlatmak için kullanmaya hazır olduklarını açıkça söylemişlerdi; eğer bu olsaydı ulusal bir skandal meydana gelirdi. Bu, Avrupa'nın Naziler tarafından işgal edilmiş diğer ülkeleriyle, Bulgaristan'ın yarı-bağımsız merkez ulusunun en can alıcı farkıydı: Hâlâ manevra yapmak için imkan vardı. Bulgaristan'da muhalifler görüldükleri yerde vurulmuyorlardı.

Peshev ve diğerleri İçişleri Bakanı'ndan bir cevap bekliyordu. Sonunda, Gabrovski ayağa kalktı ve odayı terk etti—belki başbakanla konuşmak üzere. Döndüğünde sınırdışına gönderilme işleminin kaldırılamayacağının ama geçici olarak bir süreliğine durdurulabileceğinin haberini verdi. Peshev, Köstendil valisi Miltenov'u aradı ve ertelemeyi bildirdi. Gabrovski'ye resmi aramalarını yapması için baskı yaparlarken, diğer temsilciler evlerini arayarak bu yeni bilgileri ulaştırdılar. İçişleri Bakanı sınırdışına gönderilme emirleri yürürlükte olan Bulgar şehirlerine telgraf göndermesi için sekreterine emir verdi.

Daha sonraki kanıtlar, Kral Boris'in ertelemeyi onayladığını gösterecekti. Sofya'daki bir Gestapo memuru Berlin'deki yetkililere gönderdiği bir belge ile sınırdışına sürülmelerin ertelenme kararını "en yüksek makama" göndermişti. Ama hâlâ Gabrovski –dolayısı ile belki Boris– bu ertelemenin sadece geçici olmasında ısrar ediyordu. Boris emirlerin "yeni topraklardaki" Makedonya ve Trakya'daki 11.300 Yahudi'yi etkilememesi konusunda kesin kararlıydı. Onların sınırdışına gönderilmelerine devam edilecekti. Görünüşte Kral en azından geçici olarak Bulgaristan'daki 47.000 Yahudi'ye bir yaşam şansı vermeyi kabul etmişti, Makedonya ve Trakya'dan gelen Yahudiler ise onun gözetiminde yok edilmişti.

Gabrovski ile görüşmeden hemen sonra İçişleri Ba-kanlığı'nın koridorunun dışında Peshev, Köstendil'den deri dükkanı sahibi ve palto imalatçısına dönmüştü. "Suichmezov elimi sık," demişti Peshev. "Yahudilerin sınırdışına gönderilmeleri durduruldu. Köstendil'i hemen arayıp bu yeni haberi onlara anlatabilirsin."
  Suichmezov meclis binasını diğer Köstendil heyeti ile birlikte terk etmişti. Arka kapıda girişte toplanmış bir grup Yahudi ile karşılaşmışlardı. "Tanrı seni korusun, Asen!" diye bağırdı Köstendil'den genç bir adam. Biraz sonra, Köstendil'e telefon etmek için bir içki dükkanına yürürlerken, bir başka adam onlara yanaştı. Adı Albay Avram Tadger'di, Milli Savunma Yasası ile Yedek Subaylar Birliği'nden zorla çıkması sağlanmış, iki Bulgar savaşına katılmış eski bir askerdi. "Hanginiz Asen Suichmezov'sunuz?" diye sordu albay. Suichmezov kendini tanıttı; albay Tadger palto imalatçısının elini tuttu ve ağlamaya başladı. "Elini sıkmak için geldim," diye açıkladı eski asker. "Cesaretin için bravo!"

KURTULUŞ

Plovdiv'deki okul bahçesi ve yanındaki yüksek duvarlı lise, etraflarında ince kumaşlı bavulları ve elbiselerle dolu torbaları olan yüzlerce Yahudi ile dolmuştu. 10 Mart öğleye doğruydu; sınırdışı edilmeleri erteleme emri hâlâ yetkililere ulaşmamıştı. Kalabalık insan grubu parmaklıkların dışında duruyor, bağırıyor, Yahudilerin gitmemesi için yalvarıyordu.

Susannah Behar, polisin anons yapmak için sessizlik istediğinde duyduğu korkuyu hâlâ hatırlıyordu. Bütün Yahudilerin sıraya girmelerini istediler. Susannah artık partizanlara katılmak için kaçma zamanının geldiğine inanıyordu; sınırdışı edilme şimdi başlayacaktı.

Ama polis herkese evine gitmesini söyledi.

O anda duyulan rahatlama –okul bahçesinde Beharların, Köstendil'de Barouhların ve Confronty'lerin ve Sliven'de yeni haberleri bekleyen Eşkenazilerin– anlatılması mümkün olmayan bir şey olarak altmış yıl sonra tekrar hatırlanacaktı.

Öğleden sonra Plovdiv'deki Yahudiler evlerindeydiler. Birçoğu aceleyle çıktıkları evlerini kilitlemedikleri halde evlerine hiç dokunulmadığını, endişeli komşuları tarafından gözetildiğini anlamıştı.

Akşamüstü, piskopos Kiril, hahamın evini ziyarete gitti. Susannah, hahamla babasının çalışma odasına özel bir toplantıya girmeden önce, piskopos başlığı ve gümüş başlı asasıyla ailenin her bir bireyine sarıldığını hatırlıyordu. Çalışma odasına doğru giderken, piskopos durdu ve hahamın çocuklarına baktı. "Tüm Bulgar Ortodoks Kilisesi, Yahudilerin tarafında olacak," diye söz verdi.

Ve gelecek aylarda da öyle yaptı. Başpiskopos Stefan, Boris'e manevi baskı yaptı. Kraldan, Bulgar halkının her zaman desteklediği özgürlük ve insanlık hakkını koruyarak, merhametini göstermesini istedi. Piskopos Stefan, "Hakları yok sayılan Yahudi Bulgarlarının feryat ve gözyaşları onlara yapılan haksızlığa karşı yasal bir protestodur," diye ısrar etmişti.

Dimitur Peshev, yetkililerin hâlâ sınırdışına gönderme niyetlerini devam ettirdiklerini fark etmişti. Belki, halkın bilgilendirilmesi hükümeti utandırır diye düşünüyordu. 17 Mart'ta Peshev Başbakana planı protesto eden bir mektup için kırk üç imza topladı. "Biz Bulgar hükümetinin, bazı kötü niyetli söylentilerin öne sürdüğü gibi bu insanların Bulgaristan dışına sürülmesini planladığına inanmıyoruz," diye başlıyordu mektup. "Böyle bir hareket kabul edilemez, bu felaket olur ve ülkeye çok kötü sonuçlar getirir. Bulgaristan'ın onurunu zedeleyen silinmez bir leke olacaktır..."

Peshev'in kendi hükümet planına verdiği halk muhtırasının benzeri görülmemişti. O faşist çoğunluğun bir üyesi, kralın ve Başbakanın taraftarıydı; ama savaşın ortasında, hükümetin sınırdışına gönderme planına karşı olarak azınlığı savunuyordu. Peshev bu hareketinin bedelini ödeyecekti: Birkaç gün içinde başbakan onu parlamentonun başyardımcılığı görevinden uzaklaştırmıştı. Dimitur Peshev bir daha devlet ofisinde olamayacaktı.

1943 ilkbaharı boyunca, Naziler Krala kendi baskılarını uygularken, Belev yeni sınırdışına gönderme planları hazırlamıştı. Bu kez, Yahudiler mavnalarla ülkenin kuzey sınırındaki Danube'ye gönderilecekti. Ama Kral sonunda, Almanya'nın Stalingrad yenilgisinden sonra zayıfladığını ve olası bir Rus veya Batı işbirlikçilerinin Bulgaristan'a gelmeleri düşüncesi ile, bu sınırdışı etme konusunda tereddütteydi. Onun yerine, Mayıs ayının sonlarında bütün Yahudileri Sofya'dan sürdü, ülkenin her tarafına yaydı ve çalışma kamplarındaki işleri kuvvetlendirdi. Eğer bu, Nazileri bir yatıştırma taktiği idiyse gayet başarılı olmuştu; çok yakında III. Reich kırk yedi bin Bulgar

KURTULUŞ

Yahudisi hakkında endişe duyamayacak kadar başka şeylerle meşgul olacaktı.

7 Haziran 1943'te, okul bahçesinde, tren istasyonunda, parlamentoda ve caddelerde meydana gelen Bulgar olaylarından aylar sonra, Almanya'nın Sofya'daki elçisi Berlin'deki Dışişleri Bakanlığı'na bir rapor göndermişti. "Ciddi olarak Başbakanın ve hükümetin Musevi problemi için son bir radikal çözüm istediklerine ikna oldum," diye yazmıştı Adolf Beckerle. "Ama bizdeki ideolojik aydınlanmadan eksik olan Bulgar insanlarının mantığı onları engelliyor."

Gerçekte, Kral Boris'in böyle bir "ideolojik aydınlama"ya teslim olması, Bulgaristan'a eklenen "yeni topraklar" Makedonya ve Trakya'dan 11.300 Yahudi veya daha fazlasının ölümüne neden olmuştu. Hemen hemen hiçbir istisna olmadan yok edilmişlerdi.

Ama en kritik zamanda sıradan insanların –Köstendil'de, Plovdiv'de, Sofya'da, tüm ülkede– Bulgar Yahudilerine destek oldukları da bir gerçektir. Sonuç olarak, tüm bir ulusun Musevi topluluğu Treblinka'daki gaz odalarında yok edilmemişti.

Ve böylece Moşe ve Solya sonunda savaş sona erince, hayatlarını yeni baştan toplamaya başladılar. Yedi yıllık bir evlilikten sonra, Solya hamile kalmış ve Daizy adında bir kız bebekleri 2 Aralık 1947'de Bulgaristan'ın başkentinde dünyaya gelmişti (Adını daha sonra Dalia olarak değiştirecekti).

Bulgar-Fransız entelektüel Tzvetan Todorov'un dediği gibi, "iyiliğin inceliği" olmasaydı bunların hiçbiri meydana gelmezdi: Anlaşılması güç, hassas, beklenmedik insan eylemi ve tarihi olaylar olmadan mümkün değildi. Eğer Liliana Panitsa ve diğerleri sınırdışına sürülme haberlerini Musevi arkadaşlarına sızdırmasalardı; eğer 8 Mart'ta Asen Suichmezov ve Köstendil heyeti Sofya trenine binmeseydi; Başpiskopos Stefan ve piskopos Kiril Avrupa Katolik Kilisesi'ni takip etselerdi ve açıkça söylemeselerdi; yüzlerce şey olmasaydı veya değişik bir şekilde meydana gelseydi sınırdışına sürme planı hız kazanabilirdi, Moşe ve Solya Eşkenazi de dahil olmak üzere, kırk yedi bin Yahudi, Treblinka'da yok edilebilirdi ve Dalia hiç doğmamış olabilirdi.

Ama Dalia soğuk bir Aralık gecesinde Sofya'da doğmuştu. Ve daha sonra Filistin'e ve sonra İsrail'e giden gemilere binen diğer on binlerce Bulgar Yahudisi gibi o da yanında olağanüstü bir miras taşıyordu.

Dört

SÜRGÜN

1942 Şubat'ında bir gün, bin mil kuzeyde Moşe ve Solya Eşkenazi ve Bulgar Yahudilerinin etrafında bu olaylar olurken, Hairi kabilesinin geniş bir grubu Filistin dağlarından Hebron'a doğru gitmeye başladı. Ahmed ve Zekiye'nin ilk erkek bebeklerinin doğumundan on gün sonraydı ve İbrahim Peygamber'in ismine istinaden adını almış olan ve ailenin İbrahimi Camisi olarak bildiği Atalar Türbesi'nde *akika* (Müslümanların ilk erkek çocuklarına isim verdikleri tören) töreni zamanı gelmişti.

Bebek, ebeveynleri, altı kız kardeşi, büyük amcası Şeyh Mustafa ve düzinelerce kuzen, teyze ve amca otobüslere doluşmuş, Filistin'in dar sokaklarında güneydoğuya doğru gidiyorlardı. Hemen el-Ramla'nın güneyindeki Na'ani'deki kavun, karpuz tarlalarını; Tall Jazar'ın tepelerinde sıkışık bir şekilde kurulmuş Ebu Shusha köyünü; Imwas'ın serin, tatlı pınarlarını; zeytin ağaçlarını ve yarı erimiş karları, Surif'in yağmura doymuş tarlalarını geçmişler ve imamın camide beklediği el-Halil'e bir diğer adıyla Hebron'a girmişlerdi.

"Bebeğe bir isim verilmesi gerekir," diye Peygamber Muhammed belirtmişti. "Saçlardan ve tüm kirden arındırılmalıdır ve onun adına kurban verilmelidir." Üç büyük inancın atası olan İbrahim'in Camisi'nin içindeki törende, imam bebeğin adını söyledi: Beşir, Arapça'da "iyi haber veya iyi olayların habercisi" anlamına geliyordu.

Saçları kesilmiş ve tartılmıştı; aile ağırlığınca altını bir fakire verecekti. Koyunlar kurban edilmiş ve yine üçte ikisi fakirlere dağıtılmıştı. Geri kalanıyla kabile kendine ziyafet vermişti.

"Büyük bir olaydı," diye hatırlıyor Beşir'in kız kardeşi Hanım. Hanım o yıl altı yaşına basacaktı. "Çok önemli bir olaydı."

El-Ramla'ya döndüklerinde öğretmenleri kızları erkek kardeşlerinin gelmesi nedeniyle kutlamıştı. Evde, Beşir'in üzerine titriyorlardı. Yeni yürümeye başladığında masaya tutunup ayağa kalkardı, beyaz pantolonu ve beyaz ayakkabılarıyla, ona hayran kız kardeşlerine küçük söylevler verirdi. "Çok yakışıklıydı," diye anlatıyordu kız kardeşi Nuha. Mısır hükümdarı "Kral Faruk gibi"ydi. Zekiye tatlıları hazırlarken kızlar *"Hali snanek ya Beşir, halik laymak ya Beşir"* diye şarkı söylerdi. "Dişlerini güzelleştir, Beşir; ah, Beşir, Allah seni annene bağışlasın."

Beşir'in büyük amcası Şeyh Mustafa Hairi yirmi yıldan daha uzun süredir belediye reisiydi ve milliyetçi politika gerilimi İngiliz savaş yasaları altında fiyat artışlarına yol açıyordu. Savaş ekonomisi Filistin'e aslında yardımcı olmuştu. İngilizler bölgeyi Kuzey Afrika'daki anlaşmazlıklar için yoğun bir şekilde üs olarak kullanıyordu. Eski Filistin'deki tekerlek izli pis yollar yerlerini düzgün asfalt yollara bırakmaya başlamıştı. Çok iş vardı ve Ahmed'in mobilya işi çok iyi gidiyordu. Afrika ve Avrupa'da II. Dünya Savaşı, İttifak kuvvetleri lehine dönmüştü. Rus ordusu soğukta dayanmış ve Nazileri Stalingrad Savaşı'nda yenmişti. Filistin'e yakın olan İngiliz ordusu, birçok Yahudi acemi askerin yardımıyla Rommel'i Kuzey Afrika'dan çıkartmış, Nazilerin Tel Aviv ve Kudüs'e yürüme olasılığını ortadan kaldırmıştı.

1945'te savaşın sonunda, Beşir üç yaşına gelmiş ve Filistin'in geleceği için savaş tekrar uyanmıştı. Çeyrek milyon

Musevi mülteci, ittifak kuvvetlerinin kamplarını kapatmalarıyla buralara akın etmiş ve on binlerce Yahudi, çalışma kamplarından Mossad aracılığıyla Filistin'e kaçırılmıştı. Filistin'deki İngiliz kurallarına göre birçok göç yasadışıydı. Yetkililer, Avrupalı Yahudileri taşıyan gemilerin yolunu kesip Lübnan kıyılarının açıklarındaki Kıbrıs'ta tutuyorlardı. Altı yıl önce Beyaz Kitap'ıyla İngilizler, Filistinli Arapların korkuları, istekleri ve isyanları sonucunda sıkı göç kısıtlamalarını hayata geçirmişlerdi.

Avrupa'da yapılan kötülüklerin detayları meydana çıkmaya başlayınca, vatansızların, Soykırımdan sağ kalanların Kıbrıs kamplarındaki durumları Batılıların akıllarına gelmiş ve İngiltere'ye politikasını gevşetmesi için baskı yapmışlardır. ABD başkanı Harry Truman en kısa zamanda Filistin'e yüz bin mültecinin alınması ve Yahudilere arazi satışının kısıtlanmasının kaldırılması –bu pek tabii ki Filistin'deki Arapların gerilmesine neden olacaktı– için İngiltere'ye baskı yapmıştı. Araplar Soykırım'dan kurtulanların başka yerlere yerleştirilmeleri gerektiğini savunuyordu, buna Avrupalı Yahudiler için kendi sınırını koyan ABD de dahildi. Siyonistler de, mültecilerin Filistin'den başka bir yere yerleşmelerini istemiyordu. 1947 Şubat'ında, *Exodus* adlı gemi Filistin'in Hayfa limanına geldiğinde, İngiliz otoriteler göç sınırlarını yumuşatmayı kabul etmemişler, 4.500 Musevi mültecinin girişini engellemişler, başka gemilere binmeye ve Almanya'ya dönmeye zorlamışlardı. Bir Fransız gazetesi bu gemileri "yüzen Auschwitz" diye adlandırmıştı. Bu olay Batı dünyasını şaşırtmış ve Siyonist harekete verdikleri desteği derinleştirmişti.

İngilizler ile Siyonistler arasındaki eski işbirliği artık tamamen kaybolmuş ve 1930'larda Arap İsyanı liderleri gibi Musevi liderler de İngilizlerin Filistin'den çıkmalarını istemeye başlamışlardı. İngiliz yetkililer tarafından, "Musevi insanlar için bir anavatan yaratmak" üzere Yahudi Dairesi yetkilendirilmişti. Şimdi, aşağı yukarı otuz yıl sonra, Filistin'de Musevi toplum, Arap komşuları ve İngiliz işgalcileri arasında ekonomik ve politik olarak güç kazanmıştı. Kendilerine daha önce iyilik yapmış olanları kovmak için savaşan askeri gruplar olan Irgun ve Stern Gang haricinde bir de kendi ordusu, Haganah'ı kurmuştu. 1946 Temmuz'unda Irgun militanları Kudüs'te, İngilizlerin askeri üs ve istihbarat üssü olarak kullandıkları King David Oteli'ne bomba koymuşlardı. Patlamada seksenden fazla kişi ölmüştü. David Ben Gurion ve Mapai Partisi tarafından kontrol edilen Haganah ile gelecekteki başbakan Menahem Begin ve Yitzhak Şamir tarafından kontrol edilen Irgun ve Stern Gang arasındaki gerilim, ideolojik ve taktik farklılıkları keskinleştirmişti; bu durum yıllarca sürecekti. Bu arada, binlerce Musevi göçmen bu gerilimden habersiz Filistin'e akmaya devam ediyordu.

Solya'nın kuzeni Yitzhak Yitzhaki, 1945 yılının yılbaşında Bulgaristan'dan Kudüs'e ulaşmıştı. Kara yoluyla, *Orient Express* ile İstanbul'dan gelmiş, Şam'dan geçmiş, egzotik portakallar ve muzlar görmüş, Filistin'deki Yahudi Dairesi tarafından parası ödenen yeni bir kıyafet ve ayakkabı almıştı. Şam'da pazarda, "Filistin'e gittiğinizde size yapacakları budur," diyerek kendi göğsüne bıçak dayayan bir Arap ile yaşadığı tehlikeli karşılaşmayı eve yazmıştı. Yitzhaki kilise çanları ve Kutsal Şehir'in caddelerinde dolaşan sarhoş İngilizlerin görüntüsü içinde Kudüs'e varmıştı. Temel askeri eğitim için Haganah'a katılmadan önce bir deri sepileme fabrikasında, inşaat alanlarında iş bulmuş, bir çift eşek ile Musevi tarlalarını sabanla sürmüştü.

1947'de, İngilizlerin Filistin'de seksen dört bin askeri vardı ve İngiliz Sömürge Ofisi'nin bir raporuna göre "Musevi toplumundan hiçbir işbirliği" alınamıyordu. Sayılarına rağmen askeri birlikler "modern piyadelerin tüm silahlarıyla donanmış, çok iyi organize olmuş Musevi kuvvetlerin terörizm kampanyası karşısında, kanunu ve nizamı sağlayamadıklarını göstermiş oldu. İletişim ağları tüm ülkede saldırıya uğruyordu; hükümet binaları, askeri birlikler ve İngilizlerin eğlenmek için gittikleri yerler patlatılıyordu ve birçok İngiliz, Arap ve ılımlı Yahudi kaçırılıyor veya öldürülüyordu. Bu toptan terörizm uzun zamandan beri sürüyordu."

İngiliz görevliler kendi ülkelerinde fabrikaları değiştirmek ve savaş sonrası ekonomilerini canlandırmak için baskı altındaydılar. Ülke sömürge döneminin sonuna gelmişti. Hindistan'dan vazgeçme sınırındaydılar ve Şubat'ta İngiliz görevliler Filistin problemini yeni kurulmuş olan Birleşmiş Milletler'e devredeceklerini ilan ettiler. 1919 yılından beri bölgeyi inceleyen on birinci kurumdu.

Aynı ay, Beşir beş yaşına bastı. Hairi ailesine son eklenen her zaman başını belaya sokan, yaramaz, ufak erkek kardeşi, Bahayat'a nazaran utangaç bir çocuktu, köpeklerden ve yabancılardan korkardı. Beşir daha sessiz ve çekingendi. Bir yaş büyük kız kardeşi Nuha ile içeride oturmaktan ve Yafa-Kudüs treninin geçmesini beklerken saatlerce tren vagonlarına camdan bakmaktan hoşlanırdı. Nuha el-Ramla'da bir parkın çiçek bahçesinde ailenin sandviçler getirerek birçok kez piknik yaptığını hatırlıyordu.

Okula giderlerken, çocuklar haki şortları ve yumuşak kahverengi şapkalarıyla, bakımlı İngiliz askerlerini görürlerdi. Daha büyük kızlar, on bir yaşında olan Hanım gibi, Filistin'deki askerlerin varlığının politik şartlarını anlamaya başlamışlardı. "Bir öğretmenim milliyetçi şiir okurdu ve bize –belki söylememesi gerekiyordu– ülkede neler olduğunu anlattı," diye anlatıyordu Hanım.

1947 sonbaharında, Filistin'deki hemen hemen herkes Birleşmiş Milletler'in soruşturmasından ve onların tavsiyelerinin kendi geleceklerini nasıl etkileyeceğinden endişe ediyordu. Filistin'in Araplar ve Yahudiler olarak ayrı devletlere bölüneceğinden söz ediliyordu. Birçok Filistinli Arap için bu bir potansiyel felaketti. Bölünme sırasında Musevilerin tarafında kalan Araplara ne olacağını kimse tahmin edemiyordu; daha da önemlisi onlar tek bir Filistin istiyorlardı. Artık Ahmed Hairi evde, divanda kahve ve nargile içerken sıkça politika tartışıyor ve konu kaçınılmaz olarak Filistinli Arap liderliğinin zavallı durumuna geliyordu.

Filistinli Araplar her zamankinden daha çok zayıflamış ve bölünmüşlerdi. Binlerce erkek, Arap İsyanı sırasında öldürülmüş veya yaralanmış ve binlercesi hapsedilmişti; isyanın lideri Kudüs'ün eski müftüsü Hacı Emin el-Hüseyini, sürgündeydi ve Batıdaki imajı devamlı lekeleniyordu. Eski müftü Berlin'deki Nazilerle birlikte olmuş ve Almanya ve müttefikleri için Arap desteğini harekete geçirmeye çalışmıştı. Filistin'deki birçok Arap için müftü hâlâ İngiliz ve Siyonistlere karşı savaşan milli bir kahramandı ve onlara Filistin'i bağımsız bir bütün devlet olarak verecek ve savaşta onları savunacak biri olarak ona bakıyorlardı. Bunlar yerine getirilmesi çok zor görevlerdi, özellikle de sürgünden.

Filistin'deki Araplar eski müftünün yokluğunda iktidar için yarışıyorlardı ama felsefi farklılıklar, kişisel rekabetler ve büyük güvensizlik birleşmiş bir liderliğin oluşmasını engelliyordu. Bu ihtilafların kökü Arap İsyanı'na kadar uzanıyordu. Milliyetçiler, eski müftü ile işbirliğinde olanlar, elit sınıfın Filistin'i Yahudilere satmayı çok istediğini görüyordu; elitler için bir şeyler almak hiçbir şey almamaktan daha iyiydi: Araplar, Siyonistleri kabul etmeliydiler.

Çevrelerindeki Arap devletlerinin, sömürgelikten yeni çıkmış acemi bağımsız devletlerin kendi sorunları vardı. Alenen Arap hükümetleri eski müftünün Filistin'de tek bir bağımsız devlet hedefini desteklediklerini açıklamışlar ve gerekirse Filistinli Arapları savunmak için asker göndereceklerini taahhüt etmişlerdi. Ama özel olarak bazı Arap liderler gelecekte meydana gelebilecek bir anlaşmazlıkta sığınacak yer aramışlardı ve Filistin için birbirlerinin bölgesel hırslarından sakınıyorlardı. Kasım'da, Eski Ürdün'ün kralı Abdullah gizlice Ürdün nehri kıyılarında Siyonist liderlerle buluşmuş ve iki taraf Filistin'i kendi aralarında paylaşmak üzere bir anlaşma hazırlamıştı: Yahudiler Birleşmiş Milletler tarafından öngörülen plan dahilinde devletini alacak ve Abdullah ise Ürdün Nehri'nin batısındaki yerleri, Birleşmiş Milletler tarafından bağımsız Arap devleti olarak öngörülen yeri çöl krallığına katacaktı.

Pan-Arap birliği ve her liderin gizli şahsi çıkarları arasındaki bu boşluk gelecek ay ve yıllarda kendini daha da gösterecekti.

New York'taki Birleşmiş Milletler'den gelen haberler 30 Kasım 1947 sabahının erken saatlerinde ulaşmıştı. Filistin'de gece yarısından sonraydı, hâlâ Amerika Birleşik Devletleri'nde akşam saatleriydi. Ahmed nargilesinin başında oturup divanda tavla oynuyor olabilirdi. Aile evde, büyük ahşap radyonun başında sıkışmış, Araplar tarafından yönetilen Kudüs Radyosu'ndan gelen tatlı sesli Raci Sahyoun'u dinlemeye gayret ediyor olabilirdi. Beşir ve diğer ufak çocuklar büyük bir olasılıkla uyuyorlardı.

Şartlar ne olursa olsun haberlerin kendisi unutulamazdı: Birleşmiş Milletler Özel Komitesi'nin Filistin hakkındaki önerisini, Birleşmiş Milletler Genel Kurulu oylamıştı, otuz üç ülke lehine, on üçü aleyhine oy kullanarak on kararsız oyla birlikte Filistin'in iki ayrı devlete –biri Araplara ve diğeri Yahudilere olmak üzere– bölünmesine karar verilmişti. İnsan haklarına ve temel özgürlüklere, ırk, cinsiyet, dil ve din farkı gözetilmeksi-

LİMON AĞACI

zin saygı gösteren bir Anayasa eşliğinde Arap ve Yahudiler için tek bir devlet talep eden BM azınlık raporu reddedilmişti.

Filistin bölünecekti. Otuz yıl süren sömürgelikten sonra, İngilizler 15 Mayıs 1948'de burayı terk edecekti. Eğer her şey planlandığı gibi giderse, Arap ve Yahudi devleti aynı gün kurulmuş olacaktı.

Hairiler şaşırmışlardı. Birleşmiş Milletler bölünme planında doğdukları el-Ramla şehri, komşuları Lydda ve kıyı şehri Yafa ile birlikte Filistinli Arap devleti olacaktı. Plana göre Filistin'in % 54.5'i ve % 80'den fazla limon ve tahıl ekilmiş tarla Musevi devletine verilecekti. Yahudiler nüfusun üçte birini temsil ediyordu ve % 7 arazileri vardı. Arapların çoğu bölünmeyi kabul etmeyecekti.

Bölünme planı devam ederse, el-Ramla yeni Musevi devletinden sadece birkaç kilometre uzakta olacaktı. Daha kötü olabilirdi, diye düşünüyordu Beşir'in ebeveynleri. BM planı altında en azından aile kendi topraklarında yabancı olmayacaktı. Ama şimdi Musevi bölgesi olacak olan yerde yaşayan Araplar ne olacaktı? Bölünme dört yüz bin ya da daha fazla Arap'ın bulunduğu yeni Musevi devletinde meydana gelecek ve onları yarım milyon Yahudi arasında % 45 azınlık haline getirecekti.

BM oylamasına tepki sertti: Diğer Arap liderler tarafından arka çıkılan Filistinliler, derhal bölünmeyi reddetmişler ve savaşmaya ant içmişlerdi. Neden diye soruyorlardı, onların anavatanı Avrupa' Musevi sorununa çözüm olmak zorundaydı? Filistin'de ve dünyanın her yerinde Yahudiler bu kararı kutluyordu. Kudüs'te, Yitzhak Yitzhaki, Solya'nın kuzeni, Kral George Caddesi'ndeki Yahudi Dairesi'ndeki kalabalığa katılmıştı ve bütün gece dans etmişti. Bulgaristan'da, bin mil kuzeyde, Moşe ve Solya Eşkenazi coşmuşlardı. En sonunda, Soykırım'dan sonra, dünya Siyonist hareketinin haklılığını görmüştü.

SÜRGÜN

Siyonist liderler bir önceki yıl tüm Filistin'de "Musevi Ulus" fikrinden vazgeçerek bölünmeyi kabul etmişlerdi. Ama hâlâ, BM oylarının neden olduğu bölünme sonucunda geniş Arap azınlığının Yahudiler için tahsis edilen topraklarda olması David Ben-Gurion'u endişelendiriyordu. Ben-Gurion BM oylamasından hemen sonra Siyonist işçi liderlerine, "Böyle bir bileşim Musevi devleti için istikrarlı bir ortam sağlamaz," demişti; "Böyle bir bileşim ile kontrolün Musevi çoğunluğun elinde olması kesin bir şekilde temin edilemez. Bu gerçek tüm açıklığıyla ve keskinliğiyle gözden geçirilmelidir... Sadece yüzde altmış (gerçekte yüzde 55) Musevi çoğunluğu olduğu sürece istikrarlı ve güçlü bir Musevi devleti olamaz."

BM oylaması ilan edilir edilmez, Yitzhaki "Arapların bölünmeyi kabul etmedikleri ve Kudüs'e yoğun saldırılar beklendiği" haberini almıştı. "Bir sonraki gün hastane ve üniversiteyi korumak üzere Skopus Dağı'na gitmem bildirilmişti." 30 Kasım'da Yitzhaki, konvoy halinde silahlandırılmış Musevi otobüsleri ile Skopus Dağı'na hareket etmişti. Şimon Ha-Zadik'in Musevi semtlerine yaklaştıklarında "bir patlama olmuştu." Yitzhaki otobüsün tahta zeminine kendini atmış ve kendini kalın siyah örgüleriyle güzel genç bir kadının yanında bulmuştu. "Merak etme, her şey yoluna girecek," demişti kadına ümit verir bir şekilde. Otobüsleri yola döşenmiş mayının üzerinden geçmiş ama mayın, otobüs geçtikten hemen sonra arkalarında patlamış, yolcular, Yitzhaki ve yanında yerde yatan genç kadın dahil hepsi kurtulmuştu. Sonunda otobüs Skopus Dağı'na kadar yolculuğunu tamamlamıştı. Yitzhaki gelecekte karısı olacak yanındaki genç kadının adını öğrenmişti: Varda Carmon.

Aynı gün, Araplar el-Ramla yakınlarında, Yafa-Kudüs yolunda bir Musevi otobüsüne saldırmıştı. Oylamayı protesto et-

LİMON AĞACI

mek için yapılan üç günlük Arap çarpışması on dört Arap ve Yahudinin ölümüyle sonuçlanınca Kudüs'te şiddetli bir gürültü kopartmıştı. Bu sadece bir başlangıçtı.

 Arap devletleri ve eski müftü Filistin'deki askeri birlikleri harekete geçirmek için planlar yapıyordu. Arap başkentlerinde kalabalık insan grupları meydanları doldurmuşlar, razı olduklarını haykırıyorlardı. Mısır'ın Savaş Bakanı "Mısır ordusu tek başına, Yahudilerin başkenti Tel Aviv'i on beş gün içinde işgal etmeye muktedirdir," diye övünüyordu. Arap orduları sanki daha kurulmadan Musevi devletini yok edecek gibi görünüyordu. Diğer tarafta, Siyonist güçler aylardır hazırlanıyordu, silahları emniyete alıyor, birçoğu Soykırım'dan kurtulmuş, Avrupa'daki zorunlu kamplardan yeni gelmiş genç Yahudi erkekleri askere alıyordu. Bu sert darbelere maruz kalmış askere dönüşmüş mülteciler yeni anavatanlarını savunmaya telkin edilmişler ve bu işi yıllardır yapan örgüt yapısına katılmışlardı. Haganah kısa zamanda, Arap devleti olarak gösterilmiş bölgelerde BM bölünme çizgisinin dışında kalan Musevi bölgelerde de detaylı savaş planları geliştirmişlerdi. Filistin'in gelecek haritası daha açık belli oluyordu, BM'in kağıt üstünde gösterdiği gibi değil topraklarda oluşan gerçekler tarafından belirlenecekti. "Devletin sınırları BM çözümü ile değil askerlerin gücüyle belirlenecektir," diye yazmıştı David Ben-Gurion.

 1948'in başında Araplar bir dizi bomba yerleştirdiler ve Musevi milisler Kudüs'te –Semiramis Otel'de, *Filistin Postası*'nda, Batı Kudüs'te Ben Yehuda Caddesi'nde– çok sayıda insan öldürdü. Aynı dönem içinde, Haganah Arap şehir ve köylerine saldırdı ve binlercesini dışarı attı; mülteciler güvenli sığınak için şehirlere akmaya başladı. Arap savaşçıları Musevi yerleşim birimlerine saldırdı, Negev'de yolları kapattı, Kudüs ile Akdeniz arasındaki iki ana noktada Musevi trafiğine saldırılarına devam etti. Bir tanesi Babül Vad'deki dağ geçidi yani

SÜRGÜN

Vadi Kapı'sıydı; diğeri Yafa-Kudüs yolunda el-Ramla'da, Ahmed ve ailesinin gittikçe tedirgin oldukları yerdeydi.

1948'de bir gece Nisan ayının başlarında, Hairiler'in evi şehrin kenarından gelen bir dizi patlamayla sarsılmıştı. Çok geçmeden haberler gelmişti: El-Ramla'nın hemen dışında üssü olan, eski müftünün komutanı olan Hassan Salameh'in karargahı yok edildi. Haganah askerleri üssü çevreleyen parmaklıkların dışından roket fırlatmışlar, sonra binaya patlayıcı atarak bir dizi korkutucu patlamayla binayı yerle bir etmişlerdi. Müftünün en az on yedi adamı öldürülmüştü. Gönüllü askerler el-Ramla ve Lydda'da olay yerine telaşla gitmişlerdi. Görgü tanıkları vücut parçalarının ağaçlarda asılı oluğunu görmüştü.

Hairiler ve el-Ramla'daki diğer insanlar gittikçe daha çok endişeleniyorlardı. Eğer müftünün komutanı kendi üssünü koruyamazsa şehrin insanlarını nasıl koruyabilirdi?

Birkaç gün sonra, aile bir korkunç patlamayı daha öğrenmişti: Filistinli Araplar en çok sevip saydıkları komutanlarını kaybetmişti. Eski müftünün yeğeni olan Abdül Kadir el-Hüseyini, Kastal için savaşırken öldürülmüştü. Kastal tepesinin kontrolü demek yolun kontrolü demekti ve bu da Kudüs ile Akdeniz limanları arasında batıya doğru kırk beş millik bir tedarik hattı demekti. Tepenin kaybı Arap hareketini sakatlıyordu. Bu yenilgi bile Ahmed'e aynı anda ulaşan haberler kadar korkutucu değildi: Deir Yassin'de, Kudüs'ün batısında bir Arap köyünde Musevi milisler yüzlerce kadın, çocuk ve silahsız erkeği katletmişti. Detaylar kısıtlıydı ama masumların sıraya dizildiğini ve Irgun ve Stern Gang milisleri tarafından evlerinde vurulduklarını duymuşlardı. Tecavüz söylentileri de vardı. Ahmed ve Zekiye dehşete düşmüştü. Dokuz çocukları vardı ve bunların yedisi kızdı.

Bir günde Filistinli Araplar en büyük komutanlarını, en önemli savaşlarını ve Deir Yassin'de düzinelerce masum insanı kaybetmişti. En az Hassan Salameh'in üssüne yapılan saldırının kötü sonucu kadar el-Ramla'nın daha da incinebilir durumda gözükmesi onları endişelendiriyordu. Zaten, stratejik konumlu şehir, Kudüs ve kıyı arasındaki levazım yollarının kontrolü için yapılan çekişmelerde ateş hattının ortasındaydı. Ahmed ve Zekiye çocuklarının hayatlarının tehlikede olabileceğini görmüşlerdi.

Yitzhak Yitzhaki'nin de benzer endişeleri vardı. Bulgaristan'daki evine, Haganah ile Skopus Dağı'na üniversite ve hastaneyi korumakla görevli gittiğini yazmıştı. Sofya'da Moşe ve Solya, Yitzhaki'nin hareketlerini takip ediyordı ve mektuplardan Arap kuvvetlerinin Babül Vad dağ geçidinde Musevilerin erzak hattını kestiklerini ve Kudüs'te Musevi toplumunun arasında açlığın başladığını öğrenmişlerdi. "Ama Skopus Dağı'nda yiyeceğimiz vardı," diye hatırlıyordu Yitzhaki. "Geceleri paraşütle erzak gönderiliyordu." Fısıh Bayramı'nda, 1948'in Nisan başlarında, Yitzhaki ve Haganah'taki asker arkadaşları Kudüs ile Skopus Dağı arasındaki yolun güvenliğini sağlamayı başarmışlardı. "Böylece Kudüs'te yirmi dört saatlik bir izin alabilmiştik." Burada Bulgaristan'da ailesine gönderdiği mektupta ertesi gün Skopus Dağı'na gideceğini söylemişti.

"Bir sonraki gün öğleden sonra, kararlaştırılan yere, üç Musevi otobüs kervanını Skopus Dağı'na götürmek için gittim," diyordu Yitzhaki. Varda, onun Kudüs'te bir gece daha kalmasını istiyordu. "Ama gitmem gerekiyor," diye itiraz etmişti Yitzhaki. Varda'nın Haganah'ta tanıdıkları vardı ve erkek arkadaşına bir gün daha izin almakta başarılı olmuştu ama komutan Yitzhaki'yi uyarmıştı: "Yarınki kervan bunun kadar güvenli olmayabilir."

O gece, 13 Nisan'da, Yitzhaki ve Varda Batı Kudüs'teki Edison Sineması'nda bir film seyretmeye gitmişlerdi. Yitzhaki filme kendini veremiyordu. "İçimde kötü bir his vardı ve kendimi rahat hissetmiyordum. Birden silah sesleri ve patlama duyduk. 'Bu bizim kervanımız biliyorum,' dedim Varda'ya. Üsse koştum. Burada bana silahlı Arapların kervanı durdurduğunu söylediler." Arap savaşçılar konvoya Hadassah Hastanesi yolunda saldırmışlardı. Saldırganlar otobüsleri yakmış ve içindeki herkesi öldürmüştü. Yetmiş sekiz kişi ölmüştü. Çoğu doktor ve hemşireydi.

"Skopus Dağı'nda ben de ölü olarak biliniyordum," dedi Yitzhaki. "Ve aslında, kendimi o otobüslerin içindeymişim gibi hissediyordum. Çok korkunçtu, bununla yaşamak korkunçtu. Ailem olanları öğrendiğinde benim de öldürüldüğümden emindiler. Bundan daha da acısı, bulunan cesetler yüzük gibi kişisel eşyaları olmadan teşhis edilemiyordu." Bulgaristan'da, Moşe ve Solya ile Sliven ve Burgaz'daki Yitzhaki'nin yakınları yasa girmişti.

Savaşın ortasında bile, bazı Arap liderler el-Ramla'da ve Lydda'da yerleşmiş Musevi komşuları ile ilişki kurmaya çabalıyordu. İki ay önce, Lydda belediye reisi, bir tıp doktoru olan Berlin'de doğmuş ve şimdi yakınlardaki Ben Shemen'in Musevi oturum yerinin lideri olan Ziegfried Lehmann'ı misafir etmişti. Belediye reisi, Dr. Lehmann'ın iki toplum arasındaki yolun açık tutulması isteğini kabul etmişti. Birkaç yerde, barış içinde yaşama umudu kalmıştı.

Mayıs başlarında, Eski Ürdün kralı Abdullah'ın emriyle bedevi savaşçılar doğudan el-Ramla'ya gelmeye başlamıştı. "Onların şerefine kuzular kestik ve onları hürriyet ordusu olarak kabul ettik," diye hatırlıyordu Hanım. "Güvende olacağımızı, el-Ramla'da kalabileceğimiz teminatını ve Kral Abdullah'ın sözünü vermişlerdi." Bedevilerin çoğu yalınayaktı ve gelecek günlerde tüfekleriyle yiyecek için güvercinleri vuracaklardı. Karamsar, paragöz ve cesaretli olarak hatırlanacaklardı. Az sayıları ve yetersiz silahlarıyla işgalcilere karşı bir şehri savunmaya yetecek donanımları yok gibiydiler, bazı yerel sakinler tarafından "yalınayaklı birlik" diye küçümseniyorlardı. Ama Kral Abdullah "Arapların hayatını savunmak için yeterli güç" sözü vermişti ve el-Ramla'da yaşayanlar bedevilerin daha geniş bir kuvvetin öncüleri olduğunu ümit ediyorlardı. Ama yine de endişelenmek için neden vardı. Başka yerde iç Arap anlaşmazlıkların olması lojistik problemlere neden oluyordu: Filistin'in kuzey kıyılarında bir Arap-Musevi karışımı şehir olan Hayfa'da askerler bir Arap milis için diğer bir Arap'ı tutukluyordu. El-Ramla'nın on mil batısındaki Yafa'da iki askeri koordinatör ayrı ve bazen çelişen bir dizi emir veriyordu. Araplar arasındaki bölünme, Filistin'i hem içeriden hem de dışarıdan zayıflatıyordu. 13 Mayıs'ta Yafa düşmüş ve mülteciler el-Ramla caddelerini doldurmaya başlamıştı.

Kısa bir süre sonra güneyden diğer aileler el-Ramla'ya gelmeye başladılar. Portakal bahçeleri ve karpuz tarlalarından sadece birkaç mil uzaktaki Na'ani'den, bir Yahudi çiftçinin atla köyün içine girip "Musevi ordusu geliyor! Gidin yoksa hepiniz öldürüleceksiniz!" diye bağırmasıyla, kaçmışlardı. Na'ani halkı bu adamı Khawaja Shlomo—Yabancı Shlomo olarak biliyordu. Na'an'dan, kibbutzun yakınlarından, bir komşuydu. Onu daha önce hiç böyle heyecanlı görmemişlerdi ve önce bu uyarısını ciddiye almamışlardı. Ama bu Musevi, komşularıyla iyi anlaşıyordu ve o ısrarla atından şöyle haykırıyordu: "Hayır, hayır! Eğer kalırsanız sizi öldürecekler!" Zaten köylüler paniğe ve Filistin genelinde kaçmalara neden olan Deir Yassin'deki korkunç olayların farkındaydılar. Shlomo'ya inanmaktan başka çareleri olmadığını düşünüyorlardı. Tehlike geçtikten sonra bir gün Na'ani'ye döneceklerini düşündüklerinden yanlarına hiçbir şey almadan el-Ramla'ya ulaşmışlardı.

Ahmed kendini artık zorlukla tanıdığı bir şehirde yaşıyor bulmuştu. Hairilere ait meyve ağaçlarının altında mülteciler uyuyor, kafeteryalar ve marketler dolu ve Ahmed'in mobilya atölyesinin bulunduğu caddede nefes alacak yer yoktu.

Ahmed, Zekiye ve çocukların el-Ramla'da kalmalarına izin verdiği için gittikçe daha çok tedirgin oluyordu. Onlar için geçici, güvenli bir sığınacak yer düşünmeye başladı. Kırk sekiz saat içinde İngilizler Filistin'den ayrılacaktı ve varlıklarının el-Ramla'da sağladığı o ufak düzen de onlarla beraber kaybolacaktı. Sömürge güçleri garnizonlarını toparlarken ve kuzeye İngiltere'ye doğru yelken açmaya hazırlanırlarken, Arap tacirler aceleyle İngiliz ordusundaki fazla pantolon, üniforma ve ayakkabıları satın alıyordu.

14 Mayıs'ta, kıyı şehri Tel Aviv yakınlarında, David Ben-Gurion, Musevi Bölge Konseyi'nde konuşma yaparken İsrail'in bağımsızlığını ilan etmişti. "Bu," demişti, "Musevi insanlarının, diğer uluslar gibi kendi bağımsız devletinde ulus olma hakkıdır." Bir gün sonra Ben-Gurion İsrail Devleti kelimesini canlı radyo yayınıyla ABD'ye iletmişti; arka planda dinleyiciler Tel Aviv'i bombalayan Mısır uçaklarının ve patlamaların seslerini duyabiliyorlardı. Musevi lider anlaşmazlığı "yedi yüz bin Yahudi yirmi yedi milyon Arap'la mücadeleye sokuluyor—bire kırk," olarak tanımlamıştı. Daha geçerli olan ise meydanlardaki durumdu ve burada aslında savaş resmi olarak başladığında tüm Musevi ve Arap güçleri oldukça eşitti. Sadece birkaç gün önce Amerikalı diplomatlar, Arapların "sembolik" savaştan daha fazlasını ortaya koyacaklarından şüphelendiklerini ifade etmişlerdi. Başkan Harry Truman, İsrail'in ilk başkanı olacak olan, Siyonist lider Haim Weizmann'a şöyle yazmıştı: "Ben Filistin'in bu durumunun barış temeli alınarak sonuçlanmasını yürekten ümit ediyorum."

Mısır kara ordusu Negev'deki İsrail yerleşim merkezlerine saldırırken ve Tel Aviv'e doğru yol alırken Truman mektubu yeni imzalamıştı; Suriye ve Irak güçleri Filistin'e doğudan giriyorlardı ve Kral Abdullah'ın askerleri Ürdün Nehri'ni geçerek batıdan yürüyordu. Lejyoner güçler Ramallah ve Kudüs'ün kuzeyinde Nablus'ta, Abdullah'ın çöl krallığının "Batı Şeria" olarak istediği topraklarda mevzilendiler.

Aynı gün, 15 Mayıs'ta, Arap birlikleri yeni Musevi devletine doğru ilerlerken, Irgun güçleri de el-Ramla'ya yaklaşıyordu.

El-Ramla erkekleri, öküz ve el aletlerinin yardımıyla kazdıkları derin olmayan siperlerde kum torbalarının arkasına yatmışlardı. Acemice hazırladıkları savunma noktaları şehrin batı ve güney köşelerindeydi. Şeyh Mustafa'nın oğlu Zafer Hairi, batı savunmasının sorumlularından biriydi. Müftünün askerleri ve "yalınayaklı birlik" yani bedeviler yan yanaydılar, gönüllü savaşçılar çok ciddi bir sınav yaşıyordu.

Hairi'nin evinin civarında tren raylarına yakın yerden makineli tüfek sesleri yankılanıyordu. Sonra mermi kovanları hemen yere düşerken kulakları sağır edici bir patlama oldu. Dışarıda, iki yüz Musevi savaşçı batıdan el-Ramla'ya sızmaya çalışıyordu. Irgun Yafa-Kudüs yolunu kontrol altına almak, malzemenin geçişini sağlama almak ve Musevi konvoylara yapılan Arap saldırılarını durdurmak için savaşıyordu. Çok şiddetli bir savaştı. Şehrin bazı bölümlerinde, Araplar ve Yahudiler çaresizce süngüler ellerinde göğüs göğüse savaşıyordu. "Tüm şehir," diye anlatıyordu bir İsrail beyanı, "büyük bir savaş alanı olmuştu. Arapların çok silahı vardı ve azimle savaşıyorlardı. Şehirde evlerin üstüne yüzlerce kovan düşüyordu ve Araplar büyük kayıplarla acı çekiyorlardı... Yahudiler, sokak savaşında dalgalar halinde saldırı üzerine saldırı yapıyorlardı." Kimin kazandığı veya el-Ramla'yı savunanların ne kadar dayanacağı belli değildi.

Irgun güçlerinin Deir Yassin'de yaptıkları katliamdan sonra, bu milislerin el-Ramla'ya girdiklerini hayal etmek şehrin liderlerini panik durumuna getirmişti. Kral Abdullah'a ve onun

SÜRGÜN

Arap Lejyonu'nun komutanı, John Baggot Glubb'a acil yardım için yalvaran ısrarcı telgraflar çekilirken bir başka katliamdan daha korktuklarını dile getiriyorlardı. Bir ses yalvarıyordu: "Yaralılarımız son nefeslerini alıyorlar ve biz onlara yardım edemiyoruz."

Ama Abdullah aynı ricaları Kudüs'teki Araplardan da almıştı, "Bizi kurtarın!" diye yalvarıyorlar ve Musevi güçlerin Eski Şehir'in duvarlarını tırmandıkları konusunda uyarıyorlardı. Kral, Glubb'a "Şehirdeki insanlar Yahudilerin elinden acı çekerlerse, öldürülürler veya evlerinden atılırlarsa, bizim için çok acı sonuçları olur," diye yazdı.

Kral komutanına Kudüs'e gitmesini emretti. 19 Mayıs'ta, Glubb Kutsal Şehir'e, üç yüz asker, dört tanksavar silah ve silahlı araç filosu ile İsrail güçlerine karşı savaşmaya gelmişti. Arapların yönettiği Kudüs radyosunda, yorumcu Raci Sahyoun "Kurtuluşumuz Haganah Çocukları'nın kaçışı ve çöküşü Eski Ürdün'ün ellerinde," diye yorumlamıştı.

Abdullah'ın Yahudilerle gizli anlaşması bu savaşı önceden belirlememişti: Bu anlaşmada kral, el-Ramla ve Lydda dahil çoğu Araplara gösterilmiş eyaletleri ve Batı Şeria'yı işgal edecek ve BM Bölünme Planı'nda sınırları çizilmiş Musevi Devleti'ni tanıyacaktı. Ama şimdi bu savaş her şeyi belirsizleştirmişti. Hâlâ Arap Lejyon güçleri BM Bölünme çözümünde öngörülen Musevi Devleti sınırlarını geçememişti.

Ama bazı İsrailli liderler için Kralın Kudüs'teki hareketi onun gerçek niyetini gösteriyordu. Bu, savaş ilanını teşkil ediyor ve diğer Arap güçlerle Musevi Devleti'ni yıkma niyetini gösteriyordu. Abdullah'ın bu hareketi sadece Musevi liderlerin her taraftan ablukaya alındıklarını daha iyi bir şekilde görmelerini sağlamıştı. Birkaç gün önce, Kfar Etzion'un raporuna göre, Kudüs'ün güneyini kapatan Musevi yerleşiminde, Musevi siviller, Arap köylüleri tarafından Arap Lejyon birliklerine teslim edilmek istenirken katledilmişlerdi. Kralın güçlerinin, Kudüs'ün doğusunda Musevi kısımda birleşmesi, Abdullah'ın güvenilir bir müttefik olmadığını gösteriyordu.

Her iki tarafta da siviller ateş altındaydılar. Eski Şehir'in yakınlarındaki çaresiz Araplar, kralı harekete geçmeye mecbur edip, Arap Lejyon güçleri gelince rahatlamıştı; çok kısa bir süre sonra kuşatılacak olan Musevi bölgesindeki insanlar dehşete düşmüştü. Şehrin batı tarafında yaşayan Araplar her saat yoğunlaşan havan topu ile evlerinin sarsıldığını hissediyordu ve birçoğu Eski Ürdün topraklarına, doğuya doğru kaçmıştı; orada yaşayan Museviler Arap güçleri tarafından kuşatıldıklarında dayanmak zorunda kaldıkları susuzluğu, açlığı ve azalan silah ve cephaneyi hatırlayacaklardı.

Glubb Kudüs'e girmekte isteksizdi. O daha çok Kudüs ile kıyı arasındaki levazım yolunun kontrolünü düşünüyordu, özellikle Kudüs ile el-Ramla arasında olan kilit şehir Latrun'da. Latrun ve Kudüs'e yönlendirilmiş birliklerden dolayı, fazladan bir birliği Arap şehirleri olan Lydda ve el-Ramla'ya göndermesinin beklenmemesini Kral Abdullah'a söylemişti. Bu şehirler kendi olanaklarıyla kendilerini savunmak zorundaydılar.

19 Mayıs'ta Glubb'ın Arap Lejyonerleri Eski Şehir'e girdiklerinde Kudüs Radyosu vatansever Arap şarkıları çalarken, Irgun güçleri el-Ramla'ya dördüncü kez saldırmış ve şehri batıdan tuzağa düşürmüşlerdi. İngiliz ve Amerikan askeri savaş elbiseleri giymişler, silahlı kamyon, makineli tüfek ve havan topları ile ilerlemişlerdi.

Tam o sıralarda Ahmed çarşamba pazarındayken bir bomba patlamıştı. Kız kardeşi hemen oraya koşmuş ve yaralanmadığını görmüştü ancak bu olay ailenin huzurunu bozmuştu. Ahmed, Zekiye ve çocukları, Şeyh Mustafa'nın yanındaki akrabalarıyla birlikte evden uzaklaştırmıştı. Altı yaşındaki Beşir, Şeyh Mustafa'nın evinin yakınlarında bir sığınağa gittiklerini, evde amcası, Dr. Rasim Hairi'nin burayı acil tıp kliniğine çevirdiğini hatırlıyordu. Rasim yaralı askerlere bakıyordu. "Ben oraya barınak derdim," diye hatırlıyordu Beşir. "Çok fazla patlama ve silah sesi vardı. Nereden geldiklerini söyleyemiyordum. Korkmuştum. Anlamaya çalışıyordum. Evinizde değilsiniz, odanızda, yatağınızda da değilsiniz. Hareket etme özgürlüğü yoktu. Çok fazla vücut vardı, çoktu." Şeyh Mustafa şehir liderleri ile evinin yakınında toplantılar yapıyor, el-Ramla'da yaşayanları şehri terk etmemeleri için zorluyordu.

19 Mayıs sabahı, El-Ramla'nın savaşçıları Irgun'u geri püskürtmüşlerdi. Musevi milisler otuz adamlarının ölü ve yirmisinin kayıp olduğunu görmüştü. Birkaç gün sonra yayınlanan bir İsrail istihbarat raporunda "İnsanların moralleri verdikleri ağır kayıplar ve başarısızlık nedeniyle çok bozuk," diye yazılmıştı.

Şehri savunanlar galip gelmişti. Eski müftünün güçlerinin, yalınayaklı birliğin ve el-Ramla'nın sivil gönüllü savaşçılarının kesin bir zaferi gibi görünüyordu. Ama artık Ahmed'e bu yetmişti. Artık Zekiye ve çocukların şehirde kalmaları çok tehlikeliydi. Şeyh Mustafa'nın, hiç kimsenin şehri terk etmemesine dönük ricalarına rağmen, Ahmed işi daha fazla şansa bırakmayacaktı. İki araba kiraladı ve aileyi doğuya, Filistin'in tepelerinden Ramallah'a götürdü. Ahmed bu yolculuğun tehlikeli olduğunu biliyordu; her ne kadar Ramallah sadece yirmi mil uzaktaysa da, yollar kötüydü ve hiç beklenmedik yerlerde çatışma meydana gelebiliyordu. Ama kalmak gitmekten çok daha riskliydi. Ramallah'ta ise durum nispeten sakindi. Aile burada çatışmalar durulana kadar kalabilirdi.

Beşir, Nuha, Hanım ve ufak kardeşleri iki geniş sedanla kuzeydoğuya gidiyordu. "İlk önce Ramallah'a gittiğimizi duyunca çok sevinmiştik," diyordu Hanım. "Bana göre Ramallah güzel bir yerdi. Sakin, ufak, yeşil, iyi hava, iyi yiyecek, iyi insanlar. Biz oraya iyi vakit geçirmek için gittiğimizi düşünüyorduk. Ancak sonraları anladık."

LİMON AĞACI

Irgun'a karşı kazanılan zaferden bir hafta sonra, el-Ramla'yı savunan nizami güçlerin komutanı Hassan Salameh şehrin kuzeyindeki bir çatışmada havan topu saldırısında ciddi bir şekilde yaralanmıştı. Birkaç gün sonra bir hastanede ölmüştü. Onun ölümü şehrin üzerine ve Lydda'da bıkkınlık getirmişti. Hairilerin ikinci dereceden kuzeni, Firdevs Taci'ye göre, Salameh'in ölümü sadece uğursuz bir başlangıçtı. "O bir kahramandı. Tabii bu kötü bir işaretti," diyordu Hanım.

Filistin genelinde Musevi ve Arap güçler birkaç cephede savaşırken, BM ateşkes için gittikçe artan diplomatik baskı uyguluyordu. BM arabulucusu Kont Folke Bernadotte, Eski Ürdün'ün başkenti Amman'a Kral Abdullah ile görüşmek ve ateşkes konusunda baskı yapmak üzere gelmişti. Kont hâlâ savaşan tarafların BM üye devletlerinin geçen Kasım onayladıkları bölünme planına yakın bir şey oluşturabileceklerini ümit ediyordu. Diplomatik çabalar devam ederken ve ateşkesin yakında olmasına kesin gözüyle bakılırken, İsrail ve Arap güçleri ateşkes sırasında malzemeleri ve durumları dondurulmadan önce bir avantaj yakalayabilmek için deli gibi çalışıyorlardı.

Bu arada Glubb el-Ramla'ya ufak bir birlik göndermişti. Bu şehri kurtarmaya yeterli değildi, bunu tekrar Abdullah'a vurgulamıştı ama ateşkesten önce belki daha fazla saldırı olmasını önleyebilirdi. Ama o el-Ramla'nın güvenliğini temin etmeye yarayacak başka bir yol önerdi. Ateşkes başlamadan önce son saatlerde, Arap Lejyon güçleri kolaylıkla, Haganah'ın saldırı için kullanabileceği yakınlardaki Musevi ileri karakolu olan Ben Shemen'i ele geçirebilirdi. Glubb, "Ama Lydda belediye reisi böyle bir şey yapmamamız için çok rica etti" diye yazmıştı Glubb. Lydda ve Ben Shemen sadece bir mil, el-Ramla'dan da birkaç mil uzaklıktaydı. Lydda'nın belediye reisi "Yahudilerle iyi anlaştığını iddia etmiş ve diplomasi ile şehri savunmayı" önermişti. Glubb'ın İngiliz yardımcısı, yüzbaşı T. N. Bromage de Ben Shemen'in alınması için bastırıyordu: "Lydda'yı İsraillilere karşı savunmanın en ufak bir umudu olsaydı," diye yazmıştı, "en önce o bölgenin ele geçirilmesi gerekirdi. Fırtına gibi onu ele geçirmem için yeterli güç elimde vardı..."

Bromage'ın bu isteği reddedilmişti. Ben Shemen'e saldırı hiç yapılmadı.

11 Haziran'da ateşkes yürürlüğe girmişti. Tüm malzemeler yerinde dondurulacaktı, görünüşte tüm taraflara BM sıkı silah ambargosu uygulayacaktı. Bunu takip eden birkaç haftada, İsrailliler Çekoslovakya'dan tüfek, makineli silah, zırhlı araba, ağır silahlı tank, Messerschmitt uçaklar ve milyonlarca cephaneyi gemiye yükleyerek ambargoyu delmeyi başarmıştı. Ama İngilizler Eski Ürdün'e ambargoya uymaları için baskı uyguladılar; bu yüzden Arap Lejyonu savaşın yeniden başlamasıyla ciddi silah ve cephane sıkıntısıyla yüz yüze kalacaktı. "Savaşa dahil olmasına izin veren ve sonradan gerekli malzemeleri kesen Müttefikler çok istenen arkadaşlardan değillerdir," diye Kral Abdullah Amman'da İngiliz temsilciye şikayette bulunmuştu. Temmuz başlarında, Glubb ateşkesin uzamasında ısrar etmişti.

Kral Abdullah Batı Şeria'nın büyük bir kısmına sahipti. Statüko ile uyumlu görünüyordu ve İsrail ile ateşkes için sessizce kulis çalışması yapıyordu. BM arabulucusu bunu Bernardotte kabul etti ve Filistin'in İsrail ve Eski Ürdün arasında bölünmesini teklif etti. Bu plan ışığında, el-Ramla ve Lydda'da yaşayanlar bağımsız bir Arap devletinin değil Kral Abdullah'ın Eski Ürdün krallığının uyruğunda olacaktı.

İsrail, Kont Bernadotte'nin teklifini reddetmişti. Haziran sonlarında Ben Gurion Haganah güçlerine Menahem Begin komutası altındaki bir Irgun gemisini, *Altalena*'yı havaya uçurmalarını emrettiğinde İsrailliler kendi iç savaşlarından güçbela kaçınabilmişlerdi. Gemi Irgun milisleri için silah taşıyordu ama

Ben-Gurion tüm askeri teslimatların Haganah komutasından ve halefi İsrail Savunma Güçleri (ISG) tarafından gelmesinde ısrar ediyordu. Askeri birleşimin gelişmesiyle ve ellerine yeni gelen silahlarla İsrail ateşkes süresinde daha da güçlenmişti.

Arap Birliği'ndeki üye devletler Filistin'in İsrail ve Kral Abdullah arasında bölüştürüldüğünü görmek istemiyorlardı, 6 Temmuz'da tek bir bağımsız, Arap çoğunluklu devleti geri almak için savaşa girmeye evet oyu verdiler. Komik olan kralın aynı kişiler tarafından Filistin'deki, görünüşte Filistin Devleti'nin bağımsızlığı için savaşan Arap güçlerinin en yüksek mertebedeki komutanı olarak seçilmiş olmasıydı. Kralın kendi ülkesindeki hırsları göz önüne alındığında ona verilebilecek sözde en iyi ve en ironik mevkiydi. Bununla beraber, Arap Devletleri savaşa devam kararı verince, Abdullah'ın kabul etmekten ve diğer Araplarla dayanışma içinde olmaktan başka çaresi yoktu. Savaş yeniden başlayacaktı.

"Ama silahlarımız olmadan nasıl savaşırız?" diye Glubb, Abdullah'ın başbakanı, Tevfik Ebul Hüda'ya sordu.

Hüda'nın cevabı şöyleydi: "Yahudiler ilk olarak ateş etmediği sürece sen de ateş etme."

Birkaç gün sonra, 11 Temmuz 1948'in öğleden sonrasında, Yüzbaşı Israel Gefen, İsrail Savunma Güçleri'nin Seksen Dokuzuncu Komando Birliği, Sekizinci Bölüğü'ne ait olan uzun konvoyun, en son arabası olan cipine doğru yavaşça yürüdü. Seksen Dokuzuncu Birlik kaktüs çitleri arasındaki asfalt yola doğru yaklaşırken, Gefen birliğinin zırhlı kamyonlarını, Amerikan yapımı askeri araçları, bir gün önce Arap Lejyon Birliği'nden ele geçirilen zırhlı bir arabayı ve yirmi küsurdan fazla cipi görebiliyordu. Ciplerin her biri dakikada en az sekiz yüz kurşun atabilen Çek ve Alman yapımı makineli tüfek ve sedyelerle doldurulmuştu. Birlikte toplam 150 kişi vardı. Lydda'nın yakınlarında, el-Ramla'dan ve Hairi ailesinden sadece birkaç mil uzaktaydılar.

Yüzbaşı Gefen yirmi altı yaşındaydı ve Ortadoğu çatışmalarında on yıllık eski bir askerdi. 1941'de, Libya'nın liman şehri olan Tobruk kuşatma altında iken İngiliz ordusu ile birlikte Rommel'e karşı savaşmıştı. Daha önce Arap İsyanı sırasında Haganah için Filistin'de çarpışmıştı. Kariyeri kibbutzda başlamıştı. İngilizlerin burunlarının dibinde, Gefen ve diğer genç Siyonistler gizlilik yemini etmişler, bir ziraat eğitmeninin metal atölyesinde icat ettiği silahları denemesine yardım ediyorlardı. Yüzbaşı Gefen icatlarından bir tanesini, zırhlı "sandviç kamyon" –iki katlı çelik ortasında bir inçlik sert ağaçla kuvvetlendirilmiş– önündeki uzun kuyrukta görüyordu.

Birlik Ben Shemen'den, hemen kuzeydeki Musevi yerleşimden geliyordu. Haftalardır Lydda'daki Arap komşularıyla ilişkileri olan açık toplum dikenli tellerle ve beton sütunlarla çevrilerek bir kale haline döndürülmüştü. Önceleri Ben Shemen'in lideri Dr. Ziegfried Lehman, halkının askerleştirilmesine karşı çıkmıştı. Daha Mayıs'a kadar Ben Shemen halkı Arap komşularından inek ve hatta kurşun satın almıştı. Ama Lehman'ın itirazları boşunaydı, bu yüzden Ben Shemen'i öfkeyle terk etmişti.

Yüzbaşı Gefen'in komutanı Yarbay Moşe Dayan önden üçüncü cipte oturuyordu. Dayan'ın birliği Dani Operasyonu'nun, Tel Aviv - Kudüs yolunu güvenli hale getirmek ve doğudan Arap Lejyonu'nun İsrail güçlerine saldırılarını önlemek için yapılmış planın kuzey kanadının bir parçasını oluşturmak üzere kurulmuştu. Seksen Dokuzuncu Birlik'in tek sıra halindeki konvoyu Lydda'ya giden anayola yaklaşmıştı. İlk görevleri düşmanı yoğun ateş hattı ile şaşırtmaktı. Dayan'ın planı askeri saldırılarda şok taktiklere yoğunlaşıyordu; "hareket ve ateş" stratejisine bağlıydı. Yüzbaşı Gefen'e göre Dayan'ın planı faaliyete geçtiğinde "uzaya bir roket fırlatılmış" gibi olacaktı. Görgü tanıklarına göre sanki hareket eden her şeye ateş ediliyor gibi görünüyordu.

Akşamüstü, konvoyun ana sırası sola döndü, Lydda ve el-Ramla'ya doğru gürültü ile ilerledi.

Lydda'nın kenarında, caddeler sessizdi. Sonra, Gefen, polis binası yönünden yoğun bir şekilde ateş edildiğini hatırlıyordu. Gefen'in asker arkadaşlarından bazıları vurulmuştu; sonra tekrar saydığında on dokuz, yirmi ölü olduğunu görmüştü. Her cipinde makineli tüfek bulunan Seksen Dokuzuncu Birlik ateş açtı. En fazla birkaç dakikada on binlerce kurşun yağdırılmıştı.

Chicago Sun Times muhabiri ŞİMŞEK TAKTİKLERİ LYDDA'YI KAZANDIRDI başlıklı raporunda "Yollarındaki her şey ölüyor," diye yazmıştı. Tel Aviv'den yazan *New York Times* muhabiri "zırhlı araçlar şehrin içinden geçiyor ve şehrin üzerine makineli tüfek ateşi serpiyorlar" diye bildirmişti. "Şiddetli dirençle karşılaştılar ama Arap askerler gafil avlandılar ve sığınaklara yeteri kadar çabuk ulaşamadılar." *New York Herald Tribune* muhabiri, "Arap erkek, kadın hatta çocukların cesetlerinin zalim bir saldırının sonucunda etrafa yayıldığını" gözlemlemişti. Lydda ve el-Ramla'dan, yakın Arap köylerinden ve yeni işgal edilmiş Yafa şehrinden kaçmış mültecilerden oluşan çok sayıda ölü vardı. *Herald Tribune* muhabiri, "Alacakaranlıkta parlayan makineli tüfekleriyle Musevi bir kol Lydda'nın ana bölgelerinde hızla gidiyordu… Anlaşılan Ben Shemen köyünde yapılan bu cüretkar hamle karşısında şaşıran Lydda halkı karanlık bastıktan sonra öncü kuvvetin arkasından gelen piyadelere karşı koyamamışlardı," diye anlatmıştı.

Daha sonra, İsrail'in sonradan Palmach adıyla anılan nizami ordusu Lydda'ya girmiş, ciplerden dar sokaklara ateş açmıştı. Yüzbaşı Gefen ve Seksen Dokuzuncu Birlik el-Ramla'ya doğru ilerlemişti. Orada şehrin kenarında ellerinde bohçalar, eşekleri eşyalarıyla dolu ailelerin doğuya doğru hareket ettiklerini görmüşlerdi. Birçok rapor konvoyun el-Ramla'da çok fazla ateş etmeden döndüklerini ileri sürüyordu. Birkaç saat içinde Seksen Dokuzuncu Birlik Negev çölüne Mısırlılarla karşılaşmak üzere bölgeyi terk etmişti.

O sabah el-Ramla'da, taş bir kemerin altında yürüyen Dr. Rasim Hairi yaralılara doğru gidiyordu. Musevi güçler şehre havadan saldırıyor, uçaktan makineli tüfekle etrafa ateş açıyor, el-Ramla ve Lydda üzerine bomba ve kağıtlar atıyor, Arapların "teslim olmalarını" ve "Abdullah'a gitmelerini" istiyorlardı. Bir kitapçık devletin Arap başlarını batan bir gemide gösteriyordu; bir başkası orada yaşayanların pes etmesini istiyordu. Günlerdir şehir, elektriksiz ve susuzdu; sokaklar ve aralıklar çöplerle dolmuştu, yiyecek ve tıbbi malzemeler tükeniyordu. Beşir'in amcasını, gittikçe zorlaşan ortamda daha çabuk çalışması için zorluyorlardı.

Şeyh Mustafa, Eski Ürdün'e yaptığı yolculuktan yeni dönmüştü. Altınlarını toplayarak kurşun almasını isteyen halk tarafından gönderilmişti. Cephaneyi dikkatlice kutulara paketlenmiş olarak getirmişti ama halihazırdaki ataklar göz önüne alınınca altınlar boşa harcanmış gibi görünüyordu. Hairi'nin ikinci kuzeni on altı yaşındaki Firdevs Taci, Kız İzci Grubu'nun Arap karşılığı olan "Kız Rehberi"ne üyeydi. Savaşta Firdevs daha çok hemşireye benzemişti, şehri savunanların destek ağının bir parçasıydı. Silah ile ateş edildiğinde, ateşin Arap savaşçılardan mı yoksa Musevi düşmanlardan mı geldiğini ayırt etmeyi öğrenmişti. "Bu İngiliz silahı," diye sessizce kendi kendine söylüyordu. "Bu Sten silahı." Şehri savunanların ağaç dallarına roket atarları yerleştirdiklerini, fitilini ateşlemeden önce rotasını ayarlayarak hazırlamalarını izlemişti.

LİMON AĞACI

Günlerdir, Firdevs Arap gönüllü savaşçıları ile birlikte ön cephede bulunuyordu. Onlara yiyecek getiriyordu. Onlara zarafetten yoksun, basit kazaklar örüyordu. Savaş hızını arttırınca zamanının çoğunu, Dr. Rasim Hairi'nin kliniğine götürmesi için yatak çarşaflarını uzun şeritler halinde yırtarak bandaj haline getirmekle geçiriyordu.

Haziran'ın başlarında, Hassan Salameh'in savaşta ölmesinden sonra, birlikleri lidersiz olarak sürüklenmişti. Altı hafta sonra, savunması zayıflamış olan el-Ramla ve Lydda'nın çökmesi kaçınılmazken Glubb'ın Arap Lejyon Birliği'nin başka yerleri savunmak üzere tamamen çekileceği söylentisi dolaşmaya başlamıştı. Eğer bu olursa, Firdevs'in şehri kimin savunabileceği hakkında bir fikri yoktu. Tam teçhizatlı ordu karşısında kalacak olan savaşçılar, sadece şehir halkı ve bedeviler yani "yalınayak birlik" olacaktı.

Şeyh Mustafa hâlâ el-Ramla halkının kalmasını istiyordu. Bu zaman sırasında Firdevs onun duruşunu çok iyi hatırlıyordu. Din bilginini simgeleyen beyaz imam bezi ile sarılmış koyu kırmızı bir fes giymişti. Şeyh Mustafa bu şehrin yirmi dokuz yıl belediye reisi olmuştu. Yakın zamanda bu uzun devri sona ermişti ve şimdi şehir bir başka meşhur aile tarafından yönetiliyordu ama Şeyh Mustafa'nın etkisi hâlâ tüm el-Ramla'da hissediliyordu. Bütün bir hafta şeyh, evinin geniş verandasında endişeli şehir halkıyla toplantılar yapmıştı. Bahçesinin yanında salıncaklı bambu sandalyesinde oturuyordu. Bazı toplantılar ufaktı; bazılarında şehrin ileri gelenlerinden yirmi kişi stratejileri tartışmak üzere otururdu. Şeyh Mustafa'nın mesajı tutarlıydı: *Evinizde kalın. Kimse gitmesin. Bizim ailemiz kalacak.* Ama bazı şehirliler ki, buna Mustafa'nın yeğeni Ahmed de dahildi, ailelerini şehirden çoktan göndermişlerdi.

Rasim Hairi kliniğinde yaralıları tedavi etmeye devam ediyordu. Bütün sabah sığınağın kapısından insanlar gelmeye devam ediyordu. Bazıları Lydda'dan gelerek el-Ramla'da güvenli bir barınak arıyordu. Diğerleri el-Ramla'dan ayrılarak güvenli bir barınak için Lydda'ya gidiyordu. İki şehir arasındaki yolda cesetler yatıyordu. Lydda'daki liderler altı mil kuzeydoğudaki Beyt Nabala'da bulunan Arap Lejyon komutanlarından yardım ve yeni takviye güçler isteyen acil telgraflar göndermişlerdi. "Maneviyatınızı bozmayın," diye cevap gelmişti. "Bir ton altın yakında size ulaşacak."

Takviye güçlerin gelmesi hiçbir zaman gerçekleşmedi. Bu iki şehir İsraillilerin eline düşüyordu. Kral Abdullah'ın Arap Lejyonu'nun dağınık birliklerini çekeceği, sadece birkaç sivil koruyucu, az miktarda silah malzemesi ve Şeyh Mustafa'nın Eski Ürdün'den getirdiği mermileri bırakacağı söylentisi dolaşıyordu. İsrail ordusuna karşı koyması olanaksızdı.

Kısa zaman sonra Lydda'dan yeni haberlerle insanlar sığınağa geldiler. Musevi askerler insanları evlerinden dışarı çıkartıp camilere ve St. George kilisesine gönderiyorlardı. Diğerleri doğuya, bilinmeyen hedeflere doğru şehri terk ediyorlardı. Birkaç direnişçi polis binasında tutunuyordu ama kimse onların daha fazla dayanabileceğini sanmıyordu. Bütün o hazırlıklardan sonra, siperlerin kazılması, tıbbi klinik açılması, ambulans satın alınması, aylarca yetecek yiyecek stoklanması, hatta Haganah için tahsis edilmiş bir treni soymak, kimsenin söylemeye cesaret edemediği tek bir kelimeye dönüşmüştü: Teslimiyet.

11 Temmuz gecesi, Kudüs Radyosu'nda yayınlanan Beethoven'in Birinci Senfonisi'nin hemen ardından, bedevi askerler güneyden şehri terk ederek çölde kayboldular.

Hairilerin evinde kalan aile, pencere kepenklerini ve tüm kapıları kapatmıştı. Yapabildikleri sürece kendilerini kapatacaklar ve kaçınılmazı geciktireceklerdi. Dünyaları parçalanıyordu ama belki biraz daha dayanabilirlerdi. Depoda un vardı ve birkaç gün daha ekmek yiyerek yaşayabilirlerdi.

LİMON AĞACI

Zamanla Şeyh Mustafa bile yenilginin artık kapıda olduğunu anlamıştı. Aynı gece 11 Temmuz'da oğlu Hüsam'ı el-Ramla'nın yeni belediye reisi ile birlikte beyaz bayrak taşıyarak Yahudilere gönderdi. Na'an'a, Na'ani'nin şimdi terk edilmiş bir Arap köyü olan kibbutza araba ile gittiler. Na'an, iki ay önce Na'ani'ye at sırtında dörtnala giren, deli gibi köylüleri uyaran Khawaja Shlomo'nun köyüydü.

Arap heyeti buraya ulaştığında, İsrail askerleri bölgenin sivil güvenlik şefini, Yisrael Galili B.'yi uyandırmışlardı. (Adındaki B onu diğer Yisrael Galili'den yani Haganah'ın milli kurmay subaylarının kıdemli şefinden ayırmak içindir.) Galili B. adamları selamladı ve Palmach birliğiyle kibbutzdaki ufak toplantı evine götürdü. Burada teslim olma şartlarını hazırladılar: Araplar silahlarını bırakacaklar ve İsrail egemenliğini kabul edeceklerdi. "Yabancılar"ı –Filistin dışından gelen Arap savaşçılar– İsraillilere teslim edeceklerdi. Askerlik yaşında olmayanlar ve silah taşıyamayanların şehri terk etmelerine izin verilecekti, "eğer isterlerse."

Anlaşmada ima edilen *eğer isterlerse* kalmayı da seçebilecekleriydi.

Galili B. kısa zamanda el-Ramla halkı için başka planların yapılmakta olduğunu öğrenecekti: "Askeri vali bana Ben-Gurion'dan değişik talimatlar aldığını söyledi: El-Ramla'yı boşaltmak." El-Ramla ve Lydda halkının tahliye emirleri 12 Temmuz öğlen saatlerinde verilmişti. "Lydda'da ikamet edenler yaşlarına bakmaksızın sürülmelidir," diye başlayan Lydda emri öğlen saat 1:30'da Yarbay Yitzhak Rabin tarafından verilmişti.

Firdevs dışarıda İsrail askerlerinin megafon ile "Yallah Abdullah! Kral Abdullah'a gidin, Ramallah'a gidin!" diye bağırdıklarını işitiyordu. Askerler evden eve gidiyor, bazı durumlarda kapılara dipçikleriyle vuruyor, insanlara evlerini terk etmelerini haykırıyorlardı. Firdevs el-Ramla'da yaşayanları Arap Lejyonu'nun ön saflarına götürüp bırakacak olan otobüslerin geldiğini anons ettiklerini duyabiliyordu. Teslim olma şartlarının ne olduğu veya Şeyh Mustafa'nın ne söylediği önemli değildi, başka bir çareleri yokmuş gibi duruyordu. El-Ramla'nın Arap sakinleri evlerini terk etmeye zorlanıyorlardı.

12 Temmuz günü akşamüstü, azınlık sorunları bakanı Bechor Shalon Shitrit, Lydda ve el-Ramla arasındaki yolun kavşağına gelmişti, burada doğuya yürüyen kalabalık insan grubu ile karşılaşmıştı. Çok öfkelenmişti. Yeni İsrail Devleti'nde Araplardan sorumlu bir adam olarak, Dışişleri Bakanı Moşe Sharett ile bir konuşması sırasında, bu sürgünleri protesto etmişti. Israel Galili B gibi, el-Ramla'da teslim olma anlaşmasını imzalayan adamlar gibi Bechor Shalom Shitrit de yeni fethedilmiş şehirlerde Arapların kalmasına izin verileceğini sanıyordu.

Shitrit sürgünlere bir son vermek için çabaladı. Ama o daha önce Ben-Gurion, Binbaşı Yitzhak Rabin ve Palmach komutanı Yigal Allon arasında yapılan toplantıdan habersizdi. Gelecekteki Başbakan Rabin, Allon'un el-Ramla ve Lydda'daki sivil halkla ne yapmaları gerektiğini sorusuna Ben-Gurion'un eliyle *dışarı atın* diye işaret ettiğini hatırlayacaktı.

Anlaşıldığı kadarıyla bu toplantılardan ve emirlerden habersiz olan sadece Shitrit değildi; hatta Allon'un bu sürgünlerin askeri avantajlarını çoktan düşünmüş olduğunu da bilmiyordu. Allon, el-Ramla ve Lydda halkının sürülmesinin silahlı ve düşman toplumdan gelecek olan baskıyı azaltacağına inanıyordu. Arap Lejyonu cephesine doğru yolu bloke edecekler, şehirleri geri almak için yapılacak herhangi bir ciddi girişimi engelleyeceklerdi. Ve binlerce yoksul mültecinin Batı Şeria ve Eski Ürdün'e gelmeleri Kral Abdullah'ın üzerine mali bir yük bindirecekti—şimdiye kadar İsrail ordusu onun, Musevi Devleti'nin bir düşmanı olduğuna ikna olmuştu.

"Maalesef, güçlerimiz Siyonist hareketin adını lekeleyecek bazı suçlar işlemişlerdir," demişti Shitrit daha sonra. "En iyilerimiz topluma kötü örnek olmuşlardı."

Muzaffer İsrail birliklerine el-Ramla'ya kadar birkaç Amerikan muhabiri eşlik etmişti. *Herald Tribune*'den Bilby "tutsak kafesleri, savaşmaya cesaretleri olmadığını gösteren kayıtsız hareketler sergileyen genç Araplarla doldurulmuştu" diye bildirmişti. *New York Times* muhabiri Gene Currivan'a göre, "sanki askerlik yaşında değillerdi ama açıkça Ramle [el-Ramla] için yani Filistin için savaşmaya niyetleri yok gibiydiler."

Kısa bir süre sonra, Currivan, "Arap birlikler [sivil korumalar] elleri havada, teslim olmak için yürüdükleri zaman heyecan tepedeydi ve zaten mahkum olan yüzlercesi, kale gibi dikenli tellerle çevrili polis karakolunda çömelmişlerdi," diye not etmişti. Savaşacak yaşta olanlardan bazıları kontrolden kaçmayı başarmıştı: Koyu renk camlı gözlükler ve uzun kumaş paltolar giyerek, bastonlarına yaslanmışlar ve sıcakta eğilmişlerdi. Aile bireyleri dikenli teller arasından birbirlerine bakıyordu ve kadınlar veya yaşlılar çite yanaşmaya çalıştıklarında Musevi askerler başlarının üzerine ateş ediyordu. O gün daha sonra, dokuz veya on otobüs yanaşmış ve askerler mahkumlara binmelerini emretmişti. Otobüsler tek tek hareket etmişti; otobüslerle giden erkekler birbirlerine fısıldadıklarını hatırlıyorlardı: "Bizi nereye götürüyorlar?" Adamları bir çalışma kampına götürüyorlardı ve İsrailli askerler diğer şehirlileri doğuya giden ayrı otobüslere yönlendiriyordu.

14 Temmuz sabahı hava bulutsuz ve çok sıcaktı. Temmuz'un ortası ve Ramazan'ın yedinci günüydü. Binlerce insan otobüs ve kamyonlarla el-Ramla'dan sürülmüştü. Bazıları, Beşir ve kardeşleri gibi, Musevi askerler gelmeden çok önce terk etmişti ve Ramallah'ta geçici barınaktaydılar. Hairi kabilesinin geri kalanları el-Ramla'da kalmıştı.

SÜRGÜN

Firdevs ve kuzenleri, teyzeleri, amcaları el-Ramla'nın otobüs terminalinde oturmuş bekliyordu. Hairiler ve akrabaları, Taciler belki toplam otuz beş kişiydiler. Şeyh Mustafa onların arasındaydı.

Yanlarında birkaç bavul, bir tomar elbise ve vücutlarına bağladıkları altınları vardı. Firdevs, İzci Kız üniformasını da paketlemişti, ayrıca bıçağını ve düdüğünü de yanına almıştı. Kısa bir yolculuk planlamışlardı, kilometreler ve günlerce; çok kısa zamanda Arap orduları el-Ramla'yı tekrar ele geçirince geri döneceklerine inanıyorlardı.

Hairiler, Taciler ve el-Ramla'daki diğer insanlar evlerinde kanepelerini, masalarını, halılarını, kütüphanelerini, çerçeveli aile resimlerini ve battaniyelerini, tabaklarını ve bardaklarını bırakmışlardı. Feslerini ve işlemeli elbiselerini, poturlarını, yedek kefiyelerini, gömleklerini ve kemerlerini bırakmışlardı. Maklube için gerekli baharatlarını, asma yapraklarını salamurada, günlük tatlı hamurları için unlarını bırakmışlardı. Yaban bezelye ve yasemin tarlalarını, çarkıfelek çiçeği ve kurutulmuş kırmızı anemon çiçeği tarlalarını, arpa ve buğday arasında yetişen dağ zambaklarını bırakmışlardı. Zeytin ve portakallarını, limon ve kayısılarını, ıspanak, bamya ve biberlerini bırakmışlardı. İpek ve ketenlerini, gümüş bileziklerini ve gerdanlıklarını, amber, mercan ve Avusturya paralarından kolyelerini bırakmışlardı. Çanak çömleklerini ve sabunlarını, deri ve yağları, İsveç fırınlarını ve bakır tencerelerini ve Bohemya'dan içki kadehlerini... Gümüş tepsilerinde şekerli bademlerini ve kurutulmuş tatlı nohutlarını; birbirlerine yapıştırılmış ahşaptan yapılmış bebeklerini; sumaklarını; çivitlerini bırakmışlardı.

Otobüs geldi; Hairiler ve Taciler otobüse bindiler. Köyün delisi de bindi. İki tane karpuz taşıyordu. Firdevs, teyzesinin, annesine iki torba verdiğini gördü: Bir tanesi bebek için vitamin, diğeri cam nargile ve tütündü. 'Arkada bıraktıkları bunca

LİMON AĞACI

şeyden sonra insan neden cam nargilesini yanına almayı aklına getirirdi?' diye düşündü Firdevs.

Otobüs Latrun'daki Arap Lejyonu'nun ön cephesine doğru hareket etti. Geldiklerinde, otobüsten inmeleri emredildi ve kuzeye, Salbit'e doğru yürümeleri söylendi. Sadece dört kilometreydi ama o sırada sıcaklık yüz dereceydi. Gölge ve yol yoktu, sadece kaktüsler ve kaba dikenler arasında dik bir yokuş vardı. Daha sonra insanlar buraya "eşek yolu" diyeceklerdi—eğer eşekler başarabiliyorlarsa o zaman belki insanlar da başarabilirlerdi.

Toprak sıcaktan sertleşmişti. Firdevs önüne baktı: Bir sıra insan, sıcak dalgası altında yavaşça tepeleri tırmanıyordu. El-Ramla halkının birçoğu ilk defa, neredeyse Hairi evinden hiç çıkmayan, Hairi kadınlarını görüyorlardı. Bazı kadınlar hamileydi ve orada sıcakta bir kadının su kesesi patlamıştı. Bebeğini toprakta doğurmuştu.

Aileler Latrun'dan dışarı tırmandı ve Arap Lejyonu'nun insanları kamyonlarla Ramallah'a götüreceklerini söyledikleri Salbit'e doğru geri döndüler. Mülteciler güneşin altında bükülüyorlardı, kayaların, dikenlerin ve son hasatta kısa kesilmiş keskin buğday saplarının üzerinde sendeliyorlardı.

Firdevs iki karpuzu taşıyan köyün delisini gördü. Bir şey söylemeden bir tanesini elinden aldı ve İzci Kız bıçağı ile karpuzun kırmızı etini kesti. Hairi ailesi ve komşuları sabırsızca toplanmıştı. Karpuz çok çabuk bitmişti, Firdevs kendine ufak bir parça ayırdı; ama sonra oğlu için son parçayı rica eden genç bir anne geldi.

Herkesin ağzının kenarında beyaz kabuk oluşmuştu. Salbit ne kadar uzaktaydı? Hâlâ doğru yolda mı ilerliyorlardı? Hep gölge ve su arıyorlardı. Mısır tarlalarını geçtiler, olgunlaşmış tahıl tanelerini kopardılar ve suyunu emdiler. Firdevs bir çocuğun kutuya işediğini gördü ve sonra büyükannesinin içmesini izledi. Bir adam babasını patates çuvalı gibi sırtına almıştı ve Firdevs de bir süre birinin bebeğini kollarında taşımıştı.

Öğleden sonra geç saatti ve onlar artık Salbit köyünü nasıl bulacakları hakkında belirli bir fikirleri olmadan saatlerdir kayalık arazide yürüyordu. Düzensiz yolculuklarının dört kilometreden çok daha fazla olacağı meydana çıkmıştı. Bazıları on iki diğerleri yirmi olduğuna yemin edebilirlerdi.

Hairiler ve Taciler eşyalarını dağıtmaya başlamıştı. Bazıları gerçekten bavullarla yürümeye başlamıştı; ama bunları çoktan bırakmışlardı. Bir zaman sonra biri bir kuyu buldu ama ipi kopmuştu. Kadınlar elbiselerini çıkarttılar ve durgun suya daldırdılar, sonra yukarı çekip çocuklarının dudaklarına yerleştirerek ıslak kumaştan su emmelerini sağladılar.

El-Ramla ve Lydda'dan belki otuz bin insan o gün tepelerde sendeleyerek yürüdü.

John Bagot Glubb raporları duymuştu. Arap Lejyonu'nun İngiliz komutanı "kıyı düzlüklerinde gündüz sıcaklığın gölgede yüz derecenin üzerinde" olduğunu biliyordu. Mültecilerin "dikenli çalılarla kaplı taşlı arazi" üzerinden geldiklerini biliyordu ve sonunda "hiç kimse kaç çocuğun öldüğünü asla bilemeyecekti." Glubb ölene kadar el-Ramla ve Lydda'yı savunmak için yeterli güçleri olmadığı konusunda ısrar edecekti; savunma yapabilmesi için Latrun'daki ön cephe birliklerini geri çekmesi gerekirdi ve bu da her şeyi kaybetmelerine yol açardı: Ramallah, Nablus, Tulkarim, Doğu Kudüs, Abdullah'ın şehri ödülü Batı Şeria—böyle bir hareket "delilik olurdu."

15 Temmuz'da el-Ramla ve Lydda'dan yürüyüş henüz sona ermeden, Ben-Gurion, günlüğüne şöyle yazmıştı: "Arap Lejyonu, Lydda ve Ramla arasındaki yolda kızgın 30.000 mültecinin yürüdüğünü bildiren telgraf çekti. Ekmek istiyorlar. Ürdün Nehri'nden karşıya alınmaları gerek." Yani Abdullah'ın krallığına ve yeni İsrail Devleti'nden uzağa.

LİMON AĞACI

Taciler ve Hairiler gece Salbit köyündeki incir ağaçlarının olduğu alana geldiler. Köy, meyve bahçelerinde dinlenen yüzlerce mülteci aile haricinde neredeyse terk edilmişti.

Firdevs ve ailesi ağaçların altına sığındılar. Biri su getirdi. Annesinin iki torbadan sadece birini büyük bir ihtimalle vitamin olanını yanında tuttuğunu düşündü ama cam nargileydi.

O gece, aile incir ağacı altında oturdu, sessizce cam kavanozundan fokurtular çıkartan nargilelerini içtiler.

Bir sonraki sabah, Arap Lejyonu'ndan gelen bir kamyon Hairileri ve Tacileri Ramallah'a götürdü. Şehrin batısındaki tepenin zirvesine ulaşmışlardı. Altlarında geniş bir kase duruyordu: Ramallah Vadisi. Şehir çok uzun süreden beri bir Hıristiyan şehriydi ve Akdeniz'in doğusundan Körfez'e Araplar için serin bir yaz sığınağıydı.

On binlerce tartaklanmış, şaşırmış ve aşağılanmış mülteci yiyecek arıyordu ve evlerine dönmeye kararlıydı.

Beş

GÖÇ

Güneş ışığı Sofya'nın merkez tren istasyon penceresinden bekleme salonuna doluşmuş yüzlerce Musevi yolcunun üzerine puslu, parlak bir ışık salıyordu. 1948 yılının Ekim ayıydı, İsrail güçlerinin el-Ramla'ya girmelerinin üzerinden üç ay geçmişti. Bin mil güneyde Hairiler Ramallah'ta, Filistin için süregelen savaş haberlerini dinleyip beklerlerken, Moşe ve Solya Eşkenazi tren istasyonunda Bulgar Yahudilerinin oluşturduğu uzun kuyrukta biraz ilerlemişlerdi. Solya uzun bir etek ve terzi tarafından dikilmiş bir ceket giyiyordu, koyu saçları geniş kenarlı şapkasının altından omuzlarına dökülüyordu. Yolcuların çoğu koyu renk palto, kalın ayakkabılar giymişti ve etrafları kutular ve bavullarla çevriliydi. Moşe ailesinin kimlik kağıtlarını elinde tutuyordu. Kısa ve tıknazdı, koyu teni, çıkık elmacık kemikleri ve İspanyol Musevilerinin çoğunda olduğu gibi derin koyu gözleri vardı. Aralarında bebekleri, Dalia hasır sepetinde uyuyordu.

Moşe ve Solya sekiz yıl önce Nazi ve yandaşlarının Bulgaristan'a girmelerinden hemen önce tanışmışlardı. Moşe, Solya'ya ve sonraları Dalia'ya müstakbel karısıyla ilk tanıştıklarında bir balo elbisesi içinde büyüleyici ve canlı, dans etmeye hazır bir durumda gördüğünü anlatmaktan çok hoşlanırdı. *İşte tam arkadaşım doktor Melamed için biri*, diye düşünmüştü. Moşe genç güzele yaklaşmıştı ama birkaç dakika onunla konuştuktan sonra, *ya ben ne olacağım?* diye düşünmüştü. Birkaç gün içinde ilk kez buluşmuşlardı ve Moşe hiç zaman kaybetmemişti: Solya'ya, onunla evlenme niyetinde olduğunu açıklamıştı. O ise gülerek geçiştirmişti ama Moşe yılmamıştı. "Ne kadar sürerse sürsün" demişti elini sallayarak ve şöyle devam etmişti, "ama seninle evleneceğim."

Kuyruğun önündeki uzun masalarda üniformalı Bulgar pasaport polisi oturuyordu. Tek tek, 3.694 Yahudi kağıtlarını göstermek için hazırlamış ve saklı nakit veya altın kontrolü için bavullarını açmışlardı. Yanlarına hiçbir kıymetli eşya almaya izinleri yoktu ama bazı yolcular mücevherlerini iç çamaşırlarına dikmişler veya Napolyon altını olarak bilinen altın paraları vücutlarına sarmışlardı. Geri dönmeyi planlamıyorlardı: Pasaport masasına geldiklerinde bugünden itibaren artık Bulgaristan Cumhuriyeti'nin bir vatandaşı sayılmayacaklarını gösteren bir belge imzalıyorlardı. O gün daha sonra, iki uzun trene bindiler ve onları yeni kurulmuş İsrail devletine götürecek gemi olan *Pan York*'a binmek üzere Yugoslavya kıyısına gittiler.

Moşe ve Solya'nın diğer Avrupa'dan gelenlerden daha farklı bir tarihi vardı. Onlar da tren istasyonundakiler gibi sadece hayatta oldukları için bile şanslı olduklarını biliyorlardı. Solya, eğer Bulgaristan'daki Musevi olmayanların dürüstlüğü olmasaydı, özellikle 1943 yılında harekete geçen bir avuç insan olmasaydı, kendisinin ve Moşe'nin de Treblinka'ya giden trende olabileceğine ve Musevi bir devlette bebekleriyle yeni bir yaşama doğru gidemeyebileceklerine inanıyordu.

Pan York 28 Ekim 1948'de demir alacaktı—üç gün sonra ve yıllarca düşünülen karar onları bugüne getirmişti.

Moşe ve Solya'nın Sliven'de sınırdışına sürülmek için bekledikleri 1943 Mart ayının o gecesinin üzerinden beş yıldan fazla geçmişti. Kral Boris o yıl ölmüş ve 1944 yazında Rus Kızıl Ordusu gelmiş, Bulgaristan'ın Naziler ile işbirliği çökmüştü. Moşe'nin erkek kardeşi Jak ve Susannah Behar'ın birçok arkadaşı da dahil, Bulgaristan'ın partizan savaşçıları, Rodop ve Balkan Dağları'ndan indiler ve çok geçmeden Bulgaristan'ın anti faşist partileri, Yurt Cephesi adı altında idareyi ellerinde tuttukları bir sol demokratik koalisyon kurdular. Moşe ve Solya Sofya'ya dönmüşler ve hayatlarını düzene sokmaya başlamışlardı. Bazı Yahudiler faşizmden sonra yeni Bulgar devletinin kurulmasına yardımcı olmayı hayal ediyorlardı ama diğerleri çoktan Filistin'i düşünmeye başlamışlardı.

Siyonizm, 1880'lerin başında Bulgaristan'da, bir ulus olarak Osmanlı boyunduruğundan kendilerini kurtardıklarında ortaya çıkmış, Avrupalı Yahudileri Kutsal Topraklar'a göndermeyi planlayan, politik bir haraketti. 1895 yılında yayınlanan Plovdiv'deki ilk Siyonist gazetesi Yahudilerin "hayatlarını Suriye ve Filistin'de tarlalarda, tarımsal işlerde kurabileceklerini" öne sürmüştü. Bir sonraki yıl, Bulgar Yahudileri Filistin'deki en eski Siyonist yerleşimlerinden biri olan Har Tuv'u kurmuştu. Aynı yıl Haziran'da, Siyonist lider Theodor Herzl, *Orient Express* ile İstanbul'a giderken Sofya'da durmuş ve tren istasyonunda büyük bir coşkuyla karşılanmıştı. *Yahudi Devleti* adlı kitabında Herzl, "Vaat edilmiş topraklarda hür insanlar olarak yaşayabiliriz," görüşünü ortaya koymuştu ve çoktan Bulgaristan'daki Yahudilerin kahramanı olmuştu. "Bir lider olarak, İsrail'in yüreği olarak muhteşem yakıştırmalarla selamlanmıştım," diye yazmıştı Herzl günlüğüne. "Orada durdum, hepimiz hayretler içindeydik ve *Orient Express*'teki yolcuların bana olağandışı bir manzaraya bakar gibi gözlerini diktiklerine inanıyorum."

Herzl, Avrupa'nın Yahudileri istemediğine inanıyordu ve Yahudi devletini şu sözler ile savunuyordu: "Karga burunlarımızla, siyah veya kırmızı sakallarımız ve eğri bacaklarımızla yaşayabileceğimiz ve bunun için nefret edilmeyeceğimiz . . . sükunetle ölebileceğimiz bir vatan . . . tüm dünya ile barış içinde yaşayabileceğimiz bir yer . . . Böylece alaycı 'Yahudi!' bağırışları onurlu bir isme dönüşebilir, aynen Alman, İngiliz, Fransız gibi, kısaca tüm medeni insanlar gibi." Birçok Avrupalı, bunların arasında Musevi entelektüeller ve hatta bazı hahamlar da vardı, Herzl'in düşüncelerini ütopik ya da tehlikeli olarak adlandırarak itiraz etmişti; "Musevi Jules Verne" ve "Deli Kariyerist sahibi" olarak adlandırılıyordu. Bulgaristan'da ise Herzl'e "yeni Musevi milliyetçiliğinin öncüsü" olarak değer veriliyordu.

İstanbul'dan, Osmanlı İmparatorluğu'nun Yahudi devleti için desteğini aramaktan dönerken Herzl yine Sofya'da durmuştu. "Tüm şehirde heyecan vardı," diye yazmıştı. "Şapkalar ve bereler havaya fırlatılıyordu. Törenden vazgeçmelerini istemek zorunda kalmıştım... Sonra yüzlerce kişinin beni beklediği sinagoga gitmek zorunda kalmıştım... Kutsal kemerin önündeki vaiz kürsüsünde durmuştum. Kutsal kemere arkamı dönmeden kalabalıkla nasıl yüzleşeceğimi düşünürken bir an tereddüt ettiğimde, biri bağırmıştı: 'Sırtını kutsal kemere bile dönebilirsin. Sen Tevrat'tan daha kutsalsın.' Birkaçı elimi öpmek istedi." Hayrete düşmüş olan Herzl karşı gösteriler için ikazda bulunmuş "ve Yahudilere karşı revaçta olan öfkenin korkusu ile sakin kalmalarını tavsiye etmişti."

Sion'a dönme konuşmaları yıllarca Bulgaristan'daki savaş öncesi Siyonist gazetede devam etmişti. Zaten o topraklarda yaşayan Araplar bu tartışmalarda yer almıyordu ve hatta bazı Bulgar Yahudisi "vatanı olmayan insanlar için insanları olmayan vatan" diye okuduklarını hatırlıyorlardı. Bu sıralarda Filistin'e göç etme hazırlığında olan Yahudilerin İbranice mi yoksa İspanyol Yahudilerinin anadili olan Yahudi İspanyolcası olan Ladino mu öğrenmeleri gerektiği tartışılıyordu. Moşe sosyalist-siyonist örgütü Hashomer Hatza'ir (Genç Muhafız) sayesinde akıcı İbranice'ye sahipti. Solya, aile ocağında ve mutfakta öğrendiği Ladino ile rahattı.

1941 yılından sonra Musevi karşıtı Milli Savunma Yasaları çıkınca Siyonist gazeteler kapatılmıştı. Ama 1944 Ekim'inde faşist rejimden kurtulduktan bir aydan daha az bir zaman sonra Bulgar Siyonistleri tekrardan gruplaşmaya başlamıştı. Lokal komite örgütleri Yurt Cephesi'ne resmi tebrik göndermişti. Yahudilerin Filistin'e göçünü savunan Filistin Komitesi'ni kurmuşlardı. Hedefleri Filistin'e göç düşüncesini (aliyah) Bulgar Yahudileri arasında bir kitle hareketi haline getirmekti.

Moşe, Solya ve onların birçok komşusuna göre göçün ihtimali ilk önce uzak görünmüştü. Aileleri burada yaşıyorlardı, işleri buradaydı; hatta 1943 yılında olanlardan sonra bile hâlâ Bulgar vatandaşıydılar. Bulgarların çoğuna göre, bunlara Yahudiler de dahildi, Nazilerin yenilgisi Rodop ve Balkan Dağları'ndaki partizanların kendilerini boşa feda etmediklerini gösteriyordu. Moşe'nin erkek kardeşi, Jak, komünistlerin iktidara gelmeleriyle, ilk defa Bulgaristan'da eşit bir toplumun kurulacağına inanıyordu. Moşe bundan o kadar emin değildi; bir kere ülke son savaştan sonra hâlâ acı çekiyordu.

Bulgaristan harap olmuş bir durumdaydı. 1943 sonları ve 1944 başlarındaki Amerikan bombardımanları parlamento binası da dahil, Sofya'nın çoğu yerini yerle bir etmişti. Amansız yıldırım saldırılar halkın çoğunu öldürmüş ve kırsal alanlara sürmüştü. Köyler mültecilerle dolmuştu. Ürün kıtlığı, yiyecek kısıntısı ve açlığa neden olmuş ve kaçış enflasyonu da krizi derinleştirmişti. 1944 yılının sonbaharının sonlarına doğru yeni, fakirleşmiş hükümet, ülke sınırlarının dışında yardım aramaya başlamıştı.

2 Aralık'ta ülkenin özgürlüğünü kazanmasının üstünden üç ay geçtikten sonra, David Ben-Gurion Bulgar başkentine gelmişti. Filistin'deki Siyonist lider; Bulgar Başbakanı, Dışişleri, Propaganda Bakanları ve Yahudi ulusuna destek vererek kişisel risk alan Bulgar Ortodoks Piskoposu, Başpiskopos Stefan tarafından kabul edilmişti. Bu toplantının ana hedefi Yahudilerin Filistin'e göçlerine izin verilmesi için onların onayını al-

maktı. *Bulgaristan'daki Yahudilerin itibarlarını geri vermek artık mümkün* demişti yetkililere; gitmelerine izin verilmeliydi. Sofya'daki Balkan Tiyatrosu'na dolmuş olan Yahudilere, "Musevi bir devlet ve devlet değerlerini kurmak, en önemli görev," demişti Ben-Gurion. "Aliyah!" diye dinleyicilerden çığlıklar gelmişti. O yılın sonunda 1.300'den fazla Yahudi Filistin'e doğru Bulgaristan'ı terk etmişti. Onlardan biri de, ailenin ilk gideni Solya'nın kuzeni Yitzhak Yitzhaki'ydi.

Yitzhaki Rus Kızıl Ordusu tarafından özgürlüğüne kavuşunca çalışma kampından dönmüştü. On gün sonra, zorunlu askerliğe alınmış ve Türk sınırına gönderilmişti. Üssü Sliven'de doğduğu şehirdeydi. "Her hafta yüz vagon yiyecek geliyordu ve ben at üstünde bu sevkiyatın Türk sınırından güvenli bir şekilde gelmesinden sorumluydum," diye anlatıyordu. Bir sonraki vagon katarını beklerken gürültücü Rus askerlerle ve çevredeki müzisyenlerle, korolarla ve onları Bulgaristan'a kadar takip etmiş oyuncularla dolu olan kuzeninin evini ziyaret ediyordu. Kış gelince vagonlar kara saplanmış ve hayat daha da zorlaşmıştı. Aralık 1944'te Bulgar ordusu Avusturya ve Macaristan savaşında Kızıl Ordu'ya katılmıştı, Yitzhaki'nin babası oğlunun ön cepheye gönderileceğinden ve orada soğuktan ölmesinden endişe ediyordu. "Babam Sliven'e bir plan ile gelmişti" dedi Yitzhaki. "İsrail vatanını 1930'lardan beri hayal ediyordu. Babam son adım için bana baskı yapıyordu: 'Sen bizim öncümüz olacaksın. Biz seni takip edeceğiz.'" Yitzhaki'nin babasının Sliven'deki merkez üssünde tanıdıkları vardı. Çok geçmeden Yitzhaki terhis edilmişti ve 1944 yılının sonlarına doğru sessizce Bulgaristan'dan çıkmış, yarım asır önce Theodor Herzl'in binmiş olduğu aynı trene, *Orient Express*'e binerek önce İstanbul ve sonra Suriye'yi geçerek Filistin'e varmıştı.

Ben-Gurion için Yitzhaki gibiler büyük göçün devamı için piyondular. Siyonist liderin hâlâ bir devleti yoktu ama bir planı vardı. Bulgaristan'ın acil nakit ve temel malzemelere ihtiyacı olduğunu biliyordu. Başkentteki harap durumu ve yakın köylerdeki fakirliği görünce çok şaşırmış ve uzun vadede onları yeni bir Musevi Devleti'ne getirmek amacıyla Yahudi ulusu için geçici yardım ayarlamıştı. Filistin'e döndükten sonra, Ben-Gurion beş bin çift ayakkabının Bulgaristan'daki Musevi çocuklara gönderilmesi talimatını vermiş olsa da, "Aslında ayakları ayakkabılara getirmeyi denememiz daha iyi olurdu," diye eklemişti.

Kısa bir süre sonra Filistin'deki Yahudi Dairesi yeni Bulgar hükümeti ile ticari ilişkilerini açmıştı. "Ekselans" diye yazıyordu Tel-Aviv'deki Yahudi Dairesi'nin ticaret bölümü başkanı Bulgar Ticaret Bakanı'na; "Bu fırsatı size Bulgaristan ile ticari ilişki kurmayı ne kadar çok istediğimizi belirtmek için kullanıyorum ve en kısa zamanda işlemlere başlamak için tarafımızdan her türlü gayret gösterilecektir." Yahudi Dairesi, Filistin'de hâlâ İngiliz kuralları geçerliyken, birçok bakımdan gerçekten bağımsız bir hükümet olmuştu.

İlk olarak Bulgarlar ve Filistin Yahudileri mübadele şartlarını görüştüler: Bulgarlar çam, kayın ve gülyağına karşılık Yahudilerden ilaç ve ayakkabı alacaklardı. "Ayakkabılar her takasta ÇİFT TABANLI olmalıydı" diye bir Bulgar sorumlu bildirmişti. Bir kilogram gülyağının değeri 160 çift ayakkabı olarak önerilmişti. Bir Musevi Dairesi bakanı kısa zaman içinde "nakit ödeme için yollar bulunacağı" sözünü vermişti. Nakit para olarak Sterlin tercih edilmişti. Kısa zaman sonra iki taraf, Bulgar kurutulmuş meyve, çilek özü, arı kovanı, battaniye, sırt çantası, halı, demir kasa ve kömür için görüşmeye başlayacaklardı. Resmen bir Musevi Devleti kurulmadan çok önce bir ticari anlaşma imzaladılar.

Bulgar Yahudileri için savaş sonrası fonlar Amerikan Musevi Birliği Dağıtım Komitesi'nden de, kısaca MBDK veya sadece Birlik diye bilinen komiteden gelmişti. Daha önce Bulgaristan'da yapmış oldukları çalışmalar sonucunda MBDK yetkilileri elbise, battaniye, ana yiyecek malzemeleri ve tıbbi malzeme göndermiş ve Musevi sanatçılara, yazarlara ve sanatçı kooperatiflere fon yardımında bulunmuştu. Daha önemlisi, MBDK'nın Yahudi Dairesi ve İngiliz barikatlarına karşı çıkıp Filistin'e yasadışı Yahudi naklini örgütleyen Mossad ile çok sıkı bağları vardı. MBDK'nın en büyük hedefi Kutsal Topraklara göçün finansmanına yardımcı olmaktı.

Başka bir ülkede başka bir yaşam konuşmaları, Moşe gibi bazı Yahudi Bulgar'a boşuna ümit veriyordu. Genç erkek ve kadınlar İbranice öğrenerek ve Filistin rüyasını dinleyerek büyüyordu. Ama Filistin'e göçe Musevi desteği kesinlikle evrenseldi. Birçok Bulgar Yahudisi, özellikle Yurt Cephesi'ni destekleyenler, evlerinde Musevi toplumunu yeniden kurmayı tercih ediyordu. Bu yüzden Musevi komünistler, Siyonistleri bir tehdit olarak görüyorlardı. Politik ayrılıklar çoğunlukla aileler arasında kişisel çatlaklar oluşturuyordu: Ben-Gurion'un sözleri Moşe'nin içinde bir şeyleri harekete geçirirken, kendini komünizme adamış ve Yurt Cephesi üyesi, olgunlaşmamış bir Siyonist olan erkek kardeşi Jak'a daha az hitap ediyordu.

Birçok fırsatta, Moşe Jak'ı Sofya'daki hukuk ofisinde ziyaret ediyor ve ikisi politika tartışıyorlardı. Kardeşler anlaşmazlıklarını kendi aralarında tutuyorlar ama karşıt politik görüşleri göz önüne alındığında, Jak büyük bir olasılıkla diğer Musevi komünistlerin nasihatlerini Siyonist kardeşlerine tekrar ediyordu: Yahudiler savaşın harabelerinden ülkeyi tekrar kurmak üzere diğer Bulgarlara katılmalıydılar. Bu Bulgar Yahudilerinin karşılaştıkları bir durumdu; anavatanı terk etmek tüm Bulgaristan'ın karşısına çıkan zorlu işten sakınmak olacaktı. Filistin bir "yanlış Siyonist fantezisi" idi; burası onların eviydi. Jak, yeni Bulgar rejiminin anti-Yahudi taraftarlığına karşı mücadeleyle kendini ispat edeceğine inanıyordu. Kızıl Ordu Bulgaristan'daki Yahudileri kurtarmak için savaşmıştı. Aslında, Bulgar halkı Yahudileri imha edilmekten kurtarmak için savaşmıştı; sadece bu bile bir Yahudi'nin Komünist Cumhuriyet'te bir Bulgar vatanseveri olarak yollara düşmesi için bir nedendi. Jak, kuzeni Dalia'nın hatırladığı kadarıyla, bu rüyaya dağlarda partizan olarak sığınırken, iyice kendini adamıştı.

Artık Musevi komünistler Siyonistleri, "Yurt Cephesi'ne inanmayan gericiler olarak ifşa etmişlerdi. Moşe için bu tip saldırılar hoş değildi. Moşe yalnız değildi ve kısa zamanda Siyonizm'e karşı Bulgar Yahudilerinin sayıca fazla geldiklerini kabul etmek zorunda kalmışlardı.

1945 Nisan ayında Yurt Cephesi'nin Musevi liderleri Sofya'da buluşmuştu. Siyonist hareket, özellikle Ben-Gurion'un *aliyah* çağrısı, Filistin'e kitlesel göç, onları endişelendiriyordu. Daha sonra Bulgaristan devlet başkanı olacak, partili Todor Zivkov, yoldaşlarını Siyonist örgütün yurt dışından aldığı destek ile önemli mali ve politik nüfuzlarının olduğu konusunda uyarmıştı. O yaz Bulgar Siyonistleri Dünya Siyonist Örgütü'nün toplantısına katılmak üzere Londra'ya gittiler. Orada, Ben-Gurion bir Musevi Devlet yaratma çağrısını yineledi. Toplantıda, gelecek beş yıl içinde üç milyon Yahudi'nin göç etmesi gerektiğini söyledi. Jak Eşkenazi kardeşinin ve Solya'nın daha ne kadar Bulgaristan'da kalacaklarını merak ediyordu.

Moşe ve Solya, gitmeye veya kalmaya karar vermekte zorlanıyordu. Filistin sözüne karşı arkadaşları ve aileleriyle birlikte Bulgaristan'da yeniden hayatlarını kurma hayalini iyi düşünmeleri gerekiyordu. Yeni hükümetin Yahudilerin mallarını geri verme ve faşist politikalardan sorumlu olanları cezalandırma yönünde adımlar attığını biliyorlardı. Moşe ve Solya bunu yakından takip ediyordu.

Zaten Yedi Numaralı Halk Mahkemesi Yahudi Sorunu Komiserliğinin başı ve ülkenin en rezil Yahudi aleyhtarını, Aleksander Belev'i, gıyabında idama mahkum etmişti. Savaşın sonlarına doğru Bulgaristan'dan kaçmıştı. Mahkeme Kral Boris'in altındaki Başbakan Filov'u ve İçişleri Bakanı Gabrovski'yi yargılamış ve idam etmişti.

Dimitur Peshev idamdan kurtulmuştu. Savaş sırası parlamentonun eski başkan yardımcısı Bulgaristan'daki kırk yedi bin Yahudiyi kurtarmak için herkesten fazla çabalamıştı; Gabrovski'ye baskı yaparak sınırdışına sürülme emrini iptal ettirmiş, sonra parlamentoda bu planı halka açık bir mektupla ortaya koymuştu. Ama savaş sırasında Peshev Boris hükümetine dağlardaki partizanların yok edilmesi için baskı yapmıştı. Sessiz bekara on beş yıl ağır çalışma cezası verilmişti; üç yıl sonra serbest kalacaktı.

Ondan başka yüzlercesi bu kadar şanslı değildi. Yeniden narin eşya satıcısı kimliğine bürünmeye çalışan Moşe, bir aile olmayı planlayan Solya birkaç blok öterlerinde halk mahkemelerinde idamların yoğunlaştığının farkındaydı. Mahkeme, faşist hükümetin parlamentonun üyelerini, işbirlikçileri ve işbirlikçi olduğu iddia edilen yüzlerce kişiyi idam etmeye başlamıştı; 1945 baharında 2.100 kişi ölüm cezasına çaptırılmıştı. Bundan daha fazlasına işkence yapılmış veya faşist hükümet ile olan bağlantılarından dolayı ağır çalışma cezası almışlardı.

1945 Kasım'ında Georgi Dimitrov Bulgaristan'a dönmüştü. Komünist ve anti-faşist kahraman son yirmi yılını Kremlin'de geçirmişti. Parlamento seçimlerinden sonra Bulgaristan'ın başkanı oldu. Kısa süre sonra bir dizi mallara el koymaya başladı. Zaten ortak mülkiyeti benimsemiş olan Yurt Cephesi liderliği tüm Yahudi mal varlığını sahiplerine vermekte isteksizdi. Komünist liderlik burjuvazi toplumunu yeniden yaratmak değil, onları ortadan kaldırmak istiyordu. Dimitrov'un dönüşüyle müşterek mağazalar ve kooperatifler, bakkalların, zanaatçıların ve tüccarların yerini almaya başladı. Bu olay, Moşe, Solya ve geçimlerini özel yatırımlarına bağlamış olan diğer Musevi ailelerde İsrail'e göç etme fikrinin daha ağır basmasına neden oldu. Ama ana soru hâlâ belirsizdi: Gitmelerine izin verilecek miydi? Birkaç ay sonra cevap geldi.

1947 Mayıs'ında, Birleşmiş Milletler'in Sovyet elçisi Andrei Gromyko, Genel Kurul'da yaptığı bir konuşmada Sovyetler Birliği'nin Filistin'de bir Musevi Devleti'nin kurulmasına destek vereceğini söylemesi, Siyonistleri, Amerika Birleşik Devletleri'ni ve Büyük Britanya'yı şaşırtmıştı. Bir hafta sonra, Gromyko'nun konuşmasından hoşnut kalan Sofya'daki Yahudiler Stalin'e bir telgraf çekerek minnetlerini belirtmişlerdi. 30 Kasım 1947'de Sovyetler'in Amerika Birleşik Devletleri'ne, BM'nin Filistin'i Arap ve Musevi Devletleri'ne bölme planını destekleyeceğini açıklamasıyla tüm Bulgaristan'da kutlamalar yapıldı. Bu Hairilerin el-Ramla'da şaşkınlıkla ve hayretle karşıladıkları haberin aynısıydı. Sofya'da coşan Yahudiler caddelere çıkıp bayrak sallıyorlar, İsrail şarkıları söylüyorlar ve günün kahramanlarının adlarının yazıldığı pankartlar taşıyorlardı: Theodor Herzl, Georgi Dimitrov, David Ben-Gurion ve Yosef Stalin.

 BM oylamasından üç gün sonra 2 Aralık 1947'de, Solya Eşkenazi Dalia'yı (o zaman adı Daizy idi) Sofya'daki bir hastanede dünyaya getirdi. Jak ve karısı Virginia, Moşe ve Solya'nın bebeği hastaneden getirmelerinden kısa bir süre sonra, onları ziyaret etti. Virginia, Dalia'nın sevincini kontrol altına alamayan babasından farklı olarak, sessiz ve huzurlu bir bebek olduğunu hatırlıyordu. Zaten Moşe de sevincini kontrol altına almak istemiyordu. "Bir kız ve adı da Daizy!" Moşe heyecanla yorgun anne ile hasır sepetinde yatan çocuğu arasında gidip gelirken bağırıyordu. "Bir kız ve adı da Daizy!" Çift, yedi yıldır bir bebek istiyorlardı; hatta bir kız bebek umuyorlardı. Şimdi onun nerede büyüyeceğine karar vermeliydiler.
Sovyetlerin Musevi Devlet için desteği, Bulgar hükümetinin,

isteyen Yahudilerin göçlerine arka çıkmaları gerektiği anlamına geliyordu. Georgi Dimitrov, Stalin'in kendisine "Filistin'e göç edecek Yahudilere yardım edilmesinin bir BM kararı" olduğunu hatırlatan Kremlin'deki toplantıdan yeni dönmüştü. Dimitrov hemen bu mesajı BM'nin kararını bir yenilgi olarak gören Musevi Komünistlere iletmişti. Dimitrov 1948 Mart'ında Politbüro'daki bir toplantıda Musevi yoldaşlarına, "Museviler tarihlerinde ilk defa hakları için adam gibi savaşıyorlar," demişti. "Bu savaşı takdir etmeliyiz… Göçe karşıydık. Aslında bir engeldik. Bu bizi halk kitlesinden ayırdı."

Birkaç hafta sonra 3 Mayıs'ta Musevi komünistler halka, "Büyük Sovyetler Birliği'nin büyük katkılarıyla Musevi sorununa getirdiği çözüm ve bağımsız, hür, demokratik Musevi Cumhuriyeti'ne (Eretz Yisrael) ulaşabilmek için yaptığı katkılardan dolayı sonsuz takdirlerimizle… Yaşasın Bulgaristan Halk Cumhuriyeti ve faşizme ve Yahudi aleyhtarlığına karşı savaşmış, Bulgar halkının lideri yoldaş Gorgi Dimitrov. Yaşasın köleleştirilmiş ve bastırılmış ulusların koruyucusu General Yosef Stalin," diyerek açıklama yaptılar. Yahudi toplumunun ayrılışının yakın olmasından dolayı Musevi Komünistler "Bulgaristan Halk Cumhuriyeti hükümeti büyük bir memnuniyetle Filistin'e yerleşmek isteyen Yahudilere serbestçe göç etmeleri için her türlü yardımı vermeye hazırdır," diye karar verdiler. Bu Jak Eşkenazi'nin de kabul edebileceği bir durumdu; onun nasıl hissettiği ve Moşe'ye ne söylediği iki kardeş arasında kaldı.

Yurt Cephesi ülkeyi terk etmek isteyen Yahudilerin taşınma işlemlerini denetliyordu. Bulgar Siyonist grubunun bağımsız olarak çalışmasına izin verilmiyordu. Artık sadece hükümet tarafından basılacak bir Yahudi gazetesi olacaktı. Siyonistler ve komünistler aynı amacı paylaşacaklardı—yeni Musevi Devleti'nde yaşamak isteyen Yahudilerin gidişlerini kolaylaştırmak.

GÖÇ

Bazıları bunu zincirleme bir reaksiyon olarak, bazıları eski anavatana doğru keyifli bir adım olarak, bazıları da bir heyecan olarak anımsıyordu. Göç kararı yıllarca teorik olarak görülmüştü. Hatta olanak dahilinde olduğunda bile birçoğu kalmayı planladıklarını söylediler. Ama bu çok çabuk değişti. Bir komşu, İsrailli bir berber ailesini bir gemiyle götürmeye karar verdi. Sonra, sokağın karşısındaki Rahel, ailesinin gitme kararını ilan etti. Elektrikçi Sami göç etti. Sonra terzi Matilda gitti. Ayakkabıcı Leon. Polis memuru Haim. Şoför Isak. Sinemacı Buko. Şimdi haham. Bakkal. Manav. Fırıncı. Bulgar Musevi korosu –yüz kişinin hepsi– bir gemi ile İsrail'e gitti. Birdenbire ailenin yarısı gitmişti, mahallenin yarısı boştu. "Psikoz gibiydi," dedi Bulgaristan'da kalmayı tercih eden eski komünistlerden bir Yahudi. "Bir gece önce bir şeye inanıyorlardı. Ertesi gün bir başka şeye inandılar."

1948 baharında Moşe ve Solya'nın tartışacakları bir şey kalmamıştı. Fabrikalar millileştirilmiş ve mülke devlet adına el konulmuştu; Moşe'nin geçiminin geleceği belirsizdi. Yeni hükümet her ne kadar Yahudilere ve diğer Bulgar halkına eşit davranıyor gözüküyorsa da, işkenceler ve yaptıkları infazlar Moşe'ye göre aşırı vahşilikti; 1943'teki kaçış, geleceği belirsiz Bulgaristan'da güvenliğin teminatı değildi.

Buna rağmen Moşe'nin kalmamasının nedeni sadece Bulgaristan'daki zor yaşam değildi; o yeni bir yere gitmek istiyordu. Moşe yıllarını uzak bir yerde yeni bir hayat lafları duyarak geçirmişti. Zorluklar karşısında güçleniyor ve bu durumda ona gitmesini söyleyen hislerine güveniyordu.

Solya bu kadar emin değildi. Sevdiği ülkeyi arkasında bırakmak ona ağır geliyordu. Ama Moşe'nin karısı olarak onu takip edecekti: En kısa zamanda Moşe, Solya ve Dalia Eşkenazi İsrail'e gidecekti.

14 Mayıs'ta Ben-Gurion İsrail'in bağımsızlığını ilan edince Araplar ve Yahudiler arasında savaş resmen başladı, Yahu-

di Dairesi ve Bulgar hükümeti düzgün bir göç için detaylı bir plan hazırlamıştı. İlk olarak beş ufak gemi, her birinde 150 kişi, Yitzhak Yitzhaki gibi manda zamanında Filistin'e gitmiş ve göç zincirinin ilk halkasını oluşturmuş kişilerin çocukları gönderilmişti. Bu yolculuklar, Bulgar deniz ticaret filosunun sahip olduğu ve kullandığı gemilerde yapılıyordu, MBDK tarafından kişi başı kırk dolar ödenmişti. MBDK ve diğer uluslararası Siyonist grupların katılımına, harap olmuş ve fakirleşmiş Bulgaristan'a, ülkeyi yeniden kurması için çaresizce muhtaç olduğu nakit para ödendiği sürece müsamaha ediliyordu.

Bulgar hükümeti ilk büyük operasyonun Yugoslavya'da Bakar limanından yapılmasına karar verdi. Toplam 3.694 Bulgar Yahudisinin işlerini halledebilmek için üç haftaları vardı. Bulgaristan'ı terk etmeden önce, tüberküloz, kalp hastalıkları, tifo, kolera ve frengi hastalıklarının bulunmadığını ispat edebilmek için tıbbi bir muayeneden geçmeleri isteniyordu. Sonra evlerini kapatacaklar, vedalaşacaklar ve 25 Ekim'de Sofya'da iki uzun trenin beklediği merkez tren garında toplanacaklardı.

Moşe ve Solya; Sofya istasyonunda kalabalık yolcular arasında platformda ilerlediler. Jak ve karısı Virginia onları uğurlamaya gelmişti. Moşe ve Solya'ya kolilerini ve bavullarını taşımaya yardım etmişlerdi; biri sakin bir şekilde hasır sepetinde yatan Dalia'yı taşıyordu. İstasyondaki atmosfer hüzün ile ağırlaşmış ve beklentiler ile şenlenmişti; kardeşler, babalar ve büyükanneler ve amcalar belki de son defa birbirlerine sarılıyorlardı.

Temiz ve parlak bir hava vardı. Platformun güneyinde, Vitoşa dağının tepesi yükseliyordu, sivri tepesi buruşmuş sivri bir şapkaya benziyordu. Solya sık sık genç arkadaşlarından kurulu bir grupla, şarkı söyleyerek, güneş ışınlarını süzen çam ve akçaağaçların arasında taşlı patikalardan yukarı tırmanırdı. Tam doğusunda doğduğu yer olan Sliven vardı, hemen Güller Vadisi'nin arkasında, eski bahçesini kayısı ağacı ile birlikte hatırlıyordu. Tepelerinin içlerinde kömür ocakları bulunan bir yerdi. Burada toprak meyve ağaçları ve kırmızı üzüm için çok uygundu. Solya fısıldayan rüzgarın vadiye doğru estiğini ve toz bulutu kaldırdığını hatırlıyordu.

Öğleden sonra tren Sofya'dan hareket etti, ilk önce yavaş ve dikkatli gidiyordu, sonra batıya doğru yavaş yavaş giderken hızını arttırdı, Yugoslavya sınırına ve İsrail'e gidecek gemiye doğru hızla başkentten çıktı.

Sofya'dan hareket eden trendeki 1.800 Bulgar Yahudisinin çoğu –veya on binlerce 1948'de göç eden Macaristan, Romanya veya Polonya Yahudisi– için İsrail'e bu yolculuk iki bin yıllık bir sürgünden dönmeyi ve Talmud yeminini temsil ediyordu. Talmud yeminine göre, her kim İsrail'de dört adım atarsa tüm günahları bağışlanacaktır.

Ama Yugoslavya sınırını 25 Ekim 1948'de alacakaranlıkta geçen tren, aynı zamanda bir zamanlar delilik olarak eleştirilen hareketin zaferini de temsil ediyordu. Politik Siyonizm hareketinin babası Theodor Herzl, bir Yahudi yurdu kurmanın, ittifak devletlerini imparatorluk güçleriyle aldatmak olduğunu biliyordu. Filistin veya belki başka bir yerde kurulacak bir Musevi Devleti'nin, onların çıkarlarına uygun olduğuna ikna edilmeleri gerekiyordu. "Musa'ya kırk yıl gerekmişti," dedi Herzl. "Bize belki yirmi, belki otuz yıl gerekli."

Herzl, imparatorluğu sallantıdayken hâlâ Filistin'in kontrolünü elinde tutan Osmanlı Sultanı'nı davet etti. Siyonist lider "Avrupa'nın çeşitli yerlerinde borsalarda olan arkadaşlarından", imparatorluğun borçları için mali destek ve "en geniş savaş gemilerinin bile altından geçip Haliç'e girebileceği yükseklikte yeni bir köprü" inşasında yardım sözü verdi. Sultan lehinde bir cevap verdi. "Yahudilerin arkadaşı" olarak kendini ifşa etti. İstanbul'dan dönüşünde Herzl Sofya'da durdu ve bir Bulgar tanıdığına şöyle söyledi: "Sultan'ın paraya, bizim vatana ihtiyacımız var. Ben Viyana, Londra ve Paris'e gerekli parayı toplamaya gidiyorum."

Herzl İngilizlerden de destek aradı. İngiliz koloni sekreteri, Joseph Chamberlain'a "İngiliz egemenliğinde Musevi bir koloni"ye destek vermesi için ısrar etti. Nitekim İngiltere "gücünü arttıracak ve on milyon Yahudi'nin minnettarlığını kazanacaktı." Herzl'e göre Chamberlain, "siyonist fikri benimsemişti. Eğer ona İngiliz egemenliğinde olmayan, beyazların yaşamadığı bir nokta gösterebilirsem, o zaman konuşabiliriz." İngiltere hâlâ Filistin'i egemenliğine almamıştı, böylece iki adam olası Musevi vatanını Kıbrıs'ta, Sina'da ve hatta Uganda'da bile kurmak için tartıştılar. "Kıyılar sıcak olur," dedi Chamberlain Siyonist lidere, "ama Avrupalılar için iç kısımların iklimi mükemmeldir. Şeker ve pamuk yetiştirilebilir."

Uganda fikri Herzl'in yandaş Siyonistleri tarafından hoş karşılanmadı ve Herzl 1904'te öldükten sonra Siyonist hareket Filistin'e odaklandı ve Osmanlı Sultanı ile görüşmeleri yoğunlaştırdılar. Haim Weizmann 1914'te Fransız Siyonistlerle yapılan bir toplantıda "Bir ülke var insanları yok, diğer taraftan Musevi insanlar var ve ülkeleri yok," dedi. İsrail'in ilk başkanı olacak adam şunu sordu, "O zaman taşı gediğine koymaktan başka ne gerekiyor, bu insanları bu ülkeyle birleştirmek için? Bu ülkenin sahipleri [Osmanlılar] inandırılmalı ve ikna edilmeli ki bu evlilik sadece [Musevi] insanlar ve ülke için değil, ama kendileri için de bir avantajdır."

Ancak 1. Dünya Savaşı, Osmanlı İmparatorluğu'nun çöküşüne, İngilizlerin Filistin'e girmelerine ve 1917'de Musevilere ulusal vatan sözü veren Belfur Bildirisi'ne neden olacaktı.

Otuz yıl sonra, Mayıs 1948'de David Ben-Gurion yeni İsrail Devleti'nin bağımsızlığını ilan edince, "Musevi Jules Verne," gerçek olmuştu.

GÖÇ

Tren 27 Ekim 1948'de alacakaranlıkta sarp Dalmaçya kıyılarına ulaştı. Batıya doğru Adriyatik'in ufkunda gökyüzü alev rengindeydi. Solya ve Moşe'nin arkasında kararan doğuda Zagrep, Lubljana, Belgrad ve Sofya kalmıştı. Bulgaristan'ın bir yerinde ailenin değerli eşyaları –200 kilogram veya her yetişkin için 100 kilogram– sandıklarda kalmıştı. Solya hasırdan yapılmış bir çeyiz sandığı paketlemişti: Yün battaniyeler ve bir Bulgar kilimi; kenarlarında küçük kırmızı çiçekleri olan krem renkli, Çekoslovakya'dan özel düğün porseleni; büyük çorba kasesi ve çukur tabakları; Bulgar brandisi yudumlamak için mor kristal kadehler; yastık kılıfları, danteller ve diğer el işlemeleri; ve pembe yatak odası seti: İki elbise dolabı, yatak ve kafesi. Kişisel eşyalarından ayrılan Yahudiler sadece Solya ve Moşe değildi. Dört bin ton değerli eşya Sofya'da, işçiler kişisel eşyalarını İsrail'e gönderebilmek için yabancı nakliye şirketleri ararken, Moşe ve Solya'nın evlendikleri sinagogda istiflenmişti.

Tren Bakar limanına yakın bir yerde tıslayarak durdu. İçinde Solya ve Moşe inmeyi beklerken, çantalarını hazırladılar ve sepetinde hazır olan Dalia'yı aldılar. Pencerelerden belki üç yüz metre uzaklıktaki büyük yelkenli, direkli geminin iskelede durduğunu ve ışıklarının gökyüzüne vurduğunu görebiliyorlardı.

Pan York bir futbol sahası kadar büyüktü, güvertesinden üç direk yükseliyordu; altında elli ton muz ve fosfat taşıyabilecek kapasitede kargo bölümü 3.694 Bulgar Yahudisini taşımak üzere değiştirilmişti: 42 Alkalay, 68 Aledcem, 68 Baruh, 124 Kohen, 20 Daniel, 7 Danon, 4 Civris, bir Elyas, bir Elder, bir Efraym ve 54 Aşkenazi.

Solya, Moşe ve Dalia iskele tahtasında giden göçmen kuyruğunu takip ettiler. Gemiye binince, güçlü bir dezenfektan kokusu burunlarına çarptı. Önlerinde deniz yeşili rengine boyanmış kocaman bir metal kargo bölümü gözüküyordu. Gözlerinin görebildiği yerin üç katı kadar yüksek ahşap ranzalar vardı. Burası gelecek sekiz gün için onların evi olacaktı.

LİMON AĞACI

Geminin deposunda mürettebat, parası MBDK tarafından ödenmiş binlerce konserve yiyecek stoklamıştı. Gelecek bu bir haftada, Moşe, Solya ve *Pan York*'un diğer yolcuları konserve et ve balık, süt, meyve, ekmek, margarin, greyfurt marmeladı ve küçük parça siyah çikolata ile yaşayacaklardı. MBDK sabun ve acil tıbbi malzemeleri de temin etmişti. Yolcular sonradan ciddi bir hastalığın olmadığını ama Bulgarların çoğunun korkuluklardan aşağı sarkarak açık denize kustuklarını hatırlayacaklardı. Gelecek yıllarda ailesi o seyahatte sadece Dalia'nın midesinin bulanmadığını anlatacaklardı. Neredeyse tüm yolculuk boyunca uyumuştu.

Yavaşça Yugoslavya kıyıları gözden kayboldu. *Pan York* azami on dört deniz mili hızla Adriyatik'te güneye doğru ilerliyordu. Pruvadan sadece gökyüzü, ufuk ve deniz gözüküyordu.

Moşe sadece ileri bakabiliyordu. Ailesinin nerede yaşayacağı veya Hayfa'ya vardıklarında neyle karşılaşacakları hakkında bir fikri yoktu. Savaşın hâlâ devam ettiğini biliyordu ama İsrail'in daha üstün olduğu ve çok kısa zaman sonra yeni bir ateşkesin kararlaştırılacağı söyleniyordu. Moşe bir şekilde Musevi Devleti'nin hayatta kalacağından emindi.

Anlaşmazlıklara rağmen, Filistin'deki birçok aydın uzun vadede İsrail'in hayatta kalabilmesinin Araplarla birlikte var olmalarından kaynaklanacağını tartışıyordu. Moşe, Filistin'de yaşayan tüm insanlar için iki uluslu demokratik bir devleti savunan bir Siyonist örgütün yandaşıydı. "Yahudiler ve Araplar arasında bir anlayış . . . temelinde iki özerk kültürlü insanların arasında tam bir politik eşitlik" ilkesini savunan Brit Shalom'un veya Barış Anlaşması'nın oluşmasıyla ortaya çıkan iki ulus kavramının kökü 1920'lere dayanıyordu. Bu felsefenin dayanağının bir parçası "Siyonist etkinliğin etik bütünlüğü"nü korumak istemeleri; diğer parçası da pratik olmasıydı. Brit Shalom'un kurucusu Arthur Rupin, "Eğer Araplarla asgari müşterek temelde bir çözüm bulunamazsa Siyonizmin felakete doğru sürükleneceğinden hiç şüphem yok," demişti. Birlikte yaşamın manevi babası, uzun zamandan beri iki uluslu devletin temelinde "iki insanın paylaştığı vatan sevgisi" olduğunu savunan Viyanalı büyük dini düşünür Martin Buber'di.

Musevi avukatlar iki uluslu devlet için 1940 yılında sol politik parti Mapam'da bir araya geldiler. 1947'de Mapam liderleri, BM Sovyet temsilcisi Andrei Gromyko'yu tek bir devlet çabalarını desteklemesi konusunda ikna etmede başarılı olamadılar. İki ayrı devletin gelecekte daha büyük gerginliğe neden olacağını savundular. Gromyko onlara bu fikrin güzel olduğunu ama gerçekçi olmadığını söyledi. Sovyetlerin bölünme için oy vermesiyle, Filistin'e Moşe'nin gelmesinden on beş yıl önce göç etmiş bir Mapam lideri Viktor Şemtov şöyle düşünüyordu: *Bu uzun bir savaşın başlangıcı.* Yine de Şemtov İsrail'in doğuşunu diğer Mapam üyeleriyle birlikte Hayfa'nın caddelerinde dans ederek kutladı. Moşe ise kendi görüşüne göre, çok kısa zaman sonra Mapam'ın rakibi Ben-Gurion'un, merkez partisi Mapai'yi kucaklayacaktı.

Sekizinci gün tan ağarmadan uzakta ışıklar gözüktü. Yolcular hareketlendiler ve güverteye çıktılar. Kara yakınlaştıkça bazı ışıklar diğerlerinin üstünde duruyor gibi görünüyordu. Havada asılı yanıp sönen mücevherler aslında değişik yükseklikte bulunan evlerden geliyordu. Burası Hayfa'ya bakan dik yamaçlık, Karmel'di. Neredeyse gelmişlerdi. 4 Kasım'da gün ağarırken yolcular Hayfa limanına giren geminin güvertesine doluşmuştu. Bazıları ağlıyordu. Altmış yıl boyunca Siyonistlerin ve şimdi yeni İsrail Devleti'nin milli marşı olmuş "Hativka"yı söylemeye başladılar.

Ve doğuya doğru
Bir göz Sion'a bakar

LİMON AĞACI

Umudumuz daha kaybolmadı
İki bin yıllık umut,
Topraklarımızda hür insan olmak
Sion ve Kudüs topraklarında.

Birçoğu onca mücadelelerden sonra sonunda evlerine geldiklerini hissetmişlerdi.

Kıyıda, Yahudi Dairesi'nin yetkilileri ipin arkasındaki masalarda oturuyorlar, yolcuları aile aile geçiriyorlardı. İsimleri ve doğdukları yılı alıyorlardı; Dalia'nın doğum yılı 1948 olarak, yanlış kaydedilmişti. Eşkenaziler bir kimlik kartı aldılar ve ilerideki metal binaya gitmeleri istendi. Burada işçiler Bulgarlara saçlarını sertleştiren ve beyazlatan bir madde püskürtüyorlardı. Çocuklar gülerek etrafta koşuyorlar ve birbirlerine saçlarını gösteriyorlardı.

Sonra sandviçler dağıtıldı. Bazı aileler otobüslere, diğerleri kıyı boyunca güneye doğru giden sarı dar buharlı bir trene bindirildi. Eşkenaziler eski bir İngiliz askeri barakası olan otuz mil uzaklıktaki Pardes Hannah'a gittiler. Hemen bir sıra barakanın arkasında yeni gelenlere sığınak olarak çadırlar kurulmuştu.

Böylece Eşkenazilerin İsrail'deki hayatları başladı. Aşağı yukarı on gün boyunca Moşe ve Solya bir çadırda diğer devşirilmiş uluslardan insanlarla –koyu dalgalı saçlı, Arapça konuşan Fas'tan gelen mülteciler– soluk, şaşkın, Aşkenazi dilini konuşan Romanya, Macaristan ve Polonya'dan gelen binlerce mülteci arasında yaşadılar. Kalabalık, kokulu bir yerdi. Kasım ayı için sıcak bir dönemdi ve yağmurlardan dolayı çamurluydu.

Çok geçmeden Moşe ve Solya huzursuz oldular. Diğerleri gibi onlar da başka bir yere yerleşmek için sabırsızlanıyorlardı. Tel Aviv'de çok az yer vardı ve Kudüs hâlâ çok tehlikeliydi. On

GÖÇ

gün sonra Moşe mültecilerin, bir masada oturmuş insanlara bu mülteci kampı ile Kudüs arasındaki bir şehre gönderilmeleri için isim yazdırdıklarını fark etti.

Moşe daha önce bu şehri hiç duymamıştı. *Neden olmasın?* diye düşündü. *Ramla denen bu yeri biz de deneyelim.*

Altı

SIĞINAK

Kasası düz olan kamyon Ramallah merkezine yakın bir yerde durdu. Temmuz ortası sıcağında Kral Abdullah'ın Arap Lejyonu'nun kamyonu mültecilerden oluşan yükünü indirdi. El-Ramla'dan, Arap köyü olan Salbit'ten gelmişlerdi.

Şeyh Mustafa Hairi, siyah cüppesi ve beyaz imam bezi sarılmış fesiyle göz kamaştıran günün kavurucu sıcağında kamyonun kasasında ayağa kalktı. Düdüğü ve çakısıyla buluğ çağındaki izci kız, Firdevs Taci, Hairi ve Taci ailelerinin diğer bireylerinin yanında duruyordu. Önlerinde duran manzaraya inanamıyorlardı. Tüm aileler çadırlara yerleşmiş, geniş metal yemek kaplarının başına sıkışmışlardı. Birkaç kaşık fava ve mercimeği ufak bir parça ekmek ile ağızlarına aceleyle dolduruyorlardı. Mülteciler ağaçların altında, kapı ağızlarında ve yol kenarlarında oturuyorlar ve yatıyorlardı. Aileler ayrılmak zorunda kalmışlardı; birçok aile bireyi ayrı zamanlarda el-Ramla'yı terk etmişti ve şimdi birbirlerini nerede bulacaklarını bilmiyorlardı.

Şeyh Mustafa ufak bir oda ayarlayabildiği Grand Oteli'ne doğru şehrin merkezini geçerek yürüdü. Sonra yeğenini ve ailesini bulmak üzere çıktı. Ahmed ve Zekiye, Beşir ve diğer çocuklarıyla daha önce gelmişler ve Quaker Okulu'nun yakınında bir oda kiralamışlardı. Son iki aydır Ahmed el-Ramla'ya gidip yiyecek, birkaç parça giyecek ve diğer ev eşyalarını Ramallah'taki ailesine getiriyordu.

LİMON AĞACI

1948'in Temmuz ortasında, Arapça'da "Allah'ın Dağı" anlamına gelen Ramallah Kuzey Filistin'de sakin bir Hıristiyan dağ kasabasından ıstırabın ve travmanın kol gezdiği bir emanetçiye çevrilmişti. Yüz bin mülteci okul bahçelerine, liselere, manastırlara, askeri barakalara ve köyün çevresindeki bulabildikleri her yere toplanmışlardı. Daha şanslı olanlar akrabalarıyla geçici bir mesken paylaşıyorlardı; aile evlerinde şimdi her bir odasında on veya on beş kişi bulunuyordu. Birçok evsiz aile açık havada, zeytinliklerde, oyuklarda, ağıllarda, ahırlarda ve yol boyunca çıplak arazide yatıyordu.

İsrail ordusunun Lydda ve el-Ramla'yı kuşatmasından ve sürgünü emretmesinden bir ay sonra, 12 Ağustos'ta Kudüs'teki Amerikan konsolosluğundan gelen bir telgraf "Şartlar korkunç," diye uyardı. "Yoksul çoğunluğun üstlerinde sadece giydikleri elbise var. Mümkün olan en küçük bir bağış yardımına muhtaçlar... Mültecilerin kutularını doldurmak için saatlerce sırada bekledikleri su kaynaklarına ihtiyaçları var... Ağustos sonundan önce yedek saklanan suyun biteceği kesin... günlük altı yüz kalori üç hafta daha yürürlükte olacak ve sonra ise, hayatı uzun süre devam ettirmeye yetersiz... kötü beslenme her yerde... aileler, ölülerini kamplarında sağlık memuruna haber vermeden yakıyorlar... lokal yetkililer sorunlarla boğuşuyor ve bu durumla başa çıkamadıklarını itiraf ediyorlar."

Yetersiz su miktarı, BM müfettişlerine göre "korumasız, plansız, mikroplu ve sağlığa zararlı... bir tifo salgını neredeyse kaçınılmaz," gözüküyordu. Amerikan konsolosluğunun verdiği rapora göre Kızılhaç hemşireleri bu salgına karşı mültecilere aşı yapmak için gayret ediyorlardı ama "ellerinde ancak on bin aşı bulunuyordu." Memurlar olası bir kolera, difteri ve menenjit salgını için uyarıyorlardı. Mülteciler haftalardır yıkanamamışlardı, bazıları göz ve deri rahatsızlıklarından yakınmaya başlamıştı.

SIĞINAK

Şeyh Mustafa, Ahmed, Zekiye ve bir odayı paylaşan on çocuğunu bulmak üzere Quaker Okulu'nun yakınındaki eve geldi. El-Ramla'daki evinde Beşir'in kendi odası ve yatağı vardı; şimdi ebeveynleri ve kardeşleri ile birlikte birkaç çift şiltenin üzerinde uyuyordu. Diğer odalarda, diğer Hairiler uyuyordu. El-Ramla'da duvarlarla çevrili aile bölgesinde bir evden diğerine kabile üyeleri meyve bahçelerinden ve açık araziden geçerken, düzinelerce Hairi üyesi tek bir eve doluşmuştu. Bu şartlarda başkalarına oranla daha rahat bir ortam, aile bağlantıları ve kaynakları sayesinde elde edilmişti.

Beşir annesinin ailenin açlığını bastırmak için mücevherlerini ekmek, zeytin, yemeklik yağ ve sebze için satmasını izledi. Altın, Filistin'deki Arap kadınlarının her zaman acil ihtiyaç kaynağı olmuştu ve işgalci İsrail askerlerinin arama ve haciz hikayelerini duyan birçok kadın el-Ramla'yı terk ederken mücevherlerini vücutlarına sarmışlardı. Zekiye'nin altını, açlığı ailesinden uzak tuttu ve Beşir annesinin artık ailenin bankası ve şimdilik yaşamlarının ana kaynağı olduğunu anladı. Zekiye yalnız değildi. Birçok kadın çaresizlikle Ramallah'ın karışık caddelerindeydi. Beşir kadınları çeşmeden su testilerini başlarının üzerinde dengede tutarak geri dönerken veya geçici sokak pazarında elde yapılmış tatlılar satarken izlerdi.

Birkaç kişi yakın köylerde zeytin hasadında iş buldu: Erkekler dallara bir sopa ile vuruyorlar; kadınlar yere çömelip meyveleri topluyorlardı. Başka bir çıkar yol bulamayanlar ise evden eve giderek dileniyorlardı. "Evimizi kaybettik," diyorlardı. "Bize biraz yağ, mercimek, un yardımında bulunur musunuz?" Aileler çaylarını eski tütün kutularında içmeye başlamışlar; battaniyelerden ve çuval bezinden pantolonlar yapmışlardı. Bazen dilenciler, yaygın felaketle kendileri de bunalmış, gittikçe kızgınlığı artan toplumun tacizine uğruyorlardı. "Topraklarınızı Yahudilere sattınız ve buraya geldiniz!" diye azarlıyorlardı. "Kendinizi niye savunamadınız?" Krizler bazı insanların en kötü yanlarını ortaya çıkarıyordu. Bir mülteci, zengin ve Ramallah'ın tanınmış vatandaşlarından bir kadının balkonunda durup bir avuç dolusu şekerli fındığı sokağa atıp, yeni gelenlerin tatlılar için kavgalarını gözle görünen bir zevkle izlediğini hatırlıyordu.

Mal ve mülklerine el koyulmasının yanı sıra, özellikle erkekler tam anlamıyla şaşkınlık içinde sessizliğe gömülmüşlerdi. Yenilgileri ve Yahudiler tarafından aşağılanmaları, yerli halkın onları küçük görmesine neden olmuştu. Beşir köylü erkeklerin donuk gözlerle, çuvaldan dikilmiş pantolonlarla zeytin ağaçlarının altında oturduklarını hatırlıyordu. Evde susam, kavun, üzüm, kaktüs meyvesi ve yaz sebzelerinin hasat zamanıydı. Bu erkeklerin hayatıydı ve nasıl yapıldığını biliyorlardı; Ramallah'a yapılan ani sürgün sonucunda, işsizdiler ve aileleri açtı. Eşleri yiyecek dağıtım merkezlerinde, elli mil doğuda Amman'dan, Kızılhaç ve Eski Ürdün Kralı Abdullah'ın bir lütfu olarak gönderilen, geniş düz bisküvileri, mayasız ekmek hamurlarını ve bazen bir çuval domates veya patlıcanı dar yoldan getirecek kamyonların bitmez tükenmez bekleyişlerine tahammül ediyorlardı. Yetersiz azıklar açlığı önlemeyi amaçlıyordu. Mülteciler çoğunlukla kendi yaratıcılıklarıyla yaşamlarını sürdürüyordu. Dileniyorlar, halktan yiyecek çalıyorlar, meyve ağaçlarını çıplak bırakıyorlar ve bazı durumlarda askeri çöp tenekelerini, Kral Abdullah'ın Arap Lejyon Birliği'nden kalan yiyecek parçalarını toplamak için temizliyorlardı.

Hairiler, Zekiye'nin altınlarını satıyor olması nedeniyle, bu derecede açlık çekmiyorlardı ama Beşir mültecilerin utancını anlamaya başlamıştı. Altı yaşındaki bir erkek çocuk için basit bir mahrumiyet çok büyük bir anlam taşıyordu: Bir gün Beşir babasının Zekiye'ye arkadaşına bir fincan Arap kahvesi almaya bile gücünün yetmediğini dehşet içinde söylerken duymuştu.

SIĞINAK

Bir Arap erkek için, bir arkadaşını kahve içmeye davet etmek basit ve temel misafirperverlik hareketiydi –evinde olmanın anlamını en güçlü şekilde ifade eden hareketti– ve bunu yapamamak çok derin bir utancı gösteriyordu. Beşir bu utancı hayatı boyunca hatırlayacaktı.

16 Ağustos'ta, BM arabulucusu, Kont Folke Bernadotte, elli üç ülkeye çoktan açık denizlerde olan et, meyve, tahıl veya tereyağından, "eğer stoklarınız varsa Beyrut'tan beni arayın" mesajını veren telgraf gönderdi. BM Filistin'deki bu durumu "büyük boyutta insanlık faciası" olarak nitelendiriyordu. Bu zaman zarfında BM 250.000'den fazla Arap'ın "kaçtığını veya Filistin'de Yahudiler tarafından işgal edilen bölgelerden sürüldüğünü" tahmin ediyordu (Daha sonraki rakamlar BM tahmininin üç katı kadar olduğunu ortaya çıkarmıştı). "Ramallah'ta gördüğüm bu korkunç manzaradan daha korkuncunu görmemiştim," diye Eylül ayında yazmıştı Bernadotte. "Araba, yiyecek isteyen ve evlerine dönmek isteyen, feryat eden, heyecanlı insan kalabalığıyla resmen sarılmıştı. Acı çeken insan denizinde birçok korkmuş yüz vardı. Bir grup kabuk kabuk olmuş yüzleri ve üçgen sakallarıyla çaresiz ihtiyarın, normal insanlar tarafından yenilemez kabul edilen ama onların tek yiyecekleri olan ekmek parçalarını ellerinde göstererek yüzlerini arabanın camına dayadıklarını hatırlıyorum."

Mülteciler kendilerini şaşkınlıktan toparladıkça kızgınlıkları artmıştı. Hairilerin gelmesinden birkaç gün sonra, Arap Lejyonu'nun İngiliz komutanı John Bagot Glubb, Ramallah'a gittiğinde öfkeli mülteciler tarafından taş yağmuruna tutulmuştu. Birliğine "hain" ve "Yahudilerden beter!" diye bağırmışlardı; Glubb'ın Amman'dan Arap Filistin'ine geçen yolculuğunda arabasına defalarca tükürülmüştü. Glubb, Arap Lejyonu ve İngiliz karşıtı gösteriler, Ramallah'ın kuzeyinde Nablus'ta, Amman'da ve Ürdün Nehri'nin doğusunda Salt'ta patlak vermişti. Glubb'ın

LİMON AĞACI

Arap askerleri, mültecilerin görüntüsü karşısında hasta olarak, öfkeyle Musevi güçlerinden intikam almak istemişlerdi.

Glubb mültecilerin kendisine gösterdikleri hiddet karşısında çok şaşırmıştı. O, birliğinin diğer herhangi bir Arap gücünden daha fazlasını yaptığına inanmaya devam ediyordu: Doğu Kudüs için savaşmışlar, Araplar için çabalamışlardı; Latrun'da sınırı tutmuşlardı, "sayıları beş kat fazla olan düşmana karşı ... son adam kalana kadar, şimdi onlara hain diyenlerin ülkesini korumak için savaşacaklarını biliyordum."

Ama Glubb cephedeyken binlerce mültecinin Ramallah'a doğru akın ettiği haberini aldığında yatağında bir o yana bir bu yana geçirdiği o uykusuz geceyi de hatırlıyordu. "İtiraf etmeliyim ki, Lydda ve Ramle'deki operasyonların bu derecede bir insanlık ayıbına dönüşeceğini hiç tahmin etmemiştim. Ama bilseydim de başka ne yapabilirdim? Birliği düşünmeden Lydda'ya göndermem düşmanın Ramallah'a girmesine neden olurdu." Glubb Lydda ve el-Ramla'ya yönlendirilmesi durumunda Latrun'da İsrail ilerleyişini sınırda tutan Arap Lejyonu'nun zayıflamasına neden olacağını biliyordu. "Ve o zaman bu manzara sadece Lydda ve el-Ramla'da değil yirmi kat büyüyerek tüm Filistin'de görülecekti. Başka bir seçeneğim olduğunu göremedim."

Hairilerin birçoğu ve diğer iki şehrin mültecileri, Kral Abdullah'ın, Bedevi birliği ve diğer askerlerle koruma sözü verdiğini hatırlıyorlardı. Glubb ve Abdullah tarafından aldatıldıklarını hissediyorlardı. Abdullah ile iyi ilişkiler içinde olan Şeyh Mustafa bile krala karşı kızgınlık duyuyordu. "Kral Abdullah dedeme el-Ramla'yı terk etmeden önce geri döneceğimize izin vereceğini söylemiş," diyordu Beşir'in kuzeni ve Şeyh Mustafa'nın kız torunu Samir Hairi. "Böylece biz de geri dönmemizi sağlayacak gizli anlaşmaların olduğu izlemini edinmiştik."

SIĞINAK

Böyle anlaşmalar olmasa bile, Hairi ailesinin bağlantıları onları Ramallah'taki felaketten kurtarabilir, eve döndüremese bile Abdullah'ın krallığına ulaştırabilirdi. Hairi ailesinin sözlü tarihine göre, Abdullah kişisel bir öneri ile Şeyh Mustafa'ya ulaştı. "Kuzen," dedi Kral, Şeyh Mustafa'ya, ilişkileri asırlar öncesine dayanan uzak akrabalığını hissettirerek, "sefil mülteciler olmanıza izin veremem. Bütün aileni getir ve kalmanız için size Amman'da bir saray vereyim."

Uzun süre el-Ramla'nın belediye reisliğini yapmış olan Mustafa diğer bin mülteciyi yok sayamazdı. "Ailemle yalnız değilim," diye hatırlattı Şeyh Mustafa. "Korumam gereken tüm el-Ramla halkı var. Onları da getirecek miyim?"

"Olduğun yerde kal," diye cevap verdi Kral.

Amman'da Kral Abdullah kuşatma altındaydı. Çok kısa zaman önce Glubb'ın "dünyadaki en mutlu ufak ülkelerden biri" olarak tarif ettiği Eski Ürdün çöllerindeki vaha şimdi Lydda ve el-Ramla'da evlerinden çıkarılmış on binlerce mülteci tarafından kuşatılmıştı ve haklarını istiyorlardı. Hatta Arap Lejyonu askerlerinin öfkeli karıları ve ebeveynleri Abdullah'ın Amman'daki sarayına girmeye bile çalışmışlardı.

18 Temmuz'da, Şeyh Mustafa'nın Ramallah'a gelmesinden birkaç gün sonra, Eski Ürdün'de kral öfkeyle göstericileri sindirmişti. Amman'daki İngiliz bakan, Sir Alec Kirkbride belirgin bir küçük görmeyle "insanlık ıstırabının dalga" halinde Eski Ürdün'ün başkentine ulaşmasını izlemişti. Kirkbride mülteciler evlerinde kalsalardı "daha az mı cesur olurlardı" diye merak ediyordu. İngiliz adam iki bin kişinin "küfür ettiklerini ve kaybedilmiş şehirlerin derhal yeniden fethedilmelerini istediklerini" bağırdıklarını ve aynı "çirkin kitle protestosunun" krala yöneldiğini nakletmişti. Kral etrafı şarjörleri tüfeklerine takılı korumaları ile sarılı bir şekilde basamaklarda gözüktü. "Bana, bir kan gölü kaçınılmaz gibi geliyordu," diye hatırlıyor-

du Kirkbride. Bunun yerine Abdullah kalabalığa doğru şiddetle daldı, bağıran bir mültecinin kafasına yumruk attı ve "Yahudilerle savaşmak için askere yazılmalarını" ya da "yamaçtan inip cehenneme gitmelerini" istedi göstericilerden. Birçok gösterici, "yamaçtan inip cehenneme gitti," diye yazmıştı Kirkbride.

Kabadayılığına rağmen, İsrail ordusunun da umut ve tahmin ettiği gibi, Kral Abdullah'ın aklı karışmıştı. Abdullah hemen Glubb'ı sarayda toplantıya çağırmış, yardımcıları onu Filistin'i savunması için yeteri kadar çabalamadığı yönünde itham ederlerken Arap Lejyonu komutanına dik dik bakıyordu. Aslında Glubb'ın Londra'daki üstlerini suçlamak gerekiyordu. İngilizlerin BM'nin silah ambargosunu kuvvetlendirme çabaları –özellikle, Arap Lejyonuna silah ve cephane vermeyi reddetmeleri– el-Ramla ve Lydda'nın düşmesine ve Arap güçlerinin bu iki şehri tekrar ele geçirememelerinde Glubb'dan daha çok katkıları olmuştu. Bundan daha da önemlisi, Glubb'a göre, Arap Lejyonu sadece 4.500 kişilik birlikten meydana geliyordu—bu, Lydda ve el-Ramla'yı koruyup aynı anda Kudüs ve Latrun'da mücadele etmek için yetersiz bir miktardı.

※※

Elli mil batıda, Ramallah'ta Hairiler ve diğer binlerce mülteci hâlâ kısa bir zaman sonra –Arap orduları sayesinde olmasa bile, politik anlaşmalar sonucunda– evlerine döneceklerini varsayıyorlardı.

"Geri dönüş," dedi Beşir, "ilk günden beri bir sorundu."

Ama zaten sağlam kanıtlar İsrail'in bu iki şehri ve Arap Filistin'indeki diğer düzinelerce köyü teslim etmeye niyetlerinin olmadığını gösteriyordu. Kahire'deki Amerikan Elçiliği Washington'daki Devlet Başkanı Yardımcısı George Marshall'a gizli bir radyo sinyali ile, "Filistin'den birkaç yüz bin Arap mülteci İsrail'deki eski evlerine dönmeyi belki biraz ümit ediyorlardır," diye belirtmişti. Gönderide, "onların geri dönüşlerini engellemek ve Arap mallarını ele geçirmek için Museviler tedbirler aldı. Mülteci olarak terk edenler mallarını kaybettiler ve dönecekleri hiçbir yer yok. Ayrıca, mallarının çoğu İsrail hükümetinin kontrolü altında ve onlar bunları kendiliğinden Araplara vermeyeceklerdir," diye yazıyordu.

Gerçekten de İsrailli yetkililer mültecilerin geri dönüşlerini tartışmayı reddediyorlardı. Sebep olarak da yeni devletin hâlâ birkaç Arap ordusu ile savaşta olmasını gösteriyorlardı. Ama İsrailli yetkililerin mültecilerin geri dönmelerine izin vermeme hususunda çoktan bir karara vardıkları anlaşılıyordu. 16 Temmuz 1948'de Arap devletleriyle dört hafta süren ateşkes sırasında, David Ben-Gurion bir İsrail kabine toplantısında, "Ben kaçanların geri dönmesini istemiyorum... Hatta savaş bittikten sonra bile dönmemeleri yönünde tercihimi kullanacağım," demişti. Aynı toplantıda Ben-Gurion'un Dışişleri Bakanı şöyle eklemişti: "Bu bizim politikamız: Onlar geri gelmeyecek."

İki ay sonra, el-Ramla ve Lydda'nın fethinin sonucunda, İsrailli yetkililer zorla çıkarılmaların yer aldığını kabul etmeyecekti. 1948 yılında Ağustos ayının bir gününde Stockholm'deki Uluslararası Kızılhaç Konferansı'nda İsrailli bir delege sunduğu rapora, "İsrail kuvvetleri tarafından işgal edilen bölgede 300.000 Arap ikamet ettikleri yerleri bırakıp gitti *ama hiçbiri sınırdışına sürülmedi veya ikametgahını terk etmeye zorlanmadı* [orijinalinde vurgulanmış]. Tam tersine, birçok yerde Arap sakinlere kaçmaları için bir sebep olmadığı anlatılmaya çalışıldı..." diye bildirdi.

Ama el-Ramla'da insanların zorla kovuldukları açıkça belli oluyordu. "Tel Aviv'de bulunan Kızılhaç delegesine göre işgalci Yahudiler [el-Ramla'yı] tüm Arap sakinlerini, kalmalarına izin verilen Hıristiyan Araplar hariç, şehri boşaltmaya zorladılar. Bu bilgi kısmen Amerikalılar tarafından kontrol edilen bir kaynak tarafından da doğrulandı," diye bildiriyordu, gizli bir ABD Dışişleri sinyali.

Yaz sonunda el-Ramla'da birkaç yüz Arap hâlâ dikenli tellerin arkasına hapsedilmişti. Ailelerin çoğu Hıristiyan idi; yeni İsrail devleti için el-Ramla'daki Müslümanlardan daha az tehlikeli bulunuyorlardı. Kalan aileler Eski Şehir'in içinde birkaç blokta, şimdi *sakne* veya Arap gettosu denilen yerde tutuluyorlardı. Hairilerin eski sokağına yakın, Ahmed'in mobilya atölyesine yürüdüğü yerdeydi.

Ahmed'in evi boş bir çevrenin bir kenarında kimsesiz duruyordu. Kapılar ağzına kadar açıktı ve yağmacılar alacaklarını aldıktan sonra kalan eşyalar etrafa saçılmıştı. Dükkanın ticari malları sokakta çürümüş duruyordu. Yataklar, şilteler, dolaplar, kanepeler ve perdelerle yüklü askeri kamyonlar gidip geliyorlardı.

Moşe Dayan'ın Seksen Dokuzuncu Komando Birliği'ndeki askerleri, devriye gezecek fazla bir durum olmadığından bu yağmaya katılmışlardı. Bir İsrail alay komutanı yazılı raporunda "89. Birlik'in Ben Shemen'de yakınlarımızda konaklayan adamları yoldaki barikat nöbetçilerine tehlike oluşturuyorlar, Ben-Shemen yolundaki barikatlarda nöbetçilere silah doğrultuyorlar ve el-Ramla ve Lod [Lydda] da topladıkları değişik eşyalarla yüklü kamyonlarını barikatlardan geçiriyorlar" diye belirtmişti. "89. Birlik'in insafsız davranışları, bizim müfettişlerimizden birini yağma yaptıkları bir yerden çekip gitmezse kurşun sıkmakla tehdit ettiklerinde doruğa çıktı."

1948 yılının yaz sonu ve sonbahar başlarında Arap erkekleri Ramallah'taki veya diğer yerdeki sürgünlerinden köylerine dönmeye çalıştılar. Birçoğu sınırdan gizlice sızıp –Beşir babasının da onların arasında olduğuna inanıyordu– gece olduğunda köylerine ve tarlalarına girip alabildikleri eşyaları alıp biçebildikleri ekinleri biçtiler. İsrail hükümeti bunları "gizli hain" olarak tanımladı ve bazıları görüldükleri yerde vuruldu. Diğerleri döndüklerinde mısırlarını yanmış buldu. İsrailli liderler Arapların tarlalarında çalışma düşüncelerini tehlikeli buluyordu. Bir İsrail gizli servisi raporuna göre, eğer aç köylülere ekin biçmek için dönmelerine izin verilirse, bir sonraki adımın "köylere geri yerleşme olacak ve bu, savaşın son altı ayında elde edilen başarıları ciddi şekilde tehlikeye atacaktı" yönünde endişelerini bildirdi. Bunun sonucunda, sekiz gün sonra İsrail Savunma Güçleri başkanı Yahudileri Arapların tarlalarında çalışmaya çağırdı ve şöyle bildirdi: "Bölgedeki tüm düşman tarlaları kontrolümüz altındadır ve ekinleri bizim biçmemiz gerekiyor. Ekinlerini biçemediğimiz tarlaları yok etmeliyiz. Her durumda Arapların bu tarlaları biçmeleri engellenmelidir." Kontrol yerel kibbutzlara bırakılmıştı.

Birkaç İsrailli seslerini tedirginlikle yükseltti. "Devletimizin sınırları dışında nasıl bir düşmanı beslediğimiz hakkında hâlâ doğru dürüst bir fikrimiz yok," diye bir kabine toplantısında Tarım Bakanı Aharon Cizling uyarıda bulundu. "Düşmanlarımızı, Arap devletlerini, nefret, ümitsizlik ve sonsuz düşmanlıkla harekete geçirilmiş, nasıl bir anlaşmaya ulaşılırsa ulaşılsın bize savaş açacak olan diğer yüz binlerce Arapla [Filistinli mülteciler] kıyasladığımızda, onların önemsiz olduğunu görüyoruz..."

Eylül ortasında, Beşir ve ailesi Quaker Okulu yakınlarında tek odada kaldılar. Hemen dönüş düşüncesi yok oluyordu ve Beşir anne ve babasının Ramallah'tan ayrılıp el-Ramla'ya dönebilecekleri güne kadar daha rahat yaşayabilecekleri bir yere gitmekten söz ettiklerini duymaya başladı. Sürgünün ilk iki ayında, mülteci krizi hiç değilse bile, çok az düzelmişti. Her gün Eski Ürdün yirmi iki bin 225 gram somun ekmek gönderiyordu ama hâlâ yeterli değildi. Kızılhaç yetkilileri mültecilerin yeterli miktarda un, şeker ve çocuklar için sütle süresiz hayatta kalabileceklerine karar verdi.

16 Eylül'de, yardım memurları hastalanan çocukların büyüyen bir tehlike olduğunu ifade edince, BM arabulucusu Kont Bernadotte Filistinli Araplara yönlendirilecek acil malzeme isteğinde meydana gelen gelişmeyi haber verdi. Avustralya 1.000 ton buğday göndermişti; Fransa 150 ton meyve; İrlanda 200 ton patates; İtalya 20 ton zeytinyağı; Hollanda 50 ton bezelye ve 50 ton fasulye; Endonezya 600 ton pirinç ve şeker; Norveç 50 ton balık; Güney Afrika 50 ton et. ABD yüksek miktarda buğday, et, peynir, tereyağı ve 20 ton DDT göndermek için son planlarını yapıyordu. Amerikan Kızılhaç'ı iki ambulans ve 250.000 $ değerinde tıbbi malzeme göndermişti; Hıristiyan yardım dernekleri 500 balya giysi, vitamin ve Mısır'dan temin edilecek un için 25.000 $ göndermişti. Arap Amerikan Petrol Şirketi (Aramco) bebek maması için 200.000 $ bağışlamıştı; Bechtel Anonim Şirketi 100.000 $ göndermişti. Diğer ajanslar ilkyardım kutuları, şırınga, tifo ve kolera aşıları, iki tren dolusu buğday ve bir vagon süt nakletti. Londra'daki kraliyet hükümeti sadece Filistin'den çıkmasından dört ay sonra, çadır alınması için 100.000 $ bağışlamıştı.

Kont Bernadotte, "Filistin ve Eski Ürdün'ün tarihi bağlantıları ve ortak çıkarları için" Filistin'in İsrail ve Eski Ürdün arasında bölünmesini savunmaya devam ediyordu. Bu plan çerçevesinde, Hairiler ve diğer mülteciler el-Ramla ve Lydda'daki evlerine dönecek—birçok Filistinli Arap'ın düşündüğü gibi bağımsız bir devlet olarak değil ama Abdullah ve Ürdün krallığının yönettiği bir Arap devleti olarak kalacaklardı (Savaştan sonra "Eski" kelimesi kaldırıldı ve Abdullah'ın krallığı sadece Ürdün olarak tanındı). Negev'in büyük bir bölümü Araplara geri verilecekti; Galilee ve Hayfa Yahudilerde kalacaktı. Lydda havaalanı her iki taraf için de "serbest havaalanı" olacaktı; Kudüs, 1947 Kasım'ında BM çözümünün belirtmiş olduğu gibi "ayrı işlem görecek ve tamamen BM kontrolünde olacaktı." El-Ramla ve Lydda'nın durumuna gelince, Bernadotte'nin projesine göre bu şehirler "Arap bölgesinde" olmalıydılar.

Arabulucunun önerileri o günlerde gördüğü politik gerçeklere dayanıyordu. "İsrail adında Musevi bir devlet Filistin'de bulunuyor ve var olmaya devam etmeyeceğini düşünmemizi gerektiren hiçbir sebep yok." Bernadotte aynı zamanda Ahmed ve Zekiye'nin ve Ramallah'ta yerlerde uyuyan on binlerce mültecinin de çıkarına olacak bir başka noktaya daha parmak bastı: "Terör ve savaşın tahrip ettiği masum insanların evlerine geri dönme hakları verilmeli ve etkinleştirilmeli, geri dönmek istemeyen olursa mallarının karşılığının tazmin edileceği garantisi verilmelidir."

Bir sonraki gün, Kont Bernadotte Kudüs'ün Katamon bölgesinde öldürüldü. Bir suikastçı Bernadotte'nin BM arabasına yürüdü, pencereden bir otomatik silah soktu ve yakın mesafeden onu vurdu. Bir tanesi kalbine olmak üzere altı kurşun vücuduna isabet etmişti. Aşırı Musevi milis grubu Stern Gang, BM gözlemcilerini "yabancı işgal güçlerinin üyeleri" olarak adlandırdığı bir beyanat ile bu suikastın sorumluluğu üstlendi. İsrail'in Başbakanı David Ben-Gurion, Stern Gang'ın iki yüz üyesini, liderleri, gelecekte başbakan olacak olan Yitzhak Shamir de dahil olmak üzere gözaltına aldı ve diğer aşırı Musevi milis grubu, gelecekte bir başka başbakan olacak olan Menachem Begin tarafından yönetilen Irgun'a dağılmalarını ve silahlarını İsrail ordusuna teslim etmelerini emretti. Irgun ayrı bir birim olarak hareket etmeyi durdurdu ve Ben-Gurion'un milisleri birleştirme savaşı, sonunda gerçekten bitmişti. Artık kendi milis grubu olamayan Begin, Irgun'u Herut adında, yirmi yıl sonra Likud Partisi'nin temelini oluşturacak olan politik bir partiye çevirmeye başladı.

Bernadotte suikastının sonucunda, arabulucunun son isteğini kabul etmesi için İsrail'e dönük uluslararası baskı çoğaldı. Bu, İsrail'in Negev'de ve el-Ramla ve Lydda'da kazanılmış toprakları geri vermesini gerektirecekti. Ama çok kısa süre sonra, İsrail ve Mısırlıların birbirlerini ateşkesin şartlarını ihlal etmeleri suçlamalarıyla Negev'de savaş tekrar başladı. Çölde savaş devam ederken, Kont Bernadotte'nin önerisi, bunu takip edecek olan diğer sayısız "barış planları" gibi tarihe gömüldü.

1948 sonlarında, Şeyh Mustafa soğuktan ve Ramallah'ın karışıklığından uzağa Eriha'ya yolculuk yaptı. Sağlığı iyi değildi ve ailesi Ürdün Vadisi'nin sıcak havasının onun daha iyi hissetmesini sağlayabileceğini düşündüler. Aynı zamanda yardım memurları Eriha'da büyük bir çadır kampının kurulması için on bin çadır ve yüz bin battaniye istemişti, böylece birçok mülteci kışı Ramallah'ta geçirmek zorunda kalmayacaktı. Aileler odun arıyorlardı, ısınmak için Ramallah tepelerindeki zeytin, badem ve armut ağaçlarının dallarını kesiyorlardı. Kamp ateşine ve çadırlara alışık olmayan bazı mülteciler geçici evlerini içeriden ısıtmaya karar verdiler; çok geçmeden çadırların önlerini arkadan göremiyorlardı ve komşuları onların öksürdüğünü ve yardım çağırdıklarını duyabiliyorlardı.

1948 sonlarına doğru, Ahmed ve Zekiye, düzgün bir iş bulamadıkları için ve etraflarının ıstırap ile çevrili olduğundan aileyi Gazze'ye götürmeye karar verdiler. Akdeniz kıyısı çok daha sıcak olurdu. Ahmed için burada daha iyi iş olanakları vardı ve ailenin, malları olan ve onlara kira vermeden yaşayabilecekleri mütevazı bir ev bulmalarına yardımcı olabilecek akrabaları vardı.

Hairi ailesi 1948 Aralık'ında Gazze'ye vardı ve duvarları çıplak, beton zeminli ve damı oluklu teneke ile kaplanmış tek odalı bir eve taşındılar. Ahmed ve Zekiye birkaç şilte topladı,

SIĞINAK

tabak, tencere ve kamp ocağını ödünç aldı, uzak bir kuzenlerinden buz kutusu buldu ve yeni bir iş aramaya başladı.

1948 yılının birkaç aylık zaman diliminde iki yüz bin mülteci, Akdeniz kıyısı boyunca bulunan çöl kumulları ve portakal bahçeleri arasındaki dar şeride aktı; bu yerli halkın nüfusunun üç katıydı. İsrail, Mısır ve deniz ile çevrili şeritte bir mil kareye iki bin insan doluşmuştu. Bütün malzemelerin, Mısır çöllerinden ve Gazze'nin Arap dünyası ile tek sınırı olan Sina Yarımadası'ndan geçmek için, üç yüz mil güneybatıya gitmesi gerekiyordu. "Bu yüzden şartların çok hızlı bir şekilde kötüleşmesi hiç kimse için sürpriz değildi," diye yazıyordu bir BM raporunda. Ücretler üçte iki azalmıştı. Mülteciler, "yanacak yeri olan her nesneyi" yakıt olarak kullanmak için toplamış, toprağı temizlemişti. Binlerce mülteci kamp çadırı, Gazze kumlarında uzun sıralar oluşturmuştu.

Hairiler savaşın ve politik karmaşanın tam ortasında Gazze'ye gelmek zorunda kalmıştı. Beşir ve ailesi, İsrail ve Mısır, Gazze şehrinin yakınında ve Negev'in doğusuna doğru bir yerde çarpışırlarken, bomba seslerini devamlı duyabiliyordu. Her ne kadar Gazze şeridi Mısırlılar tarafından kontrol ediliyorsa da, her iki taraf da savaş hattına devamlı saldırı düzenliyordu. Kral Faruk tarafından yönetilen Mısır, toprakları için sadece İsrail ile savaşmıyordu; kralı, aynı zamanda karşı rakibi, Ürdün kralı Abdullah ve onun toprak hırsı endişelendiriyordu. Bu arada Filistinli milliyetçiler hâlâ tüm Filistin'de Arap çoğunluklu bir devlet kurmayı arzu ediyordu ve 1948 yılının sonbaharında, Mısır ufak bir Filistin bağımsızlık grubuna Gazze'de bir sürgün hükümeti kurmalarına izin verdi. Bu Filistin'in egemenliğine yapılan bir destekten ziyade, Kral Faruk'un, Abdullah'ın hırslarını engellemek için gösterdiği bir destek hareketiydi. Abdullah bu harekete cevaben 1948 Aralık'ında kendini "Birleşmiş Filistin Kralı" olarak ilan etti, sadece tüm Filistin'i değil ama şimdi "Batı Şeria" denilen bölgeyi de krallığından sayıyordu.

LİMON AĞACI

Arap hükümetleri durumlarını düzeltmek ve daha iyi bir konuma geçmek için manevralar yaparken, mülteciler evlerine dönmekten asla vazgeçmedi. İlk olarak Kont Bernadotte tarafından savunulan geri dönme hakkı, 1948 Aralık'ında BM tarafından kutsal olarak kabul edildi. BM 194 Önergesi'nde "geri dönmek ve komşularıyla barış içinde yaşamak isteyen mültecilere mümkün olan en kısa tarihte izin verilmelidir ve geri dönmemeye karar verenlere de geride bıraktıkları malları karşılığında tazminatları ödenmelidir" diye ilan edilmişti. Kısaca "bir-dokuz-dört" olarak bilinen önerge Hairilerde ve Arap Filistin'indeki mültecilerde büyük bir umut doğurdu. Ama İsrail'in 194 Önergesi'ni de uygulamaya niyetli olmadığı ve BM'nin zorlamak için gücünün olmadığı zaten açıkça biliniyordu.

Bir sonraki yıl, 1949'da, zayıflayan BM bölgedeki gerçeği kabul etti ve Birleşmiş Milletler Yardım ve Çalışmalar Kuruluşu'nu (UNRWA), Ürdün, Lübnan, Suriye, Batı Şeria ve Gazze'de yüz binlerce mülteciye iş ve ev yaratması için kurdu. Çok kısa bir süre sonra kaba kül rengi̇nde beton blok binalar Gazze kumlarında, çadırların ve yeraltı tuvaletlerinin ortasında yükseliyordu. Hemen yanlarında çamur tuğladan yapılmış, damları kamış, boş asfalt varilleri ve süt kartonları ile kapatılmış evler vardı. Mülteci kamplarının "caddeleri" –uzun sıralı alçak blok evleri ayıran dar pis yollar– mültecilerin bir zamanlar evleri olduğu yerlerin, Yafa, Akka, Hayfa, Macdal, Lydda ve el-Ramla gibi isimleri taşıyordu.

Gazze'deki en fakir mülteci UNRWA'nın günde 1.600 kalorilik diyetiyle hayatta kalıyordu, buna aylık standart on kilo un; beş yüz gram şeker, pirinç ve mercimek; ve çocuklar ve hamile kadınlar için süt dahildi. Etsiz ve sebzesiz diyet, açlığı savuşturmaya yetecek miktarda besin ve kalori içeriyordu.

Ahmed Gazze'de marangozluk becerisini kullanarak diğer mültecilere hasır mobilya yapacağı bir iş bulmuştu. UNRWA

SIĞINAK

ona nakit para ile değil ancak ekstra un, pirinç, şeker ve yağ ile ödeme yapıyordu. Hairiler için her bir Filistin kuruşunun değeri vardı. Zekiye altınını tutumlu ve stratejik bir şekilde satmaya devam ediyordu ama gelir sadece çok gerekli şeyler için harcanıyordu. Her ne kadar Ahmed kızlarının koruyucusu olarak kaldıysa da olağanüstü durumlar onu daha önce akıllarına gelmeyen şeylere doğru itiyordu: Aile Şeyh Mustafa'dan kadınların çalışması için izin istedi ve aldı. Beşir, annesi ve kız kardeşlerinin çalışmadığı tek bir günü bile hatırlamıyordu. Zekiye ve büyük kızlar Filistin masa örtüleri ve yastık kılıfları işleyerek veya kazak ve atkı örerek ekstra para kazanıyordu. Aile Gazze'ye geldiğinde yedi yaşında olan Nuha, ellerinin yetişemediği kadar alçakta cepleri olan kaba örülmüş kazaklar giydiğini hatırlıyordu. Hizmetçili, parfümlü ve özel banyolu hayattan ayrılalı sadece birkaç ay geçirmiş Zekiye ailenin hayatta kalmasında can alıcı nokta olmuştu. Peçesini çıkarmıştı.

Mülteciler için –kamplardaki fakirler veya Hairiler gibi hali vakti yerinde olanlar– travmanın ana nedeni, altın satmak veya yeteri kadar yiyecek bulmak değildi. Daha çok eve duyulan özlem ve evden çıkarılmanın utancıydı. Her ekonomik seviyede, normal aile hayatının kesintiye uğramasının çocuklar üzerinde çok derin etkileri oluyordu.

Beşir ve kardeşleri aşağılanma ve yenilgi havasında nefes alıyorlardı ve Ahmed'in ilk erkek çocuğu için Filistin'in kaybının intikamını almak oyunlarında bile tek amacı olmuştu. Kardeşleri ve komşu çocukları tahta parçalarıyla silah yapıp, pis sokaklarda kovboylar ve Kızılderililer gibi, "Araplar ve Yahudiler"i oynuyorlardı. "Her zaman Arap olmak için ısrar ederdi," diyordu Hanım. "Biri ona Yahudi olması için ısrar ederse çok kızardı."

1949 ilkbaharında, Eriha'dan yeni haberler geldi: Şeyh Mustafa ölmüştü. Ürdün Vadisi'nde ailesini ziyaret ediyordu.

Dayan ailesinin evinin ön merdiveninde dururken, başı dönmüştü. Bayan Dayan ona limonata hazırlarken oturmak için içeri girmişti. Limonata gelmeden orada ölmüştü.

Eğer Hairiler el-Ramla'da olsaydılar o zaman Şeyh Mustafa'nın naaşı yıkanır, beyaz elbise giydirilir, dua edecekler için camiye götürülür, sonra mezarlığa alınır ve toprağa verilirdi, her şey Müslümanların adetine göre yapılırdı. Şu zamanki durumda, aile naaşın kapalı ahşap bir tabut içinde, Yahudilerin izniyle dinleneceği son yere, el-Ramla'daki mezarlığa nakledilmesini ayarladılar.

"Kalp krizinden öldü," dedi Beşir. "Ama gerçekte kırık kalp yüzünden öldü."

1949 yazında, Ürdün, Mısır, Suriye ve Irak, İsrail'le ateşkes imzaladı; resmi olarak savaş sona ermişti. BM bölünme sınırının ötesinde ele geçirdiği topraklarla İsrail şimdi Filistin'in yüzde 78'ini kontrolü altına almıştı. Bir sonraki Nisan'da, Kral Abdullah, Filistinli milliyetçileri çok öfkelendirerek, Batı Şeria'daki toprakları krallığına katmasını tamamladı. Bir yıl sonra bunun bedelini hayatıyla, eski Kudüs müftüsü Hacı Emin el Hüseyini'ye bağlı bir milliyetçi tarafından Eski Şehir'de onlu yaşlardaki erkek torunu, Hüseyin'in gözü önünde vurularak ödeyecekti. Filistin'in Arap kaybından sonra, Mısır ve Suriyeli liderler de suikastçı kurşunları ile öldüler. Gazze'de, Mısırlılar her türlü politik ifadeyi her şekilde bastırmayla karşılık verdiler ve Filistin milliyetçiliğini yeraltına inmeye zorladılar.

Gazze'de iki hükümet önemli yerdeydi; vatansız Filistinlilere eşit sıkıyönetim uygulayan Mısırlılar; ve yüz binlerce mültecinin yeme, talim ve eğitiminden sorumlu UNRWA kanalıyla BM.

1951 yılında BM raporunda "Üç yıldan sonra elbiseleri pejmürde ve yırtık pırtık olmuştu," diye yazıyordu. "Erkeklerin çoğunluğu ajansın yol projelerinde çalışıyor ve ayakkabıları yok. Fazladan korunma için gönderilen hem battaniye hem de çadırlar normal kullanımlarından saptırılıyor ve giyecek için kullanılıyor. En şanslı olanlar okuldaki çocuklar, (listelerdeki çocuk sayısının yarısından azı) hem giyecek hem de ayakkabı alıyorlar." Bazı iyi halli olanlar için geçmiş ve gelecek karışmıştı: Bir Hairili kuzenlerini Gazze'de gözünde gözlük yalınayak dolaşırken hatırlıyordu.

Gazze şehrinde, Beşir, Nuha ve ufak erkek kardeşleri Bahayat bir UNRWA okulunda aynı sınıfı paylaşıyorlardı. İlk önce UNRWA çadırının buruşuk pis yerinde oturuyorlardı, sonra eski bir tuğla evde vardiya usulü ile verilen eğitimde sırada: Yerli halkın çocukları sabah, mülteci çocukları öğlen birde okula gidiyordu. UNRWA öğretmenleri, genelde mültecilerin kendileriydi, UNRWA kalemleri, giyecekler, balık yağları, vitaminler ve süt yardımı alıyorlardı. Okul Mısır bayrağına saygıyla başlıyordu. Beşir Nakba tarihini öğrendiklerini hatırlıyordu. O, sınıf arkadaşları ve Filistinli öğretmenleri kişisel deneyimlerini anlatıyorlardı ve derin bir inançla, *Yahudiler bizi kovdular; geri dönmeye hakkımız var,* diyorlardı.

Mülteci çocuklar her okul gününün başlangıcında "Filistin Bizim Vatanımız" marşını ezbere okuyorlardı:

Hedefimiz geri dönmek
Ölüm bizi korkutmaz,
Filistin bizimdir,
Onu hiçbir zaman unutmayacağız.
Bir başka anavatanı asla kabul etmeyeceğiz!
Bizim Filistin'imiz, Allah ve tarih şahidimiz
Kanımızı senin için akıtmaya söz veriyoruz!

Beşir iyi bir öğrenciydi ve öğretmenleri bilhassa onun nazik olduğunu düşünüyordu.

1952'de Beşir on yaşına bastı. Şimdiye kadar hemen geri dönüş, uzun vadeli bir mücadele gerçeğine dönüşmüştü. Filistinliler geriye dönüşlerinin diplomatik baskılarla gerçekleşemeyeceğini anlamaya başlamışlardı. Her ne kadar Filistinlilerin "geri dönüş hakları" caddelerdeki, dükkanlardaki ve kafeteryadaki konuşmaların çoğunluğuna hakim oluyorsa da, dünyadaki hiçbir hükümetin İsrail'i geriye dönme haklarını garanti eden önerge şartlarını kabule zorlamaya hazır olmadığı çok açıktı.

"Adaletsizlik, korku ve hayal kırıklığı duygusu mülteciyi sinirli ve kararsız yaptı," diye belirtiyordu bir BM raporu. "Evlerine dönme arzusu genel olarak tüm sınıflardadır; bu sözlü olarak tüm toplantılarda, örgütlü gösterilerde ve yazılı olarak ajansa gönderilen tüm mektuplarda ve bölge ofislerine verilen her şikayette belirtildi. Birçok mülteci olası bir geriye dönüşe inanmayı bıraktı ama yine de bu hâlâ bu konuda ısrar etmelerini engellemiyor, çünkü başka bir çözümü kabul etmenin zayıflıklarını göstereceğini ve en mühim haklarından vazgeçmek olduğunu düşünüyorlar."

İsraillilere göre geri dönüş fikri tartışılabilirdi. İsrail Dışişleri Bakanlığı Filistin Barış Komisyonu'na yazdığı bir mektupta "mültecilere, eğer dönerlerse, evlerini veya dükkanlarını veya tarlalarını dokunmamış bulacaklarına inanmalarında ısrar etmek onlara zarar verecektir... Genel olarak, savaştan etkilenmemiş herhangi bir Arap evinin şu anda bir Yahudi aileye sığınak olduğunun söylenmesi doğru olacaktır," diye belirtmişti.

Filistinliler sadece İsrail'in onların geri dönüşlerini savunan BM önergesinin kabulünü reddetmelerinden dolayı şaşkın değillerdi; Mısır'ın politik olarak örgütlenmelerine karşı çıkması da onları tedirgin etmişti. Yasaklanan politik gruplar, Komünist Parti ve Mısır temelli Müslüman Kardeşlik de dahil olmak üzere, kamplarda gizli toplantılar yapmaya, el-Avda'yı (Dönüş) gerçekleştirebilmek için silahlı mücadeleyi savunma-

SIĞINAK

ya başlamışlardı. "Ara sıra yapılan grevler, gösteriler ve ufak isyanlar," diye belirtilmişti bir BM raporunda. "Nüfus sayımı tatbikatı üzerine birtakım gösteriler yapıldı, sağlık ve tıbbi hizmetlerde grevler, yardım yerine nakit para için grevler, okul binalarında, kamplarda ilerleme karşıtı grevler ... devamlı yerleşim anlamına gelirse diye. Sonra bu, mültecilerin iyiliğinden daha başka güdüleri olanların kendi çıkarları için zengin ve cezbedici bir ortamdı."

Köylü yaşamları sefalet ve gıdasızlıkla yer değiştiren mülteciler, özgür Filistin'e dönüş konuşmalarında kabul edilir bir dinleyici oluşturmuşlardı. Gazze'nin kumlarında kök salan grev ve misillemelerin sonsuz döngüsü sürerken, bazıları İsrail'de ateşkes hattına saldırılar yapmaya gönüllü oldu. 1953 yazında, Filistinli gerillalar ateşkes hattını geçtiler ve harap olmuş bir Filistin köyünün üzerine kurulmuş yeni İsrail şehri Aşkelon'da bir aileye saldırdılar. Saldırıda bir restoran sahibi ve kızı öldü. İki hafta sonra, bir ISG askeri, Ariel Şaron, birimiyle bir gece misilleme yapmak üzere harekete geçti. El Buriç mülteci kampında on dokuz insan öldü.

Beşir 1954'te okulunun yakınlarında yapılan bir gündüz saldırısını hatırlıyordu. O ve bir arkadaşı okuldan korku içinde kaçmışlardı; bir an sonra, iki erkek çocuk ayrı yönlere kaçarlarken, Beşir'in arkadaşı isabet almış ve ölmüştü. Bir sonraki gün okulda, Beşir arkadaşının boş sandalyesine gözlerini dikmişti.

Daha sonra Beşir, karısıyla birlikte kılıçtan geçirilen, en çok sevdiği öğretmeni Salil el Ababidi'yi kaybetmişti. Yafa'dan bir mülteci olan el-Ababidi beden eğitimi öğretmeniydi ve her gün çocuklara yurtsever şarkılar söyletirdi. Öğretmen Yafa'ya sevgisinden, bir gün eve döneceğinden ve Filistin için özgürlük savaşçılarından çok sık bahsederdi.

1955'de, Beşir artık on üç yaşındaydı, daha ciddileşmişti ve yaşına göre daha olgundu. Büyük ablaları ona saygı gösterirlerdi. "Beşir'in bizim erkek kardeşimiz olduğunu hissetmezdik," diyordu Hanım. "Biz ondan daha büyük olmamıza rağmen, o sanki bizim babamızdı. Baskın bir şahıstı, bizi kollayan oydu." Her şeyden çok Beşir geri dönüşe odaklanmıştı. Filistin'in yenilgisinin intikamını alacaktı; ailenin itibarını geri alacaktı; babasının, annesinin ve kardeşlerinin çektiği acı kayıpları onaracaktı. Mallarına el konulmasının ve evden çıkarılmalarının utancını temizleyecekti. Yıllarca Beşir ve yüz binlerce mülteci için geri dönme umudu önce ümitsizliğe ve sonra öfkeye dönüşmüştü. Ama 1950'lilerin ortasında geri dönüş düşüncesi birden tekrar gerçekleşecekmiş gibi göründü. Arap hayalini ateşleyecek tek bir şahıs etrafında can bulmuştu.

Adı Cemal Abdül Nasır idi. Bir postacının oğluydu, 1952'de İngilizlerin kovulması ve Kral Faruk'un sürgün edilmesinden sonra Mısır'da iktidara gelmişti. Faruk kraliyet yatıyla yelken açarken Nasır, "Filistin'in özgürlüğünü" ve mültecilerin geri dönüşlerini de kapsayan Arap birliği için yaptığı bir planı uygulamaya başlamıştı. "Devrim felsefesi" diğer Arap liderlerin ifade ettiklerinden farklıydı. Beşir Mısır başkanını tüm Arap dünyasını veya bazen Nasır'ın da söylediği gibi Büyük Arap Ulusu'nu birleştirecek ve 1948'deki yenilginin utancından sonra itibarını geri alabilecek biri olarak görüyordu. Hatta bazıları için o, sekiz asır önce Kudüs'te Haçlıları yenen Selahaddin Eyyubi'nin kalıbında bir kahramandı.

Nasır'ın çıkışı Washington'dan Londra'ya, Paris'e, Tel Aviv'e kadar tüm yetkililerin aklını karıştıracaktı. Kısa zaman sonra, fedailerden veya gerillalardan bir grubu, Mısırlı askeri üniteye çevirerek Filistin milliyetçiliğini işler duruma getirmeye başlayacaktı. Gelecek yıllarda Mısır ile İsrail arasındaki gerginlik tırmanarak Süveyş anlaşmazlığına neden olacak, İsrail için askeri bir zafere sebep olacak ama alaycı bir şekilde Nasır'ın durumunu, pan-Arap hareketinin tartışmasız lideri olarak güçlendirecekti.

SIĞINAK

Aşağı yukarı Gazze'de geçen dokuz yılın sonunda, Ahmed ve Zekiye Hairi aileyi Ramallah'a geri götürmeye karar verdiler. Aile mirasına konmuşlar ve Batı Şeria'da mütevazı bir emlak alabileceklerdi ve çocuklar için daha iyi bir eğitimi düşünebileceklerdi. Yıl 1957 idi.

Önce Ahmed, Ramallah'ın hemen güneyindeki Kalandiya'daki Batı Şeria havaalanına uçabilecekleri Mısır'a, Hanım, Beşir ve on çocuğun en küçüğü olan, kız kardeşleri Rima'dan oluşan ilk grubu götürdü.

"Uçakta babam bayıldı," dedi Hanım. Çocuklar korkmuşlardı ama hostes bir iş arkadaşıyla flört ediyordu ve onlara fazla dikkat etmemişti. "İndiğimizde hâlâ baygındı, sanki komada gibiydi. Herkes uçaktan indi ve biz onu uyandırmaya, koltuğundan itmeye çalıştık. Kaptan geldi ve 'Ölü gibi görünüyor' dedi."

On beş yaşındaki Beşir yüzünü babasına yaklaştırdı ve elini tuttu. "*Baba*, uyan!"

Ahmed gözlerini açtı. "Evet, oğlum," dedi. "Ne oldu?" Aile bu hikayeyi uzun yıllar anlatacaktı: Ahmed sadece ilk doğan oğlunun sesine cevap vermişti. "Beşir'in mucize dokunuşuydu," dedi Hanım.

Baba ve oğul uçaktan, Ramallah'ın hemen güneyindeki, Ürdün Krallığı'nda Batı Şeria'da Kalandiya'nın soğuk havasında uçaktan indiler.

Yedi

VARIŞ

14 Kasım 1948'de kuzeyden batıya giden yolda bir otobüs dolusu göçmen Ramla şehrine yaklaştı. Otobüs şehrin girişindeki askeri barikata yaklaşınca yavaşladı. İçinde o gün Akdeniz kıyısında Hayfa yakınlarındaki bir transit kamptan işgal edilen şehre gelen ilk siviller vardı; çoğunluğu Bulgar, Romen, Macar ve Polonyalı olan üç yüz göçmen büyük bir grubun parçasıydı.

Otobüs kontrol noktasını geçerken, Moşe ve Solya Eşkenazi hayalet şehre baktılar. Koyun, köpek, tavuk ve kediler caddelerde dolaşıyordu. Askerler sıra halindeki boş evleri koruyordu. Taş evler açıktı, içindekiler bahçelerine atılmıştı. Gelen göçmenlerden bir tanesi bir eşeğin kapıları olmayan bir evin kazığına bağlı bulduğunu hatırlıyordu. Yanmış şilteler caddelerde çerçöp yığıntısı oluşturmuştu.

Otobüs kaktüs çitlerini, zeytin ve portakal ağaçlarını geçti, sonra durdu ve herkes indi. Yahudi Dairesi'nden bir temsilci onları karşıladı. Moşe ve Solya onun arkasında Arap evleri sıralanmış bir caddeyi görüyorlardı. Göçmenler çok basit bir yöntem olarak hatırlıyorlardı; evlere serbestçe girip, kontrol edip o ev için istekte bulunuyorlardı. Bürokratik işlemler daha sonra yapılıyordu.

Moşe ve Solya beğendikleri bir eve geldiler. Yepyeni olmasa da iyi bir durumdaydı ve gördükleri kadarıyla boştu. Bir başkasının daha önce burada yaşadığı açıktı. Açık bahçesi olan bir taş evdi ve birçok odası vardı. Ailenin bir gün kullanabileceği bir garajı ve arka bahçesinde bir limon ağacı vardı. Yeni evlerinde yatarlarken, aramış oldukları güvenli sığınağa gelmediklerini biliyorlardı. Ramla'nın hemen güneyinde İsrail ve Mısır güçleri savaşıyordu ve savunma hattı yeni evlerine korkulacak kadar yakındı. Ramla'da iki hafta yaşadıktan sonra, Moşe ve Solya, Dalia'nın ilk doğum gününü kutladı. 2 Aralık 1948'di, BM bölünme önergesinin kabulü ve tarihi Filistin'in sınırlarını çizecek savaşların başlamasının üzerinden bir sene üç gün geçmişti.

Aileye paslanmaz çelik çerçeveli bir yatak, battaniyeler, gaz lambası, kamp ocağı, dört büyük mum ve şeker, yağ, yumurta tozu ve süt için vesika verilmişti. Üç kişilik bir başka aile yanlarındaki odaya yerleşmişti. Solya'nın annesi, erkek kardeşi, iki kız kardeşi ve kayınbiraderi Bulgaristan'ı terk etmek için son hazırlıkları yapıyordu ve çok kısa zamanda ev on bir kişiye sığınak olacaktı. Sonunda aileler devlet ile bir anlaşma imzalayacak ve kendileri, söz konusu evlerin, "terk edilmiş mülkün" "koruyucusu" olarak ilan edilecekti. Eşkenaziler "K. B. Caddesi'nde" yaşadılar. Bu geçici bir isimdi; bölge komitesi hemen sokak tabelalarındaki Arapça isimlerin yerine, tarihi Musevi kişiliklerin ve yakın zamanda şehit düşmüş kahramanların bir listesini hazırlayacaktı.

Eşkenaziler hâlâ savaşta olan, yeni doğan bir ulusun askeri kuralları altındaki bir şehrine gelmişlerdi. İşgalin ve ani kaçışın yağmalanması hâlâ devam ediyordu. Askerler, kanepeleri, dolapları, lambaları ve diğer ağır eşyaları askeri kamyonların arkasına yığmışlardı. "Sahiplerinin yokluğunda eşyaların, aletlerin ve diğer şahsi eşyaların" birçoğu daha sonra devletin bildireceği gibi, "depolarda toplanacak" ve "satışlarla eritilecekti." Bazı erkekler otobüs dolusu yeni gelen göçmenlere evleri hazırlamak için Arap evlerini süpürme işi bulmuşlardı; çocukları nöbette duran askerlere getirilen sigaraları satıyorlardı. Çocuklar için tüm bunlar bir maceraydı. Öğleden sonraları, yabancı caddelerde dolaşıyorlar, kendilerini kaşif gibi hissediyorlar, gizli bir grup kurmak amacıyla boş bir evi alıyorlar, odalarında misket veya bırakılan diğer hazineleri arıyorlardı. Genelde tekrar eve geri geldiklerinde evi bir göçmen tarafından işgal edilmiş buluyorlardı. Bu yeni gelenler daha ziyade Avrupa'daki toplama kamplarından hayatta kalanlardı ve çok az soru soruyorlardı. Birçoğu yaşamak için boş ev bulmuş, sonra iş aramaya başlamıştı.

İlk aylarda, işler az ve mevsimlikti. Birkaç kişi inşaat ve yol yapımında çalışıyordu. Diğerleri Rehovoth yakınlarındaki turunç tarlasına yürüyor, otostop yapıyor veya bisikletle gidiyordu; yıllar sonra o zamanların göçmen çocukları babalarını ve amcalarını bir eliyle bisiklet gidonunu tutarken diğer eliyle merdiveni dengede tutarak bahçelere doğru pedal çevirdiklerini hatırlayacaklardı. Bazı göçmenler ellerini dalların arasına veya toprağa sokmaya alışıktılar ama diğerleri yabancı topraklarda koyu renk Avrupa ayakkabıları ve yıpranmış takım elbiseleriyle bunalıyorlardı. Sonuç olarak, 1948'de, ucuz Arap işçiliğine bağlı Musevi çiftçiler hasatlarını yapabilmek için mücadele veriyorlardı.

Moşe Eşkenazi ilk olarak Yahudi Dairesi'nde göçmen ailelere demir yatak çerçevesi teslim etmede çalıştı. Evden eve giderken, ailelerin durumları hakkında bilgi edindi, mümkün olan her yerde İbranice konuştu, Doğu ve Orta Avrupa Yahudileriyle İbranice ile karışık bir Alman lehçesinde sohbet edebilmek için kolej Almanca'sını kullandı, Türkiye ve Balkanlardan gelen Yahudiler ile Ladino veya vatandaşlarıyla Bulgarca konuştu. Daha sonraları Faslı Yahudiler ile Fransızca iletişim kuracaktı.

Teknisyen, elektrikçi, tesisatçı ve ayakkabı tamircisi olarak Avrupa'dan gelenler becerilerini kullanabilecekleri çeşitli yollar bulduklarından Ramla'daki göçmenlerin iş durumları, özellikle ilk gelenler için, yavaşça düzelmeye başlıyordu. 1949 Temmuz'unda ilk İsrail göçmenlerinin varışından yedi ay sonra 2.093 kayıtlı aileden 697'si şehirde iş bulmuştu. Şehirde 25 Musevi ayakkabıcı, 15 marangoz, 10 terzi, 7 pencere çerçevecisi, 7 fırıncı, 7 kasap, 4 saatçi, 4 sosis üreticisi, bir tabelacı ve bir döşemeci vardı. 37 adet bakkalın yanı sıra on yedi tane kafe açılmıştı; dondurma için ufak bir fabrika ve maden sodası için iki ufak fabrika vardı. Henry Pardo Ramla'da ilk Musevi eczaneyi açmıştı; Davud Ebudbul hukuk bürosu için tabelasını asmıştı; Shlomo Scheffer gazete satıyordu.

Solya Eşkenazi, ulusal vergi dairesinde bir işe girmeden önce, eski Arap *sakne*'sinde (getto) bebekler için giysi dükkanı açmıştı. Dalia'nın teyzesi hastanede yerleri silme işine başlamış sonra Ramla'daki evin yatak odasını geçici güzellik salonu yapmıştı. Bulgar hanımlar saç kestirmek ve sohbet için eve geldiklerinde Dalia oturur ve onları izlerdi. İşten sonra Solya Bulgaristan'dan gelecek en ufak bir bilgi için konuşmalara katılırdı: Gorgi Dimitrov yönetiminde durum daha mı kötüye gidiyordu? Komşularım hakkında ne biliyorsunuz? Kısa süre sonra Stella'nın kız kardeşi Dora, eski bir Arap mağazasının ön cephesinde kendi güzellik salonunu açtı ve kardeşi Stella da ona katıldı. Müşterileri genelde saatlerce otururlardı ve eğer biri Bulgaristan'dan yeni gelmişse haberlere komünist rejim hakkında acı şakalar eşlik ederdi.

Bir gün salon açıldıktan kısa bir süre sonra, Stella ve Dora'nın sürpriz bir ziyaretçileri oldu; kuzenleri Yitzhak Yitzhaki. Kızlar şaşırmıştı. Demek ki Yitzhaki 1948'de Skopus Dağı'ndaki katliamda ölmemişti. Saldırıdan sonra askerliğine devam ettiğini anlatmıştı ama birkaç ay sonra serbest bırakılmış ve Kudüs'te eski Arap yerlerinde Bulgar göçmenleri yerleştirme işine girmişti. Ama hâlâ ara sıra savaş devam ediyordu, yeni gelen Bulgarlar Avrupa'daki Soykırımdan Kudüs'te öldürülmek için kaçmadıklarını söylüyorlardı. Birçoğu Yafa ve Tel Aviv'e gitti ve Yitzhaki kayınbiraderi Moşe gibi Türkiye, Macaristan, Polonya ve Romanya'dan gelen göçmenleri yerleştirme işinde çalışıyordu. Kısa zaman sonra bu "soğurma" işini Yahudi Dairesi adına tüm İsrail'de yapıyordu. Kudüs'ten Yafa'ya ajans işi için giderken, onları çocukluklarından beri tanıdığı için şimdi Ramla'da olan Arroyo kızlarından bahseden Lili teyzesine rastlamıştı. "Ramla bölgesinde Dora ve Stella'nın meşhur güzellik salonunu aramaya başladım ve büyük bir zevkle bulacağımdan emindim!"

Stella ve Dora Yitzhaki'yi K. B. caddesindeki eve götürdüler. "Ramla'daki evi görünce şaşırdım," dedi Yitzhaki. "Şato," diye düşünmüştü, "Ramla'daki en güzel evdi." Kuzenler eve girdiler ve Yitzhaki, Solya'yı kızı Dalia ile birlikte gördü. Virginia Teyze'nin 1947 sonlarında gözlemlediği gibi olağanüstü güzel bir çocuktu. Gitmeden önce Yitzhaki'nin kuzenleri ona bir hediye verdi—arka bahçedeki limon ağacından bir çuval limon. O da bunu Kudüs'teki ailesine götürdü.

Bu arada Moşe yatak teslim etme işini, tam gün Terkedilmiş Malları Koruma işine çevirmişti. Kendi ailesi gibi Arapların evlerine yerleşen yeni gelenlere ihtiyaçlarını karşılamaya yardım ediyordu. Gerekli olan yerlerde Moşe evi tamir etmeye yardım ediyordu, sızıntıları düzeltiyor, duvarları yıkıyor ve buna benzer yardımlarda bulunuyordu. Eski yaşayanlar olarak İsrail hükümeti onları "yok" olarak belirtmişti. Onlar daha masalarında çorba kaselerinden duman çıkarken kaçmışlardı, Moşe ve Solya'ya böyle söylenmişti. Eşkenaziler ve Arap evlerinde yaşayan diğerleri daha önceki sahipleri hakkında fazla düşünmemişlerdi. Onun yerine bir toplum kurmaya odaklanmışlardı.

İsrail parlamentosunun ilk bölümünde (İbranice adıyla Knesset olarak biliniyordu), 1949 yılının başlarında, millet meclisi üyeleri Tarım, Savunma, Göç, Adalet, Din, Sosyal Güvenlik ve Savaş Kurbanları gibi birçok bakanlığı yetkili kılmışlardı. İlk Knesset askerlik ve zorunlu görev yasalarını geçirmişti; vergi sistemi, gümrük, zorunlu eğitim ve mahkemeler; bir bağımsızlık günü; bir resmi tatil günü; "Herzl'in naaşının transferi"ni; ve belki de en meşhuru, Geri Dönüş Kanunu... "İsrail'e yerleşmek isteyen her Yahudi'ye vatandaşlık tanıma" garantisi veren Geri Dönüş Kanunu yürürlüğe girmişti. Bu kanun gelecek yarım asır ve daha fazlasında Araplarla İsrail arasındaki acının bitip tükenmeyen kaynağı olacaktı. Sürgündeki Filistinli Araplara göre kanun ve her Yahudi dalgasıyla devlete eklenenler, onların geri dönme rüyalarına karşı çıkıyordu; İsraillilere göre kanun tam onların kimliğinin özüne girmişti: *Aliyah* yapmak isteyen, İsrail'e göç etmek isteyen her Yahudi'ye güvenli bir sığınak sağlamak.

1949 Temmuz'unda David Ben-Gurion, 150.000 yeni göçmene 500 yerleşim yeri inşa etmek için dört yıllık bir plan bildirmişti. "Bugün Museviler yine bir başlangıç dönemindeler," dedi başbakan. "Terk edilmiş topraklar verimli hale getirilmeli ve sürgündekiler toplanılmalı." O zamanlarda, 42.000 Bulgar Yahudisi İsrail'de yaşıyordu, çok büyük bir çoğunluğu son dokuz ay içinde gelmişti.

Soykırımdan topluca kaçan Bulgar Yahudilerinden en fazla 5.000 kişi yurtlarında kalmıştı.

Göçmenlerin akımı Ramla'da iş yaratma baskısını arttırmıştı. 1949 yılının başlarında, Ramla'daki yüzlerce göçmen ekmek ve iş istemek için Tel Aviv'e yürüdüler. İşsizlik büyüdükçe, ufak tefek suçlar da arttı ve Temmuz'da, Arap Ramla'nın teslim alınmasından bir yıl sonra, İsrail Ramla'sı ilk Ağır Ceza Mahkemesi'ni kurmak zorunda kalmıştı. *Filistin Posta*sı tarihi durumu şöyle bildirmişti: İlk dava Hattat adında bir Arap'ın karısını dövmesiyle itham edilmesiydi; sonraki, yerel banka müdürüne bıçak çeken Yahudi Aharon'un davasıydı. Artan suç oranı doğrudan göçmenlerin güç yaşam şartlarıyla bağlantılıydı. "Polis gücü ciddi bir problemle karşı karşıyaydı," diye bildiriyordu Emniyet Müdürlüğü. Yüzde 150'si saldırıydı ve "ahlaka aykırı suçlar" üçe katlanmıştı, hızlı nüfus artışının sonuçlarıydı. 1949 yılının sonlarında, Dalia iki yaşına basarken, "öncü" ebeveynleri Ramla'da ilk yıllarını geçirmişti ve şehrin nüfusu on bini geçmişti.

Şimdiye kadar, bölge isimlendirme komitesi çalışmalarını bitirmiş ve Ramla'nın caddeleri yeni işaretlere kavuşmuştu. Eski Yafa-Kudüs otoyoluna Herzl Caddesi denmiş; Birket El Camusi adı Haganah Caddesi olmuş; Ömer İbn Hatip'e Yeni Musevi devletin ateşli sağ kanadının kurucusu olan Jabotinsky ismi verilmişti. Eşkenazilerin sokağı daha önce Şeyh Rıdvan olarak biliniyordu, şimdi ise değişiklik taraftarı Siyonist, edebi olarak muhalif ve eski Hıristiyanlığın öğreticisi olan Klausner'in adı verilmişti.

İsrail Ramla'sının ilk Şehir Konseyi Meclisi'nin toplantısı da 1949 yılının Temmuz ayına damgasını vurmuştu. "İşimiz kolay değil," demişti Meir Melamed adında bir Bulgar olan belediye reisi, "ama güçlerimizi birleştirerek her zorluğun üstesinden geleceğiz." Bu zorluklar sadece su sıkıntısı, işsizlik ve sabırsız bir Musevi toplumu değildi, Ramla'nın Arapları ile ne yapılacağı da bir problemdi. Bir yıl önce çoğunluğu kovulmuştu ama 1.300 Arap hâlâ şehirde yaşıyordu. İsrail askeri valinin Ramla'yı birkaç hafta içinde terk etmeyi planlamasıyla, "kapalı olan alanların Arapların olduğu yerde açılması... ve bunun sonucu olarak şehrin güvenliği sorusu" şehir encümen üyelerini çok tedirgin ediyordu.

12 Temmuz 1948'de Ramla'nın ele geçirilmesinden sonra şehirden kovulmamış olan Arap erkekleri mahkum olarak tutuluyorlardı. Hapiste tutulurlarken tarlalarında çalışma izni verilmemişti. Tüm İsrail'de, Araplara ait zeytinlikler ve porta-

kal bahçeleri büyük bir ölçüde savunmasız bırakılmış ve bazı durumlarda geri dönme "sızmalarını" önlemek için saban ile kazıp gömmüşlerdi. Ramla'da ve Lod'da (Lydda'nın İbranice'de bilinen adı), askeri vali, şimdi İsrail olan yerde yaşayan Hıristiyan Arap toplumunun bulunduğu Nazaret'ten kamyonlarla işçiyi iki şehre yakın zeytinlikte çalışmak üzere getirtmişti. Ramla'da ve Lod'da hapsedilen adamlar hasat için hasır sepet örme işine verilmişti; savaş mahkumu işçiler diğerlerine kendi ektikleri toprakların hasat işinde yardım ediyorlardı.

Yerel İsrailli yetkililer İsrail Araplarına uyguladıkları politikanın sonuçlarından endişe ediyorlardı. Ramla'daki Arap topluluğu hakkındaki raporunda, "Gerçeklere hâlâ alışamadılar ve gelecekleri konusunda kaygısızlar," diye yazmıştı S. Zamir adında bir yetkili. "Hareketlerimizle ispatlamadığımız takdirde hükümetin eşitlik ve özgürlük bildirisi çölde yüksek sesle konuşmaya benzeyecek. Ekonomik durumları çok kötü. Şu an için yeterli hazırlıkları var ama çok kısa zamanda 'Ne yiyeceğiz?' sorusu yükselecektir."

Savaş suçluları kampından salıverdikten sonra, Ramla'nın Arap erkekleri, o zamanlar İsrail'deki diğer Arap erkekleri gibi, parmaklıkla ayrılmış birkaç blok içinde sınırlandırılmışlardı. Kovulmadan sonra orada kalan Beşir'in amcası, Doktor Rasim de bunlara dahildi. Birkaç yıl boyunca İsrailli Araplar sıkıyönetim altında yaşayacaktı. Kendi mahallelerinde veya köylerinde yaşamak isteyen Araplar askeri yetkililere özel izin için başvurmak zorundaydılar. Taşınmalar güvenlik nedeniyle kısıtlanmıştı. Yeni devletteki bazı liderler hâlâ kalan Arapların Ürdün Nehri'nden Abdullah'ın krallığına "nakli" konusunu tartışıyorlardı.

Ramla ve Lod'daki gettolardaki Araplar eski evlerini Musevi aileler tarafından işgal edilmiş ve tarlalarının kibbutz tarafından idare edilir olarak bulmuşlardı. Evde değillerdi, sürgünde değillerdi, İsrail hükümeti tarafından "var olan yoklar" olarak tanımlanıyorlardı. Birçoğu evlerine taşınmak veya topraklarında çiftçilik yapabilmek için yasalardan yardım aramışlardı.

"Her ne kadar Askeri Vali ile görüşmesinden sonra kapımı, pancurlarımı ve evimi yeniden düzeltme sözü verildiyse de bugüne kadar hiçbir şey yapılmadı. Tam tersine, kapılarımın, pencerelerimin bilinmeyen kişilere verilmesi evime çok büyük zararlar verdi. Eğer kapılarımın, pencere kepenklerimin en kısa zamanda verilmesi için emir verirseniz minnettar kalırım," diye Aralık 1949'da Lydda'daki bir Arap vatandaş dilekçe yazmıştı.

"Aşağıdakileri nazik görüşlerinize sunmak istiyorum," diye başlayan bir mektup yazmıştı el-Ramla'lı bir ev sahibi, davası 1949 Mart'ında başlamıştı. "Ben aşağıda görülen toprakların kayıtlı sahibiyim: parsel No:69, Blok No:4374; yer Ramle [Ramla]; alan 5.032 metre kare...bütün bu parseller benim payım da dahil olmak üzere Apetropos [Terk Edilmiş Malları Koruyucu] tarafından gerçekte ben buradayken terk edilmiş mallar olarak kabul edilmiştir..."

Bir Arap davacı, "Ben parsel 13'ün yarısının kayıtlı sahibiyim. Yerel Konsey'in vergilerinin payıma düşen bölümünü ödemeye hazırım. Bu arada toprağımı kimin sabanla kazdığını ve kimin yetkisiyle bunu yaptığını bilmek istiyorum," diye yazmıştı, Ramla'nın beş mil güneydoğusunda bulunan Kibbutz Gezer'in lokal konseyine.

Ramla'daki taş evin arka bahçesinde çekilmiş siyah ve beyaz bir fotoğrafta, Dalia limon ağacının yanında durmuş, gözlerinde yaşlarla kameraya bakmıştı. Bu resim yazın çekilmişti, belki 1950 yılında; Dalia iki buçuk yaşında olmalıydı. Güvercinlerin elinden ekmek kırıntılarını yemek yerine yanından uçmalarına içerlemiş şekilde ağlıyordu. "Neden uçmak zorundalar?" diye ağlayarak teyzesine sormuştu. "Neden? Ben onları seviyorum."

Bir başka resimde Dalia babasının yanında duruyordu, koyu dalgalı saçları arkaya taranmıştı, iliklenmiş pantolonu belinin üstüne çıkmıştı, Solya'nın resmi çektiği anda gülümsemesi donmuştu. Arka planda, limon ağacının arkasında, Moşe muz ve *guayaba* (bir çeşit armut ağacı) ekmişti. Çerçevenin köşesinde sağda Eşkenazilerin kendi tavuklarını yetiştirdikleri kümes görünüyordu. *Tsena* yani tasarruf zamanıydı ve herkesin beraber çalışması bekleniyordu.

Tsena zamanı süresince, Tedarik ve Vesika ile Dağıtım Bakanlığı İsrail halkının yaşamının merkezini oluşturuyordu. Bakanlığın görevi kısıtlı yiyecek malzemelerini idare ederek kimsenin açlık çekmemesini sağlamaktı. İsrail'in hızlı büyümesi yiyeceğinin yüzde 85'ini ithal etmesini gerektiriyordu. Her ne kadar 1948 yılından önce Yahudi Dairesi'nin (gayri resmi olsa da) diğer devletler ile doğrudan ticari ilişkileri olsa da, İsrail'in birden dünyaya açılması ekonomisinin sarsılmasına neden olmuştu. Hükümet, İngiliz İmparatorluğu devletleri ile ticareti azaltmıştı, Arap ülkeleri de ekonomik ve politik boykot uyguluyorlardı. BM önergesi denizyolunda serbest geçişe izin vermesine rağmen Mısır, İsrail'e giden veya İsrail'den gelen kargoların Süveyş Kanalı'ndan geçişlerini engelliyordu. İsrail, Amerika Birleşik Devletleri, Kanada ve Avustralya'dan gelen buğday, işlenmiş un, ithal et, mevsimlik indirimli balık ve hatta zeytinyağına bağımlıydı. Birçok Arap tarlasının kendilerine intikal etmesiyle İsrail zeytinyağı talebinin ancak yüzde 8'ini karşılayabiliyordu.

1950 yılında, yetkililer yeni göçmenlere yedi yüz adet

canlı tavuk dağıttı. Süt, ülke çapında düzinelerce toplama istasyonunda depolanıyordu. Bakanlık Un Komitesi ve Ekmek Komitesi kurmuştu ve doğrudan günlük on binlerce yuvarlak somun, ekmek ve sütlü kuru üzüm keklerinin dağıtımını yapıyordu. Vesika kartları her ailenin adresindeki belirlenmiş perakendicinin seri numarasıyla bağlantılıydı. Kupon kartları buğday, maya ve hamile kadınların ekstra et almalarını sağlıyordu. Vatandaşların da yaratıcı olmaları isteniyordu.

Eşkenaziler de 1950'li yıllardaki diğer İsrailliler gibi, kıtlıktan çıkmanın kendi yolunu bulmuşlardı. Komşularından birinin ineği caddede rahatsız edilmeden yürüyordu, sanki İsrail'de değil de Hindistan'daymış gibi. Solya ineğin sahibinden süt ve tereyağı almak için ailenin tavuk kümesinden para yerine yumurta veriyordu. Bu inek hem Dalia'yı hem de tüm civarı besliyordu.

Çarşamba günleri Ramla'da kurulan pazarda, 1948 Temmuz'undan önce de olduğu gibi, Dalia babasıyla salatalık, zeytin ve karpuz tezgahlarını geçti; portakal ve muz yığınını, üzerinde bir kova buz bulunan taze kaktüs meyvesi yığını önünde "Sabra! Sabra!" diye bağıran seyyar satıcıyı geçti ve giysi ve ayakkabı satan kuru depolara girdi. Dalia babasının en kaliteli ürünü fazla para ödemeden almasını izlerdi. "Bunu," derdi, bir pantolonun kumaşını parmaklarıyla hissederek. Sonra başka bir tane alır ve "Bununla karşılaştır," derdi. Muhakkak ufak bir pürüz bulur ve daha ucuz fiyat için pazarlık ederdi.

Akşamları, Moşe ve Solya Bulgar arkadaşlarını arka bahçede toplantıya çağırırdı. Tabaklara siyah zeytin, karpuz ve Bulgar peyniri, bardaklara boza, buğdaydan yapılan tatlı bir Balkan içeceği koyarlardı. Bulgaristan'dan gelen haberleri konuşurlar ve Dalia onların rahatsız şakaları Ladino dilinde, Dalia'nın sadece biraz anlayabildiği, eski nesillerin solmaya başlayan dilinde anlattıklarını duyardı.

LİMON AĞACI

Bu toplantılar sırasında Dalia genellikle evin yan tarafında yürür ve sadece güneş battıktan sonra açan çiçeklerin kokusunu (akşamsefası) içine çekerdi. Onları teyzesi Stella'nın papatya çiçekleri –akşamları gece mumları açarken kapanan beyaz ve sarı çiçekler– ile karşılaştırırdı. Genellikle Solya pikaba bir plak koyar ve Eşkenazilerin İspanyol Musevisi köklerinin mirası olan tutkulu İspanyol müziği evden yankılanırdı. Dalia annesinin ve diğer misafirlerin, Ahmed Hairi'nin inşa etmiş olduğu verandada yaptıkları dans figürlerini izlerdi. Solya'nın aklına Moşe ile tanıştığı Sofya'daki balo günleri aklına gelirdi. Gecenin sonunda, Moşe bahçedeki çitten gül toplar ve her giden hanıma bir tane verirdi. Bu bir Bulgar geleneğiydi ve bunu özellikle Güller Vadisi'nde yetişmiş olan Solya bilirdi.

1955 yılında, Dalia'nın sekize bastığı yıl, Moşe Terk Edilmiş Malları Koruma Komitesi'nin ofisinde liderliğe yükselmişti. Dalia okul tatillerinde babasına yardım etmek niyetiyle onu ziyaret eder, telefonlara bakar ve müşterilere ofisini gösterirdi. Genelde kadınlar endişeli olarak gelirlerdi: Ya aylardır tamir edilmeyi bekleyen sızıntılar vardır ya da yıllardır daha iyi bir ev sözü verilmesine rağmen hâlâ şehrin kenarında bir çadırda yaşıyorlardır. Onların dertleriyle Moşe'nin gerçekten canı acıyordu. "Sizin durumunuzla ilgileneceğim," derdi ve bütçesinin ne kadar kısıtlı olduğunu açıklardı. İlgili bakanlıklara dilekçe yazacağına söz verir ve ısrarla, "Söz veriyorum, dünya altüst olsa bile bununla ilgileneceğime yemin ederim," derdi. Dalia müşterilerin bu içten, bunalmış bürokrat karşısında sakinleşerek ve en iyisini ümit ederek ofisi terk etmelerini hayretler içinde izlerdi. Caddede sürekli Moşe'ye yaklaşır, elini sıkar ve yardımları için teşekkür ederlerdi; başka zamanlarda bir hediye ile evine gelirlerdi. "Minnetarlığınızı anlıyorum," derdi onlara. "Hediyenizi takdir ediyorum ancak bir kamu görevlisi olarak bunu kabul edemem."

Öğleden sonraları, Dalia teyzesi Stella ve Dora'nın eski bir Arap dükkanının ön deposunda açtıkları kuaför salonuna uğrardı. Çoğu zaman Dalia'yı sandalyeye oturtur ve Dalia artık saçı olduğuna inanamaz hale gelinceye kadar saçlarıyla uğraşırdı. "Ufak bir rötuş şuraya... birazcık daha; beğendin değil mi?" Bir keresinde Stella evde şekerleme yaparken Dalia intikamını aldı ve uyurken onun saçlarını aynı şeyleri söyleyerek kesti; "Şuraya, birazcık daha; beğendin değil mi?" Stella uyanıp aynaya baktığında saldırıya uğramış gibi görünüyordu. Stella'nın kardeşi, birkaç güne kadar evlenecekti. Düğünde şapka takmak zorunda kaldı.

Salon çoğunlukla Bulgarlara hizmet veriyordu ama iki kız kardeş ünleniyorlardı ve çok geçmeden Lehler, Romenler ve Faslı kadınlar geleceklerdi ve konuştukları dil Bulgarca'dan zayıf Fransızca'ya ya da zayıf İbranice'ye dönecekti. Dalia devamlı gelen Polonyalı bir müşteriyi hatırlıyordu; şeffaf teniyle ve Dalia'yı özellikle çarpan kocaman hüzünlü mavi yeşil gözleriyle unutulmaz biriydi. Dalia'ya göre kadın en az Elizabeth Taylor kadar güzeldi. Sandalyesinde oturur, hiç gülümsemez, boşluğa bakardı. Stella ve Dora saçını tararlarken ve onu konuşturabilmeye çabalarken Dalia sabit gözlerle onu izlerdi.

Dalia bazı komşularının nasıl değişik olduklarını fark etmeye başlamıştı. Kendi ailesi Bulgaristan'dan nasıl kurtulduklarını açıkça anlatırlarken onlar geçmişleri hakkında suskundular. Okulda, karısını ve çocuklarını Polonya'daki ölüm kampında kaybettiği söylenen bir öğretmeni vardı. Herkesin, Öğretmen Haim diye çağırdığı bu kişi savaştan sonra İsrail'e gelmişti. Dalia'nın en sevdiği öğretmeniydi: Kısa boyluydu, siyah, kalın kaşlıydı ve yüzünün çoğunluğunu kapsayan bir alnı vardı. Gözleri elaydı, canlı, yoğun ve geniş adımlarla hızla yürürdü, nadiren yavaşlar, hep ileri bakardı. Sınıfta onu ve diğer

LİMON AĞACI

çocukları "Buraya gel, buraya gel kıymetlim, kara tahtaya gel ve bize bildiklerini göster," diye çağırırdı.

"Geleceğimize inandığını hissettirirdi," diyordu Dalia. "Katı disiplinliydi ama çok olumluydu. Bize hayat için gerekli şeyleri verdi."

Ama Dalia'nın birçok sınıf arkadaşına göre ulaşılamazdı. Leh, Romen ve Macar çocukları ülkeye Dalia gibi, İsrail Devleti'nin kuruluşunun ilk günlerinde gelmişlerdi. Bu çocukların gözlerinde Dalia boşluk görüyordu.

Polonyalı bir sınıf arkadaşı yan evde yaşıyordu. Babasının gözleri "devamlı kuşku" ifadesiyle yuvalarından fırlıyordu, Dalia'ya "terör ve korkunun net bakışı"nı hatırlatıyordu. Geceleri saatlerce, diğer Arap evinin içerisindeki duvardan, aynı adamın durmadan oğluna bağırdığını duyardı ve "Yeter! Yeter! Ne istiyorsun ondan?" diye bağırmak isterdi. Bazen gerçekten bu protestolarını sesli yapardı, ancak gürültüde sesi boğulur giderdi. Okulda bu Polonyalı arkadaşının sessizliği, ani bağırışlar, ağlamalar ve tekmelemeler ile noktalanırdı. Öğretmenlerin hiçbiri onunla ne yapacaklarını bilemezdi.

Dalia bu travmayı inancına karşı doğrudan bir meydan okuma olarak görüyordu. Her ne kadar Moşe ve Solya hiçbir zaman dindar olmamışlarsa da –çok nadiren sinagoga giderlerdi ve "laik Siyonizm"in savunucularıydılar– Dalia'nın Tanrı'ya kendi inancı vardı ve her zaman onun bir parçası olduğunu hissediyordu. Ramla'da sadece birkaç kişi savaş sırasında Avrupa'da olan olaylar hakkında konuşmak istiyor gibi görünüyordu ama Dalia kollarında numaralar olan insanlar görmüştü. Yaşı ilerledikçe Almanya'da, Romanya'da ve Macaristan'da yapılan zalimlikleri öğrendi. Bu gerçeği hazmetmekte çok zorlandı. *Tanrı'nın buna izin vermesi tamamen insafsızlık* diye düşündüğünü hatırlıyordu. Çok öfkeliydi. "İnsanları yarattın!" diye Yaratıcı'sına bağırırdı. "Yarattıklarının sorumluluğunu almak zorundasın! Bu tip şeylerin olmamasını daha etkili bir biçimde önlemelisin!"

Dalia bu korkuların insanlarının tarihi mirası olduğunu anlamıştı. Okulda diğer zalimlikleri öğrenmişti. Dalia'nın hafızasına, Ukrayna'da Yahudilerin, Kutsal Cuma ayininden sonra Hıristiyanlar tarafından kılıçtan geçirildikleri katliam kazınmıştı. Avrupalı Hıristiyanların bu soykırım sırasında sessiz kaldıkları, özellikle Papa XII. Pius'nin Bulgar Ortodoks Kilisesi'nin cesaretini gösteremediği öğretilmişti.

St. Joseph Katolik Manastırı'nda piyano dersine gittiği sırada Dalia Hıristiyanlık hakkında derin bir karışıklık hissediyordu. Belki yıl 1956 idi; Dalia çok yakında dokuz yaşında olacaktı. Manastırın kapısındaki büyük haç ona kılıcı hatırlatıyor ve içinde korku uyandırıyordu. Ama manastıra girince sessizliğin içinde; kaidenin üstünde duran boyanmış St. Joseph heykelinde; siyah beyaz karolarla loş ışıklandırılmış koridorlarında ve yüzü insanlık içeren bir başka Papa XXIII. John'un portresinde kayboluyordu. Önemli bir şey anlamaya başlamıştı. Yıllar sonra, bu anı, bütünü görebilme ve birini veya bir şeyi sadece tek bir görüş veya öğretiyle yargılamamanın başlangıcı olarak hatırlayacaktı.

Büyüdükçe Dalia sık sık ebeveynlerine ve öğretmenlerine "Yaşadığımız bu evler kimin?" diye sorardı.

"Bunlar Arap evleri," denmişti ona.

"Herkesin konuştuğu bu Arap evleri ne?" diye sorardı o da.

Dalia'nın okulu bir Arap evindeydi ve burada İsrail'in tarihini öğreniyordu. Yahudiler için güvenli bir sığınak olan İsrail Devleti'nin kuruluşunu öğreniyordu. Kurtuluş Savaşı'nı çoğunluğa karşı azınlığın hikayesi olarak öğreniyordu. Araplar yeni devleti yıkmak ve Yahudileri denize atmak için saldırmışlar, diye okumuştu. Birçok ulus böyle bir düşmanlık karşısında donar kalırlardı ama ufak İsrail, beş Arap ordusuna karşı durmuştu. Küçük Davud, Golyat'ı yenmişti. Araplara gelince, Dalia'nın ders kitapları onların kaçtığını yazıyordu, topraklarını terk etmişler, evlerini bırakmışlar ve İsrail ordusu işgal etmeden kaçmışlardı. O zamanların bir ders kitabında Yahudiler şehirlerini ele geçirince Arapların "terk etmeyi tercih ettiği"ni yazıyordu. Dalia ona öğretilen tarihi kabullenmişti. Ama kafası karışıktı. Neden biri isteyerek terk eder, diye düşünüyordu.

Bir öğleden sonra aşağı yukarı yedi ya da sekiz yaşındayken, Dalia Ahmed Hairi'nin ön bahçedeki taşlı patikanın sonuna yerleştirdiği siyah metal kapıya tırmandı. Kapının üstünde İslam'ın sembolü olan hilal ve ay şeklinde dövülmüş demirden harika bir parça oturtulmuştu. Bu Dalia'nın canını sıkmıştı. "Bu bir Arap evi değil," demişti kendine ve bu narin hilali tutmuş ve eline düşene kadar öne arkaya eğmeye başlamıştı, öne ve arkaya. Aşağı inmiş ve hilali atmıştı.

1956 yılının baharında, Dalia üçüncü sınıftayken okulda öğrendiği Araplarla evde ebeveynlerinin haklarında konuştuğu Araplar arasında bağ kurmaya başlamıştı. İsrail gazeteleri Mısır Başkanı Cemal Abdül Nasır tarafından korunan casus baskınları hikayeleri ile doluydu. Moşe akşam gazetesinde, *Ma'ariv*, Mısırlı ve Filistin fedailerinin Yahudi devletini ortadan kaldırmak için, İsrail topraklarına akın ettiklerini ve İsrail'in buna hızla karşılık verdiğini okumuştu.

Süveyş Kanalı krizi haber olurken, Moşe ve Solya uluslarının savaşa girmesi için bunun bir neden olacağını anlamışlardı. Nasır uzun zamandır İngilizler tarafından denetlenen Süveyş Kanalı'nın kontrolünün Mısır'a geçmesini savunuyordu ve İsrail'in Orta ve Güney Afrika'ya tek deniz yolu olan Tiran Boğazı'nı kapatmakla tehdit ediyordu. Mısır Başkanı "Arap Ulusu"ndan söz etmeye ve Filistinlilerin "eve dönüş haklarını"

VARIŞ

savunmaya başlamıştı. Bu işaretlerin hiçbiri İsrail için iyi değildi.

1956 yılının Ekim ayının sonlarında, İsrail paraşütçüleri ve piyade taburları onların güneydoğu sınırlarını geçmiş, Sina Yarımadası'nda Mısır güçlerine saldırıp Sina'yı geçip Süveyş Kanalı'na doğru hareket edince savaş patlak vermişti. İngiliz ve Fransız güçleri İsrail'in tarafında savaşmak üzere birleştiler. Avrupalı güçler, bu üçüncü dünya Arap milliyetçisi lider tarafından ortaya çıkarılan, gittikçe büyüyen tehditten dolayı tetikteydiler ve İsrailliler gibi onun durdurulmasını istiyorlardı. Ama Amerika Birleşik Devletleri ve Sovyetler Birliği'ne danışılmamıştı. Süper güçlerin bölgede kendilerinin ayrı çıkarları vardı ve ender görülen bir anlaşma ile İngiltere, Fransa ve İsrail'den geri çekilmelerini istediler. İsrail hâlâ askeri bir zafer ilan edebilirdi çünkü Tiran Boğazı'ndaki barikatları yıkmışlardı ama İngilizler ve Fransızlar çekilince, Nasır Süveyş Kanalı'nın kontrolünü ele almıştı. ABD ve Sovyetlerin karışmasıyla Nasır Avrupalı saldırganları geri püskürtmede etkili olmuş ve kanal üzerinde Mısır egemenliğini kurmuştu. Mısırlı Başkan Arap dünyasında herkes tarafından seviliyordu. Başkan, tüm Araplara Filistin'in önemini konuşmaya başlamıştı.

1957 baharında bir gün, Dalia okuldan sonra kız arkadaşlarıyla oynuyordu. Ramla'da beton bir sığınaktaydılar, Dalia ve sınıf arkadaşlarının son Süveyş Krizi sırasında hava saldırılarına karşı tatbikat yaptıkları klostrofobik yeraltı sığınağındaydılar. Dalia'nın birçok arkadaşı Avrupa'dan gelmiş daha açık tenli kızlardı. Ama son zamanlarda zeytini ve kahve tenli Yahudi çocuklar diğer Arap şehirlerinden, Irak, Mısır ve Yemen'den İsrail'e gelmişlerdi. Arap dünyasında yaşamaları artık hoş olmuyordu, diye gazeteler haber yapmışlardı, bu "doğulu Yahudiler" (İspanyol Musevileri veya *mizrahi* olarak bilinirlerdi) onlara güvenli sığınak sağlamaya söz veren İsrail'e göç ediyorlardı. Ama Dalia'nın birçok sınıf arkadaşında, koyu tenli sınıf arkadaşlarının "sınıfı aşağı çektikleri" hissi vardı. Kirli ve bit taşıdıkları düşünülüyordu. Dalia kendinde bit yakalamıştı, tüm ailenin utancı olmuştu: Stella Teyze saçını benzinle yıkamış, kafatası parlak kırmızı olana dek ovalamıştı. Dalia günlerce benzin kokmuş ve utanç içinde dolaşmıştı.

Hâlâ, sonradan hatırlayacağı gibi, Polonyalı arkadaşı beton sığınağın üstünde, elleri belinde durup koyuları, doğulu Yahudileri oyun grubundan kovmak istediğinde Dalia şaşkınlık içindeydi. Şimdi burada kızlar arasında iki tane rakip grup oluşmuştu: bir "siyah grup" ve bir "beyaz grup." Diğer Avrupalı kızlar bunu onaylamıştı. "Beyaz grup" sadece açık tenli Aşkenazi, artı Dalia ve diğer Bulgarlardan oluşuyordu (Dalia için bile karışıktı: Onun teni açıktı, babasından daha açıktı ve adı Eşkenazi idi ama gerçekte birçok Bulgar gibi o da kökleri İspanya'da olan İspanyol Musevisiydi).

Polonyalı kız bir taş aldı ve koyu tenli sınıf arkadaşına fırlattı. Diğer açık tenli kızlar onu takip ettiler. Dalia öne çıktı. "Siz nerden geldiğinizi söylemiştiniz?" diye bir Aşkenazi kızına sordu. "Ve söyleyin bakalım, orada Yahudilere ne olmuştu?" Sustu. "Bütün herkesten daha iyi bilmeniz gerekir," dedi. "Bütün herkesten daha iyi bilmeniz gerekir, birilerine sadece farklı oldukları için kötü davranılmaması gerektiğini. Eğer bir siyah ve bir beyaz grubunuz olacaksa o zaman ben siyah grup içinde yer alacağım," dedi Dalia. Bu konu bir daha sınıf arkadaşları arasında konuşulmadı.

1950 yılından beri Arap ülkelerinden on binlerce Yahudi İsrail'e gelmişti. 1958'de, İsrail Ulusal İşçi Federasyonu'nun Ramla'daki ofis müdürü Avraham Şimil, iktidardaki kendi partisinin Çalışma Bakanlığı'na karşı toplu bir gösteri düzenlemişti. Ramla'daki birçok *mizrahi* yani doğulu Yahudiler hâlâ kaba kamp çadırlarında ve şehrin kenar mahallerinde derme çatma kulübelerde yaşıyordu, iş ve daha iyi yaşam koşulları için çaresizlikten deliye dönmüşlerdi. Bu protesto ile Şimil İsrail Çalışma Sekreteri'ne zor durumdaki şehre fabrika işleri getirmesi için baskı yapmayı umuyordu. Şimil'in hatırladıklarına göre, birçok "iyi iş" Doğu Avrupalı Aşkenazi elitleri tarafından alınıyordu. Bazen, iş bulma kurumunda sırada beklerken, iki Avrupalı sürekli Yidiş dilinde konuşurken, koyu tenli yeni göçmenler ateş püskürüyordu. Bazı durumlarda bu Aşkenazilerin, sadece belirli akrabaları veya arkadaşları hâlâ hayatta mı diye araştırmalarını anlamıyorlardı.

Diğer taraftan, özellikle Nasır'ın yükselişiyle Arap topraklarındaki Yahudiler Arapça konuşmaktan veya çok sevdikleri Arap müziğini dinlemekten korkuyorlardı. İbraniceleri genelde çok kötüydü ve birçoğunun bulduğu iş ayda on iki gün caddeleri süpürmek, yollara bakım yapmak ve Musevi Ulusal Fon için ağaçlandırma yapmaktı.

Ağaçlandırmalar, MBDK'nın dediği gibi "tüm Museviler için İsrail topraklarının toptan kurtarılışı"ydı, "taşlı topraklı dağlar, durgun bataklıklar, sert, kıraç topraklar, steril kum tepecikleri yirminci yüzyılın ihmalinden kurtarılmalıydı." Ağaçlandırılmış alanlar birçok durumda kısa zaman önce Arap köylerinin olduğu yerlere kurulmuştu. 1948 yılından 1960'lı yılların ortalarına kadar yüzlerce köy –buldozerler, askeri ünitelerin yıkım personeli eğitimleri ve uzaktan kumandalı bombalar ile– yerine yeni şehirler, genişletilmiş kibbutzlar veya MBDK ormanları için yıkılmıştı. *Mizrahilerin* ve diğer göçmenlerin MBDK için yaptıkları işlerin birkaç sebebi vardı: Köylerin eski yaşayanlarının askeri hatlardan sızma girişimlerini engelliyordu; Filistinli mültecilerin geri dönmesini onaylayan BM önergesine karşı İsrail'in durumunu kuvvetlendiriyordu; ve Arap ülkelerinden ve diğer yerlerden gelmiş olan binlerce fakir Musevi göçmenler için düşük ücretli bir iş temin ediyordu.

Ama *mizrahiler* için sorun sadece iş değildi. Önden gelen diğer göçmenler gibi onlar da bu devlete ait olduklarını hissetmek istiyorlardı. Ramla'da, Avraham Şimil göçmenlere değişik milliyetlerden ve bir düzineden fazla dilden İsrail kimliği oluşturmaya yardımcı olmuştu. Şimil yeni devletin genişliğini anlamalarını ve birbirlerini tanımalarını sağlamak için göçmenlere Galilee ve Negev'e saha gezileri tertip etmişti. Ramla'da İbranice sınıflar, oyunlar ve konserler; Bulgaristan'dan, Fas ve Yemen'den folklor geceleri düzenlemiş ve civarda kültür ve yürüyüş kulüpleri kurmuştu.

Tüm göçmenler, özellikle erkekler tarafından tutulmuş bu model, iyimserliği, kuvveti ve efsanevi kahramanlığı gelecek için bir dayanak olan doğma büyüme İsrailli yani Sabra'ydı. "Sabra" kelimesi İbranice *izabar*dan geliyordu: Dışı dikenle kaplı ama içi tatlı bir kaktüs meyvesi. 1950'lerde İsrail'de Sabra Yeni İsrailli adamdı: Yakışıklı, sert, fiziksel olarak güçlü, ateşli bir Siyonist, neşeli, korkusuz ve atalarının zayıflığından etkilenmeyen. Sabra (İsrail yerlisi), Aşkenazi tanımına göre, soykırımdan önce Filistin'e gelmiş, eski ülkenin utanç dolu imajını dağıtmış bir nesildendi. Gerçekte *Çıkış*'ta (Exodus) Leon Uris'ün kahramanı olan Ari Ben Kenan'ın şeklini almış İsrailliyi oluşturmuştu. Sabra, bir İsrailli yazarın kelimeleriyle, "seçilmiş insanların seçilmiş oğlu"ydu.

Sosyal yöneticiler diaspora Yahudilerine bir seçenek olarak bu imajı sürekli kendilerine bağlamaya çalışıyordu. 1949'da, sol Mapam partisinin Bulgar dilinde yayınladığı bir gazetede yazar Moşe Şamir'in bir romanı dizi halinde yayınlanıyordu, burada "yeni Musevi adam" gerçekten bir devdi, yeni bir ülke kurmak için fantastik aliyahta, denizin içinden çıkıyordu. Editörün hatırladığı kadar eski Knesset üyesi Viktor Şemtov'un fikri "eski

VARIŞ

Yahudi imajını temizlemek," "kıvranan getto Yahudisi" imajını silmek ve "ilk defa ayakta duran," elleriyle toprağı yeni bir ülke yaratmak için kazan "yeni Yahudi"ye odaklanmaktı.

Birçok yeni İsrailli için bu güçlü ikon çabalamaya değerdi. Sabra "üniforması" giyiyorlardı— haki şortlar ve haki veya soluk mavi iş gömleği ve "kutsal sandalet." Ramla'nın ilk İsrailli belediye reisi diğer birçok göçmen gibi üniforma giyiyordu. Hatta bazıları Sabra stili haki düğün yapmıştı. Birçok çocuk, Sabra ülküsünden esinlenerek "İsrail" adlarını kabul ediyordu.

Daha yaşlı göçmenlere göre Sabra imajı ulaşılması imkansızdı. Soykırımdan hayatta kalanlara göre saçmaydı. Sabra'ya göre soykırımdan hayatta kalanlar boğazlanan koyunlar gibi giden Yahudilerin utancını temsil ediyordu. Nitekim, Dalia'nın hatırladığına göre, *Bir Daha Asla* deyimi, geçmişin bir daha yaşanmaması isteğinden öte, kendilerini kurban imajından uzaklaştırma imajını taşımaktadır.

Bir gözlemci İsrail'deki ilk transit kamplardan birinde soykırımdan hayatta kalanlara "zor bir insanlık olayı" diye bahsetmiş ve "bu insanlar öyle bir cehennem görmüşler ki şimdi hiçbir şey onları harekete geçiremez. Duyuları körelmiş," demişti. David Ben-Gurion Soykırımdan hayatta kalanları meşhur "insan tozu" diye adlandırmış ve "bu tozdan insanları, amaçları olan kültürlü, bağımsız bir ulusa çevirmek kolay bir görev değil," demişti. Soykırımdan kurtulanları verimli çiftçilere döndürmekle görevli bir tarım işçisi arkadaşını şu sözlerle bilgilendirmişti: "Kimlerle çalıştığımızı anlamamız gerek, dışlananlar topluluğu, *zavallı ve çaresiz insanlar*. [Orijinalinde vurgulu.] Onların çabuk alevlenen, tahmin edilemeyen ve korkuyla dolu temel duyularına yaklaşmalıyız . . . ayaklarının altından toprak kayıyormuş gibi duyulan korku . . . çalışma korkusu—sadece kişisel inisiyatif alma ve beklenmedik durumlarla yüzleşmek onları dehşete düşürüyor . . . çocuklarının geleceği üzerinde kontrol edemediği bir korkusu var..."

Arap ülkelerinden gelen göçmenler için de Sabra idealinin peşinden koşmak aynı derecede hayaliydi. Çoğunlukla İbranice ile büyük bir güçlükle mücadele ediyorlardı ve Fas, Yemen, Mısır veya Irak'taki tecrübelerinin doğma büyüme Aşkenazi Sabra'nın gözüpek savaşçı imajıyla hiçbir ilgisi yoktu. Ayrıca birçok Aşkenazi, ilk göç politikasını kuran bazı İsrailli liderler de dahil olmak üzere *mizrahileri* Ben-Gurion'un Kuzey Afrikalı Yahudileri için kullandığı tarif ile "vahşi" ve "ilkel" buluyor, diğerleri ise gerçek politika tartışmalarında onlar hakkında "zihnen geri", "sinirli" veya "kronik tembel" olarak bahsediyordu.

Ramla'da ve İsrail'in diğer yerlerinde her göçmen grubu hemen kendi etiketlerini sahipleniyordu, bu, küçültücü etiketten sevgi gösteren etikete kadar uzanıyordu ve bazen her ikisi de olabiliyordu. Bir Faslı *sakin* yani bıçaktı çünkü sert olmalarıyla ünlüydü; Iraklılar giysileri nedeniyle pijamalardı; Almanlar tarlalarda giydikleri ceketten dolayı *yeke* veya *putzes*, yani ahmaktı; Romenler hırsızdılar; Bulgarlar adilerdi; ve Polonyalılar *dripke* yani Aşkenazi dilinde tozbeziydiler.

Ama Bulgarlar nasıl etiketlenirlerse etiketlensinler İsrail'de oldukça saygı görüyorlardı. "Soykırım Kompleksi" onlarda yoktu. İsrail Avrupa kültürü tutkusuyla gelişirken, Bulgarlar makul düşünen ve çok çalışkan kişiler olarak ün kazanıyorlardı. Solya Eşkenazi bunu temsil ediyordu. Tüm Bulgar Yahudi korosunun bir gemide hep birlikte gelmesini ve yeni İsrail filarmonisinde Bulgarların çalmasını takdir ediyordu. Tolstoy ve Çehov, Viktor Hugo, Thomas Mann ve Jack London okumayı seviyordu. Bunlardan en çok, çalışmalarını derinden duygulu bulduğu ve savaş sırasında insanlığa olan inancını kaybeden ve damarlarını kesen ikiz ruhuna, Avusturyalı yazar Stefan Zweig'a hayrandı.

VARIŞ

Kültür ithal edilebilirdi ama Solya'nın sevdiği şeyler, arkasında Bulgaristan topraklarında kalmıştı. Dalia büyüdükçe, annesinin ne kadar sık Sliven'in dar koridorlarında rüzgarın estiğini veya arkadaşlarıyla nasıl Vitoşa Dağı'na yürüyüş yaptıklarını anlattığını fark ediyordu.

Buluğ çağında olan Dalia annesini kökünden koparılmış ve yeni toprağa alışamamış bir ağaç gibi görüyordu. Moşe yeni bir devlet kurmak için gerekli olan becerilerini yanında getirmişti. Zayıf iradeliler karşısında öfkesi büyüyen ve "Nedir bu kararsızlık? Anlayamıyorum! Eğer size uymuyorsa o zaman salatalık turşusu gibi kesin!" diye bağırıp çağıran bir eylemciydi. Ramla'ya geldikten sonra Solya çabuk yaşlanmıştı. Vergi ofisindeki görevi onun kişiliğine, birlikte getirdiği parlaklığına ve yaramazlığına uygun değildi; dikişte ve yemek pişirmede başarılı değildi; ve her ne kadar Moşe ve arkadaşlarıyla ara sıra Tel Aviv'deki plajda yürümeye gitseler de Solya'nın dünyası daralmıştı. Kız kardeşleri onun olağanüstü bir kadın olduğunu, Bulgar deyişine göre "kendi ağzındaki yiyeceği ihtiyacı olana veren biri" olarak düşünürlerdi. Ama bu ışık sönüyordu ve vergi ofisinde yılları geçtikçe Solya daha da sessizleşmişti.

1963 yılında, Dalia koleje başladığı yıl, şehir liderleri Ramla'nın Arapların elinden 1948'de kurtuluşunun on beşinci yılını kutluyordu. Bir promosyon filmi, dar kravatlı adamları şehrin eski yeraltı sarnıçlarından kayıkta kürek çekerken gösterirken, derin bir ses "bu eski anıtın yakınında yeni binalar ve fabrikalar kuruluyor. Belediye Ramla'nın saf bir Arap şehrinden çoğunluğu yeni göçmenlerden oluşan yirmi beş bin kişilik bir yere dönüşmesinden memnunluk duymaktadır," diyordu.

Üç yıl sonra, 1966 yılında, Dalia Eşkenazi kolejden mezun olmuştu ve Tel Aviv Üniversitesi'nde İngiliz Edebiyatı bölümüne kaydolma planları yapıyordu. Tel Aviv'in hemen güneyinde şimdi Arap-Musevi karışık bir şehir olan Yafo'da uluslararası bir kolejde özel bir İngiliz dili programına katılmıştı (Araplar bu şehre hâlâ Yafa demektedirler). İsrail ordusu Dalia'yı, kabiliyetli öğrencilerin askerliklerinden önce koleje katılabilmeleri için sunulan özel bir program uygulayan subayların eğitim kıtasına asker olarak kaydetmişti.

1960'ların ortalarında, Ramla, şehir dışındaki çimento fabrikası bacalarıyla, *mizrahilerin* yüksek işsizlik oranıyla ve Arap "getto"suyla tüm İsrail'de her şeyden çok kaba ve cesur olarak ün kazanmıştı. Bazı insanlar Ramla'yı "İsrail'in Liverpool'u" olarak biliyordu. Bunun bir nedeni de, eski Arap evlerinde Tel Aviv ve Kudüs'ten gelen grupların hafta sonlarında buraya gelerek rock-and-roll çalmalarıydı. Sonunda hayat Dalia ve vatandaşları için normale dönmüştü. Kolej yıllarının çoğunluğunda Araplarla olan anlaşmazlıklar oldukça sessiz olmuştu ve böylece fazla düşünmek zorunda kalmamıştı. Ama ilk yazını kolej dışında geçirirken Dalia bir değişikliğin farkına vardı.

Dış dünyaya İsrail bir kez ve son kez Filistinli mültecilere dönüş hakkını kesinlikle tanımayacağını açıkça belirtti. Bir yıl önce İsrail toprak işletmesi, kalan son Arap köylerini de "Köyleri düz yüzey haline getirme," kampanyası bahanesiyle yıkmıştı ve Başbakan Levi Eşkol, Arap Knesset üyesinin eleştirisine "terk edilmiş köyleri yıkmamak, gelişme ve boş arazileri canlandırma politikasına aykırı olurdu ve her devlet bunu uygulamakla yükümlüdür," cevabını vermişti. İsrail'e göre her şey açıktı, Kurtuluş Savaşı üzerinden on sekiz yıl geçmiş ve bu arazilerin geri verilmeyeceği aşikardı. Ülkenin dışında bu toprakların ancak askeri bir müdahale ile tekrar Araplara verilebileceği oldukça açıktı. Pan-Arap milliyetçiliğiyle birlikte Nasır kuvvetlendikçe Arap Milliyetçi Hareketi'nin tehditleri ortaya çıkmaya başlamış ve Filistin Kurtuluş Örgütü (FKÖ) kurulmuştu, artık oldukça sakin olan İsrail Arap dünyası yıkılmaya başlamıştı.

1967 yılının baharında, Dalia tüyler ürpertici tehditleri radyodaki Arap yayınlarından kötü bir İbranice ile duyarken dünyası kararmaya başlamıştı. Hissedebiliyordu. Savaş artık kaçınılmazdı.

Sekiz

SAVAŞ

Pazartesi günü, 5 Haziran 1967'de Beşir Hairi sivil mahkemede müşterisi Bay el-Abed namına hakim karşısında duruyordu. Beşir şimdi yirmi beş yaşındaydı ve Kahire Üniversitesi Hukuk Fakültesi İş Hukuku bölümünden yeni mezun olmuştu. Mahkeme Ramallah'ta Ürdün tarafından kontrol edilen Batı Şeria'da, Kral Abdullah'ın on yedi yıl önce krallığına kattığı topraklarda toplanmıştı. Şimdi torunu Hüseyin Ürdün'ün kralı ve devletin başıydı.

Ramallah 1948'in sonlarında Ahmed ve Zekiye'nin Beşir ve diğer çocuklarıyla birlikte Gazze'ye gitmelerinden bu yana tamamen değişmişti. Ağaçların altında uyuyan çaresiz mülteci toplumu gitmişti. Ayrıca çoğunluğu Hıristiyan olan binlerce Ramallahlı iyi aile de Nakba'yı izleyen yıllarda Batı Şeria'ya oradan da Amerika Birleşik Devletleri'ne gitmişti. Şehrin kenarında UNRWA'nın mülteci kamplarının beton evleri ve dar, pis dağınık sokakları duruyordu. Her yıl, BM mülteci ajansının yenileme fonuna bir bütçe oluşturması isteniyordu. Uzun vadeli fonların alınması veya kalıcı evlerin inşa edilmesi, BM'ye mültecilerin evlerine dönmeyeceğini işaret ediyordu. Bu durum hâlâ "ev sahibi" hükümetler tarafından, kamplarda üslenmiş halka yakın politik gruplar ve her şeyden önce mültecilerin kendileri tarafından kabul edilemezdi. Filistinlilere göre İsrail'in tutumu ne kadar sert olursa olsun direnişler geriye dönme hakları için bir tehlike teşkil edemezdi. Beşir de diğer birçok Filistinli gibi insanlarının topraklarının ancak bir şekilde geri alınabileceğini düşünüyordu. *Bizi topraklarımızdan zorla kovmuşlardı ve sadece zorla geri alınabilir*, diye mantık yürütüyordu.

Beşir hakimin karşısına çıktı ve Bay el-Abed için davasını sundu. Açılış konuşmasında Abed'in Ramallah'ta bir garajda teknisyen olarak çalışırken haksız yere işten kovulduğunu ve en azından tazminatının verilmesi gerektiğini belirtti. Beşir oturdu ve dükkan sahibinin avukatı konuşmaya başladı. O konuşurken mahkeme kapısından içeri genç bir adam girdi, aceleyle Beşir'in yanına yanaştı ve kulağına fısıldamaya başladı. Öğlenden biraz önceydi.

On dokuz yıldır Filistinli mülteciler eve dönebilecekleri anı bekliyordu. İlk önceleri bunun birkaç haftalık bir olay olduğunu düşünmüşlerdi. İsrail onların geri dönmelerine engel olunca, bu sefer BM'nin onların adına geri dönme haklarını savunduğu önergeye ümit bağlamışlardı. Yıllar sonra, hâlâ sürgündeyken, mülteciler inançlarını "silahlı mücadeleyle" ortaya koymaya başlamışlardı. Mısır'daki Nasır'ı giderek destekliyorlardı. On yıldan fazla bir zamandır Mısır başkanı, sömürgecilik karşıtı söylevleri ve büyük Arap ulusu arzusu ile Arap dünyasını heyecanlandırıyordu.

Beşir Kahire'de hukuk okurken Nasır'ın Arapları birleştirme rüyasından çok etkilenmişti. Geriye dönmeye odaklanmasının bir aracı vardı artık ve diğer tüm hırslarını bir köşeye bıraktı. "Asla pahalı gömlek, ayakkabı almazdı, kendine hiçbir şey almazdı," diye hatırlıyordu Hanım. "Babamız ona sorardı 'Para ister misin?' diye ve Beşir her defasında 'Yok, bende yeteri kadar var,' derdi." Beşir'in kendinden bir yıl küçük erkek kardeşi Bahayat tamamen farklıydı. "Beşir'in harcadığının üç, dört kat fazlasını harcardı," diyordu Hanım. "Beşir ayakkabıya para harcamaz, hiçbir zaman kendine bir takım elbise almazdı. Biz Beşir'i dilencinin oğlu diye ve Bahayat'ı lordun oğlu diye çağırırdık. İnsanlar onların kardeş olduğuna inanmazlardı bile." Beşir terbiyesinin Nasır tarafından bir gün takdir edileceğine ve insanlarının kurtulacağına inanıyordu.

Nasır'ın Süveyş Kanalı'nı millileştirmesi, ABD'yi, İngiltere'yi, Fransa'yı ve İsrail'i çok kızdırmış ama Beşir ve Arap sokaklarındaki diğer milyonlarca kişi çok derinden gurur duymuştu. Nasır, Hindistan'ın Nehru'su ve Yugoslayva'nın Tito'su gibi bağımsızlığını arayan "aynı çizgide olmayan hareketin," süper güçlerin arasında üçüncü bir yolun lideri olmuştu. Filistinliler için daha da önemlisi, Nasır'ın davalarını savunması 1948 yenilgisinin intikamı olarak büyük Arap'ın tekrar doğması için diasporada ümitleri canlandırmıştı. BM'nin ve kağıt üzerinde önergesinin yapamadığını, Nasır'ın ordu gücüyle Filistinlilerin sürgününe son vereceğine inanıyordu.

1960'ların başında, Beşir Kahire'de siyasi öğrenci hareketlerine iyice karışmıştı, özellikle Milliyetçi Arap Hareketi'yle. MAH, Temmuz 1948'de kız kardeşi İsrailli askerler tarafından öldürülen ve sıcakta dağları geçerek Ramallah'a yürümüş, Lydda'da bir mülteci olan George Habaş tarafından yönetiliyordu. Habaş gibi Filistinli siyasi liderler ve yeni kurulmuş Filistin Kurtuluş Örgütü'nün liderleri Nasır'ın etrafında toplanmışlar, savaşa hazırlanması için onu zorluyorlardı. FKÖ ve ufak Filistin Kurtuluş Ordusu Nasır'ın kumandası altında yürüyecekti. Ama Mısırlı başkan devamlı olarak Filistin'i kurtarma gibi bir niyetinin olmadığını söylüyordu: Doğru zaman değildi, özellikle Arap devletlerinden İsrail'e yapılacak saldırılar için. Birçok Filistinli için 1960'ların ortasında artık bu zorunluluk artmıştı: Negev yeni Musevi göçmenlerle doluyordu ve her yerde İsrail'in nükleer silah programı geliştirdiği söyleniyordu.

Beşir ve Kahire'deki öğrenci hareketlerindeki arkadaşları

Arap birliğinin dönüşleri için bir anahtar olduğuna inanıyorlardı ve bu manevraları çok yakından izliyorlardı. Bazı öğrenciler Mısır ve başka yerlerde gizli kamplarda gerilla eğitimine başlamışlardı. Nasıl mayın döşendiğini ve topsavar topların nasıl ateşlendiğini öğreniyorlardı. Uçaklardan atlıyorlar, bataklıkların içinden geçiyorlar, sert zeminde sürünüyorlar, yılan yiyorlar ve günlerce aç dolaşıyorlardı.

Büyüyen gerilla hareketinden iki genç adam ortaya çıkmıştı: Yaser Arafat ve Ebu Cihad adıyla bilinen Halil el-Vezir. Arafat ve Ebu Cihad geri dönüşlerinin sadece silahlı mücadeleye sadık özerk Filistin politikası ve askeri örgütüyle olabileceğine inanıyorlardı. Ne 1948'de el-Ramla'dan kovulan Ebu Cihad ne de Arafat Filistinlileri sattıklarına inandıkları Arap Devletleri'nden gelecek bir kurtarma hareketine güvenmiyordu. İki adam birlikte Süveyş anlaşmazlığının peşinden gerilla örgütü El Fetih'i kurmuşlardı.

1965'in yılbaşında Süveyş krizinden sonra İsrail ve Arap dünyası arasında sakin geçen dokuz yıldan sonra, Fetih İsrail topraklarına ilk saldırısını planladı. Gerillalar Lübnan sınırından geçmişler ve Galilee Denizi yakınlarındaki İsrail'in ana su kaynağı olan su borularına patlayıcılar yerleştirmişti. Suyun kontrolü İsrail ile Arap devletleri arasında ana gerginlik kaynağıydı. İsrail Ürdün Nehri'nin ana suyunun çoğunu Arap topraklarından saptırmıştı. İsrail jetleri Golan tepelerindeki Suriye'nin su dağıtım tertibatını, Galilee'den aynı suyu kendine çevirmesin diye bombalamıştı. İsrail traktörleri tartışılan toprakları kazmak için Golan'ın askeri donanmadan tecrit edilmiş mıntıkasına hareket ettiğinde Suriye'nin ateşine maruz kalmış, buna İsrail sert karşılık vermişti. İsrail Negev çöllerine boru hattıyla daha çok göçmene destek olma planına kimsenin karışmasını istemiyordu. Fetih, ufak gerilla grubu, İsrail'in boru hattı planını engelleme çareleri arıyordu; ne de olsa Negev asilerin ve yandaşlarının dönmeye niyetleri oldukları eski Filistin'in bir parçasıydı. Boru hattına yapılan saldırıları başarısız olmuştu, Lübnan güvenliği tarafından başlamadan engel olunmuştu ama Fetih "askeri bir bildiri" yayınlayarak "saldırı birliğinin" başarısını ilan etmiş ve İsrail'i gelecek faaliyetler için uyarmıştı.

1965 ve 1966 yıllarında, Fetih El Avda Tugayları adlı yeni grupla birlikte, Batı Şeria ve Lübnan'dan İsrail'deki en çok tecrit edilmiş hedeflere düzinelerce saldırılar yaptı. Saldırılar Musevi Devleti'nde büyük huzursuzluk uyandırdı ve planlandığı gibi Arap komşularıyla İsrail arasında gerginlik tırmandı. 1966'nın sonlarında bu saldırılar ve İsrail'in karşılıkları çekimser olan Kral Hüseyin'i anlaşmazlığın içine çekti ve dönüşü olmayan bir noktaya yaklaştırdı.

13 Kasım 1966'da şafak daha ağarmadan İsrail uçakları, tankları ve askeri birlikleri Batı Şeria'daki Samu köyüne saldırdı, düzinelerce evi havaya uçurdu ve yirmi bir Ürdünlü askeri öldürdü. Bu istila, özellikle yoğunluk derecesi, İsrail'i destekleyenleri bile korkuttu. ABD yetkilileri saldırıyı hemen kınadı. Washington'da Ulusal Güvenlik Konseyi'nin bakanı, Walt Rostov Başkan Johnson'a yazdığı bir notta, Fetih 11 Kasım'da toprak mayını ile üç İsrailli askeri öldürmüştü, bu durumda "İsrail'in 3000 adamla, tanklı ve uçaklı saldırısı tamamen kışkırtmadır," diye bildirdi. Rostov İsrailliler için "Hüseyin'in kuyusunu kazdılar. Onu istikrar faktörü olarak desteklemek için 500 milyon dolar harcıyoruz... Ilımlı Araplar bile ne kadar çabalarlarsa çabalasınlar İsrailliler ile birlikte yaşam olmayacağını kaderlerinde hissediyorlar. İç ve dış politik bağlar Kral Hüseyin'in rejimine büyük baskı uygulayacaktır..." demişti.

Rostov İsraillilerin Sovyetler tarafından desteklenen ve Filistin gerilla hareketlerine arka çıkan Suriye yerine Ürdün'e saldırmalarıyla yanlış hedefe saldırdıklarına inanıyordu. Eşkol başkan Johnson'a yatıştırıcı bir notta, "bu zor saatlerinde" onun desteğini beklediklerini yazmış ancak başkan buna cevap vermemişti. Onun yerine, saldırıdan bir hafta sonra, Johnson Kral Hüseyin'e, "üzüntü ve endişe duyguları... sempatik kelimeler gereksiz yere insanlar öldüğünde çok az rahatlık verir..." diye yazmıştı. Başkan krala, "Bu hareketin tarafımızdan onay bulmadığı, İsrail hükümetine çok açıkça bildirilmiştir," diye temin etmiştir. Saldırıdan sonra Kral Hüseyin'in belirttiği korku konusuna da açıklık getirmişti. "Majestelerinin İsrail'in politikalarının değiştiği ve İsrail'in şimdi Batı Şeria'daki Ürdün Nehri'nin bölgesini işgal edeceği yönündeki endişelerinizin yanında, bunun olmama ihtimalinin çok yüksek olduğuna inanmamız için iyi nedenlerimiz var," diye krala teminat vermişti. "Eğer İsrail korktuğunuz politikaları uygulamaya kalkarsa çok vahim sonuçlara neden olur. Durumumuzun İsrail tarafından tamamen anlaşıldığından ve takdir edildiğinden hiçbir şüphemiz yoktur."

Ancak Batı Şeria'nın İsrail tarafından işgali, Kral'ın kendi ülkesindeki endişelerinden sonra ikinci sırayı alıyordu. Amman'daki Amerikalı yetkililer Washington'u "krallığın kendisi tehlikede" diye uyarmışlardı. CIA, başkana sunduğu özel bir raporunda Samu saldırısını; "Hüseyin'in ülkesindeki durumuna kötü zarar verdi. İsrail ile barış içinde birlikte yaşama politikasının Amerika'nın zorlamasıyla olduğunu ve bu politikanın başarısız olduğunu düşünen, ona karşı sevgisi azalmış toplumun bireylerinin saldırıları onu kolay zedelenebilir bir hale getirdi," diye bildirmişti. Amerikalı yorumculara göre şimdi büyük baskı altında bulunan kral özellikle krallığındaki huzursuzluk artarken, İsrail'e karşı daha saldırgan bir görünümde olacaktı.

Samu saldırısı Amman'da kralın rejimine karşı şiddetli protestoları harekete geçirmişti bile. Filistinliler orduyu zayıf ve hazırlıksız olmalarından dolayı suçluyordu ve ordunun İsrail ile savaşmasını istiyordu. Kahire'den yapılan FKÖ yayınında, Ürdün ordusunu kralı indirmeye çağırıyordu. Ürdün ve Batı Şeria'da isyanlar başlamıştı, Ürdün birlikleri Kudüs'te Filistinli göstericilere ateş açmış, yüzlercesi tutuklanmıştı ve Kral parlamentoyu fesh etmiş, sıkıyönetim ilan etmiş ve Amerika Birleşik Devletleri'nden ilave askeri yardım temin etmişti.

Şimdi Arap dünyasındaki ayrılıklar her zamankinden daha fazla görünür olmuştu: Mısır ve müttefik Suriye "pan-Arap birliği" yanlısı olarak dururken, Kral Hüseyin Batı lehtarı "emperyalist ajan" ve "Siyonizm yanlısı" olarak etiketlenmişti. 1967 yılının bahar aylarında, Suriye, Kral Hüseyin'in devrilmesi çağrısında bulundu ve Nasır, kralın "1948'de Abdullah'ın (kralın ölmüş babası) sattığı gibi Arap ulusunu satmaya hazır olduğunu" bildirdi. Yirmi beş yaşında olan Beşir Nasır'ın ve pan-Arap hareketinin metanetle yanında duruyordu.

Arap liderleri birbirlerini suçlarken Suriye'nin askeri donanmadan tecrit edilmiş mıntıkası olan Golan Tepeleri'nde gerilim artıyordu. Tecrit edilmiş mıntıka, Galilee Denizi ile Golan'ın batı ucu arasında dar bir şeritteki topraklardı. Suriye ve İsrailli kuvvetler birbirlerine ateş açmışlar ve Suriye'nin açtığı havan topu ateşi İsrail kibbutzunun üstüne düşmüştü. 7 Nisan 1967'de İsrail savaş uçakları çatışmada altı Suriye savaş uçağını Golan Tepeleri üzerinde düşürmüştü; İsrail uçaklarından biri, Suriyelileri ve onların müttefiği Nasır'ı halkın gözünde aşağılamak için Şam'ın üzerinden uçmuştu. Çok geçmeden İsrail ordusunun Genelkurmay Başkanı, Yitzhak Rabin Suriye rejimini yıkmakla tehdit etmişti. Suriye, Filistin gerillalarının desteğiyle ve Golan'da İsrail kuvvetleriyle çarpışmasıyla Nasır'ı kışkırtıyordu.

İsraillilerin eylemleri, pan-Arap hareketinin savunucusu Nasır için utanç vericiydi ve Kral Hüseyin Batı dalkavuğu imajını dağıtmak için bu anı kullandı. Eğer Mısır Başkanı gerçekten Arapların tarafında olacaksa, Ürdün radyosu meydan okuyordu, o zaman İsrail'e yanlış anlaşılması olanaksız bir mesaj göndermeliydi: Tiran Boğazı'nı İsrailli gemilere kapatmalıydı. Ne de olsa yayının vurguladığı gibi, bu gemilerin gelecek anlaşmazlıklarda Araplara karşı kullanılacak silahları taşımaları kaçınılmazdı. Ürdün tarafından yapılan bu meydan okumanın niyeti eleştirilerin yönünü kraldan, Nasır'a döndürmekti ama Fetih saldırıları ve İsrail'in Samu'ya karşı atağı, bölgeyi savaşa daha da yakınlaştırmıştı.

Tiran Boğazı'nın kapatılmasıyla İsrail'in Kızıldeniz'e ve arkasından Afrika'ya ulaşımı kesilmiş olacaktı. İsrail hâlâ deniz ticaretinin yüzde 90'ına tekabül eden Akdeniz limanlarından teslimat yapabilecekti ama yine de boğazların kapatılması ciddi bir adım olacaktı. Gerçekten, Nasır 1956 yılındaki Süveyş krizinde boğazları kapattığında İsrail saldırılarını harekete geçirmişti.

Nasır özel olarak destekleyicilerine ve diplomatlara İsrail ile savaşmak istemediğini belirten işaretler göndermişti. Ama Mayıs ayında harekete geçmesini bekleyen Arap dünyasından milyonlarca insanın baskısı üzerinde artıyordu. 15 Mayıs'ta, Mısır başkanı binlerce birliğini Sina yarımadası üzerinden İsrail sınırına gönderdi. 18 Mayıs'ta, BM barış gücü askerlerine Sina'yı terk etmelerini emretti. Bir sonraki gün, İsrail Sina sınırına binlerce birlik gönderdi.

Üç gün sonra, 22 Mayıs 1967'de Cemal Abdül Nasır Tiran Boğazı'nın kapatıldığını ilan etti ve "Yahudiler bizi savaş ile tehdit ettiler ve biz de onlara *ehlen ve sehlen* (hoş geldiniz) diyoruz. Biz hazırız!" diye bildirdi.

İsrailli liderlere göre bu bir savaş ilanıydı. O gün 22 Mayıs'ta İsrail hükümeti ABD ordusundan yirmi bin gaz maskesi istedi

SAVAŞ

ve kabine karar verme krizine girdi. İsraillilere göre "bekleme dönemi" diye bilinen etkisiz zaman başlamıştı.

Dalia Eşkenazi siyah inşaat kağıdını açarak diğer siyah karelerin yanına pencereye yapıştırdı. Şimdi ışık dışarı sızmazdı. Dışarıda ön kapının yakınındaki garajda ailenin iki silindirli "Deux Chevaux" Citroen'i de aynı şekilde karartılmıştı. Bir ya da iki gün önce, polis Herzl Caddesi'nde fırça ve siyah mavi boya kutularıyla durmuş, Tel Aviv ve Kudüs arasında geçen arabaları durdurup farlarını boyamıştı. Karartılmış farlar yolu loş bir şekilde aydınlatıyorlardı ama düşman uçakları tarafından görülebilecek ışık yaymıyorlardı. Bu jetler gelecek miydi, acaba hiç ateş edilecek miydi kimse bilmiyordu. Tüm ülkede İsrailliler hareket halindeydiler: Vatandaşlar ve askerler siperler kazarken okullar sığınak haline getirilmiş, yedek kan toplanmış, hastane yatakları hazırlanmış, çocuklarını Avrupa'ya gönderme planları yapmışlar ve on bin mezar kazmışlardı.

Dalia on dokuz yaşındaydı ama bu "bekleme dönemi" sırasında çoğunlukla battaniyenin altına kıvrılıyordu. Hiçbir zaman böyle hissetmemişti ama diğerleri için korkunç ve bilinen bir şeyin tekrar uyandığını anlıyordu. Sonraları o bunu "yok edilmenin toplu korkusu" olarak adlandıracaktı. Annesinin yüzü aralıksız olarak endişeli bir ifade taşıyordu. Bekleme dönemi uzadıkça, aile ıstırap verici sessizlikte oturuyor ve sirenleri dinliyordu. Ramla dükkanlarında insanlar sohbetle oyalanıyorlar, birbirlerinden destek almaya bakıyorlardı; diğer zamanlarda caddelerde birbirlerine çabucak gizlice bakıyorlardı, sinirli bir yüz diğerinin yüzünde aynen yansırdı.

Radyo ciddi bir Mısırlı sesli yayını yakalamıştı, "Neden geldiğiniz yere geri dönmüyorsunuz? Bir şansınız yok", diyordu. Dalia ebeveynlerinin mavi ipek örtüsüne yatardı, aksanlı İbranice ile yapılan Arap tehditlerini dinlerdi. Gazetelerde,

Dalia Arapların Yahudileri denize dökme sözü verdiklerini okumuştu. O zamanlar, Kahire'den meydan okuyan sesin kuru sıkı attığını ve "Doğu mübalağası" olduğunu söyleyen Batılı arkadaşlarını dinlemesi gerektiğini düşünürdü. Subay eğitim birliği programında hizmet verdiği İsrail ordusunun kuvvetli olduğunu biliyordu. Ama hâlâ kollarında numaralarla yürüyen insan topluluğunda Dalia "hasta fantezilerin ciddiye alınması" gerektiğine inanıyordu. Aklı başından gitmişti; ebeveynleri de aynı durumdaydı; teyzesi Stella ve Dora da. *Ma-ihey-yiheh?* Herkes umutsuzca bilmek istiyordu. Ne olacak?

23 Mayıs'ta, Nasır'ın Tiran Boğazı'nı kapattıktan ve İsrail halkına meydan okuduktan bir gün sonra, İsrail kabinesi Dışişleri Bakanı Abba Eban'ı diplomatik bir görevle Paris, Londra ve Washington'a gönderdi.

Johnson yönetimindeki yetkililer İsrail'i Mısır'a saldırmaktan alıkoymaya çabalarken, bir yandan da Nasır'ın gerçekten savaş isteyip istemediğini ve eğer istiyorsa sonuçlarının ne olacağını yorumlamaya çalışıyorlardı. 26 Mayıs'taki bir CIA yorumunda, kısmen politik, kısmen psikolojik analizleri kapsıyan yorumunda, Nasır'ın İsrail'e karşı yaptığı tehditlerin kısmen İsrail'in Mısır'ın müttefiği Suriye'ye yaptığı tehditlere karşılık olduğunu sanıyordu: "Büyük bir olasılıkla kendini Arap milliyetçiliği çıkarlarıyla özdeşleşmiş hissetti ve onun tarafından bu hareket kısmen Arap dünyasındaki imajını yenileyecekti." CIA notunda, kısmen ABD'nin Vietnam'daki "kötü ünü" yüzünden ve belki Nasır artık kuvvetlerinin bir İsrail saldırısına karşı duracak kadar güçlü olduğuna inandığı için Sovyetlerin Nasır'ı cesaretlendirdiğini öne sürmüştü. Bundan başka, CIA raporu, "Nasır'ın hareket tarzı çaresizliğinin bir parçasıdır. Bunun nedeni de, İsrail'in şimdi veya sonra geleceğini bilmesi ve bunu İsrail nükleer silaha sahip olmadan yapmasının daha doğru olduğunu düşünmesidir," diye eklemişti.

Bir gün önce, ABD müsteşarı Lucius Battle ve son Mısır büyükelçisi başkana Mısır'ın bu hareketi için başka bir sebep öne sürmüştü: Nasır "azıcık delirmişti." ABD yetkililerinin açıkça gördüğü Sina'daki Mısır kuvvetleri "savunma durumunda"ydılar ve İsrail'i işgale hazırlanmıyorlardı. ABD ve İngiliz istihbaratı elli bin Mısır askerinin Sina'da olduğu tahminlerini tekrarlıyordu. İsrail'in tahmini, son günlerin tarihçilerinin çoğunlukla aktardığına göre, yüz bin Mısır askeri vardı—NSC'in tahminlerini Walt Rostov "hayli rahatsız edici" buluyordu. CIA bu tahminlerin politik "ABD'yi etkilemek amacıyla yapılan bir politik bir kumar" olduğu sonucuna varmıştı: (a) askeri malzeme sağlamak, (b) İsrail'e daha fazla genel taahhütte bulunmak, (c) İsrail askeri inisiyatiflerini onaylamak ve (d) Nasır'a daha fazla baskı uygulamak..." ABD kendi askeri analizlerine ve yüksek mevkideki İngiliz yetkilerle yaptığı toplantılara dayanarak, İsrail'in bir haftadan kısa sürede Arap düşmanlarına karşı herhangi bir savaşta galip geleceğine karar vermişti. ABD'nin bölgedeki güçlerin dengesi hakkındaki tartışmasız yorumuna CIA, İsrail'in "iç güvenliğini sağlayabileceği ve aynı anda tüm cephelerde Arap saldırılarına karşı başarıyla savunacağını ve aynı anda tüm cephelerde belirli saldırılar yapabileceğini veya herhangi üç cephede tutunurken dördüncü cephede başarılı büyük bir saldırıda bulunabileceğini" eklemişti. Bir başka CIA yorumuna göre, İsrail'in kapasitesi "Arap devletlerinin birbirlerine bağlılıklarının olmaması ve Arap liderler arasındaki parçalanmalar nedeniyle" daha da artmıştı. ABD istihbaratı tarafından önemsenen bir başka faktör de, Mısır askeri gücünün otuz beş bin askerinin Yemen'deki sol hükümetin sivil savaşına Nasır'ın vaati ile gönderilmesiydi.

26 Mayıs'ta, Başkan Johnson, Savunma Sekreteri Robert McNamara ve Rostov ile yapılan bir toplantıda, Abba Eban İsrail'de "kıyamet" havasının olduğunu ve ABD'nin desteğini gösterecek

bir şey yapmasına gerek duyduklarını bildirmişti. McNamara Eban'a 3 ayrı istihbarat grubundan alınan bilgiye göre Sina'da Mısır yayılmasının savunma amaçlı olduğunu temin etmişti. Başkan, Amerikan askeri uzmanların Mısırlıların saldırmayacağını ve eğer saldırırlarsa, onları cehenneme göndereceklerini bildirdiğini, Eban'a iletti. "İstihbaratın İsraillilerin Arapları zaman geçirmeden süpüreceklerine inancı tamdı," diye hatırlıyordu.

Aynı gün Washington'a Amman'daki Amerikan elçiliği kanalıyla Kral Hüseyin'den kişisel bir mesaj eklenmiş bir telgraf geldi. "USG [ABD Hükümeti] tüm Arap dünyasının düşmanlığını ciddi bir şekilde tehlikeye atıyor ve Tiran Boğazları ve diğer olaylarda kendini İsrail ile bir göstererek verdiği görünüm ile bölgede etkisini tamamen kaybediyor," diye yazıyordu mesajda. "USG'nin İsrail ile birlikte olması Amerika'nın Arap dostlarını, Arap öfkesinden kurtulmak için buna karşı çıkmaya zorluyor. Gerçekte, eğer USG ile geçmiş ilişkiler onları çok hassas yapmadıysa, Amerika'nın dostlarının hangi pozisyonu alacağı şüphelidir..."

İsrail'den haber geldi. Yine 26 Mayıs'ta, Devlet Sekreteri Dean Rusk, başkana bir mesaj ulaştırdı: İsrail istihbaratı "Mısır ve Suriye saldırısının yakın olduğunu bildiriyor. Bu yüzden ABD'nin halka teminat bildirisi yapmasını ve böyle bir saldırganlık karşısında İsrail'e destek vereceğini açıklamasını istiyor." "Bizim istihbaratımız İsrail'in bu tahminini doğrulamıyor," diye belirtti Rusk.

Olaylar Washington'un kontrolünden çıkıyordu. Bir sonraki gün, 27 Mayıs'ta, başkan Tel Aviv'deki ABD elçiliği vasıtasıyla başbakan Levi Eşkol'a acil bir mesaj gönderdi. "Bugün öğleden sonra Sovyetler Birliği'nden çok önemli ve özel bir mesaj aldım" diye yazdı Başkan. "Sovyetler sizin Arap komşularınıza karşı askeri bir hareket ve büyük sonuçlar doğuracak bir anlaşmazlığı harekete geçirme hazırlığında olduğunuzu bildirdi. Her tarafa zapt etme konusundaki vaatlerini vurguladı ve Sovyet görüşü çözümlerin askeri çatışma olmadan bulunması yönündedir. Bize Arapların askeri bir çatışma olmasını istemediklerini söylediler." Kahire'de aynı gün sabah saat üçte, Mısır'ın Sovyet büyükelçisi Nasır'ı arayarak, savaşa girmemesi için uyandırdı.

Ama Amman'da savaşın kaçınılmaz olduğu gittikçe hissediliyordu. 28 Mayıs'ta, Kral Hüseyin Ürdün'deki Mısır büyükelçisine İsrail'in Mısır'a sürpriz bir saldırı için hazırlandığına inandığını bildirdi. İki gün sonra, Kral Kahire'ye uçtu ve Nasır ile sersemlemiş seyirciler önünde bir savunma paktı imzaladı. Sadece birkaç gün önce, Kral ABD'ye bölgedeki pozisyonunu yumuşatması için gizlice yalvarırken, iki lider birbirlerini suçlamış, Arap halkının kalbi ve aklı için yarışmışlardı. Şimdi, Nasır'a katılarak, Kral Hüseyin dönülmez noktayı geçmişti.

Hüseyin Nasır'la müttefik olmadan Ürdün'ün çok hassas olacağını düşünüyordu. Diğer yandan, İsrail'den gelecek bir saldırı karşısında hiçbir etkinlikte bulunmadan durması Filistinliler tarafından Arap davasını aldatmayla bir tutulacaktı. Şimdi Hüseyin savaş arifesinde bir pan-Arap anlaşmasını ortaya çıkarıyordu. Hatta Arap Lejyon güçlerini Irak, Suriye ve Suudi askerlerle birlikte doğu cephesi komutanı Mısırlı general Abdül Munim Riyad'ın emrine vermeyi kabul etmişti. Riyad Amman'daki bir karargahtan kumanda edecekti. Kral eve dönünce kalabalık, mutlu Filistinliler tarafından karşılanmıştı; kalabalık, kralın arabasını yukarı kaldırmış ve cadde boyunca taşımıştı.

İsrail'de Başbakan Levi Eşkol kabinesindeki gerginlik kırılma noktasına gelmişti, daha savaş yanlısı rakipleriyle bir birlik hükümeti kurması için zorluyorlardı. 1948'de Ramla ve Lod'da Seksen Dokuzuncu Birlik'in Komutanı Moşe Dayan, savunma bakanlığına aday gösterilmişti. Yeni kabine İsrail'in istihbarat şefini, Mossad direktörü Meir Amit'i Washington'a bir kez daha göndermişti. Vietnam ile çok meşgul olan McNamara ile görüşmüştü. İsrail istihbarat şefi ona "Ben, Meir Amit, hükümetin saldırmasını tavsiye edeceğim," derken Amerikan Savunma Sekreteri onu dinlemişti. Amit bu bildirisine Amerikalıların tepkisini büyük bir ölçüde yorumlamıştı. "Başka yolu yok," demişti McNamara'ya. McNamara Amit'e savaşın ne kadar süreceğini sormuştu. "Yedi gün," diye cevap vermişti İsrailli.

Amerikalı yetkililer kendi güç gösterilerini düşünüyorlardı: ABD ve İngiliz yönetimindeki gemi konvoyu Tiran boğazından geçerek Nasır'a, İsrail de dahil olmak üzere tüm ülkelerin serbest geçiş izninden yararlanması gerektiği mesajını vereceklerdi. Ama plan, eğer bir Amerikan gemisi ateş alırsa sonucunun ABD'nin doğrudan karışacağı bir savaş olacağına inanan ABD'nin bazı generalleri tarafından dirençle karşılaştı. İki nükleer süper gücün hakim olduğu bir dünyada bunun sonucunun nereye varacağını söylemek olanaksızdı. Yetersiz uluslararası destekle konvoy planı suya düştü.

Nasır'ın özel bir şekilde nefretini ifade etmeye devam etmesi haricinde bütün işaretler savaşı gösteriyordu. 31 Mayıs'ta, eski Amerikan Hazine Sekreteri, uzun süre tanıdığı, Robert Anderson'a "savaşa başlamayacağını" söyledi. İki adam, ABD başkan yardımcısı Hubert Humphrey'in Kahire'ye yapacağı olası bir ziyareti tartıştılar ve Anderson, Mısırlı Başkan Yardımcısı Zekeriya Muhiddin için Washington'da bir ziyaret zemini hazırlamaya başladı. İki gün sonra, 2 Haziran'da, Nasır İngiliz Parlamento Üyesi Christopher Mayhew'a Mısır'ın "İsrail'e saldırma niyeti"nin olmadığını söyledi. Aynı zamanda Nasır Tiran Boğazı'ndaki kararından geri adım atmayacağını da açıkça belirtti ve aynı gün Mayhew'a ilk ateşi kendisinin atmayacağını temin eden Nasır, Başkan Johnson'a heyecanlı bir telgraf gönderdi. Nasır, ortada Tiran Boğazı'ndan veya BM güçlerinin çekilmesinden çok daha önemli bir şeyin olduğuna başkanı ikna ediyordu. Daha doğrusu bunun "Filistin halkının halklarını savunmak" ile ilgili olduğunu söyledi.

Saldırgan bir askeri güç bu insanları kendi ülkelerinden dışarı atmış ve kendi yurtlarının sınırlarında mülteci durumuna düşürmüştür. Bugün bu saldırgan güç Arap halkının geri dönüş ve vatanlarında yaşama hakkını engelliyor . . . sorabilir miyim yirmi yıldır vatanlarına dönüşlerini temin etmede başarısız olmuş ve sorumluluklarından kaçamayan uluslararası toplumun hangi hükümeti bir milyondan fazla Filistinlinin duygularını kontrol edebilir? BM Genel Kurulu her toplantıda bu hakkı onaylıyor.

Nasır, durumunu "güçlerimiz herhangi bir saldırgan harekette bulunmadı" diye tekrarlıyordu ama "hiç şüphe yok ki bize veya herhangi bir Arap devletine yapılacak saldırıya karşı koyarız," diye ekliyordu.

3 Haziran'da bir CIA raporu savaşın kesin olduğunu belirtiyordu. "Bütün raporlar İsraillilerin zaferlerinden emin olduğunu işaret ediyor" diye bildiriyordu ama "İsrail'de zamanın çok hızlı geçtiğine ve İsrail'in çok büyük ölümcül bir yenilgi almak istemiyorsa en kısa zamanda saldırması ya da Batı'dan tam güvenlik teminatı alması gerektiğine inananların sayısı artıyor. İsrail stratejisi hava kontrolünü elde etmeyi kampanyanın ilk gerekli adımı olarak ilan ediyor," diye ekliyordu. Rapora göre Sina'da Mısırlılar sadece "hava savunma sistemlerinin ilk adımlarını" kurmuşlardı; bununla beraber "Araplar kan kokusu alıyor. Şimdiye kadar Nasır'ın bandosu yürür gibi görünüyor," diyordu.

İsrail askerlerini Sina sınırına gönderirken, birçok analizci Nasır'ın mücadeleci hareketlerinin Arap tüketimi için yapılmış bir blöf olduğuna inanıyordu. "Ciddi bir uyarı olarak alınması için yapılmış hareketlerdi, savaş ilanı değildi," diye Nasır'ın sırdaşı Muhammet Heykel yazmıştı. Bazı İsrailliler Nasır'ın bir saldırı planladığından kuşku duyuyorlardı. Bir İsrailli istihbarat analisti İsrail Savunma Bakanlığı tarafından yayınlanan bir savaş eleştirisinde "Sina'da mevzilenmiş kuvvetlerin bir savaş sırasında sadece bölgeyi savunacağı ümit edilemez," diye yazıyordu. "Nasır'ın savaş istediğine inanmıyorum," diyecekti Rabin daha sonra. 2 Haziran'da Johnson'a gönderdiği telgrafta, Nasır krizi görüşmek üzere Humphrey'in Kahire'ye yapacağı bir ziyareti memnunlukla karşılayacağını belirtiyordu ve iki gün önce Robert Anderson ile görüştüğü gibi Başkan Yardımcısı Muhiddin'i Washington'a göndermeye hazırlanıyordu. Muhiddin New York'ta BM'ye olağan ziyaretini yapacaktı, sonra gizlice Başkan Johnson ve diğer yönetim yetkilileri ile aynı gün veya 7 Haziran gibi görüşecekti. Yönetimdeki yetkililer İsrail'i bu gizli ziyaretten haberdar edip etmeyeceklerini tartışmışlardı. Nasır bu ziyaret için çok umutluydu: Anderson, Mısır Başkanı'nın "ABD'nin dostluğunu ciddi şekilde arzuladığını" "son derece gizli" olarak bildirmişti.

Her ne kadar Nasır barışçı bir çözümü özel olarak tercih ettiğini ifade etse de, dünyanın geri kalanına Kahire'den ulaşan sesler savaşın ve zaferin kesin olduğunu haykırıyordu. Nasır 28 Mayıs'taki basın toplantısında, "Hazırız, oğullarımız hazır, ordumuz hazır ve tüm Arap ulusu hazır," diye beyanat vermişti. Kahire'nin Sesi radyosu İsrail'e saldırması için meydan okumuştu: "Sana meydan okuyoruz, Eşkol, bütün silahlarınızla deneyin. Onları test edin, onlar İsrail'in ölümünü ve yok edilişini belirleyecek."

Beşir ve ailesi, bu türde kelimelerin anlamını 'düşman yok edilecek ve yurduna geri dönecek' şeklinde algılıyordu. Dalia ve ailesi ise bu kelimelerin anlamını söyledikleri gibi yani yok edilme olarak algılıyordu. Niyetleri ne olursa olsun, Nasır'ın seçtiği kelimeler tehlikeli bir girişim oluyordu. İsrailli general Matitiahu Peled bunu, "duyulmamış aptallık" olarak nitelendirmişti. Kral Hüseyin'in İsrail'in kendi ülkesini korumak için önce davranıp saldıracağını uyarmış olsa da, Nasır hayatının sürprizini yaşamak üzereydi.

5 Haziran 1967 tarihinde, pazartesi günü saat sabah 07:45'te, Fransız yapımı İsrail bombardıman uçakları üslerinden hareket etti ve Mısır hava sahasına girdiler. Radarların altında uçarak Sina'da, Nil deltasında ve Kahire'deki Mısır üslerine doğru yol aldı. On beş dakika sonra, İsrail'in Yedinci Zırhlı Tugayı'na ait tank ve piyadeler Gazze'nin batısına ve Sina sınırına doğru hareket etti. Mısır ile savaş başlamıştı. O saatte Ürdün, Irak veya Suriye'ye karşı bir hareket yapılmamıştı. Saat 09:00'da Başbakan Eşkol BM gözlemcisi şefi kanalıyla Kral Hüseyin'e bir mesaj gönderdi: "Ürdün'e karşı hiçbir harekete geçmeyeceğiz. Ama Ürdün savaş açarsa tüm gücümüzle karşılık veririz ve kral, bunun sorumluluğunu tamamen alarak buna katlanmak zorunda kalır."

Birkaç saat sonra, Beşir Ramallah'taki mahkeme salonunda davacı masasından kalktı. 5 Haziran sabahının geç saatleriydi, genç bir adamın mahkeme salonuna girip Beşir'in kulağına bir şeyler fısıldamasından biraz sonraydı.

"Sayın Hakim!" diye bağırdı Beşir. Sesinin bu kadar yüksek çıkmasına şaşırmıştı. Diğer avukat cümlesinin ortasında durdu; mahkeme salonunda herkes Beşir'e gözlerini dikmişti. "Şimdi savaşın Mısır ve Ürdün sınırında başladığı haberini aldım."

"Davayı durdurun!" dedi hakim. "Ve biri bir radyo getirsin!"

Beşir heyecanla mahkeme salonundan çıktı ve eve koştu. Caddelerde insanlar dükkanlara girip çıkıyordu, konserve yiyecek, mum, gazyağı ve pencerelere bant stokluyordu. Diğerleri un değirmeninin önünde uzun kuyrukta bekliyordu. Kaldırımlarda erkekler hoparlörlerin altındaki masanın etrafında toplanmış, nargilelerini içiyor ve radyoyu dinlemeye gayret ediyordu. Şehir sadece savaşın değil, zaferden sonra toplanacak yaz ziyaretçilerinin yıllık izdihamının da beklentisi içindeydi. Nakba'dan on dokuz yıl sonra Ramallah değişmiş, şehir, yirmi bir otel ve Libya'dan Kuveyt'e kadar ailelerin katıldığı yıllık müzikal tiyatrosuyla yine Arap dünyasının yaz sığınağı olmuştu. En iyi dönemde, restoranlar sabah saat 02:00'ye kadar açık kalırdı ve tekrar iki saat sonra açılırdı. Festival hazırlıkları neredeyse bitmişti ve öyle görünüyordu ki şenliklere daha büyük kutlamalar damgasını vuracaktı: Filistin tekrar Arapların eline geçecekti.

Beşir, Ahmed, Zekiye, Nuha ve diğer kardeşlerini evde radyonun başında buldu. Mısır uçaksavarları, saldıran İsrail jetlerinin üçte birini düşürmüştü, Arapların Sesi Kahire'den bildiriyordu. Bu, derin, güvenilir ses Ahmed Said'e aitti ve kendinden geçmiş dinleyicilerine Mısır hava kuvvetlerinin İsrail'e karşı saldırıya geçtiğini iletiyordu. İsrail güçleri Sina'ya girmişlerdi ama Mısır askerleri düşmanla birbirlerine girmiş ve saldırıyı göğüslemişti. Arapların Sesi'nin bildirdiğine göre Ürdün Kudüs'teki stratejik bir konuma sahip St. Skopus Dağı'nı ele geçirmişti.

Araplar kazanıyor, diye düşündü Beşir. *Araplar kazanıyor.* Ne kadar inanılmaz görünse de aile, evine geri dönecekti. Arap dünyasının en sevilen şarkıcısı Arap birliğinin yaşayan en büyük sembolü Ümmü Gülsüm Nasır ile birlikte yakında Tel Aviv'de şarkı söyleyecekti.

"Zaferin ellerimizde olduğunu düşündük," diyecekti Beşir otuz yedi yıl sonra. "Galip gelecek, eve geri dönecektik. On dokuz yıl sonra topraklarımıza, evlerimize, sokaklarımıza, okullarımıza –hayatımıza– geri döneceğimize dair çok güçlü hislerimiz vardı. Özgürlüğümüzü geri kazanacaktık, kurtulacaktık, vatanımıza geri dönecektik. Üzgün olduğumu söylemeliyim, durum bu değildi. Bu bir hayaldi."

Beşir ve ailesi Mısırlı öncülerden, Cemal Abdül Nasır'ın tüm hava kuvvetlerinin Kahire, Sina ve Nil Deltası'nda dumanlar içinde pistlerde kaldığı haberini duydu. İsrail'in sürpriz saldırıları Mısır'ın Sovyet yapımı savaş uçaklarını tam anlamıyla yok etmişti ve şimdi Musevi Devleti Sina'nın hava sahasında tek başınaydı. Saldırı başladığında, Mısır hava gücü komutanlığı personeli kahvaltılarını bitirmiş işe gidiyordu, Mısır'ın silahlı kuvvetler başkanı Ürdün'deki karşılığına şifreli bir mesaj göndererek Mısır'ın erken zaferini anlatmıştı. Ürdünlü radar analistleri Tel Aviv'e doğru giden uçakları görerek Mısır'ın iddialarının doğru olduğuna karar verdi: Yoğun radar hareketinin sebebinin, İsrail jetlerinin yakıt doldurmak için üsse geri dönmesi değil Mısır jetlerinin saldırısı olduğuna inandılar. Karşılıklı savunma anlaşmasına istinaden, Mısır kuvvetlerinin başkomutanı planda bir sonraki adıma yetki verdi: İsrail'e karşı Ürdün'ün saldırısı.

O sırada, Kral Hüseyin Başbakan Eşkol'den, İsrail'in Ürdün'e saldırmayacağını bildiren ve eğer ilk ateşi Ürdün açarsa sonuçlarına katlanmaları gerektiğine dair uyarıyı içeren mesajı almıştı. Ama Kral, Mısır ile bir anlaşma yapmıştı ve Eşkol'ün mesajının, İsrail'e yardım sağlamak için bir manevra olduğuna inandı. Ancak ondan sonra, Hüseyin, İsrail'in tüm askeri gücünü Ürdün'e ve Batı Şeria'ya çevireceğinden korktu.

Sabah saat 11:00'de Ürdün kuvvetleri uzun menzilli ağır silahlar ile Tel Aviv yakınlarındaki ve Ramat David hava üssündeki İsrail banliyölerine ateş etmeye başladı. On beş dakika sonra, Ürdün havan topları Kudüs'ün Musevi tarafındaki askeri hedeflere ve civarlarına binlerce bomba yağdırdı. Bir saat içinde Ürdün, Suriye ve Irak savaş uçakları, İsrail hava sahasında görülürken Ürdün piyadeleri İsrail mevkilerine doğru yürüyordu.

Ürdün'den yapılan bir radyo yayını "Arap kardeşler her yerde; düşman bu sabah Arap topraklarına ve hava sahasına bir saldırı düzenledi," diye bildiriyordu. Kahire'den Ahmed Said "Filistin'deki Siyonist kışlalar yok edilmek üzere" diye anons ediyordu. Bu tip zafer mesajları Beşir ve ailesini heyecanlandırırken, Dalia ve ailesini dehşete düşürüyordu; Mısırlılar askerlerinin İsrail sınırını geçtiğini ve Negev Çölü'ne doğru girdiklerini, gerçekte İsraillilerin teslim olmak için hemen beyaz bayraklarını açtıklarını iddia ediyordu.

Gerçekler farklıydı. 5 Haziran öğlen vaktinde, Ürdün, Suriye, Irak ve Mısır hava kuvvetleri yok edilmişti. İsrailli pilotlar tüm bölgeyi tamamen kontrolleri altına almışlar ve Sina'daki kara askerlerine veya Kudüs'e yürüyen Ürdün piyadelerine saldırmakta tamamen özgür kalmışlardı. Bu noktadan sonra, savaşın sonucu yazılmıştı. Altı Gün Savaşı esasen altı saatte bitmişti.

Beşir patlamaları duyabiliyordu. Ürdün ordusunun Ramallah'taki üssü İsrail ateşi altında parçalanıyordu. Sonra, bir seri gök gürlemesini andıran patlamalar duyuldu: Ramallah'ın ana radyo vericisi çökmüştü. Quaker Okulu'nun futbol sahasını yola kadar yaran ve iki tane patlama daha. Beşir ve ailesi bu saldırının yakında karşılık alacağını ve takviye güçlerin –Irak'tan veya Ürdün'den daha fazla askerin– şehri güçlendireceğini tahmin ediyorlardı. Arap ordularının, ulaşımın ve Batı Şeria'da iletişimin ana merkezi olan Ramallah'ın stratejik önemini kesinlikle anladıklarından emindiler. Ordu yetkililerinin her ne pahasına olursa olsun Ramallah'ı savunmaları gerektiğinin emredildiği söyleniyordu. Ama çok geçmeden, İsrail işaret fişekleri yolları aydınlatırken ve savaş jetleri tüm piyade birliğini silerken,

Erika'dan Kudüs'e ulaşmaya çalışan Ürdün askerlerinin yok edildiği haberleri geldi. Kudüs'te çaresizce savaşanlardan haber gelmişti. Bazı kaynaklar Kutsal Şehir'in İsrailliler tarafından tamamen kuşatıldığını bildiriyordu. Ramallah'a takviye güçlerin nereden geleceği açık değildi. Beşir tüm gece ve ertesi güne kadar şehri sarsarak devam eden patlamaları dinliyordu.

6 Haziran Salı günü öğlen vaktinde, Mısırlı doğu cephesi komutanı General Riyad, Amman'dan Kahire'deki aynı pozisyonundaki kişiye acil mesaj gönderdi. "Batı Şeria'daki durum gittikçe fenalaşıyor," diye uyardı Riyad. "Gece gündüz her noktadan ağır ateşle birlikte yoğun bir şekilde saldırı düzenlediler. Ürdün, Suriye ve Irak hava kuvvetleri H3 mevkinde hemen hemen yok edildi." Riyad Kral Hüseyin'e danıştı. General Kahire'deki komuta merkezine birbirinden kötü seçenekler sundu: Ateşkes, geri çekilme veya Batı Şeria'da bir gün daha savaşma. Bunlar, "Ürdün Ordusu'nun tek başına kalması ve tamamen yok edilmesini," getiriyordu. Telgraf acil cevap talep ediyordu.

Yarım saat sonra, Ürdünlülere Batı Şeria'dan çekilmelerini ve tüm nüfusu silahlandırmalarını tavsiye eden bir cevap Kahire'den geldi. Bu cevap gelirken Kral Nasır'a Ürdün sınırındaki gelişen felaketi açıklayan ve Mısır başkanından tavsiye isteyen bir telgraf çekti. O gece Nasır danışmanlarının tavsiyelerini aynen tekrarladı. Arap liderleri ateşkes için baskı yaparken, Ürdün ordusunun Batı Şeria'yı boşaltmaları konusunda ısrar etti.

6 Haziran gecesinin ilk ışıkları altında Beşir Ramallah'ta bir binanın damında yüzü güneye dönük duruyordu. Sıcak ve açıktı ama Kudüs tarafından koyu bir duman çıkıyordu ve Zeytin Dağı'nın etrafında, hemen doğuda ince bir duman vardı. Beşir gözlerini kısarak dumanın içinden 1948'den sonra geliş-

miş olan Mari mülteci kampına ve Kalandiya hava şeridindeki kuleye, babasıyla on yıl önce Gazze'den geldiği yere doğru baktı. Burada bir sıra tank ve cipin kuzeye doğru yol aldığını görebiliyordu. Yaklaşan askerlerin haberi aşağısındaki caddeye ulaştığında, bazı Filistinliler onları selamlamak için hazırlanmaya başladı. Bu askerlerin Iraklı olduğunu sanıyorlardı. Beşir damda kaldı, sol eli her zamanki gibi cebindeydi ve bakışlarını güneydeki yola dikti. Yavaşça tanklar yaklaşırken onların Iraklı olmadıklarını tahmin etti.

İsrail kara piyadeleri 6 Haziran gecesi güneyden ve batıdan girerken Ramallah düştü. Çok az direniş oldu; görgü tanıkları Ürdün askerlerinin çoğunun İsraillilerin gelmesinden çok daha önce geri çekildiklerini söyleyecekti. Bazı durumlarda, harekete geçen Arap askerleri, görünüşte işgalci İsraillileri püskürtmeleri için Ramallah halkına bırakılan İngiliz tüfeklerinin depolandığı silah depolarının anahtarlarını bırakmayı unutmuşlardı. Beşir'in hatırladığı kadarıyla, Ramallah'ta Ürdün ordusunun ana icrası, insanları ateş hattından geri çıkmaya zorlamalarıydı. "Ürdün ordusu insanlara evlerine gitmelerini söylüyordu. Bu işte onların katkısı buydu. Onların gerçekten savaştığına inanmıyorduk."

Gerçekte, Kuzeybatı Şeria'da Cenin'den Ramallah'a, Kudüs ve Hevron'un güneyine, Ürdün ordusu hava korumasından ve radardan yoksundu ve İsrail'in Fransız yapımı savaş jetlerinin kara birliklerini devamlı bombalaması karşısında savunmasızdı. Ürdünlüler korkunç kayıplar vermişlerdi ve sürekli hava saldırıları nedeniyle ön cepheye malzeme veya takviye gönderemiyorlardı. 6 Haziran'da geç saatlerde, İsrail askerleri Batı Şeria'ya girdiğinde ve Kudüs'ün Kutsal Şehri'nin duvarları önünde durduğunda, Kral Hüseyin'in kuvvetleri krallığından son kalan yere Ürdün Nehri'nin karşısına geri çekildi.

6 Haziran geç saatlerde Dalia savaşın kazanıldığını biliyor-

du. Bunu sevinçle karşılamamıştı –henüz, çünkü çatışmalar hâlâ devam ediyordu– ama bunu İsrail'de bir mucizenin olduğu hissiyle karşılamıştı. *Bu nasıl olabildi?* diye tekrar tekrar düşünüyordu. *Tanrı mı kurtardı? Nasıl olabilir?*

Bir önceki gün İsrail'in Mısır, Suriye ve Ürdün hava kuvvetlerini yok ettiği haberleri ile Dalia daha önce hiç hissetmediği kadar derin bir rahatlık hissetmişti, aynen savaştan önce hiç böylesine bir korku hissetmediği gibi. Moşe ve Solya için bu duygular yirmi dört yıl öncesinden eski bir şeyleri canlandırmıştı: Bulgar yetkililerin Yahudilerin gönderilmesini durdurduklarını ve Polonya'ya giden trenlere binmeyeceklerini öğrendikleri anı.

7 Haziran Çarşamba sabahı, Beşir ve ailesi askeri işgal altında bir şehirde uyanmışlardı. İsrailli askerler ciplerde megafonlarla bağırarak, evlerin, dükkanların ve apartmanların önüne beyaz bayrak asılmasını istiyordu; balkonlarda ve pencerelerde çoktan tişörtler ve mendiller sallanıyordu.

Gerçeküstü ve tanıdık gelen olaylardan dolayı Beşir çok şaşkındı. Bir başka geri çekilen Ürdün ordusu bir başka işgal eden İsrail Kuvvetleri'yle yer değiştirmişti. *1948'de topraklarımızın yüzde 78'ini kaybettik. Ve şimdi tüm Filistin işgal altında* diye düşündü Beşir. Tadı acı ve aşağılayıcıydı. İsrailliler sadece Batı Şeria ve Gazze şeridini ele geçirip işgal etmemişlerdi, aynı zamanda Mısır'ın Sina Yarımadası'nı da ellerinde tutuyorlardı. Belki de hepsinden en şaşırtıcı olan şey Doğu Kudüs'ün ve Eski Şehir'in kutsal yerlerinin İsraillilerin elinde olmasıydı.

10 Haziran gecesinde, Solya, Dora ve Stella'yı, teyzeleri için inşa edilmiş olan evin önündeki bahçede ziyaret etti. Kadınlar mutfak masasına oturup, sarımsak ve Bulgar peynirli geleneksel akşam yemeklerini yerlerken Dalia odaya daldı.

"Kalkın! Kalkın!" diye annesi ve teyzelerine bağırdı. "Savaş bitti!" Gürültüyü duyan Moşe de onlara katıldı. Savaşın son etabında İsrail Suriye'den Golan Tepeleri'ni ele geçirmişti. O akşam saat 06:30'da BM bir ateşkes önerdi; silah atışları ve bombalama durdu. Herkes çılgınca zıplıyor, gülüyor, birbirlerine sarılıyor ve birbirlerini öpüyordu.

Gece, Dalia ailesini topladı ve dans etmeye başladı; önce yavaşça, kolları açık, boynu eğik, başı arkada, gözleri yarı açık bir şekilde, bol eteği yumuşak şekilde etrafında dönüyordu. Kudüs taşlı duvarların arasında yavaşça dönüyordu. Sonra ailenin diğer kadınları Dalia'ya katıldı ve bir halka oluşturdular, elleri birbirlerinin omuzlarında, İsrail'in ulusal dansı olan hora yapıyorlardı. Solya, Dora, Stella ve Dalia açık kapıdan bahçeye süzüldüler, jakaranda ve limon ağacını gülerek ve ağlayarak geçtiler.

Bahçede dönerlerken Dalia gecenin karanlığında gökyüzüne baktı ve şarkı söyledi: "İsrail'in kralı Davud sağ. Sağ ve mevcut. Davud sağ!" Bu geceyi ve onun mucize ve özgürlük bahşeden duygusunu her zaman hatırlayacaktı.

Bir hafta içinde, Latrun'daki köylerden gelen mülteciler Ramallah'a ulaştı. Beit Nuba, Imvas ve Yalo'daki tüm köylüler evlerinden çıkarılmış ve kuzeye Ramallah'a gönderilmişti; geri dönmeye çalışanlara bir sıra tankla engel olunmuş ve askerler havaya ateş açmıştı. On dokuz yıl önce, İsrailli askerlerin kumanda ettiği otobüsler el-Ramla halkını bu köylerin kenarında bırakmış ve onlar kızgın güneşin altında Salbit'e doğru yürümeye başlamıştı. Şimdi köylerin kendileri de boşaltılmıştı ve on binlerce yerliden birkaç bin tanesi Ramallah'a mülteci olarak gelmişti—1967 yılında yerlerinden edilen iki yüz bin Filistinli'ye göre ufak bir orandı.

Ramallah'ta hayat değişmişti. Yaz festivali ve birçok diğer plan birden iptal edilmişti. Ürdün polisinin yerine İsrail askerleri geçmişti ve hapishaneler Filistinli gençlerle dolmaya başlamıştı. Birkaç hafta içinde yetkililer Batı Şeria'da oturan işgalci yargıçlar tarafından yönetilecek yeni bir adalet sistemini ilan ettiler. Ama İsraillilerin bir sorunu vardı: Neredeyse hiçbir Arap avukat mahkemeye gelmiyordu. Yeni İsrail mahkemeleri genel bir grev ile sessiz ve boş kalmıştı. İsrailli yetkililer çok geçmeden adı Beşir Hairi olan genç Batı Şeria avukatının grevi örgütlediğini öğrenecekti.

Beşir ve düzinelerce Ramallah'lı avukat müşterileri ile gizlice özel evlerde görüşmeye başlamıştı. İşgal yetkilileri onu ve diğerlerini hapis ile tehdit edip ve zaten hapiste olan müşterilerinin düşürülmüş hapis hükmüyle ayartıyorlardı. "Mahkeme salonunda yargıcın arkasında İsrail bayrağı olduğu sürece insanlarımı temsil etmeyeceğim," dedi Beşir İsrailli albaya. Bir İsrailli yargıç yasak gösteriler nedeniyle suçlanan on beş Filistinliyi, eğer Beşir mahkeme salonuna gelip onları temsil ederse, serbest bırakacağını söyledi. Beşir, böyle bir durumda neredeyse tüm diğerlerinin de yapacağı gibi reddetti: Beşir bir bir saymıştı, Ramallah'taki seksen avukattan sadece beş tanesi yeni sistemde yer almıştı. Her zaman yeni bir dava oluyor, mahkeme davalı ve davacı haricinde boş kalıyordu. Sivil olaylar tamamen yeraltına girmişti. İnsanlar anlaşmazlıklarını özel olarak çözmeye ve ortak düşman yüzünden alternatif bir sistem kurmaya başlamıştı.

İşgal devam ederken, Beşir de sakin bir şekilde oturmaya başladı. Kayıp çok büyüktü ama bu, bir şeyi açıkça görmelerini sağlamıştı: Filistinliler kendi adaletlerini uygulamak için sadece kendilerine güvenebilirdi. BM 194 önergesi tarafından garanti edilen geri dönüş haklarının BM tarafından veya uluslararası toplum tarafından verilmeyeceği açıklığa kavuşmuştu. Geri dönüş, ordu güçleri ezilmiş ve aşağılanmış olan diğer

LİMON AĞACI

Arap devletleri tarafından söz verilmişti. Arap devletleri hâlâ güzel sözcükler söylüyordu. Savaştan sonraki günlerde, İsrail hakkında "uzlaşma yok, pazarlık yok ve kabullenme yok," diyorlardı. Ama bunlar artık Filistinliler tarafından boş sözler olarak algılanıyordu.

Garipti ama işgalin ortasında ve Arap rejimlerinin tamamen başarısızlığına rağmen özgürlük duygusu ortaya çıkıyordu: Filistinliler en sonunda düşünme ve kendileri adına hareket etme özgürlüğüne kavuştuklarını anlamışlardı. İşgalden sonraki haftalarda, Beşir halkının ancak Filistin silahlı mücadelesinin kendi ter ve kanıyla yurtlarına geri dönebileceklerine inanmaya başlamıştı. Bu yorumunda yalnız değildi.

1967 Haziran savaşını ve İsrail işgalini izleyen günlerde, pan-Arap hareketi dağılmıştı ama Filistin milliyetçi özgürlük mücadelesi ruhu ortaya çıkmaya başlamıştı. Binlerce genç adam fedai olmak için yazılmıştı—özgürlük savaşçıları. Hedefleri "Filistin'e özgürlük" ve geri dönmek için ne gerekiyorsa yapmaktı. Arafat ve Ebu Cihad tarafından yönetilen Fetih'in askerleri artmıştı ve kısa zaman sonra, Filistin Halk Kurtuluş Cephesi (FHKC), Nasır yanlısı Milliyetçi Arap Hareketi'nin birleşmesiyle, yeni bir örgüt doğacaktı. Lideri Lydda'dan mülteci Dr. George Habaş'tı.

Batı Şeria ve sürgündeki genç erkekler planları yüzünden aileleriyle karşı karşıya geldiler. Babalar oğullarının Kahire veya Londra'da güvenlik içinde yüksek eğitim almalarını istiyordu; Bassam Ebu-Şerif adındaki genç bir adam babasına, "Eğer bir vatanın yoksa doktora ne denir ki?" diye sormuştu. O "ebedi bir yabancı, vatansız, evsiz, devletsiz, utanç içinde, aşağılanmış bir Filistinli mülteci" olmak istemiyordu. Bassam FHKC'ye katıldıktan sonra babasına "sürgünde özgür biri olacağıma kendi ülkemde hapiste olmaya tercih ederim. Ölsem daha iyi," diye bağırmıştı.

※※

Ama şimdi Filistinliler kendilerini zaferle değil, içeri bakmak için izin isteyerek geri dönmüş durumda bulmuşlardı.

İşgalin en büyük çelişkisi tarihi Filistin'e ulaşmanın 1948'den bu yana birdenbire daha kolay olmasıydı. İsrail'in Doğu Kudüs'ü ele geçirmesi ve işgal etmesiyle Hüseyin'in Haşemi Krallığını İsrail'den ve Batı Kudüs'ten ayıran sınırı neredeyse görünmez olmuştu. Aynı zamanda, eski Batı Şeria-İsrail sınırı boyunca –Yeşil Hat olarak biliniyor– oldukça genişlemiş olan işgal bölgelerini kontrol etmeleri için diğer cephelere İsrailli askerler tekrar yerleştirilmişti. Bu yüzden, yeşil hat boyunca çok daha az İsrail askeri bulunuyordu. Haziran'ın sonlarında, Filistinli aileler için eski topraklarına geçmek ve eski günlerdeki topraklarına ve taşlarına dokunmak kolaylaşmıştı.

İşte, Beşir ve kuzenleri bu şartlar altında, 1967 yazında, kendilerini Batı Kudüs otobüs durağında bulmuşlardı. 1965 yapımı Royal Tiger marka otobüse binerek batıya doğru yol almışlar, eski Arap köylerinin harabelerinden, çiçek buketleriyle kaplanmış, dışı yanmış İsrail ciplerinin önünden geçerek Latrun Vadisi'ne doğru inmişlerdi. Çimento fabrikasını, tren vagonlarını geçmişler ve Dalia adında genç bir kızın bahçesinde jakaranda ağacının yapraklarına gözünü dikerek oturduğu el-Ramla'ya varmışlardı.

Dokuz

KARŞILAŞMA

Kapı zili çaldı ve Dalia düşüncelerinden sıyrıldı, verandadan kalktı ve evin içinde yürüyerek ön kapıya yürüdü. Büyük bir anahtar aldı ve yavaşça patikadan yeşil metal kapıya doğru yürüdü. "*Rak rega*—bir dakika!" diye seslendi Dalia, iki eliyle ağır anahtarı tutarak kilide doğru kaldırdı. Kapıyı yarı açtı ve kapı ile kolon arasındaki açıklıktan baktı.

Boğucu İsrail yaz sıcağının ortasında üç adam ceket ve kravatlarıyla dimdik duruyordu. 1967 yılının Temmuz ayıydı, Altı Gün Savaşı'nın bitiminden birkaç hafta sonraydı. Adamlar yirmili yaşlarda görünüyorlardı. Dalia onların Arap olduklarını hemen anladı.

"*Ken?*" dedi Dalia. "*Yes?*"

Adamlar huzursuz görünüyordu, sanki Dalia onlara ne istediklerini sorduğunda ne cevap vereceklerini bilemiyorlardı. Bir dakika sessiz kaldılar ama Dalia onların neden geldiklerini anlamıştı.

"Onları görür görmez hissetmiştim, *hah işte onlar*. Sanki her zaman onları bekler gibiydim," diye anlatıyordu.

Genç, ince yüzlü ve büyük kahverengi gözlü olan konuştu.

"Bu babamın eviydi," dedi genç adam tutuk İngilizcesi ile. "Ve ben de burada yaşadım."

Dalia bundan sonra gelecek şey için hazırdı.

"İçeri girip evi görmemiz mümkün olur mu?" diye sordu genç adam.

Dalia Eşkenazi bu soruyu düşünüp cevap vermesi için çok az zamanı olduğunu biliyordu. Mantığı adamlara, ebeveynleri eve geldikten sonra gelmelerini söylemesini emrediyordu. Eğer içeri girmelerine izin verirse bu neleri beraberinde getirirdi?

Beşir kadına gözlerini dikmişti. Sorusuna cevap vermemişti. Bir saat önce Yaser'in çocukluğunun geçtiği evde başlarına gelen korkunç karşılama aklında hâlâ tazeliğini koruyordu. En azından diğer kuzeni Gıya, şimdi İsrailli çocuklar için okul haline dönüştürülmüş eski evini görmüştü. Bu genç kadın, her kim ise, zaman kazanmaya çalışıyor gibi görünüyordu.

Dalia üç genç adama baktı. Sessiz ve endişeliydiler. Eğer onlara daha sonra gelmelerini söylerse bir daha onları asla göremeyebileceğini biliyordu. Ama eğer kapıyı açarsa bir daha kapayamayabilirdi. Aklından o kadar çok düşünce geçiyordu ki. Onları hemen bir cevap haline getirmesi gerekiyordu.

"Evet," dedi Dalia Eşkenazi sonunda. Geniş bir gülümsemeyle "Lütfen içeri gelin," dedi.

Beşir koyu kısa saçlı, göz alıcı genç kadına baktı. Babasının metal kapısını açmış, ona gülümsüyordu.

Beşir kadının "Lütfen içeri gelin," dediğini duyduğunu düşündü. O taş patikadan eve doğru yürürken onu izledi.

Bu mümkün müydü? Beşir kuzenlerine baktı. İsrailli kadın gerçekten onlara kendisini takip etmelerini mi söylemişti? Donmuş bir şekilde, her şeyden şüphelenerek kapıda duruyordu. Kadın evin içinde gözden kaybolurken adamlar kapıda kök salmıştı. Beşir Yaser'e baktı. "Eminim, 'Hoşgeldiniz' dedi," diye aktardı kuzenine. Bir dakika sonra kadın yine kapıda gözüktü. Onlara takılarak bakıyordu.

"Girebileceğimize emin misiniz?" Beşir tutuk İngilizce'siyle sormayı başardı.

"Evet." Kadın güldü. "Lütfen patikadan gelin."

Beşir ihtiyatlı bir şekilde bir taştan diğer taşa basarak, aralarında yetişmiş çimlere basmamaya özen göstererek yürüdüğünü hatırlıyordu. Hâlâ kapıda hareketsiz duran kuzenlerine döndü. "Beni takip edin," dedi Yaser ve Gıya'ya. "Gelin," dedi. "Evime gelin."

Dalia, patikadan adamlar gelirken, gülümseyerek kapının ağzında durdu. Savaşın hemen ardından İsrailli genç bir kadının evine üç Arap erkeğini almasının tavsiye edilecek bir şey olmadığını biliyordu. Ama bu durum onu hiç de rahatsız etmiyordu. Dalia genç adamların hassas olduğunu sezinlemişti ve onların kendisine zarar verme niyetinde olmadıklarından emindi. Kendini güvende hissediyordu.

"Lütfen bana beş dakika izin verin," dedi Dalia adamlara. "Sadece beş dakika."

İçerisinin güzel görünmesini istiyordu, böylece ziyaretçileri evin ve içinde yaşayanların iyi imajını algılayacaklardı.

Beşir onu zorlukla duydu. Bahçeye bakıyordu: Mum şeklindeki ve güneş gördüklerinde kapanan mor ve sarı çiçekler; annesinin ona anlattığı, dallarından parlak beyaz ve sarı çiçekler fışkıran *fitna* ağacı; sık çalılıkların arasından çıkan kalın, koyu kırmızı güller. Evin arkasında, gri dalları damın çok üstünde geniş yapraklarla uzanan bir palmiye ağacı vardı. Arka bahçede limon ağacının hâlâ durduğunu ümit ediyordu.

Beşir gözlerini, 1948 Temmuz'undan önce babasının her zaman işten eve geldiğini ilan edercesine çaldığı ve Beşir ona doğru koşarken birden açtığı ahşap ön kapıya dikmişti.

Bu kadar uzun süredir ne yapıyordu? Beş dakikadan çok daha uzun sürmüş gibi geliyordu ona. Ne yapıyordu? Polisi arıyor olabilir miydi? Kuzenler gittikçe daha çok endişeleniyordu.

Beşir babasının otuz bir yıl önce kendi elleriyle koyduğu beyaz Kudüs taşlarını görebiliyordu. Biraz daha yakın durabilse Beşir parmak uçlarını pürüzlü yüzeyinde, Filistin'in yeryüzü şekli gibi olan minyatür tepelerinde ve vadilerinde gezdirebilecekti.

"Şimdi içeri gelebilirsiniz," dedi genç kadın. Tekrar kapının ağzında gözükmüştü. "Hoş geldiniz. İçeri girin ve kendinizi evinizde hissedin." Bu evrensel bir karşılamaydı—kendinizi evinizde hissedin; *mi kasa su kasa ehlen ve sehlen; baruh aba.* Ama özellikle bu kelimeler ön kapıya yaklaşan Beşir için garip gelmişti: Kendinizi evinizde hissedin.

Kuzenler eşikten geçtiler: Önce Beşir, sonra Yaser ve Gıya. Beşir dikkatlice birkaç adım attı, etrafına bakındı, sessiz duruyordu, geniş açık odada nefes alıp veriyordu. Hayal ettiğinden çok daha geniş ve temizdi. Sanki camide gibi hissetmişti kendini; sanki Beşir kutsal bir adammış gibi.

Dalia kuzenleri her odaya götürmüştü, kendilerinin iyi karşılandığını ve rahat hissetmelerini istiyordu. İlk turdan sonra, istedikleri kadar kalmalarını ve evi görmelerini söyledi. Onları büyülenmiş gibi izlerken geri çekildi.

Beşir kendinden geçmiş bir adam gibi görünüyordu. Koridorlarda yürüyor ve kapılardan girip çıkıyor, karolara, cama, ahşaba, sıvayla boyanmış duvarlara dokunuyor, her bir yüzeyi dokunma duyusuyla emiyordu.

Dalia yıllar sonra, "Ve ben onların bir mabette yürür gibi, sessizlik içinde yürüdüklerini hissediyordum," diye hatırlayacaktı. "Ve her bir adım onlar için o kadar çok şey ifade ediyordu ki."

Beşir evin köşesindeki, arka bahçeye yakın olan küçük yatak odasının açık kapısının önünde durdu. Arkasında Dalia'nın sesini duyabiliyordu. "Benim odam," dedi.

"Evet," dedi Beşir. "Benim de odamdı."

Dalia yatağının üstündeki duvara baktı. Duvarına *Life* dergisinin ön kapağından ışıl ışıl, mavi gözlü bir İsrail askerinin resmini asmıştı—İsrailli Sabra'nın orijinal örneğiydi. Asker göğ-

KARŞILAŞMA

süne kadar Süveyş Kanalı'nda duruyordu, Altı Gün Savaşı'ndan sonra uzisini başının üstünde tutuyordu. Dalia için bu özgürlüğün, tehdidi savuşturmanın ve hayatta kalmanın resmiydi. Beşir ile kapının ağzında dururken birden ilk defa olarak bu posterin Beşir tarafından farklı görülebileceğini fark etti.

Beşir, Dalia'nın "Sanırım sen küçükken evi terk etmiştiniz. Belki de bizim geldiğimiz yıl," dediğini hatırlıyordu.

Beşir, bağırmak istiyordu, *Biz 'evi' terk etmedik! Siz bizi çıkmamız için zorladınız!* Ama bunun yerine, "Doğru dürüst kendimizi tanıştırmadık. Adım Beşir Hairi. Ve bunlar da kuzenlerim Gıya ve Yaser," dedi.

Dalia da kendini tanıttı ve Tel Aviv Üniversitesi'nin yaz tatilinde olduğunu söyledi. Onlara İsrail Savunma Gücü'nde subayların eğitim birliğinde olduğunu söylememeye dikkat etti. Bu kısmen kendisinin Yahudi ve onların Arap olmasındandı; kısmen de içindeki *ahyarut* yani sorumluluk duygusundandı. Çocukluğundaki sorulara geri döndüler: Arap evi neydi? Burada kim yaşamıştı? Neden terk ettiler? Cevapların bu adamlarda olduğunu biliyordu. *Sonunda, uzun zamandır kapalı duran kapıyı açtım,* diye düşündü. Dalia bu anı bir anlayışa varmanın başlangıcı olarak hatırlıyordu.

"Ve şimdi size misafir gibi davranmama izin verecek misiniz? Size içecek bir şey ikram edebilir miyim?" dedi Dalia.

Misafir olarak diye düşündü Beşir. *İnsan kendi evinde misafir olur mu?* "Ben hiç rahatsız olmam," dedi hemen Dalia'ya. "Evet, teşekkür ederim."

"Bahçede oturalım," dedi Dalia arka bahçeyi göstererek. "Çok güzeldir. Ne istersiniz? Limonata? Türk kahvesi?"

Kuzenler bahçede güneşte oturdular. Beşir'in gözleri kameradaki lensler gibiydi, dış duvarları, pencere çerçevelerini, çatı çizgisini alıyordu. Toprağı, kumu, dalları, yaprakları, meyveleri kaydediyordu. Hatta evin taşları arasında büyümüş ince uzun çimenleri bile kaydediyordu. Şimdi gözleri bahçenin köşesinde duran limon ağacına takılmıştı.

"Evde bir şey değiştirdiklerini sanmıyorum," dedi Yaser.
"Sadece mobilyalar," diye cevap verdi Beşir.
Dalia içecekler ile geldi—Beşir Türk kahvesinin ufak fincanlarını hatırlıyordu; Dalia ise limonata getirdiğinden emindi. "Umarım bu ziyaret size biraz huzur vermiştir," dedi ufak porselen fincanları ve altlıklarını –veya limonata bardaklarıydı– her bir kuzenin önüne koyarken.
"Tabii, tabii," dedi Beşir.
Sakin ufak konuşmalar yapıp birbirlerinin yudumlama seslerini dinlediler. Birkaç dakika sonra Yaser kalktı. "Sanırım gitme vaktimiz geldi," dedi. Ama Beşir daha tam olarak gitmeye hazır değildi.
"Eve bir kez daha bakmama izin verir misiniz?" diye Dalia'ya sordu.
Dalia gülümsedi. "Tabii! Kendi evinizde hissedin."
Beşir Yaser'e baktı. "Sadece bir dakikalığına gidiyorum," dedi.
Birkaç dakika sonra, Dalia ve Beşir kapıda tekrar yüz yüze gelmişlerdi. "Umarım tekrar karşılaşırız," dedi Dalia.
"Tabii, Dalia," dedi Beşir. "Ben de seni tekrar görmeyi umarım. Ve bir gün sen de bizi Ramallah'ta ziyaret etmelisin."
"Seni nerede bulacağımı nasıl bileceğim?"
"Ramallah'a vardığında herhangi birine sor," dedi Beşir. "Sana benim evimi gösterirler."

Kuzenler İsrail otobüsüne bindiler ve daha önceki gibi arka arkaya oturdular. Evlerini görmüşlerdi; şimdi ne olacaktı? Eve dönerlerken, hiçbir sürpriz olmadı ve her şey daha tanıdık gel-

KARŞILAŞMA

di. Beşir camdan dışarıyı görmeyen gözlerle bakıyordu, göğsünde taş gibi oturan yeni yükün farkındaydı.

Beşir Ramallah'taki evin beton basamaklarını çıktı. Kapıyı açtı ve kız kardeşlerini, erkek kardeşini, Ahmed ve Zekiye'yi geri dönen gezginciyi beklerken buldu. Ortada mutfak masasının bir sandalyesinde Ahmed oturuyordu. Beşir dayanamayacaktı. "Çok yorgunum," dedi. "Yol çok uzundu ve hikayesi ondan da uzun. Önce dinleneyim, sabahleyin her şeyi anlatırım." Saat sadece akşamüstü 06:00 idi.

"Uyu oğlum," dedi Ahmed gözlerinde yaşlarla. "Uyu, *habibi,* sevgili oğlum."

Sabah aile bekliyordu. Beşir acele etmedi, kuzenleriyle yaptığı gezinin her ayrıntısını tekrar anlattı. Herkes Beşir'i soru yağmuruna tuttu—herkes, sessiz kalan Ahmed haricinde, Beşir'in attığı her adımı, her taşa dokunuşunu tekrar anlatmasını istiyorlardı. Hâlâ güney penceresinden akşamüstü ışık süzülüyor muydu? Kapıdaki sütunlar hâlâ düzgün duruyor muydu? Ön kapı hâlâ zeytin yeşili renginde miydi? Boya dökülüyor muydu? "Eğer hâlâ öyleyse," dedi Zekiye, "geri döndüğünde tekrar yenilemek için bir kutu boya getirirsin, Beşir; tırpan getirirsin ve taş yolda büyüyen otları kesersin. Limon ağacı nasıl, güzel görünüyor mu? Meyvesini getirdin mi?... Getirmedin mi? Yapraklarını ovuşturup kokladın mı, parmakların taze kesilmiş limon gibi koktu mu? Evin taşları nasıldı, hâlâ güzel ve dokununca sert miydi?... Başka Beşir, başka? Lütfen hiçbir şeyi atlama."

Sorgulama sırasında, Ahmed hâlâ dağ gibiydi, gözleri sulanıyordu. Birden ayağa kalktı, sandalyesini geri itti. Mutfaktan çıkıp, koridorun sonuna doğru yürürken gözyaşları yanaklarından süzülüyordu. Bütün gözler Ahmed'i takip etti ama kimse ona seslenmeye cesaret edemedi. Yatak odasının kapısını kapattı.

"Tanrı seni affetsin oğlum," dedi Zekiye. "Yaralarımızı tekrar açtın."

1967 yazında, Hairilerin bu tür konuşmaları gibi tüm Batı Şeria ve Gazze'de aynı konuşmalar yapılıyordu. Yüzlerce, belki binlerce Filistinli Yeşil Hattı geçerek çocukluk evlerine kutsal bir yeri ziyaret eder gibi gitmişti. Çiçekler içinde bir bahçenin, Arapça yazısının üstü karalanmış taş bir kemeraltı yolunun, akordu bozulmuş bir piyanonun, hâlâ kilide uyan bir anahtarın, açılan ahşap kapıların ve hızla vurularak kapanan demir kapıların acı tatlı anılarıyla yüklü olarak geri gelmişlerdi. Evini hatırlayacak kadar yaşlı olup olmamasının bir önemi yoktu; toprakları ve annelerinin sütünü emdikleri yere geri dönmek, hatıraları olmasa bile yine de varmış gibi görünen yerlere dönmek önemliydi.

1948 yılında daha doğmamış olan nesil, köylerin civarlarının nasıl yok edildiğini konuşuyorlardı. Bu aileler için sadece dünyanın kendisi vardı ve ara sıra köşe taşının molozunu bile ziyaret etmeye ve kaydetmeye değerdi; hâlâ eski Arap evlerinin durduğu Yafa, Hayfa, Batı Kudüs'te, Lydda ve el-Ramla'da Filistinliler'in elinde hatıralarını kanıtlayacak elle tutulur kanıtlar vardı: Zeytin ağacından ince bir dal, bahçeden bir taş, bir avuç dolusu incir. O yaz daha sonra, Beşir ve küçük erkek kardeşi Kamil, Dalia'yı ve el-Ramla'daki evlerini ikinci ziyaretten döndüler; 1948 yılında sadece bir yaşında olmasına rağmen Kamil evi hatırladığına yemin ediyordu. Genç kardeşi, Dalia'dan hediye olarak dört limon kabul etmiş ve annesiyle babasının ellerine bırakmıştı. Ahmed bunlardan birini oturma odasındaki cam dolaba koydu.

KARŞILAŞMA

Kayıplarının bu tür fiziksel kanıtları, isteklerini daha da derinleştirmiş ve eve dönmeyi artık daha da ateşli bir şekilde istemeye başlamışlardı. Altı Gün Savaşı mültecilerin geri dönüşlerini her zamankinden daha da azaltmıştı; ama Beşir, ailesi ve Batı Şeria ve Gazze'de mülteci kamplarında bulunan yüz binlerce mülteci için kayıp bahçelerin ani yakınlaşması sürgünü daha da dayanılmaz bir hale getirmişti. 1967 yazında, geri dönüş hayali her zamankinden daha fazla ortaya çıkmıştı.

1967 Haziran ayının sonlarında, Yaser Arafat ve kendilerini devrimci olarak nitelendiren ufak bir çete, Ürdün Nehri'ni geçerek İsrail tarafından işgal edilmiş Batı Şeria'ya sızdı. Filistinli savaşçılar alçaktan geçen uçaklardan ve devriye geçen İsrail helikopterlerinin spot ışıklarından kaçınarak siyah giysileri içinde Ürdün Vadisi'ni gece geçti. O yaz nehri geçen yüzlerce savaşçı Suriye'de eğitilmişti; eski tüfekleri, İsveç yapımı makineli silahları ve Rus yapımı kalaşnikofları omuzlarına asmışlar ve arazi mayınları, el bombaları, kurşunlar ve patlayıcıları otuz beş kiloluk sırt çantalarına doldurmuşlardı.

1965 yılbaşısından beri, Arafat, Ebu Cihad ve Fetih'ten diğer *kadrolar* İsrail'e, çoğunlukla askeri ve sanayi hedeflerine, devamlı ufak saldırılar düzenliyordu. Çoğunlukla bu saldırıların etkisi fazla olmuyordu. Ama saldırılar psikolojik seviyede önem taşıyordu. İsrail'e göre, bu saldırılar güvenlik ve emniyetin her şeyden daha çok önem taşıdığı toplumu sarsmıştı; Filistinliler ve dünyaya göre, devrimci Bassam Ebu Şerif'in sözleriyle "Filistin ruhu yok edilmemişti... Filistin insanları hiçbir zaman pes etmeyecek, ellerine ne geçerse her ne pahasına olursa olsun itibarlarını ve kaybedilmiş topraklarını geri almak ve adalet için savaşacaklardı."

Arafat hâlâ, bir avuç genç adamın, ev yapımı patlayıcılar ve eski tüfeklerle sınırı geçip vur-kaç taktiğiyle statükoyu değiştiremeyeceklerini biliyordu; Filistin'de bir ayaklanma başlatmak istiyordu. Savaşçılarının Batı Şeria'da İsrail'e karşı silahlı mücadelesini yönetiyordu.

Temmuz 1967'de, aşağı yukarı Beşir ve kuzenlerinin otobüsle el-Ramla'ya gittikleri zamanda, Arafat bir Batı Şeria şehrinden diğerine gizlice giderek Yeşil Hat'ın öteki tarafında saldırı yapacak gizli bir hücre örgütlemeye çalışıyordu. O ve adamları Ramallah'ın kuzeyindeki mağaralarda uyuyorlardı; Şeyh İzzeddin el-Kassam'ın 1930'lardaki Büyük Arap İsyanı'nda yaptığı gibi. Arafat ne kadar hızlı olması gerektiğini anlamıştı. Şin Bet, İsrail'in kendi içindeki istihbarat servisi gözleri ve kulakları, her türlü devrimci hareketi kaydeden dehşetli bir Filistin muhbirleri ağını çoktan kurmuştu. Karşılığında işbirlikçiler para, seyahat belgesi veya hapisteki erkek kardeşi veya babası için cezai indirim alıyorlardı. Bu yüzden Arafat'ın her hareketi tutuklanmadan kaçınmak için çok büyük bir titizlikle hesaplanıyordu. Arafat'ın takma adı, Ebu Ömer'in efsanesi genellikle son andaki kaçışları üzerine kurulmuştu: Askerler ön kapıdan girerlerken arka pencereden sürünerek çıkması veya yaşlı bir kadın elbisesi giyerek ele geçirilmekten kurtulması; veya İsrailli askerlerin Arafat'ın mağarasına geldiklerinde hâlâ dumanı tüten kahvesini bulmaları gibi.

Arafat, sembolizmin gücünün gayet iyi farkındaydı. Fotoğraflarda, genç devrimci her zaman askeri kıyafet ve koyu renk gözlükleydi, kefiyesi tarihi Filistin şeklinde yapılıydı. Arafat, Fetih'in lideri, yoldaşı Ebu Cihad ve diğer savaşçıların resimleri ve hareketleri ikinci yıkıcı yenilgi ve bunun sonucundaki işgal ile bıkan halkı tekrar canlandırmıştı. Beşir ve diğer binlercesinin devamlı söylediği özgürlüğe giden yolun sadece Filistinlilerin kendileri tarafından belirlenmesi gerektiği inancı

KARŞILAŞMA

tekrar vurgulanmıştı. Sovyetler Birliği, İsrailliler tarafından harabeye döndürülen Mısır ve Suriye'yi tekrar silahlandırıyordu; Suriye Fetih'e yardım etmeye devam ediyordu; ama Filistinliler Arap devletlerinin bir daha asla kuvvetlerini İsrail'e karşı savaşmak için birleştirmeyeceğini açıkça anlamıştı. Birleştirseler bile, Arap liderlerinin güzel konuşmaları Filistinliler tarafından boş konuşmalar olarak algılanıyor, geçmişte özgürlük sözleriyle kandırıldıklarını düşünüyorlardı. Filistinliler şimdi acılı eve dönme arzularının içlerinden geleceğini anlıyorlardı. Arafat bunu seziyordu; insanlarının hayalini "Zafere kadar Devrim", "Ruhumuz ve kanımız Filistin için feda olsun" ve "Geri döneceğiz" sloganları ile ele geçirmişti.

*
**

Ramallah'a Eylül geldiğinde, avukatların grevinde bir azalma işareti gözükmemişti. Beşir ve avukat yandaşları, grevi hem Batı Şeria'daki işgali, hem de Doğu Kudüs'teki ilhakı protesto etmek için kullanarak mevzilenmişti. İsraillilere göre, ilhak Kudüs'ün her iki tarafını da birbirine bağlayacak ve Yahudilere, Tapınak Tepesi dahil olmak üzere kutsal yerlere devamlı geçiş sağlayacaktı; aralarında gelecekte Filistin Devleti'nin başkenti olmasını hayal eden Doğu Kudüs'teki Araplara göre "birleşim" işgalci gücün saldırgan bir hareketiydi. Çok geçmeden İsrailli inşaatçı ekiplerin Doğu Kudüs topraklarına küme halinde banliyöler kurduklarını göreceklerdi.

Arap avukatlara göre, Doğu Kudüs'te çalışmak, İsrail halkı, sürekli iş kaybını tehdit eden veya en azından Beşir ve diğer avukatların yapmaya hiç niyetleri olmadığı İbranice öğrenmeyi ve İsrail baro sınavını geçmeyi gerektirecek, büyük bir mesleki ve mali sıkışıklığı beraberinde getirmişti. Böyle yaptıkları takdirde işgali ve Doğu Kudüs'ün ilhakını kabul ettiklerini ima edecekti. Ama bu noktada Beşir, Batı Şeria'nın kalanının geçici bir süre için işgal edildiğine ve çok kısa bir süre sonra o ve avukat arkadaşlarının çalışmaya geri döneceklerine inanıyordu. Bazı işaretler başka türlü gösteriyordu: Ulusal Dinci Parti tarafından yönlendirilen bazı İsrailliler, Eretz Yisrael'in bir parçası olduğunu düşündükleri Batı Şeria'da yerleşim birimleri inşa etmeye başlamıştı. Çok geçmeden İsrailli askeri vali işgalin çok daha uzun süreceğini bildiren bir kararname yayınladı. Askeri Emir İsrailli 145 avukata grevdeki Filistinlilerin yerlerini almaları için yetki vermişti. Hatta uygulamaya başlamadan önce, İsrailliler tutuklamalara başlamıştı.

17 Eylül gecesi geç saatlerde, Beşir kapının yumruklanması ve adamların bağırma sesleri ile uyandı. "İsrailli askerler evleri kuşatıyorlar!" diye haykırıyordu biri. Beşir odasından çıktı ve camdan parlayan ışık seline baktı. "Açın! Açın!" Beşir askerlerin bağırmalarını duydu. Söyleneni yaptı. On asker savaş elbiseleriyle kapıda duruyordu. Beşir, miğferlerinin altındaki yüzlerini ve uzilerini göğsüne doğrulttuklarını hatırlıyordu.

"Hepiniz kimlikleriniz getirin," diye bağırdı amirleri. Beşir, kimliğini verdi. "Beşir sensin," dedi. "Giyin ve benimle gel."

Beşir odasına gece kıyafetini değiştirmeye giderken, Zekiye onun arkasından koştu. "Sıcak giysiler giy oğlum," dedi. "Yazın sonundayız artık."

Beşir Ramallah hapishanesinde yüz gün geçirdi. Zamanının çoğunu sorgulandığı İsrail askeri üssünde geçirdi. "Liderleri sensin," diyorlardı ona. Greve giden avukatlarla olan eylemlerini takip etmişlerdi ve daha fazlasını bildiğini tahmin ediyorlardı. "Bize direniş hakkında bilgi vereceksin." Her seferinde aynı cevabı veriyordu: "Sadece tek bir şeye inanıyorum: Filistin. Ve bir şeyden nefret ediyorum: İşgal. Ve eğer beni cezalandırmak istiyorsanız, cezalandırın."

KARŞILAŞMA

Beşir'in tutuklanması, muhaliflerin, gerillaların ve İsrail topraklarında saldırı planlayanların kökünü kazımak için hazırlanmış geniş bir atağın bir parçasıydı. Ağustos sonlarında, Fetih İsrail'e karşı bir savaş hareketi başlatmıştı. Bazı isyancılar gizli silahlı hücrelerde örgütlenmişti; diğerleri gezici bir gerilla çetesiydi veya "kaçak askeri devriyeler"di. Arafat ve savaşçıları, Filistin milliyetçiliği örtüsünü tutmaya ve Arap devletlerinin İsrail'le geri dönüş haklarıyla ilgili hiçbir uzlaşmaya girmemesi için eylemlerini ayarlamaya çalışıyordu. Ağustos sonlarında Hartum'da yapılan zirve toplantısında, gerçekten de Arap liderleri "İsrail ile tekrar bir uzlaşma olmayacak" kararını ilan etmişlerdi.

Ama İsrail ile uzlaşma işaretleri çoktan bazı Arap devletlerinde kendini göstermeye başlamıştı. 1967 yılının Ekim ayının ortasında, Beşir hapisteyken, yakın bir dostu Başkan Nasır'a, Batı Şeria ve Gazze'de –eski Filistin'e geri dönüşün meydana gelmeyeceğini düşünerek– bir Filistin devletinin kurulmasını savunan oldukça etkili bir dizi makale yazdı. Bir sonraki ay Birleşmiş Milletler Güvenlik Konseyi 242 numaralı önergede "İsrail silahlı güçlerini son çatışmada işgal ettiği bölgelerden çekilmeye" çağırdı ve karşılığında, "haklarından veya savaş halindeki devletlerin haklarından vazgeçmelerini, egemenliğe saygı gösterilmesini ve kabul edilmesini, bölgesel bütünlük ve tanınan sınırlar içinde tehdit olmadan veya kuvvet kullanılmadan bölgedeki her devletin siyasi bağımsızlığının güvenle barış içinde yaşama haklarını" savunmasını istedi.

Önerge Arap devletlerinin İsrail'i tanıma karşılığında İsrail'in Sina, Golan Tepeleri, Batı Şeria ve Gazze'den çekilmesini istiyordu. Bazıları Batı Şeria ve Gazze'den çekilmelerinin bağımsız bir Filistin Devleti'nin kurulmasına yol açmasını ümit ediyordu; diğerleri toprakların Ürdün hakimiyetine döneceğini tahmin ediyordu. Her iki durumda, sınırlar 1947 yılında BM bölünme planındakinden çok farklı olacaktı. İsrail, el-Ramla ve Lydda dahil olmak üzere tarihi Filistin'in yüzde 78'inin kontrolünü ele geçirecekti.

Bazı Arap liderler, Nasır ve Ürdün Kralı Hüseyin 242 numaralı önergeyi destekleyebileceklerinin işaretini göndermişti. Nasır Sina'yı geri alacaktı ve Hüseyin geniş kapsamlı bir barışın huzursuz krallığına bir sakinlik getireceğini ümit ediyordu. Ama 1967'de birçok Filistinli için, 242 yeterli değildi; hâlâ Filistin'deki evlerine geri dönme hayali devam ediyordu. Ama Aralık 1967'de Arafat'ın kitlesel isyan hedefinin işgal edilmiş topraklarda tutuşmayacağı belirlenmeye başlamıştı. Zaten binden fazla adam İsrailliler tarafından hapsedilmiş ve Fetih'in erleri azalmıştı. Çok geçmeden Arafat, Ebu Cihad ve diğer liderler taktik değiştirmenin gerekliliğini tartışmaya başlamıştı.

11 Aralık'ta, Ramla'daki evden birkaç mil uzakta, Filistinli isyancılar İsrail'in ulusal havaalanına saldırdı. Eylem taktik olarak başarısızdı ama bağımsızlık hareketinde yeni bir grup olduğunu işaret ediyordu: Filistin Halk Kurtuluş Cephesi. Liderleri, 1948 Temmuz'unun boğucu sıcağında tepelerden yürüyen Lydda'dan mülteci George Habaş'tı. Çok kısa sürede İsrail düşmanları listesinin demirbaşı olacak olan Habaş, gelecek yıllarda Dalia'nın içindeki nefreti canlandıracaktı. Birçok Filistinli için, insanlarının temel hakları için, her şekilde isteyerek savaşan cesur bir asiydi.

1967 yılının sonunda, Beşir hapisten çıktı. Sorgulama yapılmıştı ama resmi bir ceza almadı. Özgür olarak yürürken, "Filistin'i her zamankinden daha fazla seviyordum ve işgalden her zamankinden daha fazla nefret ediyordum," diye hatırlayacaktı.

Ocak 1968'de nemli ve gri bir sabahta, Dalia, Ramla'da aklında Beşir ve ailesiyle uyandı. Aylardır Beşir'in Ramallah'ın davetini

KARŞILAŞMA

düşünüyordu; bugünün o gün olmasını ümit ediyordu. Dalia Beşir'in adresini veya telefon numarasını almamıştı, yani davetini kabul ettiğini ancak kendi gittiğinde söylemekten başka çaresi yoktu. Beşir'in ona, "Ramallah'a geldiğinde, Beşir Hairi'nin evini sor. Herkes bilir," dediğini hatırlıyordu.

Şimdi Ramallah'a nasıl gideceğini bulması gerekiyordu. Ailenin iki pistonlu Citroen'i bu görevi yerine getiremezdi ve getirecek olsa bile, Moşe kızının Batı Şeria'ya gitmesine asla izin vermezdi. Dalia, kendisini Amerikan film yıldızı Natalie Wood'a benzeten ve onunla randevulaşabilmek için bekleyen bir İngiliz tanıdığını, Richard'ı aramaya karar verdi. Dalia Richard ile ilgilenmiyordu ama onun bir arabası vardı. Ve bu şartlar altında, onu işgal edilmiş Filistin bölgesine Yeşil Hat'a götürmekte istekli olacaktı.

Öğlene doğru hareket ettiler ve doğuya doğru arabayla giderken, Juda Tepeleri, Dalia onları bu adla biliyordu, daha net görünüyordu. Tepeler değişik mor tonlarına bezenmişti; gölgeler ince parmak gibi bir ışıkla deliniyordu. Dalia beş yaşında annesiyle birlikte evdeyken, parmağıyla aynı tepeleri gösterip annesine "*İma* haydi bu dağlara gidelim" dediğini hatırlıyordu. Solya ona dağların uzaklarda olduğunu söylediğinde, Dalia annesinin elinden tutarak, "Hayır, hayır eğer gerçekten istersen gidebiliriz oraya. Ben bir gün oraya gideceğim" demişti annesine. Batı Şeria'nın dağlarına yaklaşırken, yeni topraklarda sessizlik içinde gidiyorlardı, İngiliz gergindi, Dalia kendisini bir yere ait hissediyordu.

İngiliz'in arabası, Batı Şeria'nın asfalt olmayan kış yollarında giderken çukurlara giriyordu. Dalia bu yollarda bir yerlerde İsrail tanklarının ve ciplerinin devriye gezdiğini biliyordu ama o ve Richard çoğunlukla taşlı savaş alanını, zeytinlikleri ve eski köyleri görmüştü. Ramallah'a yaklaştılar, Latrun'dan kuzeydoğuya doğru arabayı sürdüler ve boş Arap köyü İmvas'ı geçtiler. Beit Sira'nın kuzeyindeki labirent gibi yolların bir yerinde kayboldular. Yakındaki köyün çocukları arabanın etrafını sardı. Dalia hızlı bir şekilde Arapça konuşmalarını dinlerken endişe duydu.

Arabayla devam ederken İsrail'in işgal ettiği, yabancı ve ıssız yollarda hâlâ nereye gittiklerinden emin değillerdi.

Altı ay önce, sadece altı gün içinde, İsrailliler dünya çapında imajlarını şaşırtıcı bir şekilde değiştirmeyi başarmıştı: Kurban olmaktan zafere ve işgalciliğe. İsrail'deki zafer sevinci ve heyecanı bazı bölgelerde savaşın zalimliği ve işgalin etik yapısı ile ilgili düşüncelere boyun eğmişti. Genç bir İsrailli yazar, Amos Oz, etik prensipler ışığında işgal edilmiş bölgelerden tamamen çekilmeye davet ediyordu. Oz aynı zamanda, Sabra'nın, "zaferlerinin büyüklüğü ile büyülenmiş ve savaşın gerçekte ne olduğunun açığa çıkmasıyla şaşırmış", Aşkenazi İsraillilerinin karışık duygularının tarihçesini arayan genç kibbutzlardandı.

Bunlar Dalia'nın İsrail ordusundaki yaşıtlarıydı ve onlar Oz'a ve diğer tarihçilere ahlaki kararsızlıklarını anlatıyordu. Bir yandan neredeyse her asker savaşı Armagedon, yıllar önce çocukken konuştukları vatan sevgisi ve atalarının topraklarında Yahudi olarak yaşama arzusu uğruna yapılan bir savunma olarak görüyordu. Diğer yandan çoğu asker, bir Sabra'nın dediği gibi 'ölüm makinesine' dönmüş olmanın rahatsız duygusuyla kibbutza dönmüştü. 'Herkesin yüzünde karmaşık bir ifade ve karnından gelen derin bir gurultu vardı. Öldürmek ve öldürmek istiyordu. Bizi nelerin böyle yaptığını anlamanız gerek. Ve biz hep nefret ettik," diye anlatıyordu.

Bu, tüm İsrail toplumu için esneklik ve kuvvet gösterisi yapan, kahraman Sabra'nın yeni imajıydı. Şimdi Altı Gün Savaşı'ndan hemen sonra İsraillilerin yeni bir rolü vardı (işgalci) ve bunu sadece birkaç kibbutz istiyordu. "İşgal eden or-

KARŞILAŞMA

dunun içinde olmak kesinlikle iğrenç bir duygu," demişti bir asker Oz'a. "Korkunç bir iş, gerçekten korkunç. Ben kibbutzluyum. Bize göre değil. Biz böyle yetiştirilmedik. Biz bunun için eğitilmedik."

İsrailliler gittikçe kendilerini mağdur bir ulus olarak görüyorlardı, özellikle 1963 yılından sonra Kudüs'te Adolf Eichmann'ın davasıyla Soykırım gölgelerden ortaya çıkınca. Şimdi soykırımdan kurtulanların çocukları olan Sabralar kendilerini işgal edilmiş bir toplumun karşısında bulmuşlardı: Oğullarını serbest bırakılması için askerlere yalvaran anneler; kadınlar; birlik geçerken şaşkınlıkla bakan ve onların anlamadığı dilden bağıran, bastonlarına dayanmış yaşlı erkekler.

Ramallah'ta durum aynen Beşir'in söylediği gibiydi: Şehrin merkezindeki Manara meydanına yaklaşıp durdular ve caddedeki bir adama Beşir Hairi'nin oturduğu evin adresini sordular. Adam Beşir'in kim olduğunu ve nerede yaşadığını biliyordu. Birkaç dakika içinde Dalia ve Richard beton merdivenin başında dururlarken bir komşuları çıkıp Beşir'e misafirlerinin geldiğini bildirdi.

İsrail hapishanesinden birkaç hafta önce çıkmış olan Beşir, Kamil içeri daldığında odasındaydı. "Bil bakalım kim burada?" diye heyecanla sordu Kamil. Beşir hemen anladı. Merdivenleri hemen caddeye indirdi. Dalia buradaydı, biraz gergindi, solgun, uzun boylu, ondan daha rahatsız görünen birinin yanında duruyordu.

Soğuktu ve karanlık gökyüzü daha fazla yağmur yağacağının habercisiydi, Beşir misafirlerini yukarı davet etti. "Buraya gelip beni ziyaret etmeniz ne kadar güvenli bilemiyorum," dedi ona. "Zira daha yeni hapisten çıktım."

"Neden hapisteydin?" diye sordu Dalia.

"Çünkü vatanımı seviyorum," diye cevap verdi Beşir.

Komik, diye düşündü Dalia, *ben de vatanımı seviyorum*

ama ben hapsedilmedim. Ama Beşir'in hapsedilmesini söylemesinin amacının Filistin milliyetçiliğini onlara göstermek olmadığını; daha ziyade onu korumak amacını taşıdığını anlamıştı. Beşir izleniyordu ve eğer Dalia yukarı çıkarsa onun da izlenme riski olacaktı. Komik olan, Beşir'in şimdi Dalia'nın da bir parçası olduğu kendi ordusundan korumak istemesiydi. Bir karar verme durumuyla karşı karşıyaydı ve hemen kararını verdi: Onun kiminle görüşüp görüşemeyeceğine hiç kimse karışamazdı. Beşir'in ince, yeni tıraş olmuş yüzüne ve büyük kahverengi gözlerine baktı. "Lütfen," dedi. "Gelmemize izin ver."

Yukarıda Beşir, Dalia ve Richard'ı soğuk, karanlık oturma odasındaki içi doldurulmuş kanepeye yönlendirdi. Sessiz bir koşuşturma ile karşılandı. Biri gazyağı ile çalışan ısıtıcıyı getirdi, başka biri lambaları yaktı. Beşir'in kız kardeşleri oturma odasını sürpriz misafirlere hazırlamak için koşuşturuyorlardı. Dalia ilk defa Batı Şeria kadınlarını görmüştü, onların da ilk defa olarak üniformasız bir İsrailliyi gördüklerini tahmin ediyordu.

Beşir annesini takdim etti, Zekiye Dalia'yı sıcak bir şekilde selamladı ve birkaç dakika içinde Dalia, birden masanın üstüne çay, kek, günlük pasta, Arap tatlıları ve Türk kahvesinin konduğunu gördü. Arap misafirperverliği ile Dalia'nın ilk karşılaşmasıydı, tepsiler ve yemekler geldikçe, Dalia cömertlik karşısında etkilenmişti.

Aile her ne kadar sıcak davranırsa davransın Dalia evlerinin geçici olduğunu hissetmesiyle çarpılmıştı. Kanepede etrafına baktı, yerlerde karolar ve duvarda çerçeveli resimler vardı. Ama esas olan şey eksikti. Daila tam olarak kestiremiyordu ama tüm ailenin bavulları üstünde oturduklarını hissediyordu.

"Evet," dedi Beşir tutuk İngilizcesi ile, "nasılsın, Dalia? Ailen nasıl? Okul nasıl gidiyor?"

"Ben iyiyim," dedi Dalia. "İyi."

KARŞILAŞMA

Sessizlik oldu.

Beşir Dalia'ya baktı. Konuşma konusunu onun seçmesinden memnundu. Ne de olsa onun misafiriydi. "Hoş geldiniz, Dalia," dedi. "Umarım bizimle güzel bir gün geçirirsin. Bize karşı çok cömert ve çok iyisin."

Dalia Beşir'in kız kardeşlerinin fısıldaştıklarını ve ona kapıdan göz attıklarını fark etti. Dalia onları geyiğin gözlerine benzetti—İbranice *enei ayala*, güzelliğin güçlü simgesi. Sonunda tüm aile Dalia'yı selamlamak için gelmişti, Beşir'in babası Ahmed; anlaşılan evde yoktu.

Dalia derin bir nefes daha aldı; soruyu sormadan önce tereddüt etmişti ama kendine Ramallah'a onların hikayesini öğrenmek için geldiğini hatırlattı. "Beşir," dedi Dalia öne doğru eğilerek, "bunun hassas bir konu olduğunu biliyorum." Duraksadı. "Başka birinin şimdi sizin evinizde yaşaması çok zor olmalı."

Beşir konuşmanın "Nasılsın?" düzeyinde kalmasını tercih ederdi. Arap misafirperverliği ona bir ziyaretçiyle tartışmamasını öğretmişti. Ama bu olağanüstü bir durumdu. Dalia'nın öğrenmeye gereksinimi ve hakkı vardı.

"Dinle, Dalia," dedi Beşir ağır ağır. "Evini, bütün eşyalarını, ruhunu bir yerde bıraksaydın, nasıl hissederdin? Her şeyiyle geri almak için savaşmaz mıydın?"

Beşir'in anlatabileceği bundan daha başka birçok detay vardı. Dalia'ya Birleşik Filistin hikayesinin ona öğrettiklerini anlatabilirdi: İsrail ordusunun Lydda'ya saldırmasını ve 12 Temmuz 1948'de el-Ramla'yı işgal etmesini; bir sonraki gün askerlerin tüfek dipçikleriyle kapılara vurduğunu; on binlerce insanı el-Ramla ve Lydda'dan sürgüne zorladıklarını; on dokuz yıldır tesellisi mümkün olmayan bir şekilde evlerini özlemelerini; dönmek için gerekirse tırnaklarıyla savaşmak istemelerini… Onun yerine birden ayağa kalktı.

"Gel, Dalia," dediğini hatırlıyordu Beşir. "Sana bir şey göstermeme izin ver." Dalia Richard'ı da konuşmaya dahil etmeye çabalamıştı ama İngiliz sıkılmış görünüyordu, Beşir yemek odasındaki cam dolaba doğru yürürken derin bir iç çekti. Dalia Beşir'i takip etti ve ikisi camdan bakarak durdular.

"Dolaba bak ve ne gördüğünü söyle," dedi Beşir.

"Bu bir sınav mı?"

"Bu bir sınav. Lütfen dolapta ne gördüğünü söyle."

"Kitaplar, vazolar, Abdül Nasır'ın bir resmi. Belki arkasında başka şeyler saklıdır. Ve bir limon."

"Kazandın," dedi Beşir. "Limonu hatırlıyor musun?"

"Ne olmuş ona? Bir hikayesi mi var?"

"Kardeşimle birlikte ziyarete geldiğimiz zamanı hatırlıyor musun?... Evet mi? Gitmeden evvel Kamil'in senden bir şey istediğini hatırlıyor musun? Ve ona hediye olarak ne vermiştin?"

Beşir'in hatırladığı kadarıyla Dalia bir anlığına sessiz kalmıştı. "Ah, aman Tanrım. O ziyaretten kalan limon bu. Ama neden onu sakladınız? Neredeyse dört ay oldu."

Dolabın yanından ayrıldılar ve oturma odasındaki yerlerini aldılar.

"Bu limon bizim için bir meyveden daha fazla anlam taşır, Dalia," dedi Beşir ağır ağır. "O toprak ve tarihtir. O tarihimize bakmak için açtığımız penceredir. Limonları eve getirdiğimizden birkaç gün sonra, bir gece evde bir hareket duydum. Uyuyordum. Kalktım ve dinledim. İşgal başladığında o kadar huzursuzduk ki. Ağaçların sesleri bile bizi uyandırıyordu. Ve endişelendiriyordu. Gürültüyü duydum ve kalktım. Ses tam buradan geliyordu. Ne gördüğümü biliyor musun? Babamı, neredeyse şuursuzdu."

"Evet," dedi Dalia. Tüm dikkatiyle dinliyordu.

"Dalia, limonu iki eliyle tuttuğunu gördüm. Ve odada bir

KARŞILAŞMA

ileri bir geri gidip geliyordu ve yaşlar yanaklarından akıyordu."

"Sen ne yaptın?"

"Odama geri döndüm, yatağa oturdum ve düşünmeye başladım. Sonra sabaha kadar kendi kendime konuştum. Ve onu neden bu kadar çok sevdiğimi anladım."

Dalia'nın kendisi de gözyaşlarına boğulmanın eşiğindeydi. İngiliz arkadaşına baktı ve tekrar onu sohbete dahil etmeye çalıştı. Ayaklarıyla yere vurmaya ve saate bakmaya başlamıştı. Anlaşılan bu ilk ve son randevuları olacaktı.

"Baban Ramla'daki eve gelseydi ne olurdu?" diye sordu Beşir'e.

"Yıkılabilirdi. Kapıya varmadan kalp krizi geçireceğini söyler hep."

"Ya annen?"

"Annem de. Bir evin kadın için anlamını biliyor musun? Bu eve gelin olarak gelmişti. Ve orada doğurdu." Beşir de neredeyse yirmi altı yıl önce o evde doğmuştu.

"Beşir, biz de sizde kendimizi görüyoruz," dedi Dalia. "Binlerce yıllık sürgünle dolu tarihimizi hatırlıyoruz. Kendi sürgünlüğümüzden dolayı sizin evinize olan özleminizi anlıyorum." Dalia, Eretz Yisrael (İsrail Toprağı) kavramını Beşir'in Ard Filistin (Filistin Toprağı) kavramı ile birlikte düşünmeye başladı.

"Ve onların sürgün hassasiyetlerini anladığımı ifade etmeye başladım," diye anlatıyordu Dalia. "Evlerine duydukları özlemi anlayabiliyordum. Onların Filistin'e duydukları özlemi benim Siyon, İsrail'e duyduğum özlem vasıtasıyla anlayabiliyordum. Ve sürgünleri kendi sürgünlerimden anlayabiliyordum. Yaşadıklarımda onların son yaşadıklarını anlayabileceğim şeyler vardı."

Beşir'e, "Yaşadığınız şeyler korkunç bir şey olmalı" dedi. Dalia çok derinden etkilenmişti ve yeni arkadaşına bağlanmakta olduğuna inanıyordu.

Beşir, başka insanların eski özlemlerinin –bin yıllık bir sürgünden eve geri dönme isteklerinin– gerçek hayatta nesiller boyunca yaşadıkları ve nefes aldıkları, yiyeceklerini yetiştirdikleri, ebeveynlerini ve büyük ebeveynlerini gömdükleri bu topraklardaki Filistinlilerin hayatıyla bir tutulmasını hiçbir zaman anlayamamıştı. Bu Siyon'a karşı duyulan özlemin İsrail'in yaratılmasıyla ilgili olmasından şüpheliydi. "İsrail, Batılı işgalci güçlerin aklına iki nedenden dolayı geldi," dedi Dalia'ya.

"Bunlar nelerdir?" diye sordu Dalia, şimdi onun da şüpheleri büyüyordu.

"İlki, Avrupa'da sizden kurtulmaktı. İkinci olarak, bu hükümet vasıtasıyla Doğu'ya hükmetmek ve tüm Arap dünyasının yükselmesini engellemekti. Ve sonra liderlerin aklına Tevrat geldi ve süt ve bal topraklarından ve vaat edilmiş topraklardan konuşmaya başladılar."

"Ama bunun için iyi bir nedenleri var," diye itiraz etti Dalia. "Ve bu neden, bizim başka ülkelerde zulme uğramaktan korumaktır. Sadece Yahudi olduğumuz için soğukkanlılıkla katledilmemizi önlemek içindir. Gerçeği biliyorum, Beşir." Artık Dalia İngiliz arkadaşını sohbete katmak için uğraşmıyordu. "İnsanlarımın öldürüldüğünü, boğazlandığını, gaz odalarına sokulduğunu biliyorum. İsrail bizim için tek güvenli yerdi. Burası Yahudilerin Yahudi olmaktan utanmadan yaşayabilecekleri tek yerdi!"

"Ama bütün dünyanın bunu yaptığını söyledin, Dalia. Bu doğru değil. Naziler Yahudileri öldürdü. Ve biz onlardan nefret ediyoruz. Ama onların yaptıklarını neden biz ödemeliyiz? Osmanlı İmparatorluğu sırasında bizim halkımız onları memnuniyetle karşıladı. Avrupalılardan kaçarak bize geldiler ve her şeyimizle onları hoş karşıladık. Onlara baktık. Ama şimdi siz güvenli bir

KARŞILAŞMA

yerde yaşamak istediğiniz için diğer insanlar acı içinde yaşıyor. Örneğin senin aileni alalım. Sizler kaçarak başka bir yerden geliyorsunuz. Nerede kalmalısınız? Başka birinin sahip olduğu bir evde mi? Evi onlardan alır mısınız? Ve sahipleri –bizler– evi terk edip başka bir yere mi gitmeliyiz? Kendi şehirlerimizden, köylerimizden, caddelerimizden kovulmamız adalet mi? Bizim tarihimiz burada, Lydda, Hayfa, Yafa, el-Ramla'da. Birçok Yahudi buraya gelirken kendilerinin toprakları olmayan insanlar olduğuna ve insanları olmayan topraklara gittiklerine inanıyordu. Bu, bu topraklarda yaşayan yerlilerin yok sayılmasıdır. Onların medeniyeti, tarihi, mirası, kültürü. Ve şimdi biz yabancıyız. Her yerde yabancı. Neden böyle oldu, Dalia? Siyonizm bunu sadece Filistinlilere değil size de yaptı."

Dalia için Siyon'a duyduğu sevginin Filistinli arkadaşına o kadar çabuk anlatabileceği bir şey olmadığını hissediyordu. "İki bin yıldır günde üç kez bu topraklara dönmek için dua ediyorduk," dedi Beşir'e. "Başka yerlerde yaşamaya çalıştık. Ama başka yerlerde istenmediğimizi anladık. Eve dönmek zorundaydık."

İki genç birbirlerine sessizlik içinde baktı.

"Okey, Beşir, sizin evde yaşıyorum," dedi Dalia sonunda. "Ve orası benim de evim. Tek bildiğim ev o. Öyleyse ne yapmalıyız?"

"Geldiğiniz yere geri dönebilirsiniz," dedi Beşir soğukkanlılıkla.

Dalia, sanki Beşir bomba atmış gibi hissetti. Bağırmak istiyordu ama onun misafiri olarak yapamayacağını biliyordu. Kendini dinlemek için zorladı.

"1917 yılından önce gelenlerin," –Belfur Bildirisi'nin ilan edildiği ve İngiliz Mandasının Filistin'e geldiği yıl– "burada olmaya hakları olduğuna inanıyoruz. Ama 1917'den sonra gelenler kalamaz," dedi Beşir.

Dalia, Beşir'in çözümünün küstahlığına çok şaşırmıştı. "Pekala, ben 1917'den sonra doğduğuma ve buraya geldiğime göre bu benim için bir çözüm değil!" dedi inanmaz şekilde gülerek. Düştüğü durumun çelişkisiyle sarsılmıştı: Anlaşmazlığın köprü kurulamayacak gibi görünen uçurumunun ortasında, ortak tarihleri aracılığıyla birleşmiş, kendini korunmuş ve hoş karşılanmış hissettiği bir evdeydi. Hepsinin temelinde, Dalia Hairilerin minnettarlığının derininde onun Ramla'daki evin kapısını açmasında yattığını hissediyordu. "Ve içinde bulunulması çok şaşırtıcı bir durumdu," diye hatırlıyordu. "Herkes sıcaklığı ve birbirleriyle karşılaşmalarının gerçeğini hissedebiliyordu ve gerçekti, oluyordu ve söylemek gerekirse, biz birbirimizin var olmasına hayranlık duyuyorduk. Ve bu çok akla yakındı. Ve diğer yandan, *tamamen birbirini dışlayan* şeylerden bahsediyor gibi görünüyorduk. Yani benim hayatım burada *onların* zararınaydı ve eğer onlar hayallerini gerçekleştirmek isterlerse o zaman *benim* zararıma olacaktı."

Dalia dimdik Beşir'e baktı. "Gidecek bir yerim yok, Beşir," dedi. "Burada kalıyorum. Yapacağınız en iyi şey yaşamanız ve bizi de yaşamamız için bırakmanız," dedi. "Beraber yaşamalıyız. Birbirimizi kabul etmeliyiz."

Beşir sakin bir şekilde yeni arkadaşına baktı. "Sizin olmayan bir yerde yaşıyorsunuz, Dalia. Haçlıların neredeyse iki yüz yıl bu topraklarda olduğunu hatırlıyor musun? Ama sonunda gitmek zorunda kaldılar. Bu benim vatanım. Biz oradan zorla çıkarıldık."

"Pekala, ama benim de vatanım olduğunu anlamalısın," diye ısrar etti Dalia.

"Hayır, değil. Senin vatanın değil, Dalia. Onu bizden çaldınız."

Çaldınız kelimesi Dalia'ya tokat gibi çarpmıştı; Beşir'in tamamen yumuşak davranışı daha da kötü yapmıştı. Sessizce,

KARŞILAŞMA

aşağılanma ve kızgınlık hissederek kanepeye oturdu.

"Bizi denizde bırakıyorsunuz," dedi Dalia sonunda. "Peki bize ne öneriyorsunuz? Nereye gitmeliyiz?"

"Çok üzgünüm, ama bu benim sorunum değil," dedi Beşir sakince. "Vatanımızı bizden çaldınız. Çözüm, Dalia, çok zor. Bir ağaç dikersin, eğer yaşamasına uygun bir yer değilse büyümez. Biz milyonlarca insanın geleceğinden bahsediyoruz." Sonra Beşir, birçok Filistinli arasında Altı Gün Savaşı'ndan hemen sonra hâlâ hüküm süren fikrini tekrarladı, 1917'den sonra doğan Yahudiler veya şimdi İsrail olan yerin dışında doğanlar asıl vatanlarına geri dönmeliydiler.

Dalia bunun ciddi bir fikir olduğuna inanmakta zorlanıyordu. "Hayır, Beşir, hayır, geri dönebileceğimiz bir yer yok."

"Evet, dönebilirsiniz; ayarlanabilir. Memnuniyetle geri alınırsınız."

"Beşir," Dalia öne doğru eğilerek rica etti, "bir yanlışı başka bir yanlışla düzeltmeye çalışma! Bizi, tekrar mültecilere mi döndürmek istiyorsunuz?" *Burada ne işim var?* diye düşündü. *Bu konuyu devam ettirmenin ne anlamı var?*

Ama bir şeye dikkat etmişti: Beşir Filistin milliyetçilerinin tehditlerini, Filistin'i bir gün zorla geri alacaklarını, hiç tekrarlamamıştı. Evinizi sizden alacağız hiç dememişti ve Dalia onun niyetini veya siyasi ilişkilerini sormaktan kaçınmıştı. Çelişkide kalmayı tercih etmişlerdi: Onlar düşmandılar ve onlar arkadaştılar. Bu yüzden, Dalia konuşmaya devam etmek için nedenleri olduğuna inanıyordu; sohbetin kendisi korunmaya değerdi. Dalia ayağa kalktı; Richard paltosunu almak için uzanırken oldukça rahatlamış görünüyordu. "Sanırım burada yeteri kadar kaldım," dedi Beşir'e. "Babam endişelenmiştir. Gitmem gerekiyor."

Dalia Beşir'in eline uzandı. "Gerçekten, seninle vakit geçirmekten çok hoşlandım. Ve her dakika önceden daha iyi anladığımı hissediyorum."

Beşir'in annesi ve kız kardeşleri geldi. Dalia onlara teşekkür etti ve herkes güle güle dedi. "Bu evde misafir değilsin, Dalia," dedi Beşir. "Bu tekrar gelmelisin demek, tekrar ve tekrar ve biz de bunu yapacağız."

Dalia kapıya geldiğinde döndü. "Ben sadece gerçeği arayan biriyim," dedi. "Ve beni buraya getiren bağı buldum."

On

PATLAMA

21 Şubat 1969 sabahı Kudüs'te hava kuru ve soğuktu. Ben Yehuda'nın Agron caddesinin parke taşlı kaldırımına doğru çıplak ağaçlı, solgun renkli otların bulunduğu kış manzaralı tepesinden, Kral George Bulvarı'nın köşesinin sokak lambalarının etrafında dönen, hafif bir rüzgar esiyordu. İkinci Dünya Savaşı ve üç Arap-İsrail Savaşı'ndan emekli asker Israel Gefen, Kanadalı bir gazeteci olan eşi için bir haber götürüyordu. Gefen, Agron ve Kral George'un köşesindeki Supersol marketine 10:30'dan hemen sonra girdi. Kasalardan geçip soğutucuların olduğu bölüme doğru giderken, aksanlarından Güney Afrikalı olduklarını tahmin ettiği İngilizce konuşan iki genç dikkatini çekti. Bombadan önce aklına kaydettiği son şeydi.

Gefen bombalarda uzmandı. 1930'ların sonlarında kibbutzlardan birinde Büyük Arap İsyanı sırasında deneme silahları üreten gizli bir Musevi direniş servisine katılmıştı. 1941 yılında, İngiliz ordusunda Libya çöllerinde Rommel'e karşı savaşmıştı. İsrailli bir asker olarak hizmetleri son Altı Gün Savaşı'nı, Süveyş krizini ve İsraillilerin Kurtuluş Savaşı olarak adlandırdıkları Ramla ve Lydda'ya 1948 Temmuz'unda, Moşe Dayan'ın Seksen-Dokuzuncu Birliği'ndeyken yaptıkları saldırıyı kapsıyordu.

Bomba sesi tam Gefen, Güney Afrikalıları geçip dondurulmuş limon suyu almaya giderken duyulmuştu. İleri doğru savrulduğunda, patlamanın gücüyle alçıpan tavana ve tavandaki elektrik teçhizatına çarptığı anda Gefen bu patlamanın bir bombadan geldiğini anlamıştı.

Sert bir şekilde supermarketin zeminine yapışmıştı ve başını kaldırıp baktığında iki Güney Afrikalı'nın –sonra onların gerçekte Uruguaylı oldukları ortaya çıkacaktı– cansız bir şekilde yerde yattığını görmüştü. Hemen yanlarında ölmek üzere olan bir kadın yatıyordu; Gefen bir an onun açılmış gözlerine ve ağzına baktı. Dördüncü kurban bir gözü çıkmış bir durumda yerde yatıyordu. Gefen o kadının da ölü olduğunu düşündü; daha sonra o kadının hayatta kaldığını öğrenecekti.

Gefen sol bacağına baktığında bileğindeki atardamardan kan fışkırdığını gördü. Sızıntı yapan kırmızı bir yama, bir başka yaranın işaretiydi, gittikçe büyüyerek pantolonundan sızıyordu. Ayağa kalkmak için çabalarken, kollarına ve göğsüne doğru baktı ve açık kahverengi süet paltosunun onarılamayacak şekilde parçalandığını gördü. Gefen tekrar bileğine göz attı ve kanın sanki bir çeşmeden akar gibi geldiğini gördü. Parmaklarını kasıklarına bastırdı, sol ayağının tepesindeki uyluğuna ait anadamara kanın durması için baskı uyguladı. Elini çektiğinde kan tekrar fışkırmaya başladı. Bileğini dikkatle inceledi ve ayağının neredeyse kopmak üzere olduğunu gördü.

"Anında yaşamak istemediğime karar verdim," diye yıllar sonra hatırlıyordu Gefen. "Bileğimin kesildiğini hissettim ve bir başka savaş ve başka bir tane, hastaneye gitmek istemiyordum. Sadece istemiyordum."

Yaşlı asker etrafına bakındı. Duman ve toz çöküyordu, alçıpan tavan tembel tembel tavandan sallanıyordu, elektrik teçhizatı, metal kutular ve parçalanmış plastik şişeler kan gölünün ortasında yerde karmakarışık duruyorlardı. İsrailli sivillerin çığlıkları marketi doldururken, Gefen aşinası olduğu barut to-

PATLAMA

zunun aşina savaş zamanı kokusunu duydu—uygun olmayan bir şekilde açıkça kırmızıbiber aroması ile karışmıştı.

İsrael Gefen tekrar düşündü; artık ölmek istemiyordu. Bir eliyle sol kasığına bastırırken sağ ayağı üstünde çıkışa doğru zıpladı. Dumanların arasından iki adam çıktı ve onu dışarı çıkardı ve yan kapıdaki berber koltuğuna oturttu. Ona beklemesini söylediler. Bir veya iki dakika sonra –ona daha fazla gibi gelmişti– adamlardan biri tekrar gözüktü ve pikabının sürücü koltuğunun yanına oturmasına yardım etti.

"Konuş benimle," dedi Israel Gefen, dehşete düşmüş sürücü Batı Kudüs'ün caddelerinde hızla arabasını sürerken. Kamyon kırmızı ışıklardan, otobüsleri, arabaları ve yayaları devamlı kornaya basarak hızla geçiyordu. Gefen adamın kendisiyle konuşarak uyanık kalmasını sağlamasını istiyordu; eğer kendinden geçerse, eli kasığından kayar ve muhtemelen kan kaybından ölürdü. İki adam önemsiz şeylerden konuştu. Birkaç dakika sonra, Kudüs'deki Sha'res Tzedek (Doğruluk Kapısı) hastanesine geldiler. Doktorlar hemen Gefen'in etrafını sardı ve acil servise hızla götürdü. Gefen kendinden geçmeden önce kırk beş yıldır –1922 yılının yaz başlarındaki haftadan beri– doğumundan beri bu hastanenin içine girmediğini düşündü.

1969 Şubat ayının sonlarına doğru bir gün işten sonra, Moşe Eşkenazi Ramla'da Dalia'nın çiçekleri sulamakta olduğu evin arka bahçesine doğru yürüdü. Akşam gazetesi, *Ma'ariv*, elindeydi. "Bak gazetede ne var," dedi Moşe kızına. "Kudüs'teki Supersol'ün bombalanmasını araştırıyorlardı. Burada arkadaşın Beşir'in bu bombalamada rol oynadığı yazıyor." Kaşlarını kaldırdı.

"Beşir mi?" Dalia inanamayarak sordu. "Ramallah'tan Beşir Hairi mi?" Ağır ağır ona gözlerini dikmiş babasına doğru yürüdü. Hâlâ, otuz altı yıl sonra o anı tüm canlılığıyla hatırlıyordu. Harekat, makalenin yazdığına göre, İsraillilerin terörist olduklarına inandıkları, Filistin Halk Kurtuluş Cephesi tarafından, "silahlı mücadeleye" inanmış bir grup tarafından yönetilmişti. FHKC ve lideri, Lyddalı mülteci George Habaş saldırılarının İsraillilere "güven" duygularını kaybettirdiği için iftihar ediyordu.

Beşir Hairi ve FHKC? Dalia elinde sulama testisiyle orada durdu. Evini Beşir ve ailesine açmıştı, ne zaman evi, bahçeyi ve limon ağacını ziyarete gelseler hoş karşılamıştı. Buna karşılık daha önce hiç yaşamadığı bir sıcaklık ve Arap misafirperverliği bulmuştu; ailenin Dalia'ya minnettarlığı, kapıyı açmasının derinliklerinden geldiğini şimdi anlamaya başlıyordu. Ziyaretler sürerken, Dalia daha çok Beşir'in ailesinin tarihini, özellikle Ramla ve Lod'dan (Lydda) sürgün edilmelerini öğreniyordu ve Beşir de artık her İsraillinin düşman olmadığını görmeye başlamıştı. Sohbetlerinin ortak tarih temelinde olduğunu düşünüyordu ve ortak çıkarlar hiç de olanaksız gözükmüyordu.

Dalia babasının omzundan gazeteyi okumaya geldi. Beşir Hairi süpermarket bombalamasına karışmakla ve Batı Şeria'da yasadışı örgüte, Halk Cephesi'ne mensup olmakla suçlanıyordu. Bir önceki Temmuz'da, FHKC gerillaları Tel Aviv-Roma arasında bir El-Al uçağını Cezayir'e inmeye zorlamış ve İsrail sonunda on altı Filistinli mahkumu serbest bırakmayı kabul edene kadar altı haftaya yakın süre çoğunluğu İsrailli olan yolcuları rehin tutmuştu. Altı ay sonra, Aralık 1968'de, FHKC militanları Atina'da bir başka El Al uçağına saldırmışlar ve bir yolcuyu öldürmüştü. Ve Supersol bombalamasından sadece iki gün sonra, FHKC Zürih havaalanında bir El Al uçağını hedeflemiş, bir yolcu öldürmüş ve dört yolcu yaralamıştı. Dalia bu dehşetli manzarayı öfkeyle izlemişti; FHKC'nin Filistin'in kurtuluşunu istediğini öğrenmişti, bu da Dalia için bildiği tek ev olan İsrail'in yok olması demekti.

Beşir Hairi ve FHKC? Bu doğru olabilir miydi? Makale Beşir'in bir İsrail askeri mahkemesinde yargılanacağını yazıyordu; belki o zaman gerçek ortaya çıkardı. Dalia duruşmaya kadar kararını açıklamamaya çalışacaktı. Ama zaten rahatsız edici bir soru aklını kurcalıyordu: Bir teröristle mi arkadaş olmuştu?

Beşir Hairi doksan santime bir buçuk metrelik taş duvarlı, demir parmaklıklı ve düşük vatlı lambanın tavandan sallandığı bir hücrede oturdu. Beton zeminde uyudu ve altı gece boyunca karanlıkta, yatak örtüleri olmadan titreyerek yattı. Sarafand hapishanesindeki hapis günlerinden beri –el-Ramla yakınlarındaki eski İngiliz hapishanesi– Beşir'de yüksek ateş ve titreme gelişmişti; yedinci gün, İsrailli gardiyan ona bir battaniye getirmişti.

"Sarafand'da sorgulama odasında," diye hatırlıyordu Beşir, "bir sandalye, bir masa ve masanın üzerinde bir *şabbah*" vardı. "Başlığı başına geçirirdin ve seni döverlerdi. Ellerime vururlardı, başlıkla boğarlardı. Başka zamanlarda ellerimi ve bacaklarımı zincirlerler, gözlerimi bağlarlar ve köpekleri salarlardı. Köpekler üstüme atlar ve beni duvara yapıştırırlardı. Nefeslerini ensemde hissederdim." Beşir sorgulamanın Genel Güvenlik Servisi veya Şin Bet tarafından yönetildiğine inanıyordu. Adamların kararlılıklarını ve sanki bir gün önce dükkana alışverişe gittiklerini hatırlıyormuş gibi sakin olmalarını hatırlıyordu. "Yüzlerini hâlâ bugün bile tam anlamıyla hatırlıyorum."

Sorgulamadan sonra psikolojik süreç başladı. "Hücremde, önce silah sesleri ve sonra birinin çığlığını duyardım. Sonra gardiyanlar gelir, beni dışarı çıkarırlar ve bir delik göstererek 'eğer işbirliği yapmazsan, sonun burası olacak,' derlerdi. Sonra tekrar silah sesleri ve çığlıklar duyduğum hücremde olurdum. O zaman düşünürdüm: *İtiraf etmeyenleri öldürüyorlar.*" İsrailli sorgulayıcılar Beşir'in süpermarket bombalamasında rol oynadığını itiraf etmesini ve El Al kaçırmalarına bir son verebilmek için FHKC'nin iç işleyişini tarif etmesini istiyorlardı. Genç avukat hiçbir şey kabul etmedi. Halk Cephesi'yle herhangi bir bağı olduğunu kabul etmeyi reddetti. Bunun sonucu olarak, dayaklar, köpek saldırıları ve psikolojik işkence devam etti.

Bu tip davranışlar istisna değildi. 1969 yılında, Beşir'in tutuklandığı yıl, Şin Bet'in dışında İsrail'in Filistinli mahkumlara davranışları fazla bilinmiyordu. 1974 yılında, İsrailli insan hakları avukatı Felicia Langer, "dayakların ve aşağılanmanın" sıkıntısına katlanmış mahkumlarla yaptığı röportajların ayrıntılarını anlattığı *Kendi Gözlerimle* isimli bir günlük yayınladı. Başlarındaki, el ve bacaklarındaki darbelerin kanıtlarını gösteren mahkumları; gözleri bağlıyken dövülenleri; kan lekeleri ile dolu gömlekler ile hapishane görüşmelerine gelenleri; demir çubuklara kelepçelenerek asılanların tanımladıklarını; "sopa ve elektrik" ile sorgulananların söylediklerini; kanayana kadar ayakları ve elleri bağlananları anlattı.

Langer elli iki yaşındaki yaşlı ve solunum hastalığı olan adamın çıplak olarak sorgulandığını yazmıştı: "Elleri arkasından bağlanmıştı; ellerine de bir ip bağlanmıştı ve bununla havaya asılmıştı. Sorgulayanlar ona dayak attı, her dayaktan sonra ona anlatmasını emrettiler ama adamın anlatacak bir şeyi olmadığı için onu dövmeye devam ettiler." Langer bir mahkumun "dövülmekten mavi renk alarak" öldüğünü ve yetkililerin "merdivende tökezledi ve düştü" diye bildirdiğini anlattı.

Hapishane ziyaretlerinden birinde, muhtemelen 1969 baharında, Felicia Langer, Beşir ile tanıştı. "Güçbela diri" görünen kocaman gözlü, solgun yüzlü adamı hatırlıyordu. "Beni çok kötü dövdüler," Langer Beşir'in ona böyle söylediğini hatırlıyordu, "artık ayağa zorlukla kalkacak hale gelene kadar."

Langer'in kötü davranışları ve işkenceleri anlatması İsrailli İnsan Hakları ve Sivil toplum Örgütü Başkanı Israel Şahak tarafından destekleniyordu ve *Kendi Gözlerimle* kitabının önsözünde, "hiç kimse siyasi veya felsefi düşüncesi ne olursa olsun, bu kitapta anlatılan zulüm, baskı ve işkence olaylarının gerçek olduğunu ve aynı zamanda bunların İsrail'in işgal ettiği bölgelerde bir kural olduğunu inkar edemez," diye yazmıştı.

Üç sene sonra, 1977'de, Londra'nın *Sunday Times* gazetesi "İsrail tarafından sistematik bir şekilde işkenceye tutulduklarını iddia eden Arap mahkumların" detaylı bir şekilde soruşturmalarını yayınlayacaktı. *Times*, "işkence o kadar metotlu bir şekilde örgütlenmiş ki, bir avuç 'serseri polisin' emirleri çiğnemesi olarak değerlendirilemez," sonucuna vardı. "Sistematikti. Sanki bazı düzeylerde kasıtlı bir siyasi tedbir olarak görülüyordu." Soruşturmanın bir konusu da Beşir ile birlikte hapsedilen ve Supersol bombalaması ile ilgisi olduğu düşünülen Resmiye Odeh'ti. Odeh'in babası Josef, bombadan üç hafta sonra evinin yok edildiğini ve kızının sorgulanmasına şahitlik etmesi için hapishaneye götürüldüğünü anlattı:

Beni geri götürdüklerinde . . . Resmiye ayakları üzerinde duramıyordu. Yerde yatıyordu ve elbisesinde kan lekeleri vardı. Yüzü maviydi ve siyah gözleri vardı . . . hem beni hem onu dövüyorlardı ve her ikimiz de bağırıyorduk. Resmiye hâlâ, "Bir şey bilmiyorum," diyordu. Ve sonra bacaklarını ayırdılar ve sopayı içine soktular. Ağzından, yüzünden ve altından kan geliyordu. Sonra bayıldım.

LİMON AĞACI

İsrail, *Times*'ın iddialarını yalanladı. Ama gazetenin beş aylık soruşturması sorgulama tekniğinin (uzun süren dayak, elektrik şok işkencesi ve özel kurulmuş hücrelere hapsetme) "İşkence kategorisinde olan" bir metot olduğu sonucuna varmıştı. *Times* işkencenin, Şin Bet, askeri istihbarat ve İsrail'in Özel Görevler Bölümü de dahil olmak üzere, tüm İsrail güvenlik servisleri tarafından görmezden gelindiğini iddia ediyordu.

Sunday Times işkencenin üç ana nedenini şöyle açıklıyordu: Bilgi toplama; "insanları 'suçlu oldukları veya olmadıkları,' 'güvenlik saldırılarını' itiraf etmeye ikna etmek, böylece bu itirafları mahkum edebilmek için kullanabilmek; ve "Arapları işgal edilmiş bölgelerde daha pasif davranmalarının daha az acı verici olacağına ikna etmek..."

Gazete işkencelerin "yeri saptanamamış özel bir askeri istihbarat merkezinde olduğunu bildiriyordu ama kanıtlar Sarafand'daki geniş askeri malzeme üssünün içinde bir yerlerde olduğunu düşündürüyordu..."

Beşir Sarafand'daydı ve ailesi bir haftadır ondan haber alamamıştı. Büyük ablası Nuha, otuz altı yıl önce onun gittiği günü tüm ayrıntılarıyla hatırlıyordu. Akşam saat altıydı. Nuha evi temizleme işini yeni bitirmişti. Kapının gürültülü bir şekilde çalındığını duyduğunda saçlarını yapıyordu. Bir İsrailli yüzbaşı Beşir'i görmek istedi. Ona evde olmadığını söyledi. İsrailli yüzbaşı geldiğinde Ramallah'taki İsrail askeri üssü olan Mukta'ya haber vermesini istedi. Beşir emredildiği gibi yapmış ve o andan itibaren ailesi ondan haber almamıştı. Bilgi alma çabalarının hiçbiri sonuç vermemişti.

Bir hafta sonra, kapı bir kez daha çalınmıştı. Yine yüzbaşıydı ama bu kez yanında Beşir vardı. Solgun ve zayıf görünüyordu. Zekiye misafirlerini ağırladığı oturma odasından geldi. Yüzbaşı, Beşir'e hiç kimseyle konuşmamasını söyledi. "Giysileri çok kirlendi," dedi yüzbaşı Zekiye'ye. Zekiye hemen onun odasına gitti ve temiz giysileri bir çantaya konmuş olarak geri geldi.

Askerler Nuha'ya onlarla birlikte gelmesini söyledi. O da Beşir ile cipe bindi ve güneye doğru gittiler; Nuha onların ne istediklerini anlamamıştı.

"Yorgun görünüyorsun," dedi Kudüs yolunda Nuha Beşir'e. "Seni dövdüler mi?"

"Dur!" diye bağırdı yüzbaşı Nuha'ya. "Onunla konuşamazsın!"

Kudüs'te İsrail askeri sorgulama merkezi olarak kullanılan Muskobiya'daki Rus üssüne vardılar. Askerler Nuha'yı ufak bir odaya götürdü ve Beşir'i de yanındaki odaya bıraktı. Kısa bir süre sonra, Nuha Beşir'in çığlıklarını duyduğunu hatırlıyordu. Hiç bitmeyecekmiş gibi görünen sürede bu çığlıkları dinleyen Nuha sonunda daha fazla duymaya dayanamadı ve bayıldı.

Üç saat sonra, gardiyanlar ona bir bardak su getirdi. Yandaki odaya çağırdı ve kapıyı açtı. Beşir'i gördü, başı öne eğik ve üstünde sadece iç çamaşırı vardı. İki adam her iki yanında duruyor ve sopalarını kullanıyordu.

"Kardeşim," dedi Nuha. "Ah, kardeşim." Sonra sorgucular Beşir'i sürükledi ve Nuha'ya, Ramallah'a kendi kendine gitmesini söylediler.

Beşir kendi namına süpermarket bombalamasıyla ilişkisi olduğunu asla kabul etmedi. "Dayaklarına, başlıklara ve köpeklere dayandım. Beni kıramadılar." FHKC üyeliğini inkar etti ve onun hareketleri hakkında bilgisi olduğunu reddetti.

Artık dünya FHKC'yi ve onların İsraillileri yıldıran başlıklara konu olan eylemlerini biliyordu. Birçok Filistinli hâlâ Altı Gün

LİMON AĞACI

Savaşı'ndaki yenilginin ve sonrasında yapılan işgalin şokundayken, uzun zamandır bekledikleri Filistin'in kurtuluşunun ufak gerilla harekatlarıyla elde edemeyeceklerini anlamaya başlamıştı. FHKC'nin "görülmeye değer harekatlarına" yıllardır süren aşağılanma ve başarısızlığa karşı ve Filistin'in kötü durumuna dünyanın dikkatini çekme stratejisi olarak kucak açıyorlardı. Fetih ve diğer grupların harekatları ile birleşen saldırılar hâlâ İsrail'in Filistin'i haksız yere işgal ettiğini düşünen Araplar arasında çok revaçtaydı.

Günlüğünde FHKC üyesi Bassam Ebu-Şerif "1968'de Filistinli bir *fedai* Arap dünyasında sadece örgütünün kartıyla her yere gidebilir ve her yerde memnuniyetle karşılanırdı," diye yazmıştı. "Pasaport değil sadece kart. Hiç kimse ama hiç kimse Arap dünyasında bir *fedai*'ye karşı sesini yükseltmeye cesaret edemezdi..." Altı Gün Savaşı'ndan sonra *"Fedai* tanrıydı." İsrail'e karşı yapılan birçok saldırı Ürdün'de planlanıyordu ve bu da Kral Hüseyin ile İsrail liderleri arasında ve bunun sonucu olarak Kral ile gerilla grupları arasında gerilimi son derece arttırıyordu.

Mart 1968'de, gerilla saldırılarına yanıt olarak, İsrail piyadeleri, tankları, paraşütçüleri ve zırhlı birlikleri Ürdün Nehri'ni geçti ve Ürdün'de Karama şehrinde bulunan Fetih mevkilerine saldırdı. On beş bin kişilik İsrail ordusu Ürdün ve Fetih'in ağır silahlarının ateşi altında kaldı. Yirmi sekiz İsrail askeri öldü ve Ürdünlüler kısa süre sonra Amman sokaklarında dolaşacak olan bazı İsrail tanklarını ele geçirdi. İsrail daha fazla şehit vermişti ve askeri hedeflerine ulaşmıştı ama güce aç olan Arap dünyası için gerillaların cesareti Filistin direnişinin gerçek olduğunun göstergesiydi. Gözünü Karama'ya çevirdiği için ateş altında olan Yaser Arafat'ın kahraman imajı daha da büyümüştü. Karama savaşı, her ne kadar birçok yönden askeri yenilgi olsa da, Filistin direnişi tarihine büyük sembolik bir zafer olarak geçecek ve Ürdün nezdinde Fetih'in imajı artacaktı. Artık

PATLAMA

Kral Hüseyin'in gerillalar üzerinde baskı kurabilmesi daha da zor olacaktı. O da, Karama'dan sonra, "Hepimiz fedaiyiz," diye ilan etti.

Kahire'den, Bağdat, Şam ve Amman'a kadar binlerce Arap İsrail'e karşı yeniden başlatılan savaş için isyan bürolarına gönüllü olarak yazılmak için akın etti. Hatta, Fetih'in Mısır radyosunda kendi frekansı bile vardı. Arafat Kahire'ye Nasır'ın devlet misafiri olarak davet edilmiş ve Fetih'in askerleri çoğalmıştı.

Bu arada FHKC'nin harika eylemleri uçak kaçırmanın bağımsızlık için her şeyi tehlikeye atmak olduğunu gören genç Avrupalı lejyonerleri cezbetmişti.

Şimdi sadece Soğuk Savaş değil, kitleler tarafından esinlenen, Vietnam karşıtı sokak gösterilerine ve bazı durumlarda Vietnam gerillalarını korumayı destekleyen devrimlerin zamanıydı. Üçüncü dünyada, Vietnamlı gerillalar çoğunlukla özgürlük savaşçısı olarak ve ABD de zalim olarak görülürdü. Aynı şekilde, Filistinlilerin isyanları da, uçak kaçırma ve diğer büyük eylemleri solda işgal gücüne karşı devrimci adalet mücadelesi olarak görülüyordu. ABD'de sol çoğunluğuyla ve özellikle Kutsal Vatan'a göç edecek olan genç idealist Yahudiler arasında, İsrail hâlâ son savaşın tek galibi olarak düşünülüyordu. Ama Avrupa'da kapitalist sistemden ve liderlerinden bıkmış, gözleri açılmış anti-emperyalistlerin radikal eylemleri Filistinli milliyetçileri besliyordu.

Che Guevara, Ho Chi Minh ve Başkan Mao'nun "devrimci denizde balık" olmak öğüdünden esinlenen Avrupalı solcular FKÖ ve FHKC'nin Irak, Ürdün, Mısır, Lübnan, Cezayir ve Yemen'deki eğitim kamplarına ulaştılar. Bu bağlantılardan "dayanışma komiteleri" tüm Avrupa'ya yayıldı, mali ve tıbbi malzeme yardımı aldılar ve işgal bölgelerine gönüllüler gönderdiler.

LİMON AĞACI

Çok geçmeden ünlü olmayan devrimci gruplar ve Batıdaki kaçaklar Filistin mücadelesi ile özdeşleştiler. Aralarına Venezüella'lı komünist İliç Ramirez Sançez'i (Çakal Karlos lakaplı), Andreas Baader ve Ulrike Meinhof'u (Baader-Meinhof Çetesi liderleri) ve Kızıl Tugayların çeşitli gruplarını (İspanya'dan ETA, İtalya'dan Brigada Rossa, Fransa'dan Doğrudan Eylem Grubu ve Japonların Kızıl Ordusu'nu) katmışlardı. "Düşmanın anladığı tek dil devrimci şiddettir," diye ilan etmişti George Habaş, "bu yüzden işgal edilmiş bölgeleri cehenneme çevirmeliyiz ki alevleri gasp edenleri yok etsin." Sloganı "birlik, özgürlük, intikam"dı.

Binlerce Filistinli için "olağanüstü gösteriler" yenilgiden bir güç duygusu getirmişti ve daha önce hiç olmadığı kadar dikkatleri Filistinlilere çekmişti. Birçok Filistinli saldırıların İsrailli sivillere karşı olmadığına inanıyordu, daha çok "sömürge rejiminde" bir anda onlara karşı harekete geçebilecek olan "sivil kıyafetli askerlere" yönelik olduğuna inanıyordu. Filistinli isyancılar bu savaşın ve saldırılarının davalarına dikkati çekmeye yarayacağına inanıyordu. "Bir uçak kaçırmamız savaşta yüz İsrailli öldürmemizden daha etkili oluyor," diyordu Habaş. "Yıllarca dünya ülkeleri ne Filistinlilerden yanaydı ne de onlara karşıydı. Onlar sadece bizi görmezden geliyordu. Şimdi en azından dünya bizi konuşuyor." Ama dünyanın birçok yerinde FHKC taktikleri insanları Filistinliler ve onların bağımsızlık hareketlerine karşıt hale getirmişti.

Ayrıca FHKC eylemleri İsrail'i sıkı tedbirler almaya yöneltmişti. Gerilla eylemleri hakkında bilgisi olmayan binlerce Filistinli hapsedilmişti. Suçlama yapılmadan süresiz olarak tutulmuşlardı. Ama FHKC taktikleri Filistin milliyetçi hareketinde gittikçe artan gerilimin kaynağı olmuştu ve 1969 Şubatı'nda, Beşir tutuklandığı zaman, FHKC'den, kısa zaman sonra kendilerine Filistin Demokratik Kurtuluş Cephesi adını verecekleri,

On iki

UMUT

Beşir, Ürdün krallığını doğduğu topraklara bağlayan Allenby Köprüsü'nün doğu ucunda gölgede oturdu. 1996 Nisan ayıydı, Ürdün Vadisi'nde sıcak bir bahar sabahıydı. Beşir ve kız kardeşi Hanım Ürdün pasaport kontrolü binasının önündeki banklarda karşıya geçmek için beklerken dinleniyorlardı. Sonunda otobüs geldi, Beşir, Hanım ve diğer yolcular bindi ve askeri nöbetçi kulübelerini, bir dizi kontrol noktalarını ve keskin dikenli telli çitleri geçtiler. Otobüs köprüden ve bir zamanlar büyük Ürdün Nehri'nin azalmış sularının akıntısına karşı kurulmuş su barajlarının ve Hüseyin'in Krallığı'nı Batı Şeria'dan ayıran yabani otlar bürümüş, saptırılmış hattının üzerinden geçti. Doğu kıyısından batısına atlayacak kadar aptal olan biri ıslanmaktan ziyade vurulurdu.

Allenby Köprüsü adını, 1917'de İngiliz Mandası'nın başlaması sırasında birliklerini Filistin'e getiren İngiliz Generali'nden almıştı. İngiliz, Ürdün ve İsrail kuvvetlerinin seksen yıl yönetmesinden sonra şimdi köprünün kontrolü yeni kurulmuş Filistin hükümetinin sınırlı kontrolündeydi. Kısmi özerklik Oslo barış görüşmelerinin bir neticesiydi, İsrail Başbakanı Yitzhak Rabin ile FKÖ Başkanı Yaser Arafat Beyaz Saray'ın bahçesinde 1993 Eylül'ünde el sıkışmıştı.

İntifada Rabin'i bir "Filistin varlığıyla" konuşmalara başlamasına ikna etmişti ve 1991 Körfez Krizi'nden sonra, iki taraf görüşmelere başladı. Ama Rabin, FKÖ'yü tanımayı hâlâ reddediyordu ve böylece görüşmeler tıkanmıştı. Sonra iki taraf gizlice, sınırlı Filistin özerkliği ve İsrail'in kademeli olarak işgal bölgelerini boşaltmasının ilk anlaşmalarının yapıldığı, Oslo'da konuşmalara tekrar başladı. Buna karşılık Arafat, bir mektupta Rabin'e "terörü ve diğer şiddet eylemlerini kullanmayı vazgeçeceklerine" ve "ihlal edenlerin cezalandırılacağına" dair bir söz verdi.

Rabin uzun zaman gözünü korkutan düşmana cevabında "Bay Başkan," diye yazıyordu, "İsrail hükümeti FKÖ'yü Filistin halkının temsilcisi olarak tanımaya karar verdi…". Yıllarca Rabin İsrail'in bunu asla yapmayacağına dair yemin etmişti.

Karşılıklı taahhütler işgalin sona ereceğinin işareti olarak tasarlanmıştı ve bu, Filistinlilerin bağımsız bir Filistin devleti kurmak için umutlanmalarına yol açmıştı. İsrail birlikleri Gazze ve Erika'yı, sonra diğer Batı Şeria şehirlerini "boşaltacaktı"; Filistinliler başkanlık (Filistinlilere göre) veya yöneticilik (İsraillilere göre) ve yasama meclisi için özgür seçimler yapabilecekti; ve Avrupa hükümetleri, ABD ve özel bağışta bulunanların sağladığı fonlarla desteklenen Filistin hükümeti eğitim ve kültür, sağlık, toplum refahı, vergilendirme ve turizm için sorumluluk alacaktı. Bu beş yıllık "geçiş döneminde" atılacak adımlar, son statü görüşmelerine, Kudüs'ün durumu, suyun kontrolü, yerleşim ve Beşir ve diğerleri için en önemli konu olan geri dönme hakları gibi en zor sorunlar ile ilgili görüşmelere yön verecekti.

Oslo'dan sonraki ilk günlerde, Filistinlileri sınırlı bir özerk hükümet planları bile çok sevindirmişti. Arafat 1994 Temmuz'unda Gazze'ye döndüğünde, büyük kalabalık onu zafer kazanmış bir kurtarıcı gibi karşılamıştı. Bağımsızlığın gerçek sembolleri –Filistin bayraklarını sallama özgürlüğü veya Arafat'ın 1 Ocak 1995'te Filistin pulu taşıyan ilk mektubunu göndermesi– daha büyük ve daha derin bir şeylerin başlangıcı olarak görülüyordu.

UMUT

1996'ların başlarında yüzlerce FKÖ yetkilisi ve eski Filistin savaşçıları Tunus'taki sürgünlerinden geri dönmeye ve Batı Şeria ve Gazze'ye gelmeye başlamıştı. Her biri İsraillilerin uzun süren genel af görüşmelerinde kabul edilmişti. Köprüde, zeytin yeşili içindeki Filistin polislerinin arkasında görülmeyen İsrail askeri memurlar tek yönlü camdan geçişleri gözlüyordu.

Beşir ve Hanım'ın içinde bulundukları otobüs İsrailliler tarafından kurulmuş, Filistinlileri ve İsraillileri ayrı kanatlardan geçiren terminalin önünde durdu. Filistin kanadı İsrailli genel müdüre rapor veren Filistinli yardımcı tarafından yönetiliyordu. Oslo anlaşmalarına göre İsrail, "geçici dönem sırasında dış güvenlikten sorumlu kalıyordu," buna sınır terminallerinde "her türlü geçişler" dahildi.

Beşir ve Hanım otobüsten indi ve bir Filistin polisinin Filistin bayrağının yanında durduğu Filistin kanadına girdi. Onun yanında İsrailli bir asker duruyordu. Terminal, ailelerine kavuşmayı bekleyenlerle dolmuştu: Başlarında beyaz eşarplarıyla ve ayak bileklerine kadar inen koyu renk elbiseleriyle, omuzlarında ağır çantalarını taşıyan yaşını almış kadınlar; kefiyeleri ve kravatlarıyla saçları kırlaşmış erkekler; kotlarıyla ve spor ayakkabılarıyla buluğ çağındaki çocuklar; ellerinde iş çantaları ve ayakkabı büyüklüğünde cep telefonlarıyla saçları dökülmeye başlamış orta yaşlı iş adamları. Hepsi uzun kuyruklarda metal dedektörlerin arasından geçmeyi bekliyordu. Kalabalık ve olması yakın birleşmeler düşünüldüğünde etraf dikkati çekecek kadar sessizdi. İnsanlar bagajlarını göstererek kontrol edilmesi için taşıyıcı kayışa koyduruyordu; metal dedektörlerin arkasında Beşir, İsrailli memurların giysileri, kitapları, gazeteleri, fırçaları ve diş macunlarını dikkatle kontrol ettikleri gümrük masalarındaki açık bagajları görebiliyordu.

Beşir ve kız kardeşi sıralarının gelmesini bekliyordu. Ailenin geri kalanı çoktan birkaç metre ötede, çıkış kapısının diğer tarafında toplanmış olmalıydı. Beşir sekiz yıldır yoktu ama sürgündeyken bile, daha değişik bir geri dönüş hayal etmişti. Ona göre, bu dönüş Oslo sürecinin derin çatlaklarıyla belirlenmişti. Oslo, İsraillilerin sürgündekilerin Batı Şeria ve Gazze'ye geri gelmelerini kabul etmelerini temsil ediyordu ama aynı zamanda Filistinlilerin de artık geri kalan Filistin'e geri dönmemeyi kabul etmeleri anlamına geliyordu. Filistinli politik gruplardaki birçok eski savaşçı ve eylemciye göre Filistin'e geri dönüş yolculuğu derin karışıklıklara işaret ediyordu. Oslo müzakereleri sırasında veya sonucundaki anlaşmalarda, Beşir, 1948'de BM'nin mültecilerin geri dönüşlerinin fermanını verdikleri 194 sayılı önergeden hiç söz edilmediğini fark etmişti. Müzakereler daha ziyade, İsrail birliklerini işgal bölgelerinden çıkmaya çağıran 242 sayılı önerge üzerineydi. Bu "barış için toprak" eşitliğine yol açmıştı: Filistin'in bir bölümünde bir Filistin devleti karşılığında Filistinlilerin İsrail'i kabul etmeleri. Arafat da dahil olmak üzere birçok Filistinliye göre zor politik fedakarlıklar yapma zamanıydı. Beşir'in de dahil olduğu bazı Filistinliler ise, çoktan yapılmış olan fedakarlıkların tümü eski Filistin'in özgürlüğü için yapılmıştı; bu uzlaşma, eğer mültecilerin geri dönme haklarından vazgeçmeleri ise, o zaman teslimiyeti temsil ettiğine inanıyorlardı. Bazı Filistinlilere göre daha da kötüsü Oslo mülteci sorununu, Doğu Kudüs'ün Filistin'in başkenti olma ana sorunuyla ve Batı Şeria ve Gazze'de suyun kontrolü sorunuyla birlikte sonlandırma görüşmelerini bilinmeyen ileri bir tarihe sürerken şimdilik İsrail, kontrolü elinde tutmuştu.

Beşir sırada güvenlik kontrolünden geçmeyi beklerken rüyaları ile Filistin gerçeği arasında bir gerilim vardı—Beşir'in üzerinde konuşmayı tercih etmediği bir gerilim: Oslo'nun neticesinde, Beşir kısa süre sonra annesini, karısını ve iki ufak çocuğunu görebilecekti. 1988'de Lübnan'a sınırdışı edilmesinden bu yana ilk defa Filistin'de olacaktı. Ama El-Ramla'ya kadar gidemeyecekti.

UMUT

Bir güvenlik görevlisi Beşir'i kenara çekti. Bazı soruları vardı.

Birkaç saat sonra Beşir ve Hanım terminalin batısındaki buzlu cam kapıdan geçtiler ve Zekiye, Nuha, Şehrazat ve çocuklarının ve Beşir'in birçok arkadaşının beklediği Batı Şeria'nın açık havasına çıktılar.

Ramallah'tan gelmişlerdi. 1984'te Beşir'in hapisten çıktığı zaman gibiydi—sadece on iki yıl sonraki bu kavuşmada Ahmed yoktu. Daha öncekinde olduğu gibi Beşir kutlama istememişti. "Çok bunalmıştı," dedi Hanım ama "çok mutluydu."

"İkinci bir düğün gibiydi," dedi Nuha. "Annem yemek hazırladı, birçok arkadaş geldi. Beşir ile mutlu günlerden ziyade daha çok hüzünlü günlerimiz vardı. Ve ailemizin tarihinde kesinlikle bugün çok özeldi."

Beşir'in Ramallah'taki ilk günleri acı tatlıydı. Arafat'ın Oslo anlaşmasını benimsemesi, "terörizm ve şiddetin diğer türlerini" kontrol edeceğine söz vermesi ile birlikte, Filistin özgürlük savaşçılarını tamamen birbirine farklı, Oslo hakkında giderek huzursuzlaşan Filistinli gruplara karşı kışkırtmaya başlamıştı. Onlara göre, Oslo'yu kabul etmek tarihi Filistin'in yüzde 78'inin kuşatılmasını temsil ediyordu; hatta, İsrail'in diğer yüzde 22'yi temsil eden, Batı Şeria, Gazze ve Doğu Kudüs'ü bile geri vermeye hazır olmadığı görünüyordu. İsrail hükümeti, Filistinlilerin başkentleri olarak gördükleri Doğu Kudüs'te binlerce yeni evin inşaat planlarını ilan etmişti ve İsrailli müteahhit ekipleri Batı Şeria'dan İsrail'e yerleşecek olanların kolay yolculuk edebilmeleri için "kestirme yollar" yapıyordu. Bu planlar Oslo çerçevesinde ele alınmıştı ve birçok Filistinli yeni durumlar nedeniyle geçerli, bağımsız bir devlet için şanslarını kalıcı olarak değiştirecekleri noktasında endişeleniyordu. Bu korkuları, ünlü Beyaz Saray bahçesindeki el sıkışmanın üzerinden altı aydan daha az bir zaman geçmesinden sonra başlayan politik şiddet ve suikastlerin birden kabarmasıyla daha da kesinleşmişti.

25 Şubat 1994'te bir tıp doktoru ve Amerikalı bir göçmen olan Brauch Goldsetin Hebron'daki İbrahim Camisi'nin bir bölümü olan Atalar Mağarası'na, Beşir'in 1943'te *akika* töreninin yapıldığı yere girmişti. Brooklyn'li göçmen, paltosunun altından bir M-16 çıkarmış ve ateş açarak camide dua eden yirmi dokuz Filistinliyi öldürmüştü. Sağ kalanlar onu ölesiye dövmüştü. Altı hafta sonra, Hamas, sadece İsrail askeri hedeflere saldırma stratejisinden tamamen vazgeçmişti. 6 Nisan'da, İsrail şehri Afula'da bir arabada bomba patladı ve altı İsrailli sivil öldü. Hamas sorumluluğu üstlendi. Bir sözcü bu saldırının Hebron'daki katliamda ölenlerin intikamını almak için yapıldığını bildirdi.

Acının ve misillemenin kısırdöngüsü geri gelmişti. Hamas'ın ve İslami Cihad'ın kullandıkları intihar komandoları kendilerini havaya uçurarak Netanya'da, Hadera'da, Kudüs'te, Tel Aviv'de ve işgal altındaki Gazze şeridinde düzinelerce İsraillinin ölümüne neden oldu; Hamas liderleri sivillere yapılan saldırıların doğrudan Filistinli sivillerin öldüğü İsrail saldırılarına karşılık olduğunu bildirdi.

İsrail, intihar komandolarının ailelerinin evlerini yıktı ve yüzlerce şüpheli suikastçı suç ortağını topladı. İnsan Hakları Gözlemcisi raporu mahkumlar için şöyle diyordu: "Uykudan yoksun, gözleri bağlı, uzun süre ayakta kalan veya doğal olmayan pozisyonda oturan, tehditler, dayaklar ve başın şiddetle kamçılanması… Birleştirilerek uygulandığında, bu metotlar genelde işkenceye varır." Birçok şüpheli daha sonra ceza almadan serbest bırakıldı.

Arafat her intihar saldırısını, İsrail ve ABD'nin baskısıyla kınadı ve militan grubun şüpheli üyelerinin tutuklanma emrini verdi. Birçoğu Oslo çerçevesinde devlet güvenliği için kurulmuş gizli Filistin askeri mahkemelerinin emriyle tutuklanmış yüzlerce Filistinli genç, Filistin hapishanelerindeydiler. Mahkemenin ilk yılında sorgulamada birkaç kişi öldü; birçok Filistinli Arafat'ı İsrail'in pis işlerini yapmakla suçladı. Başkanın bu eleştiriye cevabı birkaç gazeteyi kapatmak ve öne çıkmış Filistin insan hakları avukatlarını engellemek oldu. Kolombiya Üniversitesi profesörü ve Filistinli entelektüel Edward Said, "Arafat ve Filistin Yönetimi Filistinliler için bir tür Vichy hükümeti olmuştu," diye yazıyordu.

Arafat'a karşı öfke, onunla Tunus'tan gelen, her zaman ona sadık kalanları Arafat'ın kayırmaya başlamasıyla daha da derinleşmişti. Başkanın kendisi mütevazı yaşamaya devam ediyordu ama bazı sürgündeki yoldaşları Gazze'de malikaneler inşa etmişlerdi, en dikkat çekici tarafı ise bunların, dünyanın en kalabalık yerlerinden biri olan pislik içindeki mülteci kampına bitişik olmasıydı. Malikanelerden birinin yaklaşık maliyeti 2 milyon $ olarak tahmin ediliyordu, Ebu Mazen olarak bilinen ve daha sonra Arafat'ın yerine Filistinlilerin lideri olacak olan, Mahmut Abbas için inşa edilmişti. "Bu senin Filistin'i satma ödülün" diye bir graffiti sanatçısı malikanenin duvarlarına kazımıştı. Mülteci kampının fakirleri, İsrail yönetimine karşı direnişin temelini oluşturan genç erkekler ve ayaklanma sırasında binlerce şehit vermiş olanlar şimdi Tunus'un ileri gelenlerinin yönetimi altında tedirgindiler. "Her devrimin savaşçıları, düşünürleri ve fırsatçıları vardır," diyordu bir Gazzeli. "Bizim savaşçılarımız öldürüldü, düşünürlerimiz infaz edildi ve bize sadece fırsatçılarımız kaldı." Gazzeliler deniz kenarındaki dansözleriyle gece kulüplerinin görünümü ve diasporadan gelen zengin alkol tüketimi karşısında şaşırmıştı. Siyah bir Mercedes'in VIP plakası ile kırmızı ışıkta Gazze şehrinden geçerek eşek arabalarını toz içinde bırakmalarının görülmesi pek de olağanüstü değildi.

Oslo'yu prensipte destekleyen Filistinlilere göre işgalin son bulması çok önemliydi. 1995 Eylül'ünde Washington'da imzalanan II. Oslo Batı Şeria şehirlerinden ve kasabalarından üç safhada birliklerin çekilmesini ve Batı Şeria'nın üç bölgeye bölünmesini şart koşuyordu. İsrail askeri karargahlarda ve yerleşimlerde (Bölge C) tam kontrolü elinde tutarken, Filistinlilere birçok Batı Şeria şehri (Bölge A) Ramallah, Nablus ve Beytülehem'in kontrolü verilecekti. İsrail kuvvetleri, birçok Filistin köyünün bulunduğu A Bölgesinden çekilecekti; toplam sayıları otuz bine ulaşan yeni kurulmuş, hafif silahlı Filistinli polis kuvvetinin bölgede İsraillileri yargılama hakkı olmayacaktı ve İsrail "dış tehditlere karşı savunmak için ve İsraillilerin ve yerleşimlerinin güvenliğini sağlamak için" tekrar girme hakkını elinde tutacaktı. Mülteci kamplarındaki ve şehirlerindeki bir Filistinliye göre İsrail birliklerinin ve tanklarının çekilmeleri günlük hayatlarına çok büyük bir değişiklik getirecekti. Ama Batı Şeria'da bir şehirden diğerine giden biri hâlâ askeri kontrol noktalarıyla ve değişik yetkilerin arasında yolculuk yapma karışıklığıyla karşılaşacaktı. II. Oslo'dan sonraki bir Batı Şeria haritası dağılmış adacıklar serisini andırıyordu ve sayıları gittikçe artan Oslo muhalifleri haritanın parçalanmış bir Filistin devletini göstermesinden endişeleniyorlardı.

1995 Ekim'inde yapılan seçim, Filistinliler arasında "barış yolu" destekleçilerinin yüzde 39'a düştüğünü gösteriyordu.

İsrailliler de pek memnun değillerdi. İntihar saldırıları ülkeyi sarsmıştı ve insanların çoğu bunların, Rabin'in Oslo sürecinde verdiği ayrıcalıkların sonucunda olduğuna ve ülkenin güvenli olmadığına inanıyordu. Bombalamalar, konuşmaları tamamen durdurması ve Hamas'ı yok etmesi için Rabin'in üzerine yapılan baskıyı arttırmıştı. O da "Arafat Hamas ile ilgilenecek" diye bildirmişti çünkü Filistinli lider "Bagatz ve B'tselem" –İsrail'in yüksek mahkemesine ve onun önde gelen bağımsız insan hakları örgütüne bir gönderme– gibi demokratik kuruluşlarla sınırlandırılmamıştı. Tam tersine, muhalifler görevlendirilmiştir: Arafat, baskı yapmaktan çok uzaktı, aslında Filistin hapishanelerine döner kapılar koymuştu—insanları geldiklerinden kısa süre sonra bırakıyordu. Rabin, bombalamaları engellemek amacıyla İsrail ve Filistin arasında "tam bir ayrım" görüşünü ortaya çıkardı ve İsrail vatandaşları iki toplum arasında kurulacak bir duvarın avantajlarını konuşmaya başladılar.

Rabin sürekli, Likud partisindeki rakibi, Benjamin Netanyahu'nun saldırıları altındaydı. Netanyahu başbakanın "FKÖ ile görüşmeyeceği, hizmeti süresince toprak vermeyeceği ve bir Filistin devleti kurulmasını onaylamayacağı" konusunda mutabık kaldığını bildirdiğini ama "bu sözlerden bir bir vazgeçtiğini" söylüyordu. Netanyahu, başbakan olma arzusuyla Oslo'nun amansız muhalifiydi. Ona göre, binlerce Filistinli polisi silahlandırma ve FKÖ askerlerinin İsrail'in sınırına dönmelerine izin verilme planı çok saçmaydı. 1994 Nobel Barış Ödülü'nü, Rabin, Arafat ve İsrail Dışişleri Bakanı Şimon Peres'in alması bile bu eleştirilerin önünü alamamıştı. İki İsrailli liderle birlikte onların ezeli düşmanın yan yana olması sadece saldırıları ateşlemişti. 1995'de Netanyahu, Rabin'i "terörist bir Filistin devleti" kurulmasına yardımcı olmakla suçluyordu. Dindar göçmenler muhalefetin en keskin köşelerini oluşturuyordu. Çoğu Yahudilere Judea ve Samaria'nın, diğerlerinin Batı Şeria olarak bildiği toprakları verdiğine inanıyorlardı. Bazı aşırı dinciler, Tanrı'nın onlara verdiği evi geri vermek üzere olduğuna inandıkları Rabin'i *rodef* (Yahudilere ihanet eden kişi) olarak adlandırıyordu. Etrafta dolaşan bir afiş Rabin'in resminin üzerinde oynayarak Nazi üniforması içinde gösteriyordu. Sayıları gittikçe artan dindar İsraillilere göre Yitzhak Rabin devlet düşmanıydı.

LİMON AĞACI

⁂

Dalia İsrail'de herhangi birinin Soykırım anılarıyla insanların aklının karıştırılmaları karşısında sersemlemişti. "Çok çirkindi," dedi düşünerek. "Çok tehlikeliydi. Konuşma özgürlüğünün sınırı neydi? İsrail'de uzlaşma savaşının çok zor olacağını anlamıştım." Hâlâ barış ihtimali umudunu taşıyordu. İntihar komandolarının katliamlarına rağmen, halkının içinde tarihi değişikliklerin yer almaya başladığına inanıyordu. Eski savaşçı Rabin, FKÖ ve eski yeminli düşmanı Arafat ile temasa geçme cesaretini göstermişti. Dalia Arafat'a duyduğu güvensizliğe rağmen her iki tarafın da birbirlerine yer açmak için adım attığına inanıyordu. "Eğer diğerleri için yer açarsak o zaman birlikte tek başımıza düşündüğümüz gerçekten çok daha harika bir gerçek kurmamız olasıdır." Batı Şeria'dan daha fazla İsrail birliklerinin çekilmesi ve Filistinli komşularının bağımsız bir devlet kurma haberleri onu cesaretlendirmişti. O bu haberleri, yıllardır, 1967'deki Beşir ve kuzenlerine kapıyı açtığı günden beri düşündüğü bir kavram olan Filistinlilerin eşitliklerine doğru atılmış birer adım olarak görüyordu.

Şimdi Ramla'daki evde beşinci yılını dolduran, Açık Ev'de, Dalia ve Yehezkel İsrailliler arasında Arap-Musevi diyaloğunu isteyenlerin çoğaldığını görmüşlerdi. Arap ve Musevi çocuklarının yaz barış kampları birdenbire çok tutulmuştu ve Yehezkel, onun ve Dalia'nın yıllardır savunduğu "bir arada varoluş yaklaşımı"nın "Yahudilerin gözünde de meşru kılındığına" inanıyordu. Dalia kendi açısından yedi yıl önce Beşir'e yazdığı mektubu nasıl bitirdiğini hatırlıyordu: "Senin işbirliğin ve Tanrı'nın yardımıyla çocuklarımızın bu kutsal toprakların güzelliğinden ve cömertliğinden zevk almaları için dua ediyorum."

UMUT

4 Kasım 1995'de Dalia bu rüyaların hâlâ mümkün olabileceğini düşünüyordu. Cumartesi günüydü, Musevilerin Şabat günü, bir gece önce ve bugün, bütün gününü Eski Şehir'de Siyon rahibeleri tarafından yönetilen manastırda Şabat yemeğini paylaşarak ve Açık Ev olasılıkları üzerine konuşarak geçirmişti. Manastır, Pilate'nin Hazreti İsa'yı ifşa ettiği Ecce Homo yani "İşte O Adam", kelimeleri ile bilinen kilisenin bir parçasıydı. Kilisenin çakıllı yolunun mahkum edildiğinde İsa'nın durduğu yer olduğu söyleniyordu.

Manastırın daha yüksek yerlerinden, Dalia Kudüs'ün en muhteşem manzarasına bakıyordu: Hem Müslümanlar hem Yahudiler için Kudüs'teki en kutsal yer olan Tapınak Tepesi'nin yani Harem-i Şerif'in parlaklığı; Kutsal Mezar'ın on ikinci asrın kilisesinin gri kubbesi, belki de tüm Hıristiyanlığın en kutsal yeriydi; eski taş evlerin damlarında grup halinde çelik antenler yukarı doğru uzanıyordu; kuzeyde Skopus Dağı; ve onun arkasında Dalia'nın Judean Tepeleri olarak bildiği, Kitabı Mukaddes'e ait Judea ve Samaria'nın bir bölümü vardı. Dalia, İsrail'in bu topraklarda yerleşimden vazgeçmesi ve binlerce Yahudi'nin taşınması gerektiğine inanıyordu. Her ne kadar kendisi de bu toprakların, İsrail'in, Kitabı Mukaddes'inin bir parçası olduğunu düşünüyorsa da bu topraklar aynı zamanda asırlar boyu başka insanların da evi olmuştu. Dalia zor olsa da, her iki tarafın da bu anlaşmazlıkta değerli bir şeylerinden vazgeçmek zorunda olduklarına inanıyordu.

4 Kasım akşamı Dalia eve dönmek üzere Eski Şehir'de hazırlanırken, Yehezkel ve Rafael, Dalia'nın annesi ve babası öldükten sonra Ramla'dan ayrılan Stella Teyze'lerinin karşı koridordaki evine akşam yemeğine gitmişlerdi. Tel Aviv'den bir saat uzakta, batıda, Yitzhak Rabin, yüz binlerce İsraillinin Filistinlilerle barışa destek vermek için toplandıkları İsrail Kralları Meydanı'nda bir gösteride bulunuyordu. 1948, 1956 ve 1967'de

LİMON AĞACI

Araplara karşı savaşmış; ayaklanma sırasında genç Filistinlilere karşı "kuvvet, baskı ve dayak" metodunu onaylamış; ve yıllarca FKÖ'yü tanımaya karşı çıkmış olan Başbakan kalabalığa şöyle hitap etmişti:

> Yirmi yedi sene askerlik yaptım. Barış umudu olmadığı sürece savaştım. Ama şimdi bir barış umudu olduğuna inanıyorum, tutunmamız gereken büyük bir şans... Her zaman ulusların barış istediklerine ve barış için risk almaya hazır olduklarına inandım. Ve işte buradasınız, burada olmayanlar da dahil olmak üzere, barış içinde yer almaya geldiniz, bu, ulusun gerçekten barış istediğinin ve şiddete karşı olduğunun en büyük kanıtıdır. Şiddet İsrail demokrasisinin temelinin altını kazıyor. Karşı çıkılmalıdır, kınanmalıdır ve kontrol altına alınmalıdır. İsrail devletinin yöntemi bu değildir.

Kalabalık şarkı söylemeye başladı ve biri Rabin'e, "Şir Şalom"un, yeraltından ölülerin hüzünlerini taşıyarak yaşayanlara yol gösteren şarkının sözlerinin bulunduğu sayfayı uzattı. 1969 yılında yazılmıştı, Altı Gün Savaşı'ndan iki gün sonra İsrail barış hareketinin marşı olmuştu. Rabin onlarla birlikte şarkıyı söyledi:

> Kimse bize geri dönmeyecek
> Ölü karanlık çukurdan.
> Burada, ne zaferin neşesi
> Ne de takdirin şarkıları
> Yardımcı olacak.
>
> İşte sadece barış için şarkı söyle,
> Dua fısıldama,
> Barış için şarkı söylemek daha iyi
> Büyük bir çığlıkla!

dönerken Açık Ev'in bahçesinde oynayan çocuklara gözünü dikmiş bakan orta yaşlı bir adam gördü. Ellili yaşlarda görünüyordu—kısa boylu, hafif göbekliydi ve alnına bir tutam gri saçı düşmüştü. Yanında onun yaşlarında iki yetişkin ve iki genç adam duruyordu. Adam, Lamis ile Arapça konuşarak kendini, kız kardeşini, kayınbiraderini ve iki yeğenini tanıttı.

"Gizlice gelmişti. Buraya nasıl geldiğini kimse bilmiyordu," diye anlatıyordu Lamis. "Dalia'yı sordu." Lamis ve Açık Ev'de çalışan diğer Arap öğretmenler adamın birdenbire ortaya çıkmasından heyecanlanmışlardı ama en azından bir İsrailli tedirgin olmuştu. Onu davetsiz bir misafir, yasalara karşı gelmiş olan eski bir suçlu olarak görüyordu—onun yıllar önce burada yaşadığının bir önemi yoktu.

Lamis, Beşir'i kreş öğretmenlerine bakarken izledi. Diğer Arap öğretmenlerle bahçede duruyorlar, politikadan, Ramallah'taki hayattan ve el-Ramla'daki hayattan konuşuyorlardı. "Evini özlüyordu," dedi Lamis. "Toprağını, evini ve el-Ramla'yı. Hakkında konuşmuyordu ama gözlerinden okumuştum."

2000 yılının yazında Arafat masanın karşısında, Camp David'de, Beyaz Saray'da geri adım atan, yeni İsrailli başbakanı Ehud Barak'ı buldu. Arafat'ın hâlâ "cesaretin barışında" "ortağım" dediği Yitzhak Rabin neredeyse beş yıl önce gömülmüştü. Onun halefi Şimon Peres'in zorlu bir seçimde Benjamin Netenyahu tarafından yenilgiye uğramasıyla 1996 ilkbaharında bir dizi intihar saldırıları oldu. Üç sene sonra, İşçi Partisi adayı ve eski İsrail Savunma Gücü şefi Barak, Netenyahu'yu Oslo için yapılan referandumda yenilgiye uğrattı: İsrailliler, Filistinliler ile bir anlaşmanın uzun soluklu güvenli bir yaşam için en iyi şansları olduğuna inanıyordu. 2000 Temmuz'unda, İsrail'in Lübnan'daki işgaline son vermesinden iki ay sonra, Barak, Arafat, Başkan Bill Clinton, Dışişleri Bakanı Madeleine Albright, Ulusal Güvenlik Danışmanı Sandy Berger ve müzakere ekipleri Camp David'de Filistinliler ile tarihi anlaşmanın son şeklini arayarak iki hafta geçirdi.

Clinton birçok görüşmeye derinlemesine katıldı. 15 Temmuz'da, görüşmelerin beşinci gününde, Başkan sınır görüşmeleri komitesinin bir toplantısına katılmıştı. İsrailliler askeri donanmadan tecrit edilmiş Filistin devleti için Batı Şeria'nın yüzde doksan ikisini ayırdıkları ve İsrail askeri karakolları ve yerleşim için kalan toprakların yüzde sekizini tuttukları bir harita gösterdi. Filistinlilerin bu kaybı İsrail içinde verilecek topraklarla tanzim edilecekti ama bu miktardan daha azından vazgeçmeleri gerekiyordu. Yüzde doksan ikilik alan İsrail'in Doğu Kudüs ve Ürdün Vadisi'nde, İsrail'in en az on yıl daha kontrolünü elinde tutmaya niyeti bulunduğu topraklardaki Musevi yerleşimlerine kattıkları yerleri kapsamıyordu.

Filistinlilere göre, miktar ne olursa olsun, masada İsraillilerden aldığı yüzde, onlara kalan Filistin'den ufak parçalardı. Oslo'yu ve İsrail'in varlığını kabul etmeleriyle zaten Musevi devleti için yüzde yetmiş sekizi vermeyi kabul etmişlerdi ve kalandan biraz daha vermeye hazır değillerdi. Clinton'un etkisi altında bulunan Ortadoğu delegesi, Dennis Ross, "yerleşimlerin yasal olmadığı ve Filistinlilerin 1967 sınırlarına ihtiyacı olduğu tartışmalar" hakkında çok az düşünüyordu, bu durumlar için "aynı eski saçmalıklar," diyordu. Bu görüş noktası Başkanı belirgin bir şekilde etkilemişti, o da bu durumları Filistinlilerin inadı olarak nitelendiriyordu. Bir noktada, Clinton Filistin baş arabulucusu Ahmed Kureya'dan (Ebu Ala olarak da tanınıyordu) İsraillilerin fikrine karşılık bir başka harita seçeneği sunmasını istedi. "Benim haritam," dedi Oslo anlaşması mimarlarından biri olan Ebu Ala, "4 Haziran 1947'deki haritadır"—Altı Gün Savaşı ve İsrail işgalinden önceki gün.

"Bayım," dedi Clinton Ebu Ala'ya işaret ederek, sesi yüksek çıkıyordu, "tüm haritanın sarı olmasını istediğinizi biliyorum. Ama bu mümkün değil. Burası Güvenlik Konseyi değil. Burası BM Genel Kurulu da değil. Eğer bana ders vermek istiyorsanız oraya gidin ve benim vaktimi boşa harcamayın. Ben ABD Başkanı'yım. Bavulumu toplayıp gitmeye hazırım. Ben de burada birçok şeyi kaybetme riskini göze aldım. Uzlaşmaları engelliyorsunuz. İyi niyetle hareket etmiyorsunuz." Bu sözlerle Başkan ayağa kalktı, yanında Dışişleri Bakanı Albright ile odadan dışarı çıktı.

"Çarpıcı bir şekilde dışarı çıktık," diyordu anılarında Albright, "tam o anda şiddetli bir yağmur başladı. Ya ıslanacaktık ya da çıkışımızın bedelini ödeyecektik, biz de dışarı çıktık ve sırılsıklam olduk."

Ondan sonraki iki gün, Clinton Arafat ile en az sekiz kez bir araya geldi. Başkan, önceden Barak tarafından onaylanmış, Filistinlilerin Doğu Kudüs civarlarında başkentlerini kurabilecekleri ve Eski Şehir'in bölgelerinde "koruma" ve "pratik özerklik" karışımı bir egemenliklerinin olabileceği, barış için toprak teklifini bir kez daha tekrarladı. Bazı dini bölgelerin kontrolü verilecekti ama dünyada Müslümanların üçüncü en kutsal yeri olan Harem-i Şerif'in tam kontrolünü değil.

Mülteciler için Clinton "tatminkar bir çözüm" sözü verdi. Ama geri dönüş hakkı Batı Şeria ve Gazze'deki Filistin devletiyle sınırlı olacaktı—şimdi İsrail olan eski Filistin'e olmayacaktı. Bunun yerine ABD mültecilerin –Lübnan, Ürdün, Suriye, Batı Şeria ve Gazze'deki birçok mülteci kamplarında şimdi sayıları beş milyondan fazla olan– yeniden yerleştirilmesi ve eski haklarının iade edilmesi için on milyar dolar civarında çok büyük bir yardım programı teklif ediyordu.

"Size saygım çok büyük, Bay Başkan," diye cevap verdi Arafat, Filistinli arabulucu Saib Erekat'a göre, "ama teklifleriniz çözüm için bir temel değil."

Başkan Clinton yumruğunu masaya vurdu ve Arafat'a bağırdı: "Halkınızı ve bölgeyi bir felakete sürüklüyorsunuz. Barak öneriler getirdi ama siz onları ciddiye almadınız."

"Buraya tüm dünyadaki Arapları, Müslümanları, Hıristiyanları temsil etmeye geldim," dedi Arafat. "Barış yapmaya geldim ve sizin veya herhangi birinin tarihe beni hain olarak yazdırmasını kabul etmeyeceğim." Arafat hâlâ kendini ulusal özgürlük hareketinin lideri olarak görüyordu ve FKÖ'deki otuz beş yılından sonra Doğu Kudüs'ün önemli yerlerinden vazgeçen kişi olarak anılmak istemiyordu. Arafat Harem-i Şerif'in dünyadaki Müslümanlar için önemini çok iyi biliyordu ve bu yüzden bu bölgede İsraillilerin, her ne kadar Tapınak Tepesi o bölgede olsa da, kısmi egemenliğini kabul etmesi olanaksızdı. Camp David'de geri dönüş hakkından vazgeçmeyi de kabul etmeyi reddediyordu, her ne kadar Filistinlilerin çoğuna ve aynı şekilde İsraillilere göre zaten Oslo ve iki devlet çözümünü kabul etmekle, bunu çoktan yapmıştı. Ama Arafat milyonlarca mültecinin sorununun önemini biliyordu ve hâlâ tedbir almaya çalışıyordu.

O gece, Arafat Filistin delegasyonuna toplanmalarını ve Camp David'i terk etmeye hazır olmalarını söyledi. O akşam geç saatlerde, Başkan, Arafat'ın kulübesine geldi ve delegasyonunu gitmek üzere bavulları toplu ve düzenli bir şekilde yerleştirdiklerini gördü. "Fikrinizi değiştirmeyecek misiniz?" diye Başkan sordu. Filistinli liderden kendisi dört günlük Japonya gezisinden dönene kadar ayrılmamasını rica etti. "Çarşamba günü G-8 toplantısına gidiyorum ve devletiniz için ihtiyacınız olan desteği sağlamalarını isteyeceğim," dedi Clinton Filistinli lidere. "Sizden istediğim Kudüs'te prensipte uzlaşmaya varmanız. Bütün istedikleriniz gerçekleşmese de bu sizin sorumluluğunuz."

Başkan Camp David'e 23 Temmuz'da geri döndü ve bir sonraki gün son kez Arafat'a baskı yaptı. Albright, Berger, CIA direktörü George Tenet ve Filistinli arabulucular Ebu Ala ve Saib Erekat'ın bulunduğu bir görüşmede, Clinton Arafat'a Kutsal Şehir'in Müslüman bölgesinin içinde "Bağımsız başkanlık birliği" teklif etti. Öneri hâlâ Harem-i Şerif üzerinde Filistinlilere tam egemenlik tanımıyordu, Arafat yine reddetti. "Yani ufak bir ada olacak ve girişler çıkışlar etrafını sarmış İsrailliler tarafından kontrol edilecek," dedi. "Biz bunu istemiyoruz. Biz 1967 yılında işgal edilmiş Kudüs'te tam bir Filistin egemenliği istiyoruz."

Bill Clinton öfkelenmişti. "Birçok şansı kaçırdınız," dedi Başkan Arafat'a; eski İsrail Dışişleri Bakanı Abba Eban'ın "Filistinliler bir fırsatı kaçırmak için hiçbir fırsatı kaçırmaz" sözünü yineledi. "İlk olarak 1948'de... Şimdi 2000 yılında yine kendinizi yok ediyorsunuz. On dört gündür buradasınız ve her şeye hayır diyorsunuz. Bunların bir sonucu olacaktır. Başarısızlık barış sürecinin sonu demektir. Lanet olsun, bırakın her şeyi ve sonuçlarına katlanın. Bir Filistin devletiniz olmayacak ve artık kimseyle dostluğunuz da kalmayacak. Bölgede tek başınıza kalacaksınız."

Arafat kımıldamamıştı. "Kudüs'ten vazgeçeceğimi hayal eden varsa çok yanılıyor," dedi Filistin Başkanı, Başkana. "Ben sadece Filistin halkının lideri değilim, ben aynı zamanda İslam Konferansı'nın başkan yardımcısıyım. Kudüs'ü satmayacağım. İsraillilere devam etmelerini söyleyin ama onlar işgalcidirler. Onlar cömert değiller. Onlar kendi ceplerinden değil ama bizim topraklarımızdan veriyorlar. Ben sadece 242 sayılı BM önergesinin uygulanmasını istiyorum. Ben sadece Filistin'in yüzde 22'sinden söz ediyorum Bay Başkan."

Clinton Arafat'a Kudüs üzerine uzlaşmaya varması için baskı yapmaya devam etmişti. Ama Arafat dünyadaki tüm Müslümanların Harem-i Şerif'in Filistinlilerin korumasında olmasını beklediklerini biliyordu ve bu yüzden hiçbir Filistinli egemenliğini resmen devredemezdi. Eğer böyle bir şey yaparsa herhangi bir barışın uygulandığını görecek kadar yaşayamayacağını biliyordu. "Bay Başkan," dedi Clinton'a, "cenaze törenime mi gelmek istiyorsunuz? Harem-i Şerif'te egemenliği İsrail'e vermektense ölmeyi tercih ederim."

Birkaç dakika sonra Arafat Başkana şöyle dedi: "Size saygım çok büyük ama görüyorum ki İsraillilerin etkisi altında kalmışsınız. Ben halkımın devrimlerini yönettim. Beyrut'un kuşatılması benim için Camp David'in kuşatılmasından daha kolay gelmişti. Devrim, barış yapmaktan çok daha kolay."

Barak da Arafat'a karşı çok öfkeliydi. Herhangi bir İsrailli başbakanın yapacağı barıştan çok daha ileri gitmişti. Arafat ise tersine, "iyi niyetle uzlaşmıyordu" ve hiçbir anlaşmaya varmaya niyeti yoktu. "O sadece her öneriye 'hayır' diyordu, kendinden hiçbir karşı teklif yapmıyordu," dedi Barak İsrailli tarihçi Benny Morris'e. Arafat, Barak'ın dediğine göre, İsrail'in "var olmaya hakkı olmadığına ve onu yok etmeye çalıştığına" inanıyordu. Bu ABD'de ve İsrail'de hakim olan bir görüştü: İsrail'in "cömert" önerilerini çeviren FKÖ başkanı Camp David'in başarısız olmasında tek suçlanacak kişiydi.

Camp David'de temsilci olan diplomatların da katıldığı diğer birçok gözlemci ise zirvenin başarısızlığının bundan daha karmaşık olduğuna ve kısmen Amerika'nın İsrail tarafını tutmasının ve Filistin bakış açısını anlama noksanlığının bir neticesi olduğuna inanıyordu. Eleştirilere göre Amerika'nın tam hazırlanamaması, Madeleine Albright'ın Dışişleri Bakanlığı ile Sandy Berger'in Ulusal Güvenlik Konseyi'nin rekabeti, Amerikalıların dediği gibi "bir sürü kendini beğenmiş" tarafından yönetilmiş "görevini yapamayan" bir uzlaşma çıkarmıştı.

Clinton-Barak analizine sert bir cevap Camp David'de bulunan Clinton'un ekibindeki Robert Malley ve eski Arap siyasi analist ve Filistin tarafının eski arabulucusu, bir dizi makalesinde bu tip analizlerin Filistin görüş noktasını hesaba katmadıklarını savunan Hüseyin Ağa'dan gelmişti. "Barış ve uzlaşma üzerine yapılan görüşmelere göre, Filistinlilerin çoğu iki devlet çözümüne isteyerek sarılmaktan çok boyun eğmişlerdi," diye yazıyorlardı Malley ve Ağa. Bununla beraber Camp David yolu, Oslo'da kapalı görüşmelere başlamıştı ve bunlar, 1991 Körfez Krizi'nde Arafat'ın Saddam Hüseyin'in Irak'ına yandaş çıkmasıyla ortaya çıkmıştı. Tüm dünyanın, Oslo'da Arafat'ın tarihi imtiyazı olarak gördüğünü, Filistinlilerin çoğu Amerika Birleşik Devletleri ve müttefiklerine karşı çıkan adamın teslimiyet olarak görüyordu. "İsrail'in varlığını kabul etmeye hazırdılar ama ahlaki yasallığını değil," diye yazmışlardı Malley ve Ağa Camp David'deki Filistin delegesi için. "İsrail'in toprak "teklifi", "cömert" olması veya "ayrıcalık yapma" fikri onlara iki misli yanlış gözüküyordu, bir vuruşta İsrail'in hakkını teyit ederken Filistinlilerinkini inkar ediyordu. Filistinlilere göre, "toprak verilmiyordu ama geri alınıyordu."

Bazı beyanlar, açıkça İsrail'in yüzde 92'lik önerisinin, Doğu Kudüs'te ve Ürdün Vadisi'nde eklenen toprak kayıpları hesaplandığında, gerçekte çok daha az olduğunu ve İsrail'in hava sahasında, akiferlerde, Batı Şeria'daki "yerleşim bloklarında" ve Filistin bölgesini bölen Doğu Kudüs ve Ürdün Nehri arasındaki İsrail'in "kıskacındaki" topraklarda egemenliğini elinde tutacak olduğu fikrini koruyordu. Gerçekte, bu eleştiriler Filistin'in bir devlet olamayacağını ama birçok parçalara bölünmüş, kısıtlı egemenlik ve kendi kaynakları üzerinde çok az kontrolü olan bir varlık olacağını yazıyordu. Tarihi bir uzlaşma isteyen Filistinliler için bile yıllarca süren mücadele ve fedakarlıkların sonucu olarak böyle bir şey kabul edilemezdi.

Malley ve Ağa ABD ekibini "İsrail'in bağımsız hareketlerine aşırı değer vermek" ve İsrail'in iç politikalarına aşırı hassasiyet göstermelerinden dolayı eleştiriyorlardı, "adil bir çözümden ziyade İsrail halkının hamzmedebileceği bir yaklaşımdı. ABD ekibi Barak'ın, kendisinin de yapmış oldukları da dahil, verilmiş bir öneriyi halkına satıp satamayacağını çok sık düşünmüştü. Sorulduysa bile, nadiren Arafat hakkında ona sorulmuştu." Barak Filistinlilere hiçbir İsrailli liderin önermeyeceğinden daha fazlasını önerirken, Malley *New York Times*'da, "İsrail'in kabul ettiklerinin başlangıç noktasından ne kadar ilerlediğine değil, ne kadar adil bir çözüme doğru ilerlediğine bakılmalıdır," diye yazıyordu.

Camp David'den iki ay sonra, 28 Eylül 2000'de sabah saat sekizde, Ariel Şaron Kudüs'teki en muhalif dini bölgesine, Eski Şehir'e gelmişti. Burası Yahudilerin Tapınak Tepesi, Müslümanların Harem-i Şerif olarak bildikleri bölgeydi. İki ay önceki Camp David zirvesinin başarısız olmasındaki en önemli unsur bölgenin kontrolüydü. Lübnan'daki mülteci kampları, Sabra ve Şatilla'da 1982'deki katliam neticesinde gözden düşen Şaron, İsrail politikasının el değmemiş bölgesindeki yolculuğundan geri dönmüştü. Netanyahu hükümetinde, Batı Şeria'da yerleşimin genişlemesine yardımcı olmak için altyapıda görev almıştı. Şimdi İsrailli Knesset'te en yüksek kademedeki muhalif olarak, Şaron, Müslümanların üçüncü kutsal yerleri olarak düşündükleri yere gelerek İsrail egemenliğini belirten mesajı veriyordu: Onlara göre, İsraillilerin Tapınak Tepesi, Batı Duvarı'yla (Ağlama), Harem-i Şerif (Kutsal Mabet), Kubbetüs Sahra ve El Aksa Camisi'nin kubbelerini de içine alan Müslümanların kutsal yerlerinin bulunduğu geniş bir kompleksti. Şaron'un hareketi, İşçi Partisindeki rakibi Barak'a ve Likud Partisi liderliğine itiraz etmeye yemin etmiş Netanyahu'ya politik bir meydan okumaydı. İsrail kanunlarına göre, Şaron'un Tapınak Tepesi'ni ziyaret etmeye hakkı vardı ve güvenlik nedeniyle Barak, Başbakan olarak, itirazlara neden olan Doğu Kudüs bölgesinde 1.500 İsrailli polisin ona refakat etmesini onaylamıştı.

Bir sonraki gün, El Aksa Camisi'ndeki Cuma namazının sonunda kalabalık bir Filistinli grubu İsrailli askerlere taş atmaya başladı. Göstericilerin çoğu, daha sonra yapılan araştırmalara göre gençler ve buluğ çağındaki erkek çocuklardı ve ateşli silahları yoktu. İsrail birlikleri gerçek mermilerle ateş açtı ve dört Filistinliyi öldürdüler.

Barak ve diğer İsrailliler Arafat'ı, Camp David'deki başarısızlıktan sonra terörün ve şiddetin parçası olarak yeni bir ayaklanma planlamakla suçladılar. Ama sonraki sekiz hafta İsraillilerden dokuz kat daha fazla Filistinli öldürülmüştü ve yaralı sivillerin sayısında da bir eşitsizlik vardı, hâlâ daha yüksekti. İsrail, Filistinlileri "İsraillilere ellerindeki makineli tüfeklerle ateş açacak erkeklerin önüne çocukları yerleştirerek etik" bulunmamakla suçluyordu. Birçok araştırmacı bu vakaları istisna olarak kabul etmişti. Ama daha sonraları, Mervan Barguti tarafından yönetilen, Fetih'in milis gücü olan Tanzim'in İsrail birliklerine yaptıkları saldırılarla, Filistin direnişi gerçekten daha şiddetli olmaya başlamıştı. Filistinliler, İsrail'in Lübnan'dan çıkışını Hizbullah'ın direnişine bağlıyordu ve Batı Şeria ve Gazze'yi de aynı paralelde görüyorlardı.

Ekim'de intifada İsrail içindeki diğer Arap toplumlarına da, Nazerat ve Galilee'deki diğer köylere de yayılmıştı. Filistinliler İsrail nüfusunun neredeyse yüzde 20'sini oluşturuyordu. "İsrailli Araplarla" polis arasındaki şiddetli çarpışmalarda on üç Filistinli ölmüştü. İsrailli sağ gruplarda, konuşmalar İsrail'den sürülmesi gerekebilecek Arapların hain "beşinci kolun" üzerine geri dönmüştü. Turizm Bakanı, Rehavam Zeevi dahil diğer önde gelen İsrailliler gittikçe benimsenen şu fikri savunuyordu: Tüm Filistinlileri Batı Şeria'dan Ürdün'e 'göndermek' ve Ertez Yisrael'i kurmak. Filistinli vatandaşlarının ölümü İsrail toplumunun çığlığına sebep oldu ve bir İsrailli Anayasa Mahkemesi Hakimi başkanlığındaki Soruşturma Komitesi polisin davranışını derin bir incelemeye aldı.

Bölünmüş ülkede güvensizlik artarken Dalia ve Yehezkel kendilerini Açık Ev'de bir adada buldular: Açıkça kendi ailelerinin 1948 yılından beri öykülerini anlatmaya başlayan Arap vatandaşlarının duygularını dökmeleri karşısında şaşkınlığa düşmüşlerdi. "Birdenbire Araplar açılmışlar ve acılarını ifade etmeye başlamışlardı," dedi Yehezkel. "Liberal, düzgün düşünen İsrailliler, kültürel köprüler ve anlaşmalar kurduklarını düşünenler, gerçekte, her zaman görülen sorunlardan başka ve İsrail toplumunda çapraz-kültürel karşılaşmadan ve birlikte var olma faaliyetinden çok daha fazlasına gerek duyulan adaletsizlikler ile yüzleşmek zorunda kalmışlardı. Toplumsal arenada sosyal ve politik değişime gerek vardı." Aynı yılın sonbaharında İsrail Knesset'inin bir üyesi, İsrail'deki Arapların durumlarını iyileştirmek için kurulan ulusal bir düşünce platformuna katılmalarını istemek için Dalia, Yehezkel, Mikail ve diğer Açık Ev destekleyicilerine yakınlaştı.

Ama İsrail'deki kutuplaşma büyük çapta zarar veriyordu. Ayrıca uzlaşma grupları kapanıyor ve bu grupların çalışmaları artan gerilimde olanaksızlaşıyordu. İsrail televizyonları sürekli olarak Ramallah'ta kızgın kalabalık tarafından linç edilen iki İsrail askerini ve vücutlarının muzafferane bir şekilde caddelerde sürüklenişini gösteriyordu. İsrail, "1948'den beri hiç olmadığı kadar çok kutuplaşmıştı—büyük bir olasılıkla Oslo'ya çok yüksek umutlarla bel bağladıkları için." "Ve sonra bir kenara atılmışlardı," diyordu Yehezkel.

İsrailliler hâlâ uzun zamandır düşman oldukları toplumla bir anlaşma istiyordu ama gelecek 2001 yılındaki seçimlerde Şaron'a destek gittikçe bir artış gösteriyordu. 2000 Aralık'ında El-Aksa intifadasının üçüncü ayında, Barak ve İsrailli arabulucular Arafat ve Filistinli ekip ile Mısır'ın kıyı kenti Taba'da buluşmuşlardı. Haberlere göre her iki taraf da, Doğu Kudüs'te Filistin egemenliği konusunda ve hatta çok az da olsa geri dönüş hakkı konusunda, Camp David'den çok daha fazla barışa doğru yaklaşmıştı.

1 Ocak 2001'de Netanya'da bir intihar bombacısı kırktan fazla İsraillinin yaralanmasına neden olmuştu. Clinton'un ikinci döneminin son bulmasına iki hafta ve İsraillilerin Barak ve Şaron arasında seçim yapmalarına bir ay vardı. Barak kısaca Taba görüşmelerini durdurdu ama "niyetinin ciddiyetinden son derece şüphelendiğimiz Filistinli lider eğer teröre bir son verirse" Washington'a bir temsilci göndereceğini söyledi. Konuşmalar hâlâ devam ediyordu ve bir noktada her iki taraf da gerçek bir anlaşmaya yakın gözüküyordu. Sonunda, geri dönüş hakkı konusunda başarısız olunmuştu. "Biz bir tek mültecinin bile 'geri dönüş hakkı' temelinde geri gelmesine izin veremezdik," diyordu Barak. "Ve sorunun yaratılmasında tarihi bir sorumluluk kabul edemezdik."

Zaman geçerken Taba görüşmeleri boşa çıkmış ve Şaron büyük bir çoğunlukla seçimi kazanmıştı.

Beşir çok gürültülü bir sesle uyandı. Çok aşina bir gürültüydü ve elli dokuz yaşındaki Beşir kapıda neyle karşılacağının bilinciyle hızla kapıya doğru yürüdü: İsrailli askerler evi kuşatmışlardı. İki yüz kadar asker olduğunu tahmin etti. 27 Ağustos 2001 yılının sabah saat 5:30'ydu.

"Neden bu kadar gürültü yapıyorsunuz?" Beşir, sol eli cebinde, kızgın bir şekilde yetkili memura sordu. "Uyuyan tüm insanları uyandıracaksınız! Kimi istiyorsunuz?"

"Beşir Hairi'yi istiyoruz," diye cevapladı memur.

"Beşir benim."

"Sizi istiyoruz. Eğer kıpırdarsan vururuz. Sizler bize bela oluyorsunuz."

"'Siz' dediğiniz kim?" diye sordu Beşir.

"Siz, FHKC."

"Ben FHKC'den değilim," diye ısrar etti Beşir.

Askerler Beşir'in etrafını sardılar ve bekleyen zeytin renkli cipe refakat ettiler. Ramallah'ın dışında dikenli tellerle çevrilmiş ve askerlerle köpeklerin devriye gezdiği bir çadır kampına alınmıştı. Vardığı anda satranç oynayan adamları gördü ve katılmak üzere yanlarına gitti.

Aynı gün, İsrail helikopterleri FHKC'nin Ramallah'taki üssüne, örgütün lideri, aynı zamanda eski ünlü FKÖ üyesi ve Beşir'in arkadaşı Ebu Ali Mustafa'nın ölümüne neden olan iki tane güdümlü füze gönderdi. Mustafa bugüne kadar İsraillilerin, Filistinli militanların öldürülmesi politikasında birinci hedefti.

Ebu Ali Mustafa'nın intikamı Ekim'de, Filistinlilerin Batı Şeria'dan kovulmasını savunan İsrail Turizm Bakanı Rehavam Zeevi, Kudüs'te Hyatt Oteli'nde kahvaltısını bitirdikten sonra kafasına iki kurşun sıkılarak alınmıştı. FHKC sorumluluğu üstlenmişti ve Şaron "teröristlere karşı savaş" naraları atmıştı.

Altı hafta sonra, 3 Aralık Pazartesi günü, Ariel Şaron Washington'da Başkan Bush ile bir toplantıdan dönmüş ve Filistin hükümetine savaş ilan etmişti. Nerdeyse 11 Eylül'den üç ay sonraydı ve ABD'nin Afganistan'ı işgal edeli sekiz hafta olmuştu. Şaron teröre karşı ABD'ye dayanışmasını sundu. Bundan iki gün önce, Kudüs ve Hayfa'da bir araba bombası ve üç canlı bomba 25 İsraillinin ölümüne ve 229 yaralıya neden olmuştu.

Pazartesi şafakta Amerikan yapımı F-16 savaş jetleri ve Apaçi helikopter hava desteği roket ve güdümlü füzeler ile Filistin Hükümeti üssüne, Gazze'deki ve Batı Şeria'daki polis binalarına saldırmış, Filistin havaalanını ve Gazze'deki Arafat'ın helikopterlerini bombalamış ve bir Filistin yakıt deposuna roket göndererek Gazze kıyısı üzerinde yoğun bir duman bulutuna neden olmuştu. İsrail tankları Batı Şeria şehirlerine girmiş ve bu bölgeleri tekrar işgal etmişti. 13 Aralık'ta intihar saldırıları devam etmiş, İsrail füzeleri Filistin'in Sesi radyosuna isabet etmiş, antenlerini devirmiş ve istasyonu devre dışı bırakmıştı. Helikopter hava desteği Arafat'ın Ramallah'taki ofisine mermiler yağdırmış, sadece bir parçası ayakta kalabilmişti. Arafat için Şaron'un kabinesinden yapılan bir bildiri geçersizdi. Yirmi yıl önce Arafat'ı Lübnan'dan süren adamın niyeti şimdi onun Filistin hükümetini parçalamaktı. Oslo resmen tamamen ölmüştü.

2002 Şubat'ında Arafat'ın, *New York Times*'ın konuk yazarları sayfasında bir ricası yayınlanmıştı. Burada "Filistinlilerin bu çatışmayı sona erdirmek istediklerini" ve "işgalin tamamen bitmesi ve İsrail'in 1967'deki sınırlarına geri dönmesi durumunda barışa hazır, Kudüs'ü açık bir şehir olarak ve her iki devletin, İsrail ve Filistin'in başkenti olarak paylaşmaya hazır olduklarını" bildirmişti. "Sıcak bir barış," diye eklemişti Arafat, "ama sadece eşit olarak masaya otururuz yoksa bir yalvaran taraf olarak değil; ortak olarak, bağımlı olarak değil; adalet ve barış çözümü arayanlar olarak, yoksa sadaka olarak ne atarlarsa onu alan yenik bir devlet olarak değil." Şaron ve hükümeti tepki vermedi. Onlar birçok şiddet olayını Arafat'ın idare ettiğine ve onun Camp David'de barış yapma niyeti olmadığına inanıyordu. Şubat'ın sonlarında İsrail Savunma Gücü Arafat'ın Gazze ve Ramallah'taki üslerine tekrar roket saldırıları yaparak onu kuşatma altına almıştı Ramallah'taki veya Mukata'daki binalar çok feci bir şekilde moloz haline gelmişti. Filistin liderliği "halkımız direnişine askeri işgal bitene ve işgalciler kovulana, özgürlüğü, bağımsızlığı ve halkımızın itibarı kesinleşene kadar devam edecektir." diye duyuruyordu. Arafat halkının desteğini kaybetmek üzereyken birden büyük bir popülarite kazanmıştı. Paramparça olmuş bir Filistin bayrağı, dumanı tüten yıkıntılar arasında dalgalanıyordu.

Bazı bölgelerde, Batı Şeria'nın yeniden İsrail tarafından işgali sırasında çok az Filistin direnişi oldu. Bazen direniş barışçıldı: Ramallah'ta doktorlar Arap Bakım Hastanesi'nde ilk yardım koğuşuna yaklaşan tankların önüne oturmuşlardı. Ama İsrail Nisan ayında Cenin'e saldırınca, Cenin mülteci kampından silahlı adamlar karşı ateş açmış ve bunu büyük bir savaş takip etmişti. İsrailli askerler zırhlı araçlarını terk ettiler ve Filistinli savaşçıların onlara tuzak kurdukları Cenin mülteci kampının dar sokaklarında silahlı adamları kovaladılar. Buna karşılık zırhlı İsrail Savunma Gücü buldozerleri kampa dalmış, 130 evden fazlasını, dükkanları ve mülteci kamplarını yok etmiş ve bazı insanları yıkıntıların altına diri diri gömmüştü. En azından elli iki Filistinli öldürülmüştü, bunlardan 22 tanesi sivildi. Çatışmada yirmi üç İsrailli asker öldü. İntifada çökmüştü ama süreç içinde Cenin'deki savaşçılar Filistinliler arasında kahraman olmuşlardı. Yeniden işgale karşı direnişin çok hafif olduğu Ramallah'ta bir fıkra dolaşıyordu: Müslüman bir kadın caddede bir grup erkeğin önünden yürüyerek geçti. Eşarbı gevşekçe bağlanmıştı ve saçı gözüküyordu. "*Hicabını* (baş örtünü) düzelt," diye adamlardan biri ihtar etti. "Burada erkekler var."

"Ah, öyle mi?" diye cevap verdi kadın. "İsrailliler Cenin'de sokağa çıkma yasağını neden kaldırdı o zaman?"

2002 yazında Şaron işgal bölgelerinde Filistin evlerini yok etme politikasını yoğunlaştırdı. Bu, 1930'larda Büyük Arap İsyanı'nda İngilizlerin yürürlüğe koyduğu politikaydı. İsrail politikası intihar bombacılarının ailelerine ve diğer militanlara karşıydı; "askeri nedenler" için önce Gazze'de; ve sonra Doğu Kudüs'te İsrail'in onlardan istediği izin olmadan, inşaat yapan

Filistinlilere karşıydı. İnsan hakları grupları, on bin ile yirmi iki bin Filistinlinin evlerini ve yüzlerce hektarlık zeytin tarlalarını ve diğer ürünleri ulusal güvenliği arttırmak için askeri stratejinin bir parçası olarak köklerinden sökülerek bu politika sonucunda kaybettiklerini tahmin ediyordu.

İsrail'de buna karşı çıkan seslerin sayısı artıyordu. Bunlardan en göze batanı genç bir İsrailli çavuşa, Ortodoks Yahudi'si ve Tel Aviv Hukuk Okulu'nun son dekanının oğlu, Yishai Rosen-Zvi'ye aitti. "Kadınlar ve çocuklar dahil yüz binlerce insana karşı zorla uygulanan bu kuşatmada yer alamam," diye çavuş Rosen-Zvi bir üstüne yazdığı bir mektupta bildiriyordu. "Tüm bir köyü açlığa mahkum edemem ve onların her gün işe gitmelerini veya tıbbi kontrollere gitmelerini önleyemem; onları politik kararların rehineleri haline getiremem. Şehirleri kuşatmak, helikopterlerle bombalamak terörü durdurmaz. İsrail halkının olumlu oyunu almak için yapılan bir rüşvettir ve bunun anlamı 'bırakın İsrail Savunma Gücü kazansın' demektir." İsrail politikalarının "terörün fidanlığı"nı yarattığını bildiriyordu genç "muhalif."

21 Kasım 2002'de saat sabah 7:00'den biraz önce Nail Ebu Hilal yüksek çimenlerden Batı Kudüs civarındaki Kiryat Menahem'e doğru süründü. Ebu Hilal yirmi üç yaşındaydı ve Batı Şeria'nın Beytülehem yakınlarındaki El Kader'dendi. Sıkıca çekildiğinde göbeğinde geniş bir tümsek yapacak kadar kalın bir palto giyiyordu.

Birkaç blok ötede Rafael Landau, ailesi, Dalia ve Yehezkel ile yaşadığı dört katlı apartmandan çıkıyordu. Bir okul günüydü; on dört yaşındaki Rafael ağır çantasını omuzlarına asmıştı ve merdivenlerden inerek otobüs durağına doğru yürümüştü.

Nail Ebu Hilal sabah 7:00 civarında 20 numaralı otobüse binmişti. Otobüs her gün işe gidip gelenlerle doluydu, çoğunlukla işçi sınıfı Yahudiler, göçmenler ve okula giden çocuklar vardı. Saat 7:10'da otobüs Meksika Caddesi'nde Kiryat Menahem'de durdu. Kapılar açıldı, daha çok işçi ve öğrenci bindi. Tam o sırada Ebu Hilal paltosunun altında vücuduna bağlı bombayı patlattı. Patlama otobüsü parçaladı, vücut parçaları pencere boşluklarından dışarı fırladı. Bir adamın gövdesi caddeye fırladı, patlayan bombanın sonucunda kırılmış camlar ve sıcak vidalar arasında kaldı. Çocukların okul kitapları ve sandviçleri etrafa yayılmıştı.

Saat 7:20'de Landau'ların dairesinde telefon çaldı. Dalia ve Yehezkel uyuyorlardı; Yehezkel Amerika yolculuğundan yeni dönmüştü ve hâlâ uçak tutmasının rahatsızlığını duyuyordu. Yehezkel telefona cevap verdiğinde, Kudüs'ün batısındaki evinden arayan arkadaşı Daniel'in endişeli sesini duydu.

"Sadece iyi olup olmadığınızı anlamak için aradım," dedi Daniel. "Radyoda bir otobüsün sizin evin yakınlarında, Meksika Caddesi'nde patlatıldığını duydum."

Rafael'in otobüsüydü, Yehezkel biliyordu, biraz evvel civardan geçmişti. Hemen telefonu kapattı ve televizyona koştu, patlamanın 20 numaralı bir belediye otobüsünde meydana geldiğini öğrendi; Rafael'in okul otobüsünde değil. İsrail televizyonunda canlı yayında izlerken büyük rahatlaması dehşete dönüştü. Ölü bir adamın kana boyanmış kolu otobüsün camından sarkıyordu. Beyaz maskeli ve eldivenli kurtarma ekipleri cesetleri Meksika Caddesi boyunca plastik torbalara koyup sıra yapıyorlardı. Biri vücudu mavi beyaz kareli bir battaniye ile kapatmıştı. On bir kişi ölmüştü, Yehezkel bunların dördünün çocuk olduğunu öğrenecekti. Ambulanslar kırk dokuz İsrailli yaralıyı hastanelere yetiştirmeye çalışıyordu.

Beytülehem'deki muhabirler Ebu Hilal'in babası Azmi'yi bulmuşlardı, Azmi onlara oğlunu bir şehit olarak gördüğünü söylemişti. "Bu Siyonist düşmanlara bir meydan okumadır," demişti.

UMUT

Bir sonraki gün, Başbakan Şaron İsrail birliklerine Beytülehem'e geri girmelerini ve şehri tekrar işgal etmelerini, askeri hapis uygulamalarına başlamalarını, her evi arayarak tutuklamalar yapmalarını ve Nail Ebu Hilal'in annesi, babası ve çocuklarıyla yaşadığı ev dahil olmak üzere beş evin patlatılmasını istedi. İki yıl önce İsrail'in güvenliğini arttırma sözüyle iktidara gelen Şaron zamanında bombacılar neredeyse İsrail'i altmış kez vurmuştu, bu sayı bundan önceki yedi yıldan aşağı yukarı iki kat daha fazlaydı. Şaron'un sözcüsü Arafat'ı ve Filistin hükümetini, "bölgeleri devretmek için verdiğimiz çabalar ve olası bir ateşkes için yapılan konuşmalar hepsi sadece bir gösteriymiş çünkü aslında mümkün olduğunca terörist eylemleri yapmaya çalışıyordunuz," diyerek suçladı.

Arafat intihar bombalarını, siviller "günlük hayatlarını yaşayan normal insanlardı ve onları hedef almak ahlaki ve politik bakımdan suçtur," diyerek kınadı. Bombalamalar, diye ekledi, işgale karşı "meşru direniş" yapmayı bile "kör terörizme" çevirmektedir.

İsrail'in Beytülehem'e girmesiyle Batı Şeria'daki önemli şehirlerin işgali, Erika haricinde tamamlanmış oluyordu.

Otobüs Hanukkah'ın, sekiz gece arka arkaya mumların yakılması ile belirgin olan Musevi kutlamaları sırasında patlatılmıştı. Bir gece patlamadan sonra, Dalia Kıryat Menahem'deki otobüs durağını ziyaret etmişti ve patlamada sekiz yaşındaki erkek kardeşi ve büyük annesi ölen buluğ çağındaki bir komşusuyla karşılaşmıştı. Yaşlı kadın torununu okula götürüyordu. "Arkadaşları onunla birlikteydi," dedi Dalia buluğ çağındaki çocuğu hatırlayarak. "Hepsi sessizdi. Sadece duruyorlardı." Bir ateş yakmışlar ve Hanukkah duasını tekrarlamışlardı: "Bizi kutsa, Tanrımız, kainatın efendisi, bizi emirleriyle kutsayan ve Hanukkah'ın ışığını yakmamızı emreden."

LİMON AĞACI

Ondan sonraki günlerde Dalia ve Yehezkel, orada yaşayanların ve ziyaretçilerin mumlardan, çelenklerden, gazete kupürlerinden, ölenlerin resimlerinden, dua kitaplarından, elle yazılmış şiirlerden ve mektuplardan oluşmuş türbeye dönen otobüs durağına muntazam olarak gidiyorlardı. Yas ifadelerinin yanında ölümlerin intikamını almaya söz veren yazılar da bulunuyordu: "Araplara hayır! Teröre hayır!"; "Ah İsrail halkı! Biz çok büyük çığlık atmadıkça bu hiç bitmeyecek! Ve sadece ondan sonra, Tanrı bizi duyacak ve cevap verecek"; "Gerçek barışa giden yol: Eğer biri sizi öldürmeye gelirse, onu, önce öldürerek ona engel ol!"

***

Saldırıdan sonraki gün Landau'lara yakın bir yerde yaşayan bir Arap sakini üç Musevi genç tarafından sırtından bıçaklandı. Sokağın sonundaki bir Filistinli fırın kızgın bir kalabalık tarafından taşlandı ve camları kırıldı. Birkaç gece koruma için polis istendi ve Yehezkel fırıncının ailesine üzüntülerini bildirmeye gitti ve grup liderlerini mantıklı davranmaya davet etmeye çabaladı. Ona hakaret ettiler ve Museviliğini sorguladılar. Yehezkel, *Tikkun* adlı dergide şöyle yazacaktı: "Bitmek bilmeyen terör saldırılarında onların kızgınlıklarını paylaşabilirdim, ama ben onların ırkçı ve nefret dolu davranışlarını şiddetle reddediyordum... İsrailli dostlarımı bu şekilde gördüğümde kalbim kırılıyordu, bunlara korku, kızgınlık ve hüzünle bunalmış Kudüs'teki komşularım da dahildi."

İntifadanın "zehirli atmosferi" ve intihar saldırıları Yehezkel'i yeni bir tür uzlaşma çalışmasına yönlendirmişti. Özellikle 11 Eylül'den sonra, arayışlarının "global ruhsal kriz"e işaret ettiğini düşünüyordu. Şifa, "içeriden ve dışarıdan ve bence en güçlü dışarıdan gelmeli" diyordu. Amerika'da daha çok zaman geçirmeye başlamıştı ve sonunda çalışmaya devam edebileceği Hartford Semineri'nde bir görev almıştı. "Gittikçe daha açık oluyordu," dedi, "Hartford'da olmalıydım ve Dalia da orada, Kudüs'te olmalıydı."

Diğer aileler Avrupa'da, Amerika'da veya Avustralya'da güvenli sığınaklar aramaya giderlerken Dalia onları izliyordu. "Birçok insan çocuklarını korumak ve daha güvenli bir yer bulmak amacıyla İsrail'den ayrılıyor," diye Dalia 2002'nin sonbaharında günlüğüne yazmıştı. "Ama bu düşmanlarımızın istediği şey değil miydi? Ama diğer taraftan, Rafael de o otobüste olabilirdi. Bu şartlar altında yapılacak şey neydi? İsrail'de ailesi veya arkadaşları dünyanın başka taraflarında olmayan birçok insan vardı. Onların benim burada sahip olduğum tercih lüksleri yoktu. Onları yüzüstü mü bırakmalıydım?"

Dalia kararını verdi. "Burada kalmayı seçiyorum," diye yazdı. "Zor günlerde gidersem kendi yüzüme bakmaya cesaretim olmaz. Acı çekmek ve umut etmek için burada bulunacağım. Bu olanların bir parçasıyım. Bu karmaşanın bir parçasıyım. Problemin bir parçasıyım çünkü Avrupa'dan geldim, çünkü bir Arap evinde yaşıyorum. Çözümün bir parçasıyım çünkü seviyorum."

On üç

YURT

EL Al 551 numaralı uçuşu güneyden Sofya havaalanına yaklaştı, Balkan Dağları üstünden geçti ve Bulgaristan'ın başkentine indi. 14 Temmuz 2004'te alacakaranlıktı. Bulgar Yahudileri inen uçağın pencerelerinden dışarı baktı. Çoğu doğdukları yere veya ebeveynlerinin doğdukları yere dönen İsrail vatandaşlarıydılar. Çoğu çocuktu. Bazıları ilk defa geri geliyordu.

Dalia Eşkenazi Landau portatif merdivenden korkuluğa tutunarak ve büyük kırmızı sırt çantasını omzuna yerleştirerek, ağır ağır indi. Solan ışıkta komünizm zamanında inşa edilmiş ufak terminal binasına yürüdü. Dalia 26 Ekim 1948 tarihinden beri, neredeyse elli altı yıldan beri, Bulgar topraklarına ayak basmamıştı. O gün, Moşe'nin erkek kardeşi, Jak ve karısı Virginia Sofya tren garına yeni İsrail devletine gitmek üzere yola çıkan aileyi uğurlamaya gelmişti.

Dalia konveyör kayışından bagajını aldı, Bulgar gümrükçülerinin önünden geçti ve hemen arkasındaki bekleme salonundaki yüzleri taradı. Kendi yaşlarında daha önce hiç karşılaşmadığı bir adamı arıyordu: Maxim, Jak ve Virginia'nın oğlu. Komünizm zamanında, Jak, partideki yüksek rütbesine rağmen, kardeşini İsrail'de ziyarete giderken hep çocuklarını evde bırakması istenmişti. Bunun sonucunda Maxim, Musevi devletinin ateşli savunucusu, hiçbir zaman oraya gelememişti ve kuzeninin neye benzediği hakkında hiçbir fikri yoktu. Tamamen beyaz giyerek gelmişti ve elinde Bulgar dilinde Dalia'nın adının yazılı olduğu bir işaret tutuyordu. Virginia seksen üç yaşındaydı ve duldu, kavuşma için evde bekliyordu.

※※

Üç gün sonra, Virginia, Maxim ve daha önce hiç karşılaşmadığı akrabalarıyla duygusal görüşmelerden sonra Dalia bir taksi ile Bulgaristan'ın ikinci büyük şehri Plovdiv'den ayrılarak Rodop Dağları'ndaki bir manastıra doğru gitti. Arka koltukta yanında, babası Mart 1943'te yüzlerce Musevi aile ile Plovdiv okul bahçesinde saatlerce beklemiş haham olan Susannah Behar oturuyordu. Tam o anda altmış yıl önce, Dalia'nın annesi ve babası Sliven'de, birkaç saat doğudaydılar. "Annem, *işte sonumuz*, diye düşünmüş," dedi Dalia Susannah'a.

Sarı Fiat, Chepelare Nehri boyunca kalın çam ormanı arasındaki iki şeritli yolda kıvrılıyordu. Seksen üç yaşındaki Susannah pencereden dışarı baktı, Dalia'ya o Mart'ta partizan savaşçılarına katılıp aynı tepelerde dolaşmak için okulun bahçesinden kaçmak üzere olduğunu anlattı. Eğer kaçmış olsaydı, Dalia, belki o zaman, Kral Boris'in faşizm lehdarı hükümetine karşı partizan savaşlarına katılmak için çalışma kampından kaçan Jak Amca'yla karşılaşırdı diye fikir yürüttü.

Taksi, on ikinci asrın sonlarında inşa edilmiş, Osmanlılar tarafından yakılmış ve sonraki yıllarda tekrar inşa edilmiş Bulgar Ortodoks Manastırı Bakovo'ya vardı. Dalia ve Susannah indiler ve halı satan, manda yoğurdu ve kutsal içecekler satan tezgahların önünden yürüdüler. İki yüz yıllık yaşlı lotus ağacının geniş yaprakları altından geçerek hedeflerine doğru ilerlediler.

İçeride, Dalia ve Susannah alçak bir kemerin altından yürüdüler, çiçeklerle, mumlarla ve duvarları asırlık fresklerle süslü bir odaya girdiler. Odanın her köşesinde yüzlerce mum yanıyordu. İlk önce gelme nedenleri olan şeyi göremediler. Sonra Dalia hemen onların yanında durduğunu fark etti: Kiril ve Stefan'ın mermer lahitleri, 1943 yılında Bulgarların Yahudi ulusunu Nazilere teslim etmesine karşı savaşan Ortodoks piskoposlar. Yad Vashem, İsrail'in Soykırım Anıtı, iki Hıristiyan piskoposu "Soykırım sırasında Yahudileri kurtardıkları için dürüstlük simgesi" olarak ilan etmişti. Bu iki piskoposun anısına "Doğruluk Ormanı"na ağaçlar dikilmişti.

Dalia parmak uçlarıyla mermer lahite dokundu, önce Stefan'ın lahitine sonra Kiril'in. Dudakları sessizce oynuyordu. Sonra, *hityakhadoot* duygularını anlatmak için İngilizce kelimeleri bulmaya çalıştı: Başka birinin ruhuyla yalnız olmak ve samimi olmak ve kalbinde onun ruhu için yer açmak.

Dalia, ona gülümseyen ve mum veren sakallı bir papaza yaklaştı. Onları yaktı ve biraz daha dua etti. Susannah odanın ortasında duruyordu, yakılmamış mumları elinde tutuyordu ve antik avizenin ağır ağır dönen kristallerine doğru bakıyordu.

Kutsal yeri ziyaretinin sonuna doğru, İsrail'e dönemeden birkaç gün önce, Dalia Sofya sinagogunda arkada bir tahta sırada oturdu. Balkanların en güzeli olarak biliniyordu, Dalia'nın gittiği herhangi bir sinagoga benzemiyordu. Kavisli kemerleri kubbenin koyu mavi, altın sarısı yıldızlarla boyanmış tavanına doğru yükseliyordu. Asırlar önce Viyana'dan ithal edilmiş harika bir avize kalın zincirlerle yüksek tahta kirişlere asılı duruyordu; sekiz ton ağırlığında olduğu söyleniyordu. Dalia sinagogun önündeki bir noktaya gözlerini dikti, Theodor Herzl'in ateşli Siyonistlere 1896'da konuşma yaptığı ve kendi anne ve babasının düğünleri için kırk dört yıl önce durdukları yere. Dalia o anı hayal ediyordu: Annesi beyazlar içinde, diri, canlı saçları omuzlarından akarken; babası elbisesinin içinde, omuzlarında gelecek hayatın sorumluluğunun ağırlığıyla, dimdik ve sinirli.

Altmış dört yıl sonra, onların kızları sessizce ve sakin bir şekilde sinagog sırasında oturarak olasılıkları düşünüyordu.

Beşir misafirlerini ısıtmak için çalıştırdığı propan ısıtıcı ile mücadele ediyordu. Sürekli yakma düğmesine basıyordu ama her seferinde düğmeyi bıraktığında alev sönüyordu. 2004'te kışın ilk günleriydi. Beşir düğmeye sağ işaret parmağı ile basıyordu, ta ki sonunda ateş alana kadar; ufak sıcak dalgası odayı doldurmaya başlamıştı. Bir an aklına geldi, gülümsedi ve misafirlerine bisküvi ve tatlı Arap çayı sunmak üzere ayağa kalktı.

Bir önceki yıl Beşir 2001 Ağustos'undan beri neredeyse bir yıl geçirdiği Ramallah hapishanesinden salıverilmişti. Kaç kere hapsedildiğinin hesabını kaybetmişti ama şimdi altmış iki yaşındaki Beşir'in en azından hayatının dörtte birini hücrede geçirdiğini söylemek doğru olurdu. Bu kez, Beşir hiçbir şey için suçlanmadığını, cezalandırılmadığını ve sorgulanmadığını söylemişti. "İdari tutuklu" halini genellikle satranç oynayarak ve çadır hapsinde ısınmaya çalışarak geçirmişti.

Bir arkadaşı, Beşir'in hapsedildiği gün ile ilgili bir öykü anlatmıştı. İsrail hapishane yetkilileri ondan terör eylemlerinde bulunmayacağını gösteren bir belge imzalamasını istemişlerdi. İsrail'in terör dediği şey Beşir için yasal bir direnişti. O İsrail adalet sisteminin yasallığını kabul etmiyordu ve hiçbir zaman neden hapsedildiği ona söylenmemişti; sonucunda bu belgeyi imzalamayı reddetmişti. "Eğer imzalamazsan," demişti gardiyan, "o zaman seni geri göndereceğiz." Beşir, gardiyana geri göndermelerini söylemişti. İşte o zaman, Beşir'in arkadaşlarına göre, İsrailli gardiyan ondan bir iyilik istedi: Burada birkaç dakika durabilir miydi, diğer gardiyanlara onunla işbirliği yapmış gibi görünerek? Bu her iki adamın da sorununu çözebilirdi. Beşir gülümsemesini bastırarak kabul etti ve birkaç dakika sonra serbest kalmıştı.

Veya öykü şöyle devam etmişti; Beşir bu konuda konuşmuyordu. "Ne zaman hapse girsem bir daha çıkamayacağımı hissediyordum," diyordu. "Ve her zaman çıktıktan sonra sanki orada hiç olmamışım gibi hissediyordum."

Beşir'in serbest kalışının hikayesini onaylamaması sadece gardiyanını küçük düşürmemek için değildi; anıları ve duyguları uyandıracak daha geniş bir sırrın parçasıydı. Bir ziyaretçinin bir duygu ifadesi fark ettiği zamanlar olurdu—yüz ifadesinin sertleşmesi, kaşlarının havaya kalkması ve Filistin direnişinden bahsederken yüzünün renginin değişmesi; el-Ramla'daki evinin bahçesindeki fitna veya limon ağacından bahsederken sesinin yumuşaması; Dalia hakkında konuşurken gülümsemesi veya gözlerini kısması. Ama politik detaylar konuşurken rahatsız oluyordu veya ailesi ile özel ilişkilerinden veya çocukluğundaki anılardan bahsederken. Üzerinde en az konuşulan en önemli anısı elini kaybetmesiydi. Başparmağı, elinin normal görünmesini sağlayarak cebine devamlı asılı duruyordu; elinin olmadığını öğrenmeden ziyaretçilerinin veya arkadaşlarının ayları hatta yılları geçebiliyordu ve sonunda bir şekilde bu trajediyi bir başkasından duyuyorlardı. "Beşir neden protez el yaptırmadın?" diye kuzeni Gıya bir kere Kahire'de hukuk okurlarken sormuştu. "Yüzü *şu* renk olmuştu," dedi Gıya mor gömleğini göstererek. "Bu olay onu anlaşılmaz yapmıştı."

Beşir koruma odasına üstünde bisküvi ve üç ufak fincanla bir çaydanlık olan tepsiyle geri döndü. Ütülenmiş gri pantolon, gri V-yaka süveter ve mavi anorak giymişti. Arap edebiyatı ve politik düşünceler ve iki cilt İngilizce: *Aklın Çağı ve Aydınlanma Dönemi* kitapları ile dolu kütüphanenin yanında oturdu. Cemal Abdül Nasır'ın resmi beyaz duvarlardan aşağı doğru bakıyordu, yanında el-Ramla'daki evinin siyah beyaz resmi duruyordu. Resim 1980'lerde çekilmişti, Beşir'in Lübnan'da sürgünde olduğu zamanlarda ve bir katlı evi on dört sıralı beyaz Kudüs taşları ile ve damında bir televizyon anteni ile gösteriyordu. Büyük bir palmiye ağacı çerçeveden taşıyordu. Önüne elden düşmüş bir araba park etmişti. Çocuklar Ahmed Hairi'nin 1936 yılında yerine koyduğu kapıdan geçiyordu.

Ahmed'in oğlu üç çay kaşığı şekeri dumanı tüten bardağına koydu ve karıştırırken ziyaretçilerine bugün için programlarının ne olduğunu sordu; uzun röportajların yapıldığı birçok günlerden biriydi. Ziyaretçileri el-Ramla'dan yeni dönmüşlerdi ve Beşir eski sokaklarının yeni İsrail isimlerini dinlerken ifadesiz bir yüzle oturdu. Hanım'ın Beşir'i karşılaştırmayı sevdiği ikinci halife Ömer'in adını alan caddeye şimdi Jabotinsky, İsrail sağ kanadının kurucusunun adı verilmişti. "Hiçbir fikriniz var mı," diye bir süre sonra Beşir sordu, "sizin oraya gidip benim gidememenin bende yarattığı duygulardan?" Aslında Beşir, Hanım, Bahayat ve diğer aile bireylerini ziyaret etmek için Amman'a bile gitmekte zorlanıyordu çünkü İsrailliler ona gerekli olan izni vermiyordu. "Beşir'i gerçekten çok özlüyorum," dedi Hanım Amman'a gelen ziyaretçisine. "Amman'a gelemiyor. Bu sefer Ramallah'ta hapiste. Açık hapishane, büyük hapishane. Artık yaşlanıyorum ve ben de oraya fazla gidemiyorum."

Beşir tekrar ayağa kalktı ve aile ağacının fotokopileriyle geri döndü. İsimler Arapça yazıyla, oklarla daire içine alınmıştı ve tarihler dört asır geriye gidiyordu; Hair el din el Ramlavi'den, on beş nesilden yirmi birinci asra, Batı Şeria, Ürdün, Suudi Arabistan, Katar, Kanada ve Amerika Birleşik Devletleri'ndeki Hairi diasporasına kadar. "Tüm dünyada Hairilerin şimdi İsrail olan Hair el din'in vakıf topraklarında hâlâ hakkı var," diyordu Beşir. "Osmanlı döneminden belgeler var," dedi Beşir sol eli cebinde. "Bu belgeleri bulmak için İstanbul'daki mahkemelere gidebilirsiniz."

Beşir gibi birçok Filistinliye göre bu haklar 1948'de BM önergesi ile konmuştu, üstünlüğünü koruyordu; diğerlerine göre, şimdi otuz sekizinci yılı olan işgalin sona ermesinden daha az önemliydiler. İkinci ayaklanmanın patlamasından sonra, on sekiz yaşın altında 550 Filistinliden fazlası öldürülmüştü. Bu o yaşlarda olan İsraillilerin beş katıydı. En son kurban silahsız, on üç yaşında Filistinli bir kız, İman el-Hams'dı. İsrailli bir asker tarafından vurulup öldürülmüştü, asker arkadaşlarının raporuna göre vücuduna mermileri yağdırmıştı. Düzinelerce on yaşın altında çocuk öldürülmüştü; on üç bebek anneleri kontrol noktalarında doğum yaptıklarında öldürülmüştü. Bir yazar "Bunun gibi korkunç istatistiklerle, kimin terörist olduğu sorusunun cevabı, her İsrailli için önemli bir yük olmaktadır," diye yazıyordu. "Kim inanırdı ki İsrail askerleri yüzlerce çocuk öldürecek ve İsraillilerin çoğunluğu buna sessiz kalacak?"

    Kendi şehirlerinden veya köylerinden çıkan Filistinlilerin aşağılanmayla karşılaşması kaçınılmaz olmuştu. Beşir aylardır İsrailli yetkililerin kendisine Ürdün'e tıbbi tedaviye gitmesi için gerekli izni vermelerini bekliyordu. Çeşitli raporlar ambulansların kontrol noktalarında geçişleri reddettiğini belgeliyordu. Diğer Filistinliler çukurlu, çamurlu geçişlerde uzun kuyruklara veya kontrol noktalarında yaya olarak turnikelere katlanıyordu. Bir olayda, keman dersine giden genç bir Filistinli'den İsrailli askerler müzik aletini çıkartmasını ve geçmeden önce "hüzünlü bir şeyler çalmasını" istemişlerdi. Bu olay, çoğu İsrailli'nin aklına, toplama kamplarında Yahudi kemancıların Nazi subayları için keman çalmaya zorlandığı günleri hatırlattı ve bir öfke yarattı. Eleştirenlerin çoğu kontrol noktalarının İsrail'i intihar bombacılarından korumak için gerekli olduğuna ama genç Arap kemancının, Vissam Tayim'in aşağılanmasının İsrail'in etik otoritesinin kuyusunu kazdığına ve Soykırım'ın anısını rezil ettiğine inanıyordu.

    Filistinlilere göre yoğun işgalin etkileri artan öfkeyi dolduruyordu ve politik eylem üzerine yapılan tartışmaları keskinleştiriyordu. Beşir'in kendi ailesinin içinde bile karşıt görüşler dile getiriliyordu.

"Eğer toprakları geri almak istiyorsan," diyordu Gıya Hairi, "nesiller ve nesillere ihtiyacımız var. Tarihin tam dönüşüne. Yeni bir güç dengesine." Gıya Ramallah'taki evdeydi, ailenin oturma odasında kolasını yudumluyordu. Gıya Beşir'den birkaç yaş daha büyüktü; 1948'de Beşir'den hemen sonra el-Ramla'dan ayrılmıştı; 1960'ların başında Beşir ile Kahire'de hukuk okumuştu; 1967'de Beşir ve kuzeni Yaser ile Ramla'ya otobüs ile geri dönmüştü; Beşir'in Supersol bombalamasından hapse girmesinden sonra kız kardeşi Nuha ile evlenmişti. Çiftin üç çocuğu vardı.

Kuzenin ve etrafındakilerin çektikleri onca acıya şahit olduktan sonra, Gıya pratik bir tutum benimsemişti. "İki yüz yılda dünyanın haritasını çizemem," dedi. "Yüz yıl önce Sovyetler Birliği yoktu. İki yüz yıl önce Osmanlı birlikleri Viyana'daydı. İki yüz yıl önce Almanya diye bir yer yoktu. Bundan sonraki yüz yılın ne getireceğini kim söyleyebilir? Şimdi İsrail Amerika'yı yönetiyor. Ama yüz yıl sonra ne olur bilmiyorum. Geriye dönememin nedeninin İsrail olduğunu biliyorum. Bu yüzden şöyle haykırıyorum: Gelecek nesiller için plan yapmıyorum. Bu konuda hiçbir şey yapamayız."

Nuha gerilmiş Gıya karşısındaki koltukta oturuyordu. "Yurdumuza dönmeye hakkımız var," dedi. "Her tarafa dağıtılamayız. Ve bu arada, bizim evimizde yaşamak için onlar her taraftan geldi." Kollarını kavuşturdu. "Birileri Amerika'yı geri dönme hakkı konusunda ikna etmeli. Herkes kendi evine gitmeli. Ya bize ne oldu elli altı yıldır? Kim bize bakıyor? Herkes sadece kendine bakıyor. Geldikleri yere geri dönmeliler. Veya Amerika'ya gitmeliler. Orada çok yer var."

"Bunlar rüya, rüya!" diye bağırdı Gıya.

"Bu adalet," diye karşılık verdi Nuha. "Ve bir çözüm."

Gıya geri çekilmeyecekti. Ona göre günün sorunu geri dönmek değil işgaldi. "Her gün, her gece İsrailliler buraya geliyor," dedi misafirlerine. "Geçen hafta bir düğüne gittik ve İsrailliler damadı tutukladı! Yine de George Bush Şaron'un barış adamı olduğunu söylüyor. Bu bir şakadır, bayım. Biz *les misérables*'iz. Hiçbir şey yapamıyoruz! Zayıfız ve onlar güçlü ve zayıf olduğumuz için ayaklanmaya hiç kalkışmayacaktık. Buna inanmıyorum. Hamas 'El-Aksa Ayaklanması' adını verdi. FKÖ onu "Filistin Özgürlük Ayaklanması" olarak değiştirdi. İsrail ona 'güvenlik duvarı ayaklanması' adını verdi. Ve kim kazandı?"

"İsrailliler," dedi Nuha sakin bir şekilde.

"Ayaklanma bu duvarı bize getirdi," diye açıkladı Gıya. Omuzlarını silkti. "Ben pratik bir insanım. Bir şey yapamadığıma göre hiçbir şey için üzülmem. Eğer istediğiniz olmuyorsa o zaman olanı isteyin." Gıya artık radikal Filistin politikalarının halkın çıkarına olduğuna inanmıyordu. "1984'te Beşir'in serbest bırakılmasından birkaç ay önce hapishaneye gittim," dedi. "Bak Beşir, dedim. On beş yılını bir İsrail hapishanesinde geçirdin. Artık senin için yeter."

Beşir kendinden büyük kuzenine baktı. Bir şeyi açıklığa kavuşturdu: Geri dönme hakkından veya bunun uğruna nasıl gerekiyorsa o şekilde savaşma niyetinden vazgeçmeyecekti. "Ona 'saçmalıyorsun' dedim," diye anlatıyordu Gıya.

"Beşir'in kız kardeşi olmaktan gurur duyuyorum," dedi Nuha. "Direnişe inanıyorum. İsraillilerin bize yaptıkları karşısında sessiz kalamayız." Nuha sustu ve kocasına baktı. "Beşir gibi olmanı isterdim."

"Hiçbir zaman Beşir gibi olmayacağım," diye cevap verdi Gıya. Misafirlerine döndü. "Beşir ile benim aramda bir rekabet var," dedi ufak bir gülümseme ile. "Ve bizler kuzeniz."

Nuha televizyon kumandasını aldı. *Güzel ve Çirkin* ekranda gözüktü, Arapça alt yazıyla.

"Evlerimize geri dönmeliyiz," dedi.

Dalia kiralık arabanın ön yolcu koltuğunda oturuyordu, dümdüz ileri bakıyordu ve normal gözükmeye çabalıyordu, sanki o da bir gazeteciymiş gibi ve Kudüs'ten kuzeye, Ramallah'a İsrail askeri kontrol noktasını geçmesi, onun için olağanmış gibi. Aslında İsrailli sivillerin işgal bölgelerine geçmesi yasaktı ve Dalia geri çevrilme riskinin olduğunu biliyordu. Ama asker sadece sürücünün Amerikan pasaportunu kontrol etti ve sürpriz bir şekilde oynadıkları kumar işe yaradı: Dalia kontrol noktasını geçmişti ve Ramallah yolundaydı. Burası Kalandiya'ydı, 1957'de Ahmed ve Beşir'in uçaktan indikleri yerdi; on yıl sonra, Beşir'in Ramallah'ta evinin damından İsrail tanklarını gördüğü yerdi.

"Aman Tanrım," diyerek Dalia derin nefes aldı. Solunda, güneye giden uzun bir araç kuyruğu neredeyse oldukları yerde donmuştu. Genç Filistinli erkekler, çocuklar sinirli, hareket edemeyen sürücülere, arabaların arasından geçerek sakız, kaktüs meyvesi, salatalık, mutfak gereçleri ve sabun satmaya çalışarak geçiyordu. "Filistin gümrüksüz malları," dedi, Dalia'ya refakat eden Amerikalı gazeteci Nidal Rafa.

Arabaların ve seyyar satıcıların hemen arkasında Dalia'nın itirazlarına neden olan şey duruyordu: Kuzeye doğru ilerleyen, yükselen beton bir perde. Bu İsrail'in, Batı Şeria'yı İsrail'den ve bazı durumlarda Batı Şeria'yı kendisinden ayıran "güvenlik duvarı"ydı. Bu duvarın inşaatı 2002 yılında başlamıştı ve altı bin işçi, hendek kazma, dikenli telleri çekme, nöbetçi kulübelerini yerleştirme, beton dökme, on binlerce elektronik sensor takma işinde çalışıyorlardı. Kısmen duvar, kısmen elektrikli çit olarak inşaat projesi 1.3 milyar dolar maliyetindeydi ve her mil 3 milyon dolardan daha fazlaydı. "Çitin tek amacı, Batı

Şeria'dan kaynaklanan korkunç terör dalgasına karşı güvenliği sağlamak" diye açıklamıştı İsrail.

"Duvarı yapıyorlar böylece gözlerimizin içine bakmak zorunda kalmayacaklar," dedi Nidal.

Filistinliler duvarı "ırk ayrımcı duvar" olarak adlandırdı ve İsrail'i güvenlik aldatmacısıyla Batı Şeria'dan daha fazla toprak çalmakla suçladı. Duvar 1967 sınırını veya Yeşil Hattı takip etmemiş ve bazı durumlarda yerleşim yerleriyle birleşerek Batı Şeria topraklarının iyice içine girmişti. 2004 yazında Den Haag'daki BM Uluslararası Adalet Mahkemesi, "Bu tür bir duvarın inşaatı geçerli olan uluslararası insanlık kanunu gereğince İsrail'in yükümlülüğünde ihlali teşkil ediyor" diye karar verdi. Mahkeme İsrail'in, Batı Şeria topraklarını politik yerleşim bedeli olarak kendi topraklarına katmasını "emrivaki" olarak nitelendirdi. İsrail, "Eğer terör olmasaydı o zaman duvar olmazdı" diye açıklama yaparak mahkemenin kararını reddetti. İsrail daha da ileri giderek bu konuda uluslararası mahkemenin yargılama hakkı olmadığını söyledi. Beyaz Saray da BM mahkemesinin "politik bir konuda çözüm getirecek uygun bir forum" olmadığını tasdik etti. Demokratik başkan adayı John Kerry, duvarın "kendini savunmak için yapılmış yasal bir hareket" olduğunu söyledi ve "bunun Uluslararası Adalet Mahkemesi'nin ilgileneceği bir dava," olmadığını belirtti.

Kiralık araba çukurlarla dolu yolda zıplayarak Ramallah'a gelen ziyaretçiler için asılmış 'hoş geldiniz' pankartının altından geçti, trafik ışıklarından sola döndü ve Filistin el eşyaları satan bir dükkanın yakınlarında durdu. Dalia arabadan indi ve binanın girişinde bekledi. Dalia için tercüme yapacak olan Nidal yanında duruyordu.

"Önce sen gir," dedi Nidal.

"Hayır, lütfen önce sen," dedi Dalia. "Biraz saklanmama izin ver. Yedi yıl oldu." Merdivenlerden çıktılar.

Beşir ikinci katın sahanlığında bekliyordu.

Beşir ve Dalia, Beşir'in ofisinin dışındaki koridorda durdu ve uzun süre dudaklarında geniş gülümsemeyle doğrudan birbirlerinin yüzlerine bakarak el sıkıştılar. *"Kif hallek?"* dedi Beşir. "Dalia, nasılsın?"

Dalia yeşil İbranice harfler basılı beyaz kağıt torbayı Beşir'e uzattı. "Bir parça limon keki, Beşir," dedi.

Beşir Dalia'yı ofisine götürdü ve tekrar yüz yüze geldiler, hâlâ ayakta duruyorlardı. "Yehezkel nasıl?" diye sordu Beşir İngilizce. "Rafael? Oğlun nasıl?"

"Rafael şimdi on altı yaşında. Koleje gidiyor. Bilgisayarları seviyor. Ahmed'in on sekiz yaşında olduğunu ve Harvard'a gideceğini duydum!"

"Sadece dört yıl için."

"Yılların onun için bir anlamı yok," diye vurguladı Dalia Nidal'a bakarak. "On beş yıl hapiste geçirdi."

Beşir başını salladı; gümüş saçları çelik çerçeveli gözlükleriyle uyumluydu. Haki pantolon ve haki anorak ceket giymişti. "Artık yaşlanıyorum," dedi. "Altmış iki oldum."

"Gri ona çok yakışıyor," dedi Dalia. "Söyle ona Nidal. İyi, harika!" Nidal tercüme edince Beşir'in yüzü kızardı.

Dalia geldiği andan itibaren Beşir gülümsüyordu; şimdi yüzü değişmişti. "Seni görmeye can atıyordum ama senin için korkuyordum. Özellikle her gün gelen haberlerle. Duvar, tutuklamalar, evlerin yıkımı... Durum sakin değil. İnsanların gerginliğini görebilirsin. Ne olabileceğini asla bilemezsin."

Beşir, Dalia'yı beklemiyordu veya bu evde ağırlayacağını düşünmemişti. Teyit etmeyince ve kontrol noktalarını geçmenin zorluğunu da göz önüne alınca onun gelmeyeceğini düşündüğünü açıklamıştı Beşir.

Bir sessizlik oldu; Beşir çay suyu ısıtmak için bir an kayboldu ve sonra iki eski arkadaş yerleri taşlı dar ofiste sehpanın önünde karşılıklı yastıklı sandalyelere oturdu.

"Her şey yolunda mı?" diye sordu Beşir.

"Ne söyleyeyim?" diye cevap verdi Dalia. "Bu soruya cevap veremeyeceğim."

"Rafael'in dersleri iyi mi?"

"Evet."

"Tabii bu çok normal. Senden ve babasından almış."

Dalia ellerini ovuşturdu ve ofise baktı. Solundaki duvarda, 2001 yılında İsrail helikopterlerinin roketiyle suikasta uğramış FHKC ve FKÖ yetkilisi Ebu Ali Mustafa'nın resmi asılıydı.

"Arkadaşın mıydı?" diye sordu Dalia uzun bir sessizlikten sonra.

"Evet, iyi bir arkadaştı. Apache'den atılan iki roket ile öldürüldü."

Beşir bir an ayağa kalktı ve plastik bardaklarda dumanı tüten çaylarla döndü. Konu hapishaneye döndü. Dalia 1971'de kolejde öğretmenlik yaparken onun Ramla'da olup olmadığını sordu.

"Belki oradaydım, hücre hapsinde," diye cevapladı Beşir. "Bir yıldan az kalmıştım. On yedi tane hapishanedeydim."

"Yani dolaşıyordun. Büyük turdaydın. Hapishane turisti!" Dalia rahatsız bir şekilde güldü. "İyi davranan bir gardiyan var mı?"

"Bir Romen gardiyan vardı. İyi bir adamdı."

Beşir saatine baktı. Dalia çay bardağını devirdi, üzerini ıslattı ve telaşlandı.

"Merak etme! Merak etme!" dedi Beşir Dalia üzerini bir mendil ile kurularken.

"Romen gardiyan yeğenimden gelen mektupları tutardı çünkü hapishane müdürü onlara el koyardı," diye devam etti Beşir.

"Bir kere Rabin'in hapishanede seni ziyaret ettiğini söylememiş miydin?"

Evet, dedi Beşir, o zaman Nablus yakınlarındaki Jneid hapishanesindeydi, Lübnan'a sürülmeden önce. Beşir mahkumların temsilcisiydi. "Ben ve hatta Haim Levy" –hapishane komisyon üyesi– "ona bu şartlarda köpeklerin bile yaşayamayacağını söylemiştik."

"Savunma Bakanı olarak mahkumlarla oturmaya gelmesi ilginç," diye dikkat çekti Dalia.

"Ben mahkumdum. O Savunma Bakanı'ydı. Bir şey değişmedi."

Dalia, Rabin'i ve Oslo'yu düşünüyordu. "Ama Beşir, –onun gibi birinin bir şeyleri değiştirmek için bir şeyler yaptığını düşünmüyor musun– bazı gelişmeler yaptı, onun durumunda değişiklik yapabileceği kadar, biraz ilerlemek için—bir uzlaşma yapmak ve senin halkına elini uzatmak?" sorusunu bitirmeden bırakmıştı.

Beşir öne doğru eğildi. "Filistinliler için günlük hayatlarında bir değişiklik olmadı. Kötüden daha kötüye gitti. El-Ramla'ya geri dönemedim. Bağımsız bir devletimiz yok ve özgürlüğümüz yok. Hâlâ bir yerden bir yere, diğer bir yere, diğer bir yere ve diğer bir yere giden mülteciyeriz ve her gün İsrail suç işliyor. Hatta ben Açık Ev'in yönetiminde bile olamıyorum. Çünkü ben Filistinliyim, İsrailli değil. El-Ramla'da benim tarihim varken, dün Etiyopya'dan gelen biri Yahudi ise tüm haklara sahip olur. Ama onlara göre ben yabancıyım."

Dalia kollarını sıkıca göğsünde kenetlemişti. Kollarını açtı ve derin bir nefes aldı.

"Beşir. Belki şimdi söyleyeceklerimi söyleme hakkım yok. Eğer ikimiz de burada yaşayacaksak ikimizin de fedakarlık yapması gerekir. *Fedakarlık yapmamız gerekir.* Ve bunu benim söylememin doğru olmadığını biliyorum. Yani, sen Ramla'da evinde yaşayamıyorsun. Biliyorum adil değil. Ama uzlaşma yapmak isteyen insanları güçlendirmemiz gerektiğini düşünüyorum. Bunu hayatıyla ödeyen Rabin gibi. Ülken için, uzlaşmaya ve bize burada yer açmaya hazır olanların elini güçlendirmen gerekir. İsrail devletini kabul etmemekle veya Filistin devletini kabul etmemekle hiçbirimizin burada gerçek bir hayatı olmadığını düşünüyorum. İsraillilerin de burada gerçek bir hayatları yok. Ama eğer siz iyi değilseniz, biz iyi değiliz. Ve eğer biz iyi değilsek, siz iyi değilsiniz."

Dalia bir daha derin bir nefes aldı. Sandaletlerini ayağından çıkardı ve ofis sandalyesinde ayaklarını altına aldı. "Bugün kontrol noktasından geçiyordum," dedi. "Duvarı görebiliyordum—kalbin içindeki bir duvar gibi. Ramallah'ta hapiste olduğunu söyledin. Ben kimim ki, senin gibi kendini böyle bir durumda bulanlara, halkımın yeri olması için fedakarlık yapması gerektiğini söylüyorum? Senin bakış açından anlıyorum, haksızlık. Ama sen, benden ve geçmişimden biliyorsun İsrail devletine ne kadar bağlı olduğumu. Ve sana bu devlet için yer açmanı nasıl rica edebilirim? Ama eğer bilsem veya bilsek İsrail devleti için yer açabileceğinizi, öncelikle kalplerinizde, sonra bu temel üzerinde bir çözüm bulabiliriz. Halkım ne kadar daha az tehdit altında hisseder kendini. Bu anlayışı hakkım olmadığı halde sana söylüyorum. Sadece rica ediyorum. Bu benim ricam."

Nidal tercüme ederken, Dalia ve Beşir birbirlerine gözlerini dikmişti, gülümsemiyorlardı, kaşlarını çatmıyorlardı, gözlerini kırpmıyorlardı, gözleri kilitlenmişti. Limonlu kek masanın üzerinde beyaz torbada unutulmuş duruyordu. Bir buzdolabının sesi yan odadan yankılandı ve oynayan çocukların sesi açık pencereden içeri süzüldü.

"Dalia, otuz yedi yıl önce ilk karşılaştığımız zamanı hatırla; seni ziyarete gelmiştim," dedi sonunda Beşir. "O zamandan beri daha çok yerleşimler, toprak hacizleri oldu ve şimdi bu duvar—burada nasıl bir çözüm olabilir? Burada bir Filistin devleti nasıl olabilir? Kalbimi senin söylediğin gibi nasıl açabilirim?" Tabii Beşir'e göre sadece duvarın yıkılması ve eski Filistin'in yüzde 22'sinde bir Filistin devletinin kurulması çözüm değildi; çözüm değişmemişti, "bir devletin olması ve bu, bir devletin içindeki insanların din, milliyet, kültür, dil gözetilmeden eşit yaşamalarıydı. Herkes eşitti, herkes eşit şartlara sahipti, kendi yöneticisini seçme ve seçilme hakkı vardı." Bu çözümün merkezinde geri dönüş vardı.

Beşir'in görüşlerini Filistinlilerin çoğu destekliyordu ama Oslo'dan beri gelişmiş olan bölünmenin tarafında duranlar da vardı. Onların arasında onun fikirleri gerçekçi durmuyordu ve kuzeni Gıya'nın da düşündüğü gibi mantıksız bir rüya olduğu noktasında hemfikirdiler. Ama son yıllarda, Filistin diasporasında geri dönme temelinde bir hareket gelişmişti; mülteci kamplarından Avrupa ve Amerika'da uzun zaman önce yok edilmiş köylerinin öyküleriyle büyümüş genç, daha zengin Filistinlilere. Beşir geri dönme haklarının kutsal ve pratik olduğuna inanıyordu. Oslo tipi çözümlere karşı, sayıları gittikçe çoğalan Filistinliler gibi o da geri dönüş olmadan anlaşmazlığın ebedi olacağına inanıyordu. "Ve her iki halk için de trajedi olacaktır," dedi Dalia'ya.

Beşir, "kuvvetli olanın tarih yarattığına" inanıyordu ama hapiste ve sürgünde geçirdiği yıllar ona uzun vadeli görüşleri anlamasında yardımcı olmuştu. "Bugün zayıfız," dedi. "Ama böyle kalmayacağız. Filistinliler nehir yatağındaki taşlar gibidir. Kolay yok edilemeyiz. Filistinliler Kızılderililer değildir. Tam tersine: Sayılarımız artıyor."

Çocukların sesi açık pencereden gürültülü geliyordu. "Dalia," dedi Beşir, "gerçekten seni doğru dürüst ağırlamak istiyorum evimde. Gerçekten bu konuyu açmak istemedim. Bu bir trajedi."

Dalia çenesini elinin arasına almıştı ve Beşir'e yoğun bir şekilde bakıyordu. "Eğer her şeyin Filistin'e ait olduğunu söylersen ve ben de her şeyin tüm İsrail olduğunu söylersem, bir yere varamayız," dedi. "Ortak bir kader paylaşıyoruz. Çok derin ve yakından bağlı olduğumuza inanıyorum—kültürel, tarihsel, dinsel, psikolojik. Ve sen ve senin halkının gerçek özgürlüğümüz için gerekli anahtarı elinizde tuttuğunuza inanıyorum. Ve Beşir senin özgürlüğünün de anahtarını tuttuğumuzu söyleyebiliriz. Çok derin bir karşılıklı bağımlılık. Kendi iyiliğin için kalbimizi nasıl özgürleştirebiliriz? Bu mümkün mü?"

"Yaşadığım yer Yeşil Hat'tın çok yakınlarında," diye devam etti Dalia. "Diğer tarafında Batı Şeria var ve penceremden dağları görebiliyorum. Ve o dağları seviyorum, o dağları sanki benim kalbimdelermiş gibi hissediyorum. Atalarım Juda Tepelerinde yaşamış. Aynı şey olduğunu söylemiyorum, beni yanlış anlama. Ben sadece bir uzlaşma olması gerektiğini söylüyorum."

Dalia uzun zamandır Einstein'ın sözlerine inanıyordu—"hiçbir sorun onu yaratan bilinç düzeyinde çözülemez." Dalia'ya göre, birlikte yaşamanın anahtarı kendi söylediği üç ana konuda yatıyordu: 1948'de Filistinlilere olanları kabul etme, onun için af dileme ve düzeltme. Kabullenme kısmen "benim veya halkımın diğerlerine verdiği acıyı sahiplenmek ve görmek"ti. Ama bu karşılıklı olmalıydı, Beşir de İsrailli 'diğerlerini' görmeliydi. "Haklı mağdur sendromunu devam ettirirken, kavgada kendi namına düşen sorumluluğu almamak olamaz." Bu kabullenmeyle, o ve Beşir, "birer ayna vazifesi görerek kendi özgürlüklerinin daha da büyümesini" sağlayabilirdi. Düzeltmelere gelince: "Bu şartlar altında yanlışları düzeltmek adına elimizden geleni yapmak demekti." Ama Dalia'ya göre bu, toplu geri dönüşleri içermiyordu. Evet, Filistinlilerin geri dönüş haklarına inanıyordu ama bunun tamamen uygulanmasını doğru bulmuyordu çünkü milyonlarca Filistinlinin geri dönüşü İsrail'in yok olması demekti.

Beşir'e göre ve geri dönüş hakkına inanan Filistinlilerin çoğunluğuna göre, bu sebep mantıklı gelmiyordu: Nasıl olur da bir hakkın olurdu ama bunu kullanamazdın? Belki yarım asırdan uzun bir süredir, mültecilerin çoğu sonunda, eski köylerine veya eski evlerine geri dönmeyi seçmeyecekti ama Beşir bunun onların seçimi olması gerektiğine inanıyordu, başka kimsenin değil. "Geri dönüş hakkımız doğal bir insani hak," dedi Beşir. "Bu sorunu İsrailliler yarattı ve çözmek için bize daha fazla yük bindiremezler."

Dalia'ya göre, çözüm yan yana iki devlette yatıyordu—en fazla 1967'de Altı Gün Savaşı'ndan önce var oldukları gibi, sadece istisna olarak şimdi İsrail devletinin yanı sıra barışçı, bağımsız Filistin devleti olacaktı. Filistinliler geri dönüş haklarına sahip olacaklar ama sadece eski Filistin'in bir parçasıyla kısıtlı olacaktı.

Beşir çözümün 1948'de ve tek, laik, demokratik bir devlete uzun süredir devam eden geri dönüş rüyasında yattığına inanıyordu. Beşir Dalia'nın el-Ramla'daki evi paylaşma jestini ve şehirdeki Arap çocuklarına çocuk kreşi veya Açık Ev yapılmasını, her zaman geri dönüş hakkının kabullenilmesi ve daha geniş olarak BM tarafından kutsanan, tüm Filistin halkının geri dönüş hakkının vatanlarına dönmelerini kabullenmek olarak anlamıştı. Dalia, buna karşılık, Açık Ev'i, Araplarla Yahudilerin birlikte olma programıyla, kişisel bir seçim olarak görüyordu. "Herkesi kapsayıcı değildi ve politik bir ifade de değil," diyordu. "Kaderin benim için saklamış olduğu bir şeydi. Sadece hissettim, evet, Musevi halkının bir üyesi olarak bu topraklardaki tarihimizde sorumluluğumun olduğunu sanmaya hakkım vardı... ve diğer insanlara yaptığımız haksızlık için de." Bu kendi kişisel kararıydı, Dalia bunu açıkça söylüyordu ve diğer İsraillilerden istenecek bir şey değildi.

Dalia Beşir'e doğru eğildi. "Tüm ülkenin kalbimde olduğunu hissediyorum ve biliyorum tüm ülke senin de kalbinde," dedi ona. "Ama bu dağlar Filistin olacak. Biliyorum olacak, bunu hissedebiliyorum. Ve gelip ziyaret etmek istiyorum. Saygılı bir ziyaretçi olarak. Bu kadar çok sevdiğim dağlardaki insanları ziyaret etmek için."

"Söylediklerin çok dokunaklı, Dalia," dedi Beşir. "Bu dağlara bakman ve bu duyguları hissetmen. Ve bu konuda sen eşsizsin. Ama temelde sen bu gerçeği görürken, İsrailli politikacılar bunlarla nasıl baş ediyorlar, bu dağları veya bu toprakları gördüklerinde, evleri haciz etmeyi düşünüyorlar, yerleşimleri düşünüyorlar, daha çok göçmen gelmesini ve yaşamasını düşünüyorlar... Bugünün gerçeği budur. Ve bu anlaşılması çok zor bir şey. Daha çok insanın senin gibi olmasını isterdim." *Dalialarla dolu bir orman olmasını dilerim,* diye yazmıştı Beşir ona on altı yıl önce.

Dalia her zaman "kötülerin" arasından "iyi İsrailli" olarak ayrılmaya karşı çıkmıştı; Beşir'in ona "gerçekten önem verdiğini ve gerçekten halkını düşündüğünü" göstermesini rica etti. "Bunu senden şahsen istiyorum. Senden, Beşir, evimde doğmuş olan senden. Senin evinde. Sadece benim için değil, sadece Dalia için değil. Çünkü bana önem verdiğini biliyorum. Ve sen de benim sana önem verdiğimi biliyorsun. Değil mi? Sana ve ailene... Ve Filistin halkına önem verdiğimi biliyorsun. Ve benim de senin halkıma önem verdiğini bilmeye ihtiyacım var. Çünkü bu kendimi daha güvenli hissettirecek. Ondan sonra devam edebiliriz. Beraber bir gerçek yaratabiliriz."

Beşir tekrar saatine baktı; bir randevusuna geç kalmıştı. "Bu ülkenin yaşamını nasıl gerçekleştireceğini daha fazla tartışacak iki insan bulamayız," dedi Dalia, ayağa kalkıp sandaletlerini ayağına giyerken. "Ama hâlâ o kadar derinden bağlıyız ki. Ve bizi bağlayan ne? Bizi ayıran şeyle aynı. Bu ülke."

Beşir artık ayakta duruyordu ve Dalia'nın tekrar elini tuttu. "Buraya gelmenden senin için korkmuştum," dedi Beşir.

"Gelmek istedim," diye cevap verdi Dalia.

Yastıklı iki sandalye arasında durdular, ellerini sıkarak ve gülümseyerek birbirlerine baktılar.

"Beni her an bekle, Dalia," dedi Beşir hâlâ onun elini tutarak. "Kudüs'e gitmem yasak. Ama bir gün beni bekle, kapının önünde olacağım."

Beşir Dalia'nın elini bıraktı, sahandan elini sallayarak onu uğurladı ve ofisine geri döndü. Dalia ağır ağır Ramallah'ta caddeye inen tek bir katı indi.

"Düşmanımız," dedi yumuşak bir sesle, "bizim sahip olduğumuz tek ortağımız."

On dört

LİMON AĞACI

1998'de, Kurtuluş Savaşı'nın ve Felaket'in on beşinci yıldönümünde, limon ağacı öldü. Ölümüne doğru son senelerinde çok az meyve vermeye başlamıştı ve 1998'in ilkbaharında, iki kurumuş, sert kabuklu limon yerde duruyordu, meyve verdiğini gösteren tek fiziksel kanıttı.

"Bunlar doğal olaylardı; bu evrende canlılar ölür," demişti Dalia o zaman. "Ağaçlar ayakta ölür." Birkaç yıldır Açık Ev'deki Arap çocuklarının öğretmenleri çocukların bir rengi diğerinden ayırt etmelerine yardımcı olmak için dallarına balonlar ve kurdeleler asıyorlardı. Kurdeleler rüzgarda dalgalanırdı ve sanki limon ağacı Noel ağacına dönüşmüş gibi olurdu. Sonunda bir fırtına geldi ve sadece kalın, budaklı kökünü bırakarak ağacı yıktı.

Dalia bir gün Beşir, Hanım, Nuha, Gıya ve diğer Hairililerin Ramla'daki eve bir başka limon ağacı dikmek için geri gelmelerini umut ediyordu, yenilenme işareti olarak.

25 Ocak 2005'te, Akdeniz'in doğusunda kıyı düzlüğünün üzerinden dolunay doğarken, Dalia bir grup Arap ve Musevi çocukla Ramla'daki evin bahçesinin köşesine doğru yürüdü. Ellerinde limon ağacı fidanı vardı. Fidanın köklerine kova biçiminde toprak parçası yapışmıştı. "O kadar kırılgan duruyordu ki," diyordu Dalia.

Tu Bişvat idi, Musevi filozofların ağaçların yeni yılını tatil ettikleri gündü ve Musevi gençlerden biri birden bugünün yeni bir limon ağacı dikmek için çok uygun bir gün olduğunu söylemişti.

"Yıllardır bunu Hairileri beklemek için erteliyordum," dedi Dalia. "Ve o an, ağaçların tatilinde, o kadar doğru gelmişti ki ve evet, yeni bir nesildi. Ve şimdi çocuklar evlerinde kendi ağaçlarını dikeceklerdi." Ahmed Hairi'nin eski bahçesine yeni limon ağacı dikmek için, o günü seçen, Musevi tatilini seçen çocukların yollarını kesmek istemediğini söyledi.

Dalia'nın elleri, Arap ve Yahudilerin elleri, fidanı eski bodur ağacın yanındaki çukura koydular. Hep beraber mutfağa gittiler, bir kova su getirdiler ve hepsi yavaşça toprağı bastırıp sıkıştırdılar.

"Hairilerin burada olmadıklarını hissediyordum, bir şey eksikti," dedi Dalia. "Ama o boşluğu bütün o çocuklar doldurmuştu. Kök oradaydı, çok güzeldi. Hemen yanına yeni fidanı diktik. Geçmişin böyle kalmasına razı olamazdım. Anıt gibi, mezarlıklarda olanlar gibi. Tarihimizin acısı."

"Bu anıları yok etmeden takdis etmeydi. Eski tarihten bir şeyler büyüyordu. Acıdan yeni bir şey büyüyordu."

"Bunu nasıl karşılayacaklarını merak ediyorum," dedi Dalia Hairilerden. "Doğru olduğunu hissediyordum. Devam etmek demekti. Bu yeni neslin şimdi bir gerçek yaratacakları anlamına geliyordu. Ellerine bir şeyler emanet ediyorduk. Onlara eskiyi ve yeniyi emanet ediyorduk."

Sonunda, ne zaman ve nereye, ne ekileceğinin kararı Dalia'nındı. Beşir bunu telefonda Ramallah'ta öğrenince çok memnun olduğunu söyledi. Belki bir gün dedi, el-Ramla'daki eve geri gelirim ve o gün ağacı kendi gözlerimle görürüm.

TEŞEKKÜR

LİMON AĞACI görgü tanıkları, bilginler, arşivciler, gazeteciler ve Amerika Birleşik Devletleri'ndeki, Bulgaristan, İsrail, Batı Şeria, Ürdün ve Lübnan'daki editörlerin desteği ve cömertliği olmasaydı hayata geçirilemezdi.

New York, Queens'teki ve Kudüs'teki Amerikan Musevi Birliği Dağıtım Komitesine; Kudüs'teki Merkezi Siyonist Arşivleri ve İsrail Devlet Arşivleri'ne; Beyrut ve Washington'daki Filistin Enstitüsü'ne; Washington'daki Ulusal Arşivlere; Teksas, Austin'deki Lyndon Baines Johnson Kütüphanesine; ve Sofya, Bulgaristan'daki Ulusal Arşivlerinde, 1940'lardan Musevi kayıtlarını aramak için saatler geçiren Vanya Gazenko'ya minnettarım.

Metnin parçaları çeşitli müsveddelerde edebi araştırmacılar, yazarlar, editörler ve birçok meslektaşım tarafından yeniden gözden geçirildi. Polia Alexadrova, Nubar Alexanian, Lamis Andoni, Naseer Aruri, Hatem Bazian, Sophie Beal, George Bisharat, Matthew Brunwasser, Mimi Chakarova, Frederick Chary, Lydia Chavez, Hillel Cohen, Dan Connell, Beshara Doumani, Haim Gerber, Daphna Golan, Cynthia Gorney, Jan Gunnison, Rob Gunnison, Debra Gwartney, Debbie Hird, Adam Hochschild, Alon Kadish, Beşir Hairi, Dalia Landau, Vicky Lindsay, Nur Masalha, Benny Morris, Moşe Mossek, Nidal Rafa, Tom Segev, Elif Şafak, Hani Şükrullah, Nikki Silva, Sami Sockol, Allan Solomonow, Salim Tamari, John Tolan, Kathleen Tolan, Mary Tolan, Sally Tolan, Tom Tolan, Sarah

Tuttle-Singer, Anthony Weller ve Gosia Wojniacka'a anlayış ve yorumları için minnettarım. Bazı okuyucular çeşitli müsveddeler hakkında fikirlerini bildirdi ve ben özellikle Tolan okuyucularına ve Julian Foley, Erica Funkhouser ve Rosie Sultan'a bu öyküye ve meydana gelmesine kendilerini adadıkları için minnettarım.

Bu kitap için yapılan araştırma ve raporlama altı dilde sürdürüldü, sadece –İngilizce ve İspanyolca (Sefarad Yahudilerin dili Ladino'ya yakın)– ikisi benim konuştuğum dil. Arapça çalışmalar için, metinlerin çevirileri ve yorumları da içinde olmak üzere, Lamis Andoni, Naseer Aruri, Raghda Azizieh, Mahmoud Barhoum, Hatem Bazian, Lama Habaş, Senan Hairi, Nidal Rafa ve Mariam Shahin'e teşekkür ederim. Bulgar Polia Alexandrova ve Matthew Brunwasser çok yardım etti. İbranice metin ve röportajlarda Ora Alcalay, Ian Dietz, Patricia Golan, Boaz Hachilili ve Sami Sockol ile çalışmakla şanslıydım. Meslektaşlarım arasında özellikle çok eski arkadaşım Patti'ye, diğer bütün yaptıklarından başka bana eski askerleri, eski otobüsleri ve büyük eski gazeteleri bulduğu için teşekkür etmek istiyorum; Polia'ya, çalışmalarını Sofya'dan Köstendil'e, Plovdiv'e, Varna'ya kadar her yerdedaima cömertçe ve profesyonelce yaptığı için; Nidal'a, şevki, kendini adaması, gazetecilik hırsı ve benim Kudüs ve Batı Şeria'daki tecrübelerimi ülke hakkındaki bilgisiyle birleştirmesi ve Amman'daki çalışmalarının (Mariam Shahin ile birlikte) kitabı zenginleştirmede çok büyük katkısı olduğu için teşekkür etmek istiyorum. Her birinize bildiğinizden çok daha fazla minnettarım.

Boston'da, buradaki Bulgarlardan ve buradaki Bulgar Musevi topluluklarından ilk bağlantılarımı öğrendim. Kiril Stefan Alexandrov, Iris Alkalay, Jennifer Bauerstam, Anne Freed, Roy Freed, Asya Nick, George Nick, Vladimir Zlatev ve Tanya Zlateva'ya teşekkürler. Sofya'da annesi Marie ile bağlantıya geç-

TEŞEKKÜR

memi sağlayan Peter Vassilev'e de teşekkürler.

Kaliforniya'da, iki insan özel olarak hatırlanmayı hak ediyorlar. Julian Foley, daha çok uzun zaman geçmemişti, Kaliforniya Berkeley Üniversitesi Gazetecilik bölümünden mezun olan öğrencimdi, *benim* yazılarımı tekrar gözden geçiriyordu, ilk ve ondan sonra gelen müsveddelerimde katkıları daima göz alıcıydı. Ulusal Arşivlerde Julian, 1948'in Temmuz ayından hemen sonraki dönemin önemli belgelerini ortaya çıkardı. Sarah Tuttle-Singer Kaliforniya Üniversitesi'nde önemli kitap ve dönemsel araştırmaları yaptı ve sonunda gerçekleri kontrol rehberliği işini aldı, harfi harfine binlerce söyleyişiyi tarihi olayları, aile tarihinin anlarını takip etti. Sarah aynı zamanda metnin çeşitli müsveddelerini yorumladı ve kitabın bibliyografyasını topladı. Görevleri yıldırıcıydı ama o iyi niyetle ve şerefle çok dikkatli bir iş çıkardı. Ona bu işlemde bize geç katılan ve çok önemli bir zamanda büyük yardımları dokunan Sara Dosa yardımcı oldu.

Araştırma dönemi sırasında yüzlerce insanla konuştum ve burada adlarını anmak için sayıları çok fazla. Ama cömertlikleri kitabın yeni bölgelere taşınmasına yardımcı olan birkaçını burada anmak istiyorum. Bu kişilerin içinde, Bulgaristan'dan, Plovdiv'de Susannah Behar ve Sofya ve Köstendil'de Vela Dimitrova; Ramallah'tan Şerif Kanana, Firdevs Taci Hairi, Nuha Hairi ve Gıya Hairi; Amman'dan Hanım Hairi Salih; Kudüs'ten Ora Alcalay, Moşe Melamed, Moşe Mossek ve Viktor Şemtov; Tel Aviv'den İsrael Gefen; Cambridge, Massachusetts ve Hartford, Connecticut'tan Yehezkel Landau; ve hepsinden en fazla Ramallah'tan Beşir Hairi ve Kudüs'ten Dalia Eşkenazi Landau, bulunuyor. Kitabın sonlarına doğru Dalia'nın kuzeni Yitzhak Yitzhaki ile röportajı ve bu metnin çevirisi ve bana fakslanması ve diğer materyaller kitaba çok şey kattı.

Bu kitabın hayatı bir radyo belgeseli olarak başladı ve ben Danny Miller'e, Fresh Air'in yapımcısına *Limon Ağacı'na* İsrail ve Filistin dışında yer verdiği için minnettarım. Radyo programı, geçmiş yıllarda yapmış olduğum birçok NPR programından daha çok beğeni topladı ve bunun yanı sıra Joe Garland, Anthony Weller, Dan Connell ve Alan Weisman gibi arkadaşlarımın teşviki bu öyküyü yazıya dökmeye beni ikna etti.

Kitap iki yıllık bir dönemde çeşitli yerlerde yazıldı. Kaliforniya, St. Reyes'teki sığınak olan Mesa Sığınağı personeline; Bulgaristan'da, Varna'da Sea Gardens'taki Villa Sagona personeline; Kanada'da Körfez Adalarındaki evinde bana bir misafir odası ve büyük bir dostluk sağlayan Kevin Kelley'e; ve yazımın sonlarında özellikle destekleri ölçülemeyecek kadar çok olan (Abby'nin West Gloucester'deki stüdyosu da içinde olmak üzere) Nubar, Rebecca ve Abby Alexanian'a çok teşekkür ederim.

Kitabın sonlarına doğru ona canlı, duygulu bir şey olarak davranmaya başladım: Bazı zamanlarda iyi kalpli bir varlık, diğer zamanlarda talepkar bir şef. Birçokları iş üzerindeyken haftalarca yok olduğumu iddia edebilirler ve bu dönemlerde yanımda anlayışlı arkadaşlarım ve meslektaşlarım olduğu için çok şanslıydım. Alan Weisman, Jonathan Miller ve Melisa Robbins, Homelands Yapım'daki meslektaşlarım; sabrınız için çok teşekkür ederim. Nubar Alexanian ve Vicky Lindsay, yazdığım süresince arkadaşlarım: Siz anlarsınız. Dekan Orville Schell ve Gazetecilik Yüksek Okulu'ndaki tüm meslektaşlarım, (Mimi Chakarova, Lydia Chavez, Cynthia Gorney ve Rob Gunnison gibi): Sizinle çalışmak bir şerefti.

Temsilcim, David Black, bana ve *Limon Ağacı'nı* sadece radyo belgeseli olmaktan öteye taşıma olasılığına inandı; Bloomsbury'den Karen Rinaldi ilk andan itibaren kitaba tutku getirdi ve asla yılmadı; Bloomsbury editörü Kathy Belden çok sabırlıydı, zeki, çok dikkatli ve çalışılması zevkli biri. Bu üçünden daha iyi, daha destekleyici birilerini bulmam olanaksız olurdu. Bloomsbury'deki geri kalan ekibe, karşılaşmamış olduklarım da dahil, teşekkürler.

TEŞEKKÜR

Bulgaristan'da, İsrail'de ve Arap dünyasında, beni doyuran, dinlenmem için yerleri bulan ve tarihin acı anları arasında gülmemi ve umutlanmamı sağlayan, küçük ve büyük tüm arkadaşlarıma: Sizlere minnettarım.

Dünyaları açan Lamis'e ve bir Arap ailesinin cömertliğini ve sıcaklığını gösteren Andoni ailesine: Her zaman minnettar olacağım. Teşekkürler, Margaret, Reem, Jack, Wido, Tala, Lana, Nabil, Missy, Laila, Charlie ve Michael.

Kardeşim Yam'a ve evvelce bahsetmiş olduğum tüm Tolan'lara, Tolan eşlerine, yeğenlerimle: Hepinizi çok seviyorum.

Son olarak, Beşir Hairi ve Dalia Eşkenazi Landau, benimle defalarca yüzlerce saat oturup, en ufak sorularımı dinleyen, bazen inanamayarak, "Temmuz 1967'de ne renk kravat taktığımı nerden hatırlayayım?" diyen sizlere sadece şunu söyleyebilirim: Şu veya bu şekilde bu kitap sizsiz var olamazdı. *Şükran. Toda roba.*

Teşekkürler.

KAYNAKÇA

Arşivler

Amerikan Musevi Birliği Dağıtım Komitesi Arşivleri. Queens, New York ve Kudüs, İsrail.
İngiliz Radyo Yayınları Şirketi, Yayın Arşivleri. Londra.
Merkez Siyonist Arşivleri. Kudüs, İsrail.
İsrail Devlet Arşivleri. Kudüs, İsrail.
Filistin Çalışmaları Arşivleri Enstitüsü. Beyrut, Lübnan.
Lyndon Baines Johnson Kütüphanesi Arşivleri. Austin, Teksas.
Kibbutz Na'an Arşivleri. Kibbutz Na'an, İsrail.
Bulgaristan Ulusal Arşivleri. Sofya, Bulgaristan.
Amerika Birleşik Devletleri Ulusal Arşivleri. Washington, D.C.
Bulgaristan Ulusal Kütüphanesi. Sofya, Bulgaristan.
Filistin Kültürel Değişim Cemiyeti. Ramallah, Batı Şeria.

Elektronik Kaynaklar (Elektronik Medya da dahil)
"Ramle'de ufak bir devrim." *Ha'aretz.* http://www.haaretzdaily.com/hasen/pages/ShArt.jhtml?itemNo=2&subContrassID=5&sbSubContrassID=0&listSrc=Y.

"Kendi Vatanına Dönme ve Toprak İhraç Etme Planlarının ve İsrail'in Eylemlerini Doğrulamak için Çıkarılan Kanunların Arka Planı. http://www.badil.org/Publications/Legal_Papers/cescr-2003-A1.pdf.

Bard, Dr. Mitchell. "Efsane ve Gerçek: Hamas'ın Yaratılışı." *Birleşmiş Musevi Toplulukları: Kuzey Amerika Federeleri.* http://www.ujc.org/content_display.html?articleID=114644.

Bodendorfer, Gerhard. "İsa Hakkında Musevi Sesler." *Musevi-Hıristiyan İlişkiler.* http://www.jcrelations.net/en/?id=738.

"Kont Folke Bernadotte." Musevi Kütüphanesi. http://www.jewishvirtuallibrary.org/jsource/biography/Bernadotte.html.

"Giuliani: 'Tanrı'ya Şükredin Başkanımız George Bush.'" CNN. http://www.cnn.com/2004/ALLPOLITICS/08/30/giuliani.transcript/index.html

"Gregoryen-Hicri Tarih Değiştiricisi." Haziran, 7, 2005. http://www.rabiah.com/convert/convert.php3.

"Hizbullah Kuzey İsrail'e Roket Atıyor." CNN. http://www.cnn.com/WORLD/9603/israel_lebanon/30/.

"İsrail Televizyonunda Savunma Bakanı Arens ile Röportaj- 8 Mayıs 1983." İsrail Dışişleri Bakanlığı. http://www.mfa.gov.il/MFA/Foreign+Relations/Israels+Foreign+Relations+since+1947/1982-1984/111+Interview+with+Defense+Minister+Arens+on+Israel.htm.

"İsrail 1948-1967: 1951'de Kral Hüseyin Neden Suikasta Uğradı?" Filistin Gerçekleri. http://www.palastinefacts.org/pf_1948to1967_abdulla.php.

"İsrail Ordusu Filistin Radyo Yayını Merkezini Bombaladı." CNN. http://archives.cnn.com/2002/WORLD/meast/01/18/mideast.violence.

"İsrail Batı Şeria Barikatı." Wikipedia. http://en.wikipedia.org/wiki/Israeli_west_bank_barrier.

"İsrail BM'e Hizbullah Saldırıları için Protesto Mektubu Gönderiyor." *Ha'aretz.* http://www.haaretz.com/hasen/pages/ShArt.jhtml?itemNo=436197&contrastID=13.

"John Kerry: İsrail Güvenliğini Güçlendirme." Musevi Kütüphanesi. http://www.jewishvirtuallibrary.org/jsource/US-Israel/kerryisrael.html.

"Bilgi Bankası: Biyografi-Cemal Abdül Nasır." CNN. http://www.cnn.com/SPECIALS/cold.war/kblank/profiles/Nasır.

"Kuzey İsrail'de Lübnan Harçlı Topraklar." http://archives.tcm.ie/breakingnews/2005/08/25/story217788.asp.

Meron Ya'akov. "Neden Yahudiler Arap Ülkelerine Kaçtılar." http://www.freerepublic.com/focus/f-news/956344/posts.

"İsrail'e Faslı Musevi Göçü." http://rickgold.home.mindspring.com/Emigration/emigration%20statistics.htm.

"Faslı Yahudiler." http://www.usa-morocco.org/moroccan-jews.htm.

Pappe Ilan. "Kovuldular mı?-Tarih, Tarih Yazma ve Filistin Mülteci Problemiyle İlgisi." http://www.nakbainhebrew.org/library/were_they_expelled.rtf.

"FKÖ lderi İsrail Misil Roketi Saldırısıyla Öldürüldü." News.telegraph. http://www.telegraph.co.uk/news/main.jhtml?xml=/news/2001/08/28/wmid28xml.

"BM'nin Arabulucusunun Filistin Teklifi üzerine BM Temsilcilerine İletmesi için Genel Sekretere Verilen İlerleme Raporu." UNISPAL. http://domino.un.org/UNISPAL.NSF/0/ab14d4aafc4e1bb985256204004f55fa?OpenDocument.

"BM Arabulucusunun Filistin İlerleme Raporu." UNISPAL. http://domino.un.org/UNISPAL.NSF/0/cc33602f61b0935c8025648800368307?OpenDocument.

Remnick, David. "Biyografiler: İnsan Ruhu: Amos Oz İsrail'in Öyküsünü Yazıyor." *The New Yorker*. http://newyorker.com/fact/content/?041108fa_fact.

Shlaim, Avi. "İsrail ve Arap Koalisyonu 1948." Cambridge Üniversitesi Basını. http://ww.fathom.com/course/072710001.

"Geri Dönüş Kanunu 5710 (1950)." Knesset. http://www.knesset.goc.il/laws/speCIAl/eng/return.htm.

"Ürdün'ün Yaptıkları." Ürdün'ün Hashemite Krallığı. http://www.kingHüseyin.gov.jo/his_transjordan.html.

"Batı Şeria'daki Barikat." B'tselem. Eylül 2005. http://www.btselem.org/Download/Seperation_Barrier_Map_Eng.pdf.

"Su ve Arap-İsrail Anlaşmazlığı." http://www.d-n-i.net/al_aqsa_intifada/collins_water.htm.

"Araplar Neden Önerilen BM GA Bölünme Planını, Filistin'i Musevi ve Arap Devleti'ne Ayıran Öneriyi Reddettiler?" Unutulmamış Filistinliler. http://www.palestineremembered.com/Acre/Palestine-Remembered/Story448.html.

Yacobi, Haim. "Şehir İyimserliğinden Evrensel Protestoya: Ev Politikası, Ayırım ve Lydda-Lod Şehrinde Filistin Toplumunun Sosyal Dışlanması." 2001. http://lincolninst.edu/pubs/dl/622_yacobi.pdf.

Zureik, Elia. "Filistinli Mülteciler ve Barış Süreci." http://www.arts.mcgill.ca/MEPP/PrrN/papers/Zureik2.html.

Yazılı Gazete ve Dergi Makaleleri

"2 Ölü, 8 Yaralı Kudüs'te Terör Supersol'de Zulüm." *Kudüs Postası*, 23 Şubat 1969.

Amos, Elon. "Sonu Olmayan Savaş." *New York Review*, 15 Temmuz 2004.

"Anglikan Rahibi, Cerrah, Terörist Davasında Aralarında Tutuluyor." *Kudüs Postası*, 4 Mart 1969.

Bellos, Susan. "Supersol Kurbaları Gömüldü: Allon İntikam Sözü verdi." *Kudüs Postası*, 24 Şubat 1969.

Bilby, Kenneth. "İsrail Tankları Lydda'daki Hava Üssünü Ele Geçirdi." *New York Herald Tribune*. 11 Temmuz 1948.

--------------. "İsrail Birlikleri Ramle Yolunu Kesiyorlar, Lydda Teslimiyeti." *New York Herald Tribune*, 12 Temmuz 1948.

Currivan, Gene. "Teslim Olan Lydda'da, Araplar önemli anayolu Kuşattılar." *The New York Times*, 2 Temmuz 1948.

---------------. "İsrail Kuvvetleri Ramle'yi Kazandılar." *New York Times*, 13 Temmuz 1948.

Feron, James. "Bomba! Kudüs'ün En Büyük Süpermarketinde 2 Ölü, 9 Yaralı." *The New York Times*, 22 Şubat 1969.

---------------. "İsrail ve Araplar: İşgal Bölgelerinde Gerginlik." *The New York Times*, 28 Nisan 1968.

"Supersol'e İlk Sabotaj Başarısız Oldu." *Kudüs Postası*, 14 Mayıs 1969.

"Cephe'nin Şefi İsrail'e Karşı Terörizmin Devam Edeceğini Söyledi." *Kudüs Postası*, 5 Mart 1969.

"Batı Şerialı 9 Teröristin Evi Yok Edildi." *Kudüs Postası*, 11 Mart 1969.

Safadi; Anan ve Malka Rabinowitz. "En Büyük Terör Çetesi Durduruldu." *Kudüs Postası*, 6 Mart 1969.

"Supersol Patlamasında Şüpheliler 402'yi Buldu." *Kudüs Postası*, 2 Mart 1969.

"Supersol Suçu Tekrar Yapıldı." *Kudüs Postası*, 3 Mart 1969.

"Supersol." *Kudüs Postası*, 23 Şubat 1969.

"Supersol Tekrar Açıldı; İşler Normale Döndü." *Kudüs Postası*, 24 Şubat 1969.

Gazeteler ve Gazete Makaleleri

Ebu Hadba, Abdul Aziz, ed. *Toplum ve Miras* 32 (1998).
Ebu Halil, Esad. "George Habaş ve Arap Milliyetçilerinin Hareketi: Ne Birlik Ne de Özgürlük." *Filistin Çalışmaları Gazetesi* (1999).
Ebu Sita, Salman. "Badil'in Özel Raporu: Yeşil Hattın İçinde Hacedilen Toprak Miktarı." *Ekonomik, Sosyal ve Kültürel Haklar için sunulan Takip İlhakı (2000).*
Alpher, Joseph ve Halil Şikaki. "Anlaşma Kağıdı: Filistin Mülteci Problemi ve Geri Dönüş Hakkı." *Ortadoğu Politikası* 6 (1999): 167-189.
Bruhns, Fred C. " Arap Mülteci Davranışları Çalışması." *Ortadoğu Gazetesi* 9(1955): 130-138.
Busailah, Reja-E. "Lydda'nın Düşüşü, 1948: Tesir ve Hatıralar." *Dönemsel Arap Çalışmaları* 3 (1981):123-51.
Christison, Kathleen. "ABD Politikası ve Filistinliler, 1948-1988." *Filistin Çalışmaları Gazetesi* (1998).
Friedman, Adina. "Geri Dönüş Hakkının Çözülmesi." *Mülteci* 21 (2003).
Gilmour, David. "1948 Arap Exodus." *Ortadoğu Uluslararası* 286 (1986): 13-14.
Hanafi, Sari. "Geri Dönüş Hakkını Tartışmaya Açış." *Ortadoğu Raporları: Sınırsız Savaş* 2-7.
Hanieh, Arkam. "Camp David Yazıları." *Filistin Çalışmaları Gazetesi* 2 (2001): 75-197.
Khader, Hassan. "Filistinlilerden İtiraflar." *Filistin Çalışmaları Gazetesi* 27(1997).
Khalidi, Walid. "1948 Filistin Savaşı'nın Seçilmiş Belgeleri." *Filistin Çalışmaları Gazetesi* 27(1998). 60-105.
Belge ve Araştırma Merkezi Lübnan, ed. "Dünyada Politik Şiddet: 1967-1987." *Kronolojik Bibliyografi Belgeleri*, Vol. 1. Beyrut:1998.

Lesch, Ann M. "Batı Şeria ve Gazze Şeridinden Filistinlilerin İsrail Sürülmeleri, 1967-1978." *Filistin Çalışmaları Gazetesi* 8 (1979):101-31.

Macpherson, Rev. James Rose, Trans. *Filistin Yolcuları Toplumu* 3 (1895).

---------------. *Filistin Yolcuları Toplumu* 5 (1985).

---------------. *Filistin Yolcuları Toplumu* 6 (1985).

---------------. *Filistin Yolcuları Toplumu* 8 (1985).

Ortadoğu Uluslararası (çeşitli haftalık sayılar, 2003-2005).

Morris, Benny. "Dani Eylemi ve Filistin Exodus Lydda'dan Ramle'ye 1948." *Ortadoğu Gazetesi* 40 (1986): 82-109.

---------------. "Filistin'den Arap Exodus'un Hedefi ve Karakteristiği: İsrail Savunma Kuvvetleri İstihbarat Bölümü Analizleri, 1948 Haziran." *Ortadoğu Çalışmaları* 22(1986):5-19.

Munayyer, Spiro ve Velid Halidi. "Özel Belgeler: Lydda'nın Düşüşü." *Filistin Çalışmaları Gazetesi* 27(1998). 80-98.

Ekonomi ve Kültür Politikaları Filistin- İsrail Gazetesi, no.4 (2002).

1948'in Öyküleri. Doğu Kudüs: Ortadoğu Yayınları 2002.

"Lübnan Konuşmalarının Filistin Mültecileri." *Filistin Çalışmaları Gazeteleri* 26 (1995): 54-60.

Said, Edward. "Değişen bir Dünya Düzeni." *Arap Çalışmaları Dönemi* 3 (1981).

Yahudilerin Bulgar Halk Cumhuriyeti'nde Sosyal, Kültürel ve Eğitim Şirketi 14 (1983).

"Özel Belge: İsrail ve İşkence." *Filistin Çalışmaları Gazetesi* 9 (1977):191-219.

Tamari, Salim, ed. *Kudüs Dönem Raporu* (2003).

Yost, Charles. "Arap – İsrail savaşı: Nasıl Başladı." *Dış İşleri* (Ocak 1968). Cilt.46, no.2.

Yayınlanmış Makaleler ve Broşürler

"İşgal Bölgelerinden Filistinlilerin Sürülmeleri ve 1992 Aralık'ında Toplu Sürülmeler." Kudüs: İşgal Bölgelerinde İnsan Haklarının İsrail Bilgi Merkezi (B'Tselem), 1993.

"Aufruf, Ma'amar: Makale." Hulda Takam Arşivi, 1947 veya 1948.

Masalha, Nur. "1967 Filistinli Exodus." *Filistinli Exotus* 1948-1998. Ghada Karmi ve Eugene Cotran, eds. Londra: İthaka Basın, 1999.

Mossek, Moşe. "Özgürlüğü Takip Eden Bulgar Yahudileri Arasında Liderlik Kavgası." *Doğu Avrupalı Yahudilik – Soykırımdan Kurtuluşa 1944-1948*. Benjamin Pinkus, ed. Sede Boqer, İsrail: Ben-Gurion Üniversitesi Basımevi, 1987.

Paounovski, Vladimir. "II. Dünya Savaşı Sırasında Bulgaristan'da Yahudi Aleyhtarı Kanunu." *Bulgaristan'da Soykırım ve Kurtuluş Arasındaki Yahudiler*. Sofya: Adasa-Basın,2000.

Pappe, Ilan. "Kovuldular mı?: Tarih, Tarih Yazma ve Filistinli Mülteci Problemiyle İlgisi." *Filistinli Exodus 1948-1998*. Ghada Karmi ve Eugene Cotran, eds. Londra: İthaka Basın, 1999.

Hükümet Yayınları

Bir Filistin Araştırması: 1945'te Aralık'ta ve Ocak 1946'da Anglo-Amerikan komitesi bilgileri için hazırlandı. Kudüs: Hükümet Basımı, 1946.

Büyük Britanya. Ortadoğu İşçi Konseyi, Ortadoğu Muhafazakar Konseyi, Liberal Demokratik Ortadoğu Konseyi. Birleşik Parlamento Ortadoğu Konseyi Soruşturma Komisyonu- Filistinli Mülteciler, Geri Dönüş Hakkı. Londra, 2001.

İsrail. İsrail Devleti. Yıllık Hükümet Raporu 5714 (1953-1954). Hükümet Basımı.

Filistin ve Ürdün İdari Raporları 1918-1948 (cilt. 5, 6, 10 ve 16), arşiv baskıları, 1995.
Ramla Şehri Konsey Notları. Ramla, İsrail,1949.
Birleşmiş Milletler. UNRWA. *UNRWA: Uzun Yolculuk 45*(1993).
Birleşmiş Milletler. Birleşmiş Milletler Özel Filistin Komitesi. *Filistin raporu: Birleşmiş Milletler Özel Filistin Komitesi tarafından Genel Kurula sunulan Raporlar.* New York: Somerset Kitapları,1947.

Medya

Kudüs'e Yolculuk. Ivan Nichev, direktör. Video kasetleri. Bulgar Ulusal Televizyonu, 2003.
Limon Ağacı. Yapımcı, Sandy Tolan. NPR'ın *Taze Hava,*1998.
İyimserler: Bulgar Yahudilerini Soykırımdan Kurtarma Öyküsü. Jacky Comforty, direktör. Video kasetleri. Yeni Gün Filmleri, 2001.
Belalı Sular. Yapımcı, Sandy Tolan. NPR için beş bölümlük bir seri, *Dünyada Yaşam.* Bölümler NPR'da yayınlandı, *Hafta sonu Baskısı,*1997.

Yayınlanmamış çalışmalar

Alkalay, Iris. "Babamın Üç Bulgaristan'ı."
Chapple, John. "Filistin'de Musevi Toprak Yerleşimi" (Yayınlanmamış eser), 1964. "Plovdiv'de Musevi Toplumu: Tarih, Yaşam Tarzı, Kültür, Gelenek, Şehrin Hayattaki Yeri."
Krispin, Alfred. "Bulgaristan'da Yahudilerin Kurtuluşu: Büyük Sır. Bulgar Yahudilerinin hatıraları.

Kitaplar

Abdul Hadi, Mahdi F. *Filistin Belgeleri Volume II: Madrid Görüşmelerinden Hebron Öncesi Anlaşma Dönemi.* Kudüs: PASSIA, 1997.

Abdulhadi, Faiha, ed. *Filistin'in Sözlü Tarihinin Bibliyografyası (Özellikle Filistin Kadınlarına odaklanarak).* El-Bireh, Batı Şeria: Filistin Uluslararası Planlama ve Uluslararası İşbirliği Bakanlığı Yazarı,1999.

Abu Nowar, Maan. *Ürdün-İsrail Savaşı: 1948-1951: Ürdün Hashemite Krallığının Tarihi.* Reading, U.K.: İthaka Basımevi, 2002.

Abu Hüseyin, Hüseyin ve Fiona McKay. *Giriş Engellendi: İsrail'de Filistin Devleti Hakları.* Londra: Zed Books,2003.

Aburish, Said K. *Arafat: Koruyuculuktan Diktatörlüğe.* Londra: Bloomsbury,1998.

Ebu Şerif, Bassam ve Uzi Mahnaimi. *Düşmanların en iyileri.* Boston: Little, Brown & Co., 1995.

Ajami, Fouad. *Arapların Rüya Sarayı: Bir neslin uzun yolculuğu.* New York: Vintage Books, 1998.

---------------.*Arap Durumu: 1967'den Beri Arap Politik Düşünce ve Uygulaması.* Cambridge: Cambridge Üniversitesi Basımevi, 1992.

Almog, Oz. *Sabra: Yeni Yahudi'nin Yaratılması.* Çeviri Haim Watzman. Berkeley, Kaliforniya: Kaliforniya Üniversitesi Basımevi, 2000.

Amad, Adnan, ed. *İnsan ve Sivil Haklar İçin İsrail Cemiyeti.* Beyrut: Neebii.

Anidjar, Gil. *Yahudi, Arap: Düşmanın Tarihi.* Stanford, Kaliforniya: Stanford Üniversitesi Basımevi, 2003.

Armstrong, Karen. *Kudüs: Bir şehir, üç inanç.* New York: Ballantine Books, 1996.

Aruri, Naseer. *Haysiyetsiz Aracı: Filistin ve İsrail'de Amerika Birleşik Devletleri'nin Rolü.* Cambridge, Mass.: South End Basımevi, 2003.

--------------. *Filistinli Mülteciler: Geri Dönüş Hakkı.* Londra: Pluto Basımevi, 2001.

Avineri, Shlomo. *Modern Siyonizmin Yapısı: Musevi Devletinin Entelektüel Kökeni.* New York: Basic Books, 1981.

Avishai, Bernard. *Siyonizmin Trajedisi: Devrimci Geçmişi İsrail Demokrasisini Nasıl Usandırır.* New York: Helios Basımevi, 2002.

Bahour, Sam ve Alice Lynd, eds. *Anavatan: Filistin ve Filistinlilerin sözlü tarihi.* New York: Olive Branch Basımevi, 1994.

Bar-Gal, Yoram. *Propaganda ve Siyonist eğitim: Milliyetçi Musevi Fonu 1924-1947.* Rochester, N.Y.: Rochester Üniversitesi Basımevi, 2003.

Bar-Joseph, Uri. *Düşmanın İyileri: 1948 Savaşında İsrail ve Ürdün.* Londra: Frank Cass, 1987.

Bar-Zohar, Michael. *Hitler'in Yakalamasının Ardından Bulgar Yahudilerinin Kahramanca Kurtarılmaları.* Holbrook, Mass.: Adams Media Corporation, 1998.

Barouh, Emmy. *Bulgar Topraklarında Yahudiler: Geçmiş zamanların anısı ve tarihi kader.* Sofya: Azınlık Çalışmaları ve Uluslararası Kültürel İlişkiler Merkezi, 2001.

Bauer, Yehuda. *Küllerden.* Oxford: Pergamon Basımevi, 1989.

Begley, Louis. *Savaş zamanı yalanları.* New York: Ballantine Books, 1991.

Bennis, Phyllis. *Filistin-İsrail Anlaşmazlığını Anlamak.* Orlando, Fla.: TARI, 2002.

Ben-Sasson, H.H., ed. *Musevilerin Tarihi.* Cambridge, mass.: Harvard Üniversitesi Basımevi, 1976.

Bentwich, Norman. *İsrail: İki güvenli yıl, 1967-1969.* Londra: Elek Books Ltd., 1970.

Benvenisti, Meron. *Yakın Düşmanlar: Paylaşılmış Ülkede Yahudiler ve Araplar.* Berkeley, Kaliforniya: Kaliforniya Üniversitesi Basımevi, 1995.

----------------. *Kutsal Topraklar: 1948'den beri Kutsal Toprağın gizli tarihi.* Berkeley, Kaliforniya: Kaliforniya Üniversitesi Basımevi, 2000.

Bishara, Marwan. *Filistin/ İsrail: Barış veya Irkçılık-Anlaşmazlığı çözmek için olasılıklar.* New York: Zed Books, 2001.

Bisharat, George Emile. *Filistinli avukatlar ve İsrail kanunu: Batı Şeria'da kanun ve düzensizlik.* Austin: Teksas Üniversitesi Basımevi, 1989.

Braizat, Musa S. *Ürdün-Filistin ilişkisi: Konfederasyon fikrinin iflası.* Londra: British Akademi Basımevi, 1998.

Brenner, Leni. *Diktatörler zamanında Siyonizm.* Londra: Croom Helm, 1983.

----------------. *Demir Duvar: Jabontinsky'den Shamir'e Siyonist Düzelme.* Londra: Zed Books, 1984.

Bucaille, Laetitia. *Filistinli olarak büyümek: İsrail işgali ve Ayaklanma Nesli.* Princeton, N.J.: Princeton Üniversitesi Basımevi, 2004.

Carey, Roane ve Jonathan Shainin, eds. *Diğer İsrail: Reddediş ve Karşı koyuş.* New York: The New Basımevi, 2002.

Chary, Frederick B. *Bulgar Yahudileri ve Son Çözüm, 1940-1944.* Pittsburgh: Pittsburgh Üniversitesi Basımevi, 1972.

Childers, Erksine B. *Süveyş Yolu: Batı-Arap İlişkileri Çalışması.* Londra: MCGİBBON&Kee, 1962.

Cleveland, William. *Modern Ortadoğu'nun Tarihi.* Boulder, Colo.: Westview Basımevi, 1994.

Cohen, Aharon. *İsrail ve Arap Dünyası.* Boston: Beacon Basımevi, 1976.

Cohen, David, eseri toplayan. *Hayatta Kalış: Belgeler Derlemesi 1940-1944.* Sofya: "Shalom" Yayın Merkezi, 1994.

Cohen, H. J. *Ortadoğu'nun Yahudileri, 1860-1972.* Kudüs: İsrail Üniversitesi Basımevi, 1973.

Cohen, Michael J. *Filistin ve Büyük Güçler: 1945-1948.* Princeton,N. J.: Princeton Üniversitesi Basımevi,1982.

---------------. "Filistin üzerine Anglo-Amerikan Komitesi,1945-1946." *İsrail'in Yükselişi, cilt.35.* New York: Garland Publishing Inc.,1987.

---------------. "Filistin Hakkında Birleşmiş Milletler Görüşmeleri, 1947." *İsrail'in Yükselişi, cilt. 37.* New York: Garland Publishing Inc.,1987.

---------------. "İsrail'in Tanınması, 1948." *İsrail'in Yükselişi, cilt. 39.* New York: Garland Publishing Inc.,1987.

Connell, Dan. *Devrimin Tekrar Düşünülmesi: Demokrasi ve Sosyal Adalet için Yeni Stratejiler: Eritre, Güney Afrika, Filistin ve Nikaragua Tecrübeleri.* Lawrenceville,N.J.: Red Sea Basımevi, 2001.

Constant, Stephan. *Kurnaz Ferdinand: 1861-1948, Bulgaristan Çarı.* Londra: Sidgwick & Jackson, 1979.

Crampton, R. J. *Modern Bulgaristan'ın Kısa Tarihi.* Cambridge: Cambridge Üniversitesi Basımevi, 1987.

Darwish, Mahmoud. *Unutkanlığın Anısı: Ağustos, Beyrut, 1982.* İbrahim Muhavi tarafından Arapçadan çeviri. Berkeley, Kaliforniya: Kaliforniya Üniversitesi Basımevi, 1995.

Dayan, Yael. *İrsal Günlüğü: Haziran 1967.* New York: McGraw-Hill, 1967.

El-Asmar, Fouzi. *İbrani Karışıklık: Çocuk Edebiyatında Arap Klişesi.* Vermont: Amana Books, 1986.

---------------. *İsrail'de bir Arap olmak.* Londra: Frances Printer Ltd.,1975.

Einstein, Albert. *Siyonizm Hakkında: Konuşmalar ve Mektuplar.* Leon Smith tarafından düzeltildi ve çevrildi. New York: Macmillan, 1931.

Elon, Amos. *Bulanık kan dalgası: Ortadoğu'dan sevkler.* New York: Columbia Üniversitesi Basımevi, 1997.

——————. *İsrailliler: Kurucuları ve Oğulları.* Tel Aviv: Adam Publishers, 1981.

——————. *Kudüs: Aynaların Şehri.* Boston: Little, Brown & Co.,1989.

Enderlin, Charles. *Parçalanmış Rüyalar: Ortadoğu'da Başarısız Barış Girişimleri, 1995-2002.* Fransızca'dan çeviri Susan Fairfield. New York. Other Basımevi, 2003.

Eshkenazi, Jak ve Alfred Krispin. *Bulgaristan'ın İç Bölgesindeki Yahudiler: Notlarla İzah edilmiş bir bibliyografi.* Bulgarcadan Alfred Krispin çevirisi ile. Sofya: Uluslararası Azınlık Çalışmaları ve Karşılıklı Kültürel İlişkiler Merkezi, 2002.

Eveland, Wilbur Crane. *Çölün İpleri: Ortadoğu'da Amerika'nın Başarısızlığı.* Londra: W.W. Norton & Co.,1980.

Farsoun, Samih K. *Filistin ve Filistinliler.* Boulder, Colo.: Westview Basımevi, 1997.

Feiler, Bruce. *Abraham: Üç İnancın Kalbine Yolculuk.* New York: William Morrow, 2002.

——————. *İncil'le Yürümek: Musa'nın Beş Kitabı'nın Toprağından Geçen Bir Yolculuk.* New York: William Morrow, 2001.

Finkelstein, İsrael ve Neil Asher Silberman. *Ortaya Çıkarılan İncil: Arkeologların Antik İsrail ve Kutsal Metinlerinin Kökeni Hakkında Yeni Görüşler.* New York: Simon & Schuster, 2001.

Flapan, Simha. *İsrail'in Doğuşu: Efsaneler ve Gerçekler.* New York: Pantheon Books, 1987.

Frances, Samuel. *Recuerdos Alegres, Ecuerdos Tristes.* Sofya: Shalom, 2000.

Friedman, Thomas L. *Beyrut'tan Kudüs'e.* New York: Anchor Books, 1995.

Gaff, Angela. *Yasallığın Aldatıcılığı: 17 Aralık 1992'de İsrail'in Filistinlileri Toplu Şekilde Sürmeleri Hakkında Yasal Bir Analiz.* Ramallah: El-Haq, 1993.

Gefen, İsrael. *Lübnan'da Bir İsrailli.* Londra: Pickwick Books, 1986.

——————. *Ateşli Yıllar.* Londra: Ferrington, 1995.

Gelber, Yoav. *1948 Filistin: Savaş, Kaçış ve Filistinli Mültecilerin Probleminin Ortaya Çıkışı.* Brighton: Sussex Akademi Basımevi, 2001.

Gerner, Deborah. *Bir Ülke, İki Toplum: Filistin Üzerinde Anlaşmazlık.* Boulder, Colo.: Westview Basımevi, 1994.

Gharaibeh, Fawzi A. *Batı Şeria ve Gazze Şeridi Ekonomileri.* Boulder Colo.: Westview Basımevi, 1985.

Glubb, Sir John Bagot. *Araplarla Bir Asker.* Londra: Hodder & Stoughton, 1957.

Gren, Stephen. *Taraf Tutmak: Amerika'nın Saldırgan Bir İsrail İle Gizli İlişkileri,1948-1967.* Londra: Faber & Faber, 1984.

Gresh, Alain. *FKÖ, Mücadele: Bağımsız Filistin Devleti İçin.* A. M. Berett tarafından Fransızca'dan çeviri. Londra: Zed Books, 1988.

Grossman, David. *Tel üstünde Uyumak: İsrail'deki Filistinlilerle Söyleşiler.* Çeviri Haim Watzman. Londra: Picador, 1994.

Groueff, Stephane. *Dikenlerin Tacı.* Lanham, Md.: Madison Books, 1987.

Grozev, kostadin, et al. *1903-2003: Bulgaristan ve Amerika Birleşik Devletleri Arasında 100 Yıllık Diplomatik İlişkiler.* Bulgaristan Amerika Birleşik Devletleri Büyükelçiliği, 2003.

Haddad, Simon. *Lübnan'da Filistin Kördüğümü: Mülteci Birleşimi Politikaları.* Brighton: Sussex Akademi Basımevi, 1988.

Hashavia, Arye. *Altı Gün Savaşı'nın Tarihi.* Tel Aviv: Ledory Publishing House,n.d.

Heikal, Mohamed. *Gizli Kanallar: Arap-İsrail Görüşmelerinin İç Öyküleri.* Londra: Harper Collins Publishers, 1996.

Herzog, Chaim. *Arap-İsrail Savaşları: Ortadoğu'da Savaş ve Barış.* New York: Vintage Books, 1982.

Hillel, Shlomo. *Ruab Kadim.* Kudüs: Idanim, 1985.

Hillenbrand, Carole. *Haçlılar: İslami Bakış Açısı.* New York: Routledge, 2000.

Hiro, Dilip. *Söz Verilmiş Toprağı Paylaşmak: İsraillilerin ve Filistinlilerin Bir Masalı.* New York: Olive Branch Basımevi, 1999.

Hirsch, Ellen, ed. *İsrail Gerçekleri.* Kudüs: Ahva Basımevi, 1999.

Hirst, David. *Silah ve Zeytin Dalı: Ortadoğu'da Şiddetin Kökleri.* New York: Thunder's Mouth Pres/ Nation Books, 2003.

Hroub, Khaled. *Hamas: Politik Düşünce ve Uygulama.* Washington, D.C.: F Filistin Araştırmaları Enstitüsü, 2000.

İdinopulos, Thoas A. *Mucizeler Tarafından Yıpranmış: Bonaparte ve Muhammad Ali'den Ben-Gurion ve Müftü'ye Filistin'in Tarihi.* Chicago: Ivan R.Dee,1998.

Janik, Allan ve Stephen Toulmin. *Wittgenstein'ın Viyana'sı.* New York. Simon & Schuster, 1973.

Jayussi, Salma Khadra, ed. *Modern Filistin Edebiyatının Antolojisi.* New York: Columbia Üniversitesi Basımevi, 1992.

Kalen, Horace Meyer. *Siyonizm ve Dünya Politikaları: Bir Tarih ve Sosyal Psikoloji Çalışması.* Garden City, N.Y.: Doubleday, Page & Co., 1921.

Kamhi, Raphael Moşe. *Musevi Makedonya Devriminin Hatırası.* Sinevra, Bulgaristan: 2001.

Kanana, Sharif. *Filistin'in Halkının Mirası.* İsrail: Arap Mirası Araştırma Merkezi, 1994.

---------------. *Hâlâ Tatilde!: 1948'de Filistinlilerin Tahliyesi.* Kudüs: SHAML- Filistin Diasporası ve Mülteci Merkezi, 2000.

Karmi, Ghada. *Fatima'nın araştırmasında. Bir Filistinli Öyküsü.* Verso, 2002.

Karsh, Efraim. *İsrail Tarihini Uydurmak: "Yeni Tarihçiler."* Londra: Frank Cass &Co. 1997.

Halili, Raşit. *Filistinli Kimliği: Modern Milliyetçi Bilinci Kurmak.* New York: Columbia Üniversitesi Basımevi, 1997.

Halili, Valid, ed. *Sığınmadan İşgale*. Beyrut: Filistin Araştırmaları Enstitüsü, 1971.

――――――――. *Diasporalarından Önce: Filistinlilerin Fotoğrafik Tarihi, 1876-1948*. Washington, D.C.: Filistin Araştırmaları Enstitüsü, 1991.

――――――――. *Sığınmadan İşgale: Siyonizm Araştırması ve 1948'e Kadar Filistin Problemi*. Beyrut: Filistin Araştırmaları Enstitüsü,1971.

――――――――. Kamal Abdul Fattah, Linda Butler, Şerif S. Elmusa, Ghazi Falah, Albert Glock, Şerif Kanana, Muhammed Ali Halili ve William C. Young Birlikte. *Geride Kalanlar: Filistin köylerinin işgali ve 1948'de İsrail tarafından boşaltılması*. Washington, D.C.: Filistin Araştırmaları Enstitüsü,1992.

Kirkbride, Sir Alec. *Kanatlardan: Amman Biyografisi,1947-1951*. Londra: Frank Cass, 1976.

Koen, Albert. *Bulgaristan'da Yahudileri Kurtarma, 1941-1944*. Bulgaristan: Devlet Yayın Evi, 1977.

Kossev, D., H. Hristov ve D. Angelov. *Kısa Bir Bulgaristan Tarihi*. Margaret Alexiava ve Nicolai Koledarov çevirisi. Sofya: Yabancı Diller Basımevi, 1963.

Lamm, Zvi. *Gençlik Yönetimi Alıyor: Avrupa'da Musevi Gençlik Hareketlerinin Başlangıcı*. İbranice'den Sionah Kronfeld- Honig çevirisi. Givat Haviva, İsrail: Yad Ya'ari, 2004.

Langer, FeliCIA. *Kendi Gözlerimle*. Londra: İthaca Basımevi, 1975.

Lockman, Zachary. *Yoldaşlar ve Düşmanlar: Filistin'de Arap ve Musevi İşçiler, 1906-1948*. Berkeley, Kaliforniya: Kaliforniya Üniversitesi Basımevi, 1996.

Lowenthal, Marvin, ed ve Çeviri. *Theodor Herzl'in Günlükleri*. New York: Dial Basımevi, 1956.

Lustick, Ian. *Zafer ve Felaket: 1948 Savaşı, İsrail Bağımsızlığı ve Mülteci Problemi*. New York: Garland Publishing Inc., 1994.

Maksoud, Clovis (Önsözü). *Filistin Yaşıyor: Direniş Liderleri ile Rö-*

portajlar. Beyrut: Filistin Araştırma Merkezi ve Kuveytli Öğretmenler Cemiyeti, 1973.

Masalha, Nur. *Filistinlilerin Sürülmesi: Siyonist Düşüncede "Nakletmenin" Kavramı, 1882-1948.* Washington, D.C.: Filistin Araştırmaları Enstitüsü, 1992.

---------------. *Büyük İsrail ve Filistinliler: Yayılım Politikası.* Londra: Pluto Basımevi, 2000.

Mattar, Philip. *Kudüs'ün Müftüsü.* New York: Columbia Üniversitesi Basımevi, 1988.

Miller, Ylana N. *Kırsal Filistin'de Hükümet ve Toplum, 1920-1948.* Austin, Teksas: Teksas Üniversitesi Basımevi, 1985.

Milstein, Uri. *İsrail Kurtuluş Savaşı Tarihi Vol. IV: Krizden Karar Çıktı.* İbranice'den çeviri ve düzeltmeler Alan Sachs. Lanham, Md.: Amerika'nın Basın Üniversitesi,1998.

Minchevi Ognyan, Valeri Ratchev ve Marin Lessenski, eds. *Nato 2002'de Bulgaristan.* Sofya: Açık Toplum Kuruluşu, 2002.

Minns, Amina ve Nadia Hijab. *Vatandaşların Ayrımı: İsrail'deki Filistinlilerin bir Portresi.* Londra: I. B. Taurus & Co., 1990.

Morris, Benny. *1948 ve Sonrası: İsrail ve Filistinliler.* Oxford: Claredon Basımevi, 1994.

---------------. *İsrail'in Sınır Savaşları, 1949-1956: Arap Süzülmeleri, İsrail Misillemeleri ve Süveyş Savaşı'na Geri sayım.* Oxford: Clarendon Basımevi, 1993.

---------------. *Haklı Kurbanlar: Siyonist Arap Anlaşmazlığının Tarihi, 1881-2001.* New York: Vintage Books, 2001.

---------------. *Kudüs Yolu: Glubb Pahsa, Filistin ve Yahudiler.* Londra: I. B. Tauris, 2002.

Müsselem, Sami, Derleyici. *Filistin Hakkında Birleşmiş Milletler Önergeleri, 1947- 1972.* Beyrut: Filistin Araştırmaları Enstitüsü, 1973.

Mutawi, Samir A. *1967 Savaşı'nda Ürdün.* Cambridge: Cambridge Üniversitesi Basımevi, 1987.

Neff, Donald. *Düşmüş Sütunlar: 1945'ten Beri ABD'nin Filistin ve İsrail Politikaları.* Washington, D.C.: Filistin Araştırmaları Enstitüsü, 1995.

Oren, Michael B. *Altı Gün Savaşı: Haziran 1967 ve Modern Ortadoğu Yapılanması.* New York: Ballantine Books, 2003.

Oz, Amos. *İsrail Topraklarında.* Çeviri Maurie Goldberg-Bartura. San Diego, Kaliforniya: Harcourt Brace 6 Co.,1993.

Pappe, Ilan. *Modern Filistin Tarihi: Bir Ülke, İki Toplum.* Cambridge: Cambridge Üniversitesi Basımevi, 2004.

Patai, Raphael. *Arap Düşüncesi.* New York: Charles Scribner's Sons, 1973.

Pearlman, Moşe. *İsrail Ordusu.* New York: Filozof Kütüphanesi, 1950.

Pearlman, Wendy. *İşgal Altında Sesler: İkinci Ayaklanmadan Günlük Yaşam Öyküleri.* New York: Thunder's Mouth Press/Nation Books, 2003.

Podeh, Elie. *İsrail Tarih Kitaplarında Arap-İsrail Anlaşmazlığı, 1948-2000.* Westport Conn.: Bergin & Garvey, 2002.

Pyrce-Jones, David. *Yenilginin Yüzü: Filistinli Mülteciler ve Gerillalar.* Londra: Weidenfeld & Nicholson, 1972.

Quigley, John. *Filistin ve İsrail: Adalete Meydan Okuma.* Durham: Duke Üniversitesi Basımevi, 1990.

Reeve, Simon. *Eylülde Bir Gün. 1972 Münih Olimpiyatları Katliamı ve İsrail'in "Tanrının Gazabı" Adlı İntikam Eylemi'nin Tam Öyküsü.* New York: Arcade Publishing, 2001.

Rogan, Eugene L. Ve Avi Shlaim, eds. *Filistin İçin Savaş: 1948'in Tarihinin Tekrar Yazılması.* Cambridge: Cambridge Üniversitesi Basımevi, 2001.

Ross, Dennis. *Kayıp Barış: Ortadoğu Barışı İçin Yapılan Savaş Öyküsünün İç Yüzü.* New York: Farrar, Straus & Giroux, 2000.

Roy, Sara. *Gazze Şeridi: Gelişmeden Mahrum Politik Ekonomi.* Washington, D.C.: Filistin Araştırmaları Enstitüsü, 1995.

Sacco, Joe. *Filistin.* Seattle, Wash.: Fantagraphics Books, 2001.

Said, Edward. *Yersiz: Bir Biyografi.* New York: Alfred A. Knopf, 1999.

---------------. *Barış ve Memnuniyetsizlik: Ortadoğu Barış Sürecinde Filistin Hakkında Makaleler.* New York: Vintage Books, 1995.

---------------. *Mal ve Mülke El Koyma Politikaları: Hür İrade Savaşı, 1967-1994.* New York: Vintage Books, 1995.

Sarma, Adel, Tobby, Shelley, Ben Cashdan, et al, katılımcılar. *Filistin: Bir İşgalin Analizi.* Londra: Zed Books, 1989.

Salti, Ramzi M. *Yerli Muhbirler ve Diğer Öyküler.* Colorado Springs, Colo.: Three Continents Basımevi, 1994.

Sayigh, Yezid. *Silahlı Mücadele ve Devlet Arayışı: Filistin Milliyetçi Hareketi, 1949-1993.* Oxford: Clarendon Basımevi, 1997.

Schleifer, Abdullah. *Kudüs'ün Düşüşü.* Londra: Aylık Görüş Basımevi, 1972.

Segev, Tom. *Bir Filistin Tamamen: Yahudiler ve Araplar İngiliz Mandası Altında.* New York: Metropolitan Boks, 1999. Çeviri Kopyası, 2000.

---------------. *1949: İlk İsrailliler.* New York: Free Basımevi, 1986.

Shapira, Avraham, ed. *Yedinci Gün: Askerlerin Altı Gün Savaşı Hakkında Görüşleri.* Londra: Andre Deutsch Ltd., 1970.

Shehadeh, Raja. *Evde Yabancılar: İşgal Altındaki Filistin Dönemi.* South Royalton, Vt.: Steerforth Basımevi, 2002.

Shemesh, Moşe. *Filistin Varlığı 1959-1974: Arap Politikaları ve FKÖ.* Londra: Frank Cass, 1996.

LİMON AĞACI

geçirmiş bir adamdı. Bir Anma Günü'nde İsrail'de kendi kulaklarımla duymuştum." *Savaş için mücadele ettiğimiz yeter, diyordu Rabin. Şimdi barış için mücadele etmeliyiz. Bu tüm savaşlardan daha zor—barış için savaş.* Dalia kendine defalarca sordu, "Kim terörün bu şekilde kendi evimizde başımıza geleceğini düşünebilirdi?"

Yehezkel 1960'larda buluğ çağında biri olarak ABD'de büyürken, Başkan Kennedy'nin, kardeşi Bobby'nin ve Martin Luther King Jr.'ın öldürülmelerinde üç kez hissettiği mide bulantısının aynısını yine hissediyordu.

"Bu gerçekten dönüm noktasıydı," dedi Yehezkel. "Herhangi bir uzlaşma şansını yok etmişti, en azından uzun bir süre için. Sonraki yıllarda şöyle çok düşündüğümü hatırlıyorum, *Eğer Rabin yaşasaydı, o ve Arafat bir şeyler yapabilirler miydi?*"

"Bilmiyorum."

Dalia da bilmiyordu. "Yaşasaydı, tüm halkını yanında tutabilir miydi bilmiyorum. Ama çok kötü yaralandım," dedi ağlayarak. "Bir fark yaratabilecek iyi insanların bir şansları olmadığını hissediyordum."

Beşir, Jneid hapishanesinde Lübnan'a sınırdışı edilmeden önce karşılaştıklarında Rabin'in ona söylediği kelimeleri hatırlıyordu: "Eğer barış olursa, artık mahkumlarla ilgili hiçbir sorun olmaz." Ama Beşir Dalia'nın iyimserliğini, Rabin'in bölgeye sadece barış getireceği görüşünü paylaşmıyordu; Arafat'ın da bunu yapacağını düşünmemişti. Beşir'e göre mütevazı, sembolik bir jest olarak kalacağına, Filistinlilerin geri dönme hakları olmadığı sürece barış ve adalet olabileceğine hâlâ inanmıyordu.

İsrail'de büyümüş genç bir Arap kadını olan Lamis Salman'a göre 1999 yazında sıcak bir cuma günüydü. Açık Ev'de, el-Ramla'nın Arap çocukları için açılan bir kreşinde öğretmenlik yapıyordu. Lamis içecek almak üzere gittiği dükkandan

Gösteri sona ererken, Başbakan şiirin sayfasını katladı, gömleğinin cebine koydu ve araba kortejine yürüdü.

Aşağı yukarı aynı saatlerde Dalia bir taksiye biniyordu ve Via Dolorosa'dan, İsa'nın haçıyla yürüdüğü yoldan aşağı gidiyordu. Eski Şehir'in doğu girişindeki Aslanlar Kapısı'ndan çıkıyordu, karşısında Zeytin Dağı vardı. Arap sürücü batıya döndü ve trafik ışıklarında camlarından içeri doğru bağıran bir başka taksi şoförüne rastladılar: "Rabin vuruldu!" Dalia'nın aklı karışmıştı, kelimeleri hazmedemiyordu. *Bu mümkün değil,* diye düşünüyordu. *Olamaz.* Şoför Batı Kudüs'e doğru hızla yol aldı. "Aman Tanrım," dedi İbranice Dalia'ya. "Radyom yok!" her ışıkta diğer arabalara sinyal verip sordular: "Ne olmuş, ne olmuş?"

"Belki doğru değildir," dedi şoför Dalia'yı teskin etmeye çalışarak. "Bu nasıl doğru olabilir?"

Yirmi dakika sonra Dalia'nın dört katlı apartman binasının önündeydiler. Lobide ağır çantasını yere bıraktı ve merdivenleri koşarak, Yehezkel, Rafael ve Stella'nın televizyon ekranı karşısında donup kaldıkları daireye çıktı. İsrail Televizyonu Kanal Bir muhabiri, "Rabin'in durumu hakkındaki söylentileri" haber yapan diğer binlerce gazeteci ile sarılı durumdaki hastanenin dışındaydı. Kısa süre sonra haber doğrulandı: Yitzhak Rabin ölmüştü. Yirmi yaşında dindar hukuk öğrencisi Yigal Amir tarafından doğrudan hedef alınarak vurulmuştu. "Yalnız başıma hareket ettim," dedi Amir polise, "ve Tanrı'nın emirleri üzerine." İsrail, Rabin'in kanının gömlek cebinden sızdığını ve barış marşının bulunduğu sayfayı kana buladığını sonradan öğrenecekti.

İnsanlar birbirlerinin kollarına düşüp, vücutları hıçkırıklarla sarsılırken Dalia televizyon ekranını izliyordu. Sabaha kadar tamamen şaşkınlık içinde ayakta kalmıştı. "Çok büyük bir duygu vardı, bir şey kaybolmuştu. Çok büyük değişimler yeni bir grup ortaya çıkmıştı. FDKC kurucularından biri olan Ebu Leyla, FHKC'nin İsrail dışındaki sivillere karşı yaptığı "çılgın eylemlerin" "direnişin meşruiyetini lekelediğine" inanıyordu. Ayrıca FDKC liderleri "Yahudileri denize dökün" sözlerine de karşı çıkıyordu ve mücadelelerinin Yahudilere karşı değil Siyonizme karşı olduğuna inanıyordu. Tek bir devlette, hiç kimsenin kimseyi zorlamayacağı bir devlette Araplar ve Yahudilerin birlikte yaşayabileceklerini savunuyordu. Hatta FDKC üyelerinden bazıları yan yana Arap ve Musevi devletlerinden bile bahsediyordu. Hatta bazı radikal gruplar arasında bile birlikte yaşama fikri kuvvetle yer kazanıyordu.

Ama 1970'de Filistin hareketindeki ideolojik gerilim, Filistinliler ile Kral Hüseyin arasındaki düşmanca atmosfer ile karşılaştırıldığında çok hafif kalıyordu. Karama savaşından sonra, Fetih ve Filistin hareketindeki diğer gruplar çok güçlenmiş ve Ürdün devletinin içinde bir devlet olmuşlardı ve Ürdün'ün başşehri Amman'ı kendi "Arap Hanoi"lerine döndürmüşlerdi. Asiler, Kral'ın BM uzlaşması için kısıtlı desteğini kullanarak Batı'yı yavaş yavaş kaynattığını düşünüyor ve bunun geri dönme haklarını batıracağından korkuyorlardı. Bazı isyancı liderler Kral'ı "kağıt kaplan" olarak etiketlemiş ve onu devirmekle tehdit etmişti. 1 Eylül'de, Ürdün ordusunun Filistin mülteci kamplarını bombalamasından sonra, Kral, konvoyuna yapılan ve Ürdünlülerin suikast girişimi olduklarına inandıkları bir saldırıdan kıl payı kurtulmuştu.

Birkaç gün sonra, Beşir hâlâ hapisteyken ve uzun zamandır geciken mahkemesini beklerken FHKC militanları belki de Filistin hareketi tarihinin en vurucu eylemini gerçekleştirdi. Planları, Avrupa başkentlerinden New York'a kalkan üç uçağı aynı anda kaçırmak ve mümkün olduğunca fazla ABD vatandaşını ele geçirmek ve bunun sonucunda uluslararası dikkat çekmekti. Sonra uçaklar, İsrail, Filistinli siyasi mahkumları serbest bırakana kadar yolcuların tutulacağı Ürdün çöllerindeki eski bir İngiliz havaalanına inecekti.

FHKC eylemcileri iki uçağı ele geçirdi ve Ürdün'e yönlendirdi. Üçüncü girişim başarısız olmuştu. Leyla Halid, Filistinli "özgürlük savaşçısı kraliçesi" kimliğini gizlemek amacıyla estetik ameliyat geçirmişti. O ve bir FHKC militanı Meksikalı yeni evli bir çift rolündeydiler. Uçak kaçırma girişimi, Amsterdam'dan kalkan El Al uçağı, pilotun "yeni evlilerin" dengesini bozmak için yaptığı sert bir dalış ile bozulmuştu. "Damat," kabindeki bir İsrail güvenlik şefi tarafından vurularak öldürülmüştü ve Halid Londra'da hapse konmuştu. Ama üç gün sonra, Bahreyn'de çalışan bir Filistinli, kahraman kraliçelerinin yakalandığını duyunca, tek başına bir İngiliz uçağını kaçırmış ve pilota çoktan Ürdün'de beklemekte olan diğer iki uçağın yanına gitmesini emretmişti. Filistinliler Hüseyin'in krallığındaki, Amman'ın doğusundaki, bu çöl şeridini daha sonra "Devrim Alanı" olarak anacaktı.

Güneşin altında ıssız bir yerde durarak elindeki megafonla yedi yüz yolcuya "Özür dilerim," diye bağırdı Bassam Ebu Şerif, "Sizi Ürdün'deki çöle kaçırdık. Burası Ortadoğu'da, İsrail ve Suriye yakınlarında bir ülkedir. Biz bir savaş veriyoruz, vatanımızı İsrail işgalinden kurtarma savaşı veriyoruz. Sizin burada bulunma sebebiniz bizim sizi İsrail ve diğer ülkelerde mahkum bulunan yoldaşlarımızla takas etmek istememizdendir."

Filistinlilerin mahkum listesine, Londra'da bir hapiste olan "Meksikalı gelin" Halid de dahildi. Halid yolcu takasında hayranının doğrudan eylemi sonucunda serbest bırakılacaktı. (Beşir'in adı iki yıl sonra, Tel Aviv yakınlarındaki bir havaalanında uçak kaçırma sırasında bir başka mahkum takasında geçecekti; İsrailli komandolar kaçıranları öldürünce eylem bitmişti. Beşir hapiste kalmıştı.)

PATLAMA

Altı gün sonra, "Devrim Havaalanı'nda" kriz tüm rehinelerin sağ olarak kurtulması ile bitmiş ve üç jumbo jet pistte FHKC savaşçıları tarafından dünyaya ne kadar ciddi olduklarını göstermek amacıyla bombalanarak parçalanmıştı. Ama o günlerde Kral Hüseyin FHKC eylemlerini ülkedeki Filistinli gruplara karşı sert tedbirler almak için bir sebep olarak kullanmıştı.

1970 Eylül'ünde iki hafta Kral'ın birlikleri FKÖ, FHKC, FDKC ve 1948'den sonra Filistin mülteci kamplarında ve çöl krallığındaki taşra kentlerinde kurulmuş diğer Filistinli gruplarla uğraştı. Ürdün birlikleri Filistinli gerillaların üç katıydı ve Filistinlilerin hiç olmamasına karşın onların dokuz yüzden fazla tank ve zırhlı aracı vardı. Suriye, Filistinlilere yardım amacıyla Ürdün sınırını geçince, Kral gizlice İsrail ile bağlantıya geçti ve Suriyelilere karşı hava desteği istedi: Bir Arap liderden, diğer Araplara saldırması için İsrail'e gelen ender görülen bir ricaydı. Sonuçta, Araplara karşı Araplardı; özellikle mülteci kamplarında, on bir gün içinde Ürdün ordusu tüm silahlarını kullanarak binlerce Filistinliyi öldürdü. Bu ay, tüm Filistinliler tarafından Kara Eylül olarak sonsuza kadar bilinecekti.

26 Eylül'de, Cemal Abdül Nasır'ın baskısıyla Kral Hüseyin ve Yaser Arafat ayrı ayrı Mısır'a uçtu ve bir ateşkes imzaladı. Bu Nasır'ın son siyasi hareketiydi. Felaket gibi yenilgilerde büyük rol oynamasına rağmen hâlâ Arap dünyasında saygı duyulan, Mısırlı lider iki gün sonra kalp krizinden öldü. Milyonlarca insan, siyahlar giyip ağlayarak, Arap başkentlerinin caddelerini doldurdu. Pan-Arap milliyetçiliği devri, bir kahramanın insanları zalim birine karşı zafere götürme sözü artık bitmişti.

Dalia FHKC'nin eylemlerinden tiksiniyordu. Sonraki yıllarda, Lod Havaalanı'nda FHKC'nin örgütlü eyleminde Japon Kızıl Ordusu'nun kalaşnikoflarla açtıkları ateşte Petro Rico'dan Hıristiyan hacıların da bulunduğu yirmi beş kişiyi öldürdükleri saldırının onu nasıl dehşete düşürdüğünü hatırlıyordu. Sivillere yapılan saldırılar ahlaki sınırı geçmişti ve "beni çok derinden yaralamıştı." Böyle zamanlarda Dalia bu tip saldırılara karşı birinin nasıl öldürücü hisler beslediğini anlıyordu.

Tel Aviv Üniversitesi'nde ders aralarında veya hafta sonları evde Dalia bu insanların böyle aşırı taktikler ile hedeflerine ulaşabileceklerini nasıl düşünebildiklerini merak ediyordu. Beşir'i de merak ediyordu. Gerçekte o kimdi?

Beşir hapisteydi, İsrail yetkililerine göre o bir FHKC üyesiydi. Dalia'nın kapısına gelen aynı genç adamın –ailesi onu o kadar sıcak karşılamıştı ki– Halk Cephesi'nin bir parçası olduğuna inanmak zordu. Sadece Beşir'i bir arkadaş olarak düşündüğünden değil ama bundan daha derin bağlarının olduğuna inandığı için çok şaşırmıştı. "Arkadaşlıktan öteydi, çünkü sen seçmemiştin," diyordu. "İsrail Filistinlilerin olmasını seçmemişti ve Filistinliler de İsraillileri seçmemişti. Böyle verilmişti ve bu da en kritik noktaydı, verilmiş olan ile nasıl başa çıkılırdı."

Hairilerle karşılaşmasından sonra, Dalia şimdi yirmi bir yaşındaydı ve büyürken öğretilen basmakalıp sözleri sorgulamaya başlamıştı: Güvensizlik, kuşku ve nefret. "Genel olarak bir Arap'ın arkadaş olabileceğine, ama eğer milli çıkarları başka türlü emrederse arkadan bıçaklayabileceklerine inanılırdı. Bu çok yaygın bir inanıştı. Birinin, bunun doğru olmadığını ispatlamak için, buna karşı savaşması gerekiyordu." Şimdi Dalia, Beşir'in milli çıkarlarının kendisininkiyle tamamen çarpıştığından korkuyordu.

Dalia'nın güveninin çekirdeğinde kişisel diyaloglarının, dönüşümünün anahtarı olduğuna dair inancı vardı. Eğer Beşir gerçekten FHKC'nin bir parçasıysa, eğer Supersol bombalamasıyla ilgili bir bağlantısı varsa, bu, "ilişkilerinin birleşik güçler önünde hiçbir anlamı olmadığını gösteriyordu. Eğer milli çıkar ortak insanlığımızdan önde geliyorsa o zaman kurtuluş için hiçbir ümit yok demektir, iyileşmek için ümit yok, dönüşüm için ümit yok, hiçbir şey için ümit yok demektir!"

Bir sabah mahkeme öncesi hazırlıklar sürerken, Ahmed, Zekiye ve Nuha Hairi Beşir'i hapiste ziyaret etmeye karar verdiler. Hapishane yetkilileri onu devamlı naklediyordu ve şimdi o el-Ramla'da bir hücrede oturmuş, bekliyordu. Gözleri kötü olan Ahmed onu tanıyamamaya başlamıştı –bu uzun, ağır bir düşüştü, sonunda onu kör edecekti– ama üç Hairi kapılardan geçip ziyaretçilerin bölümüne girdiklerinde Ahmed onu hemen fark etmişti. "Beşir," dedi Ahmed sonunda oğlu karşısında oturduğunda, "hangi hapishanede olduğunu fark ettin mi? Tam burası bir zamanlar bizim zeytin ağaçlarımızın olduğu yer."

Ahmed, bu toprakların Osmanlı sultanı tarafından Hair el-Din el-Ramlavi'ye on altıncı yüzyılda miras olarak verildiğini anlattı. Vakıf toprağı en az yirmi nesil, 1948 yılına kadar ailede kalmıştı. Beşir sembolik olanın hakikate uygun olduğunu anladı: Kendi toprağında hapsedilmişti.

Nuha kardeşi için devamlı endişeleniyordu. "Ne kadar hapiste kalacağını bilmiyoruz, Beşir'e ne olacağını bilmiyoruz," diyordu. "Ne kadar çok soru, ne kadar çok bilinmeyen var. Yirmi sekiz yaşında ve hâlâ bekar. Ve şimdi de hapiste kim bilir ne kadar kalacak? Geleceğini kim bilir nasıl etkileyecek?"

1970'de Beşir'in duruşması Lod'da bir askeri mahkemede, el-Ramla'daki eski evinden birkaç mil uzakta başladı. Kuveyt'te yaşayan kız kardeşi Hanım, onu tutuklandığından beri görmemişti. Onu görmeye gelmişti ama duruşma sırasında aile ziyareti yoktu. Beşir'in avukatı ona yardımcısı gibi rol yapmasını söyledi, "sadece onu görmek için. Ama bana onunla konuşmamın yasak olduğunu ve eğer konuşursam bunun sonuçlarının olacağını söyledi." Ama gardiyanlar Beşir'i adliye sarayındaki tutukevinden getirdiklerinde Hanım kendini kontrol edemedi. "Onu görünce bağırdım. Çığlık attım, '*Habibi* Beşir! Sevgili Beşir!' Adliye sarayından kovuldum. Ama en azından onu gördüm."

Bir öğleden sonra duruşmaya ara verildiğinde Ahmed artık el-Ramla'daki evden daha fazla uzak kalamayacağına karar verdi. Üç yıldan fazla bir zamandır Dalia ve ailesini ziyaret etmeye karşı direnmişti ve çocuklarına "Ön kapıya gelemeden kalp krizi geçiririm," demişti. Şimdi askeri mahkemeden ve oğlunun gecesini ve gündüzünü geçirdiği hapishaneden birkaç dakika uzaklıkta 1936 yılında inşa ettiği evin kapısının önünde Zekiye ve Nuha ile birlikte duruyordu. Çok az görebiliyordu ama ellili yaşların ortasında bir Musevi adamın şeklini seçebiliyordu: Bulgaristan'dan Moşe Eşkenazi. İki adam eşikte birbirlerine baktı: Ahmed ve Moşe, aynı evin iki babası.

Evin içine girdiler, sonra çıktılar ve arkaya bahçeye gittiler. Ahmed ağır ağır ilerliyordu, Nuha ve Zekiye ona yardım ederken evin taşlarına dokunuyordu. Moşe misafirlerini oturmaya davet etti. Dalia ve Solya bir yere kadar gitmişlerdi, yakında dönerlerdi. Döndüklerinde, Dalia Beşir'i sordu. Gitmeden önce Ahmed Dalia'ya fitna ağacından bir çiçek alıp alamayacağını sordu. Dalia Ahmed'e "Doğrudan ağaçtan alabilirsiniz," dedi.

Otuz yıl sonra Dalia bunları hatırlamıyordu: Hem o gün Hairilerin ziyareti sırasında evde olduğuna inanmıyordu, hem de Ahmed Hairi ile karşılaştığına da inanmıyordu. Ama babasının ona ziyaretten bahsettiğini ve özellikle Beşir'in babasının Moşe'ye söylediklerini hatırlıyordu. Bu noktada hafızası Nuha'nınkiyle aynıydı.

PATLAMA

"Burada bir limon ağacı vardı," dedi Ahmed Moşe'ye. "Ben diktim. Hâlâ burada mı? Hâlâ canlı mı?"

Nuha ve Moşe kalktı ve Ahmed'in iki yanına geçti. Onu yavaşça bahçenin köşesine götürdüler. Ahmed kollarını uzattı, parmaklarını yumuşak, sert kabuklarının üzerinde, ağacın gövdesindeki yumuşak yumruların üzerinde gezdirdi, sonra ince daralan dallarından ellerinin arasında yumuşak yaprakları hissedene kadar gezdirdi ve yapraklar arasında ufak, serin, yuvarlak, otuz dört yıl önce dikmiş olduğu ağaçtan bir limon vardı. Zekiye gözlerinde yaşlarla sessizlik içinde masadan izledi.

Ahmed'in başı alçak dalların arasındaydı ve sessizce ağlıyordu. Moşe birkaç limon kopardı ve Ahmed'in eline koydu. Erkekler masaya döndü ve oturdu. Moşe tekrar kalktı ve bir sürahi limonata ile döndü, sessizlik içinde bardaklara doldurdu.

"Güzeldi," diye hatırlıyordu Nuha bir başka asırda, altmışlarında hâlâ Ramallah'ta sürgünde bir kadın olarak. "Çok güzeldi. Tabii ki çok güzeldi! O ağacı biz kendi ellerimizle dikmiştik. Dalia'nın ailesi—hepsi çok nazikti. Ama ne fark eder? Onlar evimizi elimizden alan insanlardı."

Ahmed dört limonu Ramallah'a getirdi. "Hediye olarak," dedi Dalia. "Ve hatıra."

1972'de Beşir Hairi, 1969 Şubat'ında Batı Kudüs'te Agron Caddesi'ndeki Supersol marketini bombalamaktan ve yasadışı örgüt olan Filistin Halk Kurtuluş Cephesi'ne üye olmaktan on beş yıl hapis cezasına çarptırıldı. İsrailli görgü tanıkları ve Filistinli muhbirler Beşir'in bomba yapımcıları ile marketteki baharat rafında bombayı yerleştiren FHKC üyesi iki kişi arasında bağlantı olarak hizmet verdiği yönünde tanıklık etmişlerdi.

Yargıç kararı okurken, Hanım Hairi çığlık atmaya başladı. "Beşir! Beşir!" diye ağladı genç erkek kardeşi ile göz göze geldiklerinde. Nuha şoktaydı, sonradan anlayacağı bir sinir çöküntüsünün başlangıcındaydı. Mahkeme gürültülüydü ve Hanım'ın öfkeli çığlıkları gürültüyü kesti.

Beşir mahkumiyetini bekliyordu. Ayağa kalktı ve yargıca döndü. "Bu mahkemeyi kabul etmiyorum," dedi. "Ben masumum." Hiçbir zaman Beşir bombalamada rol aldığını veya FHKC üyesi olduğunu kabul etmedi. Tüm askeri duruşmanın gayri meşru bir hükümetin oynadığı "bir pandomim" olduğunu düşünüyordu. "İtiraf etmedim," diyordu Beşir 1998'de, mahkumiyetinden yirmi altı yıl sonra. "Benden bir itiraf alamadılar. Hepsi yalan suçlamalardı. Çünkü eğer ispat edebilselerdi o zaman sadece on beş yıl değil müebbet hapse çarptırılırdım. Ama ben bir Filistinliyim. Her zaman işgalden nefret ettim. Ve elimdeki her türlü olanak ile direnme hakkım olduğuna inandım. Evet, bir noktada şiddet, bir araçtı. Ama onları anlıyordum. Kendilerini feda etmeye hazır Filistin savaşçılarının eylemlerini anlıyordum. Hâlâ anlıyorum."

Beşir'in ortak sanıkları daha katı cezalar aldı: Halil Ebu Hediye yirmi yıl; Abdül Hadi Odeh müebbet hapis cezaları aldı. Ayrı bir duruşmada Resmiye ve Ayşe Odeh kardeşler de müebbet hapse çarptırıldı. "Cezalar okunduğunda," diyordu Hanım, "Abdül Hadi'nin annesi bayıldı. Hepimiz ona doğru koştuk, ona su getirdik ve biri onu uyandırmak için yüzüne parfüm sıktı."

Beşir'in teyzesi Resmiye mahkeme salonundan çıktı ve evde bir odaya kendini kapattı. Kuran'dan Yasin suresini okudu: "Gece onlar için bir işarettir. Ondan biz günü çıkartırız ve onlar karanlığa dalar."

Bu cümleyi kırk kere tekrar etti.

"Biz inanç ve kader deriz," dedi Hanım. "İnandığımız bu şey onu kurtardı." Bazı sanıkların mahkumiyeti İsrailli eski as-

PATLAMA

ker, İsrael Gefen'in tanıklığına dayanıyordu. Baharat rafındaki patlama Gefen'in derisine biberi öyle bir gömmüştü ki, haftalar boyu bu kötü kokuyu duymuştu; patlamadan üç yıl sonra, ne zaman banyo yapsa hâlâ baharat kutularının minik gümüş plastik parçalarını küvetin dibinde buluyordu. Ayağına gelince, Doğruluk Kapısı hastanesindeki doktorlar bileğe geri dikmeyi başarabilmişti ancak birçok ameliyattan sonra bile hâlâ eskisi gibi değildi. Hayatının geri kalan kısmında, özellikle soğuk veya sıcak günlerde veya özellikle çok yorgun olduğu zamanlarda bileğinde patlamanın o sıcaklığını hissediyordu.

Beşir'in mahkumiyetinden sonra, Dalia, Hairi ailesi ile bağlantısını tamamen kesti. "Aldatılmış hissediyordum," diyordu. Dalia en derin güven duygularını Beşir'le yaptığı konuşmaya bağlamıştı. Ama şimdi bu sarsılmıştı ve onunla birlikte Dalia'nın tüm milli ve siyasi farklılıkların ötesine geçen "bire bir ilişkilerin gücüne dönük" inancı da sarsılmıştı. Dalia'nın "doğal, doğuştan güveni," "birlikte bir çözüm bulabiliriz" diyordu. "Bu temel bir unsurdu, varoluşumun temel bir parçasıydı. Kişisel ilişkiler dönüşümün anahtarını tutuyordu." Dalia'ya göre, Beşir'in kendi davasına bağlılığı şu anlama geliyordu: "Bizim geldiğimiz yere geri dönmemiz konusunda kararlıydı. Burada istenmediğimizi belirtiyordu. Bunu kabul edemeyecektik." Bu acının yanında, çok derin bir mana vardı—mantıktan ziyade duygusaldı, Dalia sonradan Beşir'in, birçok İsrailliye karşı bir önyargının olduğunu kabul ettiği sonucuna varmıştı: Araplar Yahudileri öldürüyordu çünkü onlar Yahudiydi.

"Evet, her şey durdu," dedi Beşir'in mahkumiyetinden yirmi altı yıl sonra. "Hiçbir bağlantı yoktu. Benim için çok fazlaydı." Açmış olduğu kapı kapanmıştı.

Dalia Arap ve Yahudilerin gelecekte yan yana yaşamaları üzerinde gittikçe alaycı oluyordu. İsrail savunmasında ateşli olmuştu ve tüm kalbiyle milli savunmada İsrail ordusunun bir subayı olarak yer alıyordu.

Hizmeti bittikten sonra, Dalia yeni işi olan Ramla-Lod Koleji'nde İngilizce öğretmenliğine balıklama atladı. Okul Ramla hapishanesinin hemen yanındaydı, öyle yakındı ki iki binanın tuğlaları birbirine değiyordu.

1972 Eylül'ünde Beşir zamanını doldururken, sekiz silahlı Filistinli Münih'te Olimpiyat köyünü bastı, iki İsrailli atleti öldürdü ve dokuz tanesini rehin aldı. Alman polisi ile askeri üsten yapılan ateş sonucunda İsrailli rehinler de dahil olmak üzere on dört kişi öldü. Silahlı adamlar Kara Eylül örgütünün bir bölümüydü; Ürdün'deki sivil savaştan sonra Fetih'in içinden çıkmış bir gruptu. Kara Eylül'ün ilk eylemlerinden biri, 1970 Eylül'ünde Filistinli gruplara yapılan saldırıda rol alan Ürdün başbakanına intikam için 1971'de suikast düzenlemekti. Bugüne kadar Kara Eylül Münih suikastlarında bağımsız mı hareket etmişti yoksa Fetih'in lideri Yaser Arafat'ın önceden bilgisi var mıydı hâlâ açığa çıkmadı. O zamanlarda Arafat bu tip eylemleri destekliyordu. "Şiddetli siyasi eylemler geniş halk hareketlerinin ortasında terörizm olarak nitelendirilemez," diyordu. Birçok Filistinli aynı görüşteydi. 1948 savaşından yirmi dört yıl sonra İsrail'in, topraklarını ve evlerini işgal ettiğine ve ümitsiz zamanların ümitsiz ölçüleri gerektirdiğine inanıyordu: Eğer yollarını uluslararası sahneye çıkmaya zorlamazlarsa, kimse onların mücadelesine dikkatini vermeyecektir. "Dünyayı insanlar değiştirir, bir şeyler yapmalı, eğer gerekirse öldürmeliler," diye bildirmişti Habaş. "Öldürmek, bu bizi insanlığımızdan çıkarsa bile."

İsrailliler Münih suikastına yanıt olarak Filistinlilerin Suriye ve Lübnan'da olduğundan şüphe ettikleri üslere hava saldırısı düzenlediler, siviller de dahil olmak üzere en az iki yüz kişiyi öldürdüler. O günlerde İsrail'in Tanrı'nın Gazabı eylemlerinin bir bölümü olarak bir dizi suikast ile Filistin hareketini sarstılar. Eylemleri düzenleyen İsrailli general suikastlari "siyasi olarak çok önemli" olarak nitelemiş ve "eski İncil'in göze göz kuralına göre" hareket ettiklerini söylemişti. Ama Tanrı'nın Gazabı Eylemi tamamen yeni bir politikayı temsil etmiyordu; daha çok Filistin uçak kaçırmalarına karşı kuvvetlendirilen bir İsrail misillemesiydi. 8 Temmuz'da Filistinli roman yazarı ve FHKC sözcüsü olan Hasan Kanafani yirmi bir yaşındaki yeğenini Beyrut'taki Amerikan Üniversitesi'ne kayda götürürken otomobile konan bir bombanın patlamasıyla öldü.

İki buçuk hafta sonra Kanafani'nin FHKC'deki arkadaşı Bassam Ebu Şerif üzerinde PATLAYICILARA KARŞI İNCELENMİŞTİR damgalı kahverengi paket kağıdına sarılı kitap boyunda bir paket alacaktı.

"Bassam," dedi genç postacı, "bir hediyeniz var. Kitaba benziyor..." Genç asi paketi yırttı ve yıllardır kahramanı olan Che Guevara hakkında bir kitap gönderildiğini gördü. "İçinde neler olduğuna bakmak için dikkatsizce sayfaları çevirmeye başladım... Kitabın altının oyuk olduğunu gördüm. Boşlukta iki patlayıcı şarj vardı, kitabın kesik olmayan bölümü kaldırıldığı anda patlamaya hazırdı..." diye yirmi üç yıl sonra hatıralarını tazeliyordu.

"Ben de onu kaldırmıştım."

Patlama Bassam'ın sağ elinin başparmağını ve iki parmağını koparmış, çenesini dağıtmış, dudaklarını ezmiş ve dişlerini kırmış, göğsünde, karnında ve sağ kasığının üstünde büyük yaralar açmış, sağ gözünü kör etmiş ve her iki kulağının ciddi şekilde duymasını zayıflatmıştı. İsrael Gefen gibi onun da her şeyi geri dikilmişti ve hayatının sonuna kadar patlamanın iz-

LİMON AĞACI

lerini taşıyacaktı. O günden itibaren, ailesinden, arkadaşlarından ve ziyaretçilerden Bassam Ebu Şerif'e yakın oturmaları ve sorularını, selamlarını ve dostluklarını bağırarak söylemeleri istenecekti.

Beşir on iki yılını değişik İsrail hapishanelerinde, özellikle Cenin, Tulkarim ve Ramallah'ta geçirecekti. Hapishane arkadaşları silahlı isyandan veya yasadışı gruba üye olmaktan veya işgale karşı gösteri yapmaktan ceza almış veya haklarındaki suçlamaları bekleyen Filistinli erkeklerdi. İsrail işgalinden on sekiz yıl sonra 1967 Haziran'ında, tahmini 250.000 Filistinli –veya yetişkin erkek nüfusunun yüzde 40'ı– bir İsrail hapishanesinde bulunuyordu.

Beşir hapishane hayatının belirlediği monoton rutinde yaşıyordu: 6:30'da kalk, hapishane sayımı, bir yumurta veya bir parça ekmek ve peynirden ibaret kahvaltı, sabah çalışması, hafif bir çorbadan ibaret öğle yemeği, öğleden sonra çalışması, tartışmalar ve dinlenme. Fiziksel olarak güçlenmelerini engellemek amacıyla mahkumlardan egzersiz yapmaları istenmiyordu.

Ortak hapishane deneyimleri, işgale karşı duyulan derin nefret ve geri dönme rüyasıyla arkadaşlıklar büyüdü. Hapishanedeki çalışma grupları Hegel, Lenin, Marx, Jack London, Pablo Neruda, Bertolt Brecht, Mısırlı roman yazarı Necib Mahfuz, Gabriel Garcia Marquez ve onun *Yüzyıllık Yalnızlık*'ı ve John Steinbeck'in *Gazap Üzümleri* kitapları hakkında derin derin düşünüp tartışıyordu. Hapishane yetkilileri milliyetçi Filistin edebiyatına ait kitapları engellemek amacıyla gelen kitapları dikkatlice inceledikleri halde ara sıra bazıları kaçabiliyordu. Bunlardan bir tanesi de Hasan Kanafani'nin 194 sayılı BM önergesinin yenilenmiş tartışmaları üzerine olan *Hayfa'ya Dönüş* adlı kitabıydı. Bazen ziyaretçiler çok sevilen, sürgündeki

PATLAMA

şair Mahmut Derviş'in şiir kitabını bile içeri kaçırmayı başarıyordu.

Hapishanede zaman geçirmenin yollarını bulmak can alıcıydı. Chopin, ünlü klasik Arap müziği şarkıcısı Ümmü Gülsüm ve Lübnanlı yıldız Feyruz'u hücrelerinin zemininde satranç veya tavla oynarken dinliyorlardı. Bazen günde iki veya üç kez büyük daireler içinde oturarak diyalektik materyalizmi tartışıyorlardı: Sovyetler ve Çin komünizminin ince noktalarını; Vietnam'da, Güney Afrika'da, Rodezya'da veya Küba'daki politik gerilimi; Nixon ve Kissinger'in Çin ve Ortadoğu'daki tehlikeli işlerini; Amerikan Devrimi'nin felsefi tarihini; ve Filistin sorununu. Çoğunlukla bir mahkum bir konuyu derinlemesine incelemeye gönüllü olarak bir kağıt hazırlıyor ve bir sonraki toplantıda onu sunuyordu. Günlük haberler genelde, yıllar içinde Beşir ve arkadaşlarının okumayı öğrenecekleri, İbranice basılı gazetelerden geliyordu.

Akşamları, mahkumlar kendi oyunlarını yaratıyordu: Kısa komedi oyunları, Shakespeare, Arap edebiyatı ve hapishane sorgulamaları hakkında hazırlıksız derlemeler. Diğer zamanlarda kendi tarihlerinin şarkılarını söylüyorlardı: Milliyetçi şarkılar, hasat şarkıları, uzun zaman önce yıkılmış köylerin şarkıları; veya hangi Filistinli politik grubun insanların derin duygularına hitap ettiklerini tartışırlar ve her grup için yeni sloganlar bulurlardı. Beşir sıkı bir Marksist olmuştu.

Her ay, Ahmed Beşir'e yapacağı hapishane ziyaretini dört gözle bekliyordu. "Bekleyemiyordu," diyordu Hanım. Ama çoğu zaman ziyaretinden bir gece önce Ahmed soğuk terler döküyordu. "Bağımlılar gibi titremeler geçirirdi," diyordu Hanım. "Ve bir gün sonra hasta ve yoğun olurdu. Ve o kadar sık gidemezdi," hapishane ziyaretinde Zekiye'yi yalnız bırakırdı. Bir gün böyle bir durumda, Beşir'i her ay ziyaret edebilmek için Amman'dan tekrar Batı Şeria'ya geri gelen Hanım, annesine "Erkek bebek doğurduğun için çok sevinmiştin. Ama hayat Beşir için kolay olmadı," dedi.

Zekiye bir şey söylemedi ama hapishaneye gittiklerinde, Beşir'e kız kardeşinin kelimeleriyle takıldı. "Kızkardeşinin senin hakkında ne dediğine inanabiliyor musun?" diye sordu Zekiye Beşir'e.

"Beşir çok huysuzdu," diyordu Hanım. "Hapisteyken ona özel yiyecekler gönderirdik, o bize geri gönderirdi. Ona giyecek gönderirdik ama o giymeyi reddederdi. Taksi ile gelmemizi yasaklamıştı. Bütün diğer aileler otobüs ile toplu halde geliyorlardı ve biz otobüse binmeyi reddetmiştik. Birkaç kez onu ziyarete taksi ile geldiğimiz için bizi görmeyi reddetti—bize karşı çok sertti. Onlardan biri olmak istiyordu ve biz ona bu konuda yardımcı olmuyorduk. Böylece sonunda biz de otobüse bindik."

Hanım ziyaretleri sırasında Beşir'in mahkumlar arasında lider olduğunu fark etti. "Her zaman diğer mahkum ailelerine bir şeyler almamızı isterdi. Her zaman fakirlere ve ihtiyacı olan ailelere yardım ederdi. Bu aileler için ayakkabı; giyecek ve ilaç isterdi. Okul yılı başlangıcında başka bir aile için kitap ayarlardı. Her ziyaret ettiğimizde bunu yapmamızı isterdi."

Yıllar geçerken, Nuha Hairi hayatındaki küçük erkek kardeşi Beşir'in şahit olmadığı olayları sayıyordu: 1967'de el-Ramla'ya seyahat etmiş olan kuzenleri Gıya ile evliliği; ilk oğlu Firas'ın, ikinci oğlu Sinan ve üçüncü çocukları Cezvan'ın doğumları; doğum günleri; yıldönümleri; kutlamaları. Beşir'in erkek ve kız kardeşleri orta yaşa geliyordu ve Beşir hâlâ hapishanedeydi.

Hanım kendini, Beşir'in, alçakgönüllü, hiçbir şey istemeyen erkek kardeşini, ikinci halife veya Hz. Muhammed'in halefi kutsal bir Müslüman olan Hz. Ömer'in özelliklerine sahip olduğunu düşünerek avutuyordu. Hz. Ömer yedinci asırda yaşamıştı. "Dürüst, disiplinli, ciddi, sorumluluk sahibi, ne yaptığını tam olarak bilen bir adamdı. Ne zaman Hz. Ömer hakkında bir şey okusam hep Beşir'i düşünürdüm."

Yıllarca Dalia işine giderken Ramla hapishanesinin önünden geçiyordu. Nerdeyse her gün Beşir ile bağlantı kurmayı düşünüyordu. En azından orada olup olmadığını öğrenebileceğini düşünüyordu; gerçekten o sıralarda Beşir oradaydı. Ama hiçbir zaman onu soruşturmadı. Dalia'nın öğrenme içgüdüsüne bilmeme arzusu ağır basıyordu. *Bütün bunları kim bilmek ister? Yarayı neden tekrar açacaktı? Her şeye yeniden başlamanın ne anlamı vardı?*

Dalia hâlâ "fena şekilde aldatıldığını" hissediyordu. Yıllarca Beşir'den bir işaret beklemişti, güvende olduğunu gösteren ve masum olduğunu veya üzgün olduğunu belirten bir işaret.

"Gerçekten uzun yıllar 'Bunları asla yapmadım' diyen bir mektup bekledim," dedi Dalia sesini yükselterek. "Veya, 'Eğer yaptıysam, çok ama çok üzgünüm.' Ama böyle bir mektup asla almadım. Ama onun arkadaşıydım, *değil mi?* Onun arkadaşı mıyım, *değil miyim?* Eğer arkadaşıysam, bana *açıkça*, 'Bunlarla hiçbir ilişkim yok,' diyebilirdi. Ama o sözde silahlı mücadele diye adlandırdıkları terör eylemleri ile İsrail'i yok etmeyi gündemine koymuş bir örgüte aitti. Filistinlilerin de olduğu otobüsleri bombalıyorlardı. Terör ayrım yapmıyordu, o otobüslerde Filistinli çocuklar da olabilirdi. Ve *ben de* o otobüslerden birinin içinde olabilirdim!"

"Onun suçlu olduğuna inanıyordum. Hâlâ öyle inanıyorum. Ve bu fikrimin yanlış olduğu kanıtlanırsa dünyanın en mutlu insanı olurdum."

Beşir'in yaptığı şeyin, eğer yaptıysa "bir cevap olmadığına" en içten şekilde inanıyordu. "Ve eğer bu bir cevapsa, benim kabullenebileceğim bir cevap değildi."

O zamanlar Dalia, aile ile yeni bir tartışmaya girmeyi düşünüyordu. Ama sonra Supersol bombalaması aklına geliyordu.

İsrail hapishanelerinde geçirdiği on beş yılda, savaşlar kazanılacak ve kaybedilecek, liderler yükselecek ve öldürüleceklerdi. Mısır 1973'de, İsrail'de Yom Kippur Savaşı olarak bilinen, sürpriz bir saldırı düzenledi. Amerikan başkanı, Richard Nixon, gözden düşerek istifa etti, yerine Gerald Ford ve sonra Ortadoğu'da insan haklarından ve barıştan söz eden Jimmy Carter geçti. İsrail'in iki saldırı düzenlediği Lübnan savaşı patlak verdi. 1974 yılında Arafat, New York'ta Birleşmiş Milletler'e, İsrail'in öfkesine ve binlerce Amerikalı göstericilere hitap etti ve Genel Kurul Toplantısı'nda alkışlar karşısında dururken, asırlarca sürecek demokratik bir devlette Arap ve Yahudi'nin yan yana yaşayacakları "Geleceğin Filistin'i" rüyasını önerdi. Filistin hareketi, BM'nin, geri dönüşlerinin muhtemel sonunu getirecek İsrail'i tanıma önergesini kabul edip etmeme konusunda derin bölünme işaretleri göstermeye başladı. Beşir ve yakın arkadaşları bu olayları hiç dinlenmeden tartışıyordu. Beşir'e göre mültecilerin evlerine geri dönme haklarında hiçbir uzlaşma olmazdı.

Beşir önce politik karikatürler, sonra Filistin'in harita ardına haritasını, sonra daha anlamlı tabirleri, köklerinden çıkarılmış ağaçları, yıkılmış evleri ve tutuklu Filistinlilerin resimlerini çizmeye başlamıştı. 1970'lerde yaptığı bir tabloda yeşil gözlü, bir elinde zeytin dalı, diğer elinde Filistin bayrağının renklerini yansıtan bir el feneri tutan köylü bir kadını resmetmişti. Diğer bir mahkum, Kudüs'teki El-Aksa Camisi'nin en ince ayrıntısına kadar maketini çok uzun saatler sonucunda, üç bin ipliği ve yüzlerce minik mavi ve sarı kumaş kareleri suni köpüğün üzerine yapıştırarak yapmıştı.

Beşir'in İbranice'si ilerledikçe, İsrailli hapishane yetkililerini daha iyi şartlar için sıkıştırmaya başladı: Yerlere şilte sermek yerine yatakların konulması için; günlük egzersizler için; bir çocuğu ancak doyuracak et ve ekmek yerine daha fazla yemek porsiyonu için. Beşir sıkça hapishane şartlarını protesto etmek amacıyla açlık grevi düzenliyordu.

"Beşir hapishanedeyken, babam kucağında radyo ile uyuyakalırdı," diye anlatıyordu Hanım. "Mahkumların açlık grevinde olduklarını öğrendiği zaman o da onlarla açlık grevine girerdi. Yemek yemesi için ona açlık grevinin bittiğini söylerdik ama o, bizim onu aldatmaya çalıştığımızı bilirdi. Bize, 'Bu doğru değil. Öyle olsaydı radyoda anons ederlerdi,' derdi." Bu noktada Ahmed'i aldatmak çok zordu; böyle zamanlarda radyo yastığının altında uyurdu. "Belki ilk erkek çocuk olduğundan, Beşir'in babasıyla arasında özel bir ilişki vardı," diyordu Hanım. "Özel bir ilişkiden fazlası vardı, kimyaları birdi. Birbirlerine hayrandılar."

İsrailli ıslah etme yetkilileri ile yapılan görüşmelere rağmen Beşir felaket olarak nitelendirdiği, duvarın dışındaki değişiklikler haricinde bir değişiklik gözlemlememişti.

19 Kasım 1977'de, Mısır Başkanı Enver Sedat Kudüs'e, geri kalan Arap dünyasının karşı çıkmasına rağmen İsrail'le ayrı bir barış isteği işaretleri veren beklenmedik bir gezi yaptı. İki yıl sonra ABD Başkanı Jimmy Carter ile yoğun görüşmelerin ardından, Sedat ve İsrail başbakanı Menahem Begin, İsrail ile Mısır arasındaki savaşa son veren Camp David anlaşmasını imzaladı. Arap dünyasının Altı Gün Savaşı'ndaki felaket kayıplarının üzerinden on iki yıl ve Mısır'ın Yom Kippur Savaşı'nda veya Filistinlilerin 1973'ün Ekim Savaşı olarak bildikleri savaşta, askeri itibarını geri almasının üzerinden de altı yıl geçmişti; şimdi Camp David'in ardından İsrail Sina Yarımadası'nı boşaltmaya başlayacaktı.

Batı'da, İsrail'de ve Mısır'da birçok insan için Sedat, Rabin'in söylediği "İsrail'i saran nefret duvarı"nı geçerek barış yapmak için hayatını riske atan bir kahraman, bir devlet adamıydı; destekleyenlere göre, Ortadoğu'da sonunda barış olması için atılması gereken ilk adımdı. Gerçekten, Camp David anlaşması Filistinlilerin Batı Şeria ve Gazze'de "tam özerkliklerini" almaları için beş yıllık bir geçiş dönemi öngörüyordu. Ama Filistinliler Camp David anlaşmasında temsil edilmemişlerdi ve anlaşma milyonlarca Filistinlinin hayaline hitap etmiyordu: Geri dönme hakları ve Kudüs'ün gelecekte bağımsız Filistin devletinin başkenti olması yer almıyordu.

Birçok Filistinli, bunlara Beşir de dahildi, Mısır başkanının kendi çıkarı için onları anlaşmada sattığına ve tüm tarafları ilgilendiren geniş kapsamlı kararlara odaklanmadığına inanıyordu. İşgal bölgelerinde Sedat ve Camp David'e karşı gösteriler patlak vermişti. Gelecek yıllarda, Begin hükümeti Batı Şeria'dan çıkmayı reddedecek ve bölgede yoğun şekilde İsrail yapıları kurulacaktı. Ariel Şaron ve dinci partiler tarafından yönlendirilen, iktidardaki Begin'in Likud (merkez sağ partisi) hükümeti yeni Eretz Yisrael ile ilgili "temel gerçekleri" yaratma telaşı ile Batı Şeria ve Gazze'ye sahip çıktı. Filistinliler mülkiyetlerini kanıtlamalıydı ya da buldozerlere, dikenli tellere ve İsrailli göçmenlere izin verilmeliydi. Filistinliler en korktukları şeyin oluştuğunu görüyorlardı: Hâlâ vatansızdılar, işgalciler yerlerini daha da sabitliyorlar ve şimdi, yıllarca bağımsızlık mücadelelerinde en kuvvetli mütefikleri Mısır olmadan devam etmeleri gerekiyordu. Sedat, Batı Şeria'da Filistinliler arasında o kadar küçümseniyordu ki, Filistin Arapça lehçesine yeni bir kelime olarak girmişti: O günlerde, birinin *sedati* olması demek onun zayıf olduğunu, teslim olduğunu, korkak olduğunu veya Beşir'in eski bir arkadaşının söylediği gibi, "sahte kişisel zafer için imtiyaz vermeye hazır biri" olduğunu anlatıyordu.

PATLAMA

1981 yılında, Mısır başkanı cesaretinin veya korkaklığının bedelini hayatıyla ödeyecekti. 6 Ekim'de, askeri bir töreni yabancı misafirleriyle izlerken Kahire'deki İslami Cihad'ın silahlı adamı tarafından suikasta uğrayacaktı.

1970'lerin sonlarına doğru, Dalia çoğunlukla işten sonra Ramla'daki evin verandasına oturur, kraliçe Elizabeth güllerine bakardı. Bu dönemlerde ortak güçler birbirine girdikçe umutsuzluğa kapılır ve ruhunun tarihin kaçınılmazlığı altında ezildiğini hissederdi. Filistinlilerle anlaşmazlığın hiç bitmeyeceğini düşünürdü. Her iki tarafın sıkça başka bir yolu istermiş göründüklerinin farkındaydı ama Hairi ailesinin aklına girmesini önleme çabası işe yaramıyordu. "İçimdeki bir şey beni itekliyordu," diye yazmıştı yıllar sonra. "Küçük, dırdırcı bir ses, bunun neden benim başıma geldiğini öğrenmek istiyordu. İnsanlar gelip kapımı çalmışlardı ve ben de açmayı seçmiştim. Şimdi o kapı sonsuza kadar kapanmış mıydı? Uçup giden bir fırsat, geçici bir olay mıydı?"

Dalia, Hairi ailesini düşündüğü saatleri hatırlıyordu ve yaşadığı evi, "babasının 'devlete terk edilmiş' olarak aldığı evi. Ama bu ev devlete ait değildi; onu inşa eden, eşyaları içine koyan, çocuklarını burada büyütmeyi ve bu evde yaşlanmayı umut eden aileye aitti. Kendimi Hairilerin yerine koyabiliyordum."

Ya onlar ya biz mi? diye düşünüyordu Dalia. *Ya ben, onlar mülteci olarak yaşarken bu evde yaşayacağım ya da onlar yaşayacak ve ben mi mülteci olacağım? Başka bir olasılık daha olmalı. Ama ne?*

Moşe ve Solya yaşlanıyordu. "Bir gün bu evin bana miras kalacağını biliyordum," diyordu Dalia.
Beşir yıllarını çeşitli İsrail hapishanelerinde geçirirken –hesapladığına göre on beş yıl içinde on yedi kere yer değiştirmiş–

ti– ailesine kapısını açmış genç bir İsrailli kadından bahsederdi. "Hapisteki arkadaşlarıma eve yaptığım ziyaretleri anlattım," diye söylüyordu. "Ve Dalia'da gördüklerimi. Değişik biri olarak gözükmüştü. 'Onun açık fikirli, diğer karşılaştığım İsraillilerden farklı' olduğunu söyleyebilirim."

"Umarım, karanlık bir odada yalnız bir mum gibi değildir," diyordu.

Ama Beşir Dalia'nın o kadar istediği mektubu asla yazmadı. İsrailli sorguculara itiraf etmemişti ve Dalia'ya da itiraf etmeyecekti. Gerçekten, masumluğunu hep korudu ama yıllar sonra şöyle dedi: "Birçok katliam yaşamıştık. Davayma. Kufr Kassam. Deir Yasin. Bu katliamlar ve sürgünler göz önüne alındığında, eğer herhangi biri Filistinlilerin İsa gibi davranacağını düşündüyse çok yanılıyor. Eğer işgale dönük nefretimi kemiklerimdeki iliğe kadar hissetmezsem bir Filistinli olmayı hak etmiyorum demektir."

1984 yılının Eylül ayında Supersol bombalaması ile ilgili mahkumiyetini on beş yıl çeken Beşir Hairi hapishaneden çıktı. O gün Hanım'ın gerçekten mutlu olduğu iki büyük andan biriydi. Diğeri de onun doğduğu zamandı.

Beşir'in ailesi Ramallah'ta bekliyordu. Erkek kardeşleri ve Arap dünyasının çeşitli yerlerinden dönen kızkardeşleri; biri Amman'dan, diğeri Katar ve Kuveyt'ten gelmişti. "Düğün gibiydi," diyordu Nuha. "En iyi yemekleri, tatlıları, çiçekleri ve Filistin bayraklarını hazırladık."

İsrailli yetkililer hapishane duvarları dışında kutlamalara karşı çok sertti. "Sadece iki ya da üç kişinin gelmesini söylediler," diyordu Hanım. "Çiçeklere Filistin bayrağı renklerini taşıyan fiyonklar yaptım, o zamanlar hepsi yasadışıydı. İsrailliler fark etmediler. Ama Beşir'in hapisten çıkacağını çok sayıda insan duymuştu, onu karşılamak için hepsi hapishane duvarlarının dışına toplandı. İsrailliler bunu görünce onu bırakmayacaklarını söyledi. Sabah sekizde oradaydık—bizi bire kadar beklettiler. Babam ve annem çok yaşlıydılar ve evde merakla bekliyorlardı."

Beşir hapishanenin kapısından çıktığında eve gitmeye hazır değildi. Doğrudan mezarlığa gitti. Halil Ebu Hacı'nın mezarının başında durdu. Hacı, hapishanede ölen Supersol duruşmasındaki sanık arkadaşıydı. Beşir, Hacı'nın ailesine sessiz, özel bir seremoni ile saygılarını sundu. "Sonra eve gitti," diye söylenmişti Nuha.

Ev, iyi dileklerini sunanlarla doluydu. Kutlamalar için Gazze'deki akrabalar bir büyük çanta portakal göndermişti. O kadar çok insan Beşir'i görmek istiyordu ki. Çocuklar, şehir liderleri, aile, siyasi eylemciler, herkes oradaydı. Arkadaşları evin önünde trafiği yönlendirmek için gönüllü olmuştu. "Beşir için yapıyorlardı," diyordu Hanım. "Annem yemek pişiriyordu, herkes hoş karşılanıyordu." Önce Beşir olayı önemsemedi. "Kutlama fikrini beğenmemişti. 'Ben kahraman değilim' diyordu. 'Cezamı çektim—özel bir şey yapmadım. Kutlayacak bir şey yok.'" Ama sonunda yumuşadı ve aile onu "mutlu, memnun, devamlı gülümserken," gördü. "Hayatımın en güzel zamanıydı." Evde, Beşir kendini hapishane dışındaki hayata alıştırmak zorundaydı. "Yerde uyuyordu ve bir daha yatağa alışamadı," diyordu Hanım. "Ayrıca normal ayakkabı da giyemiyordu çünkü on beş yıl ayakkabı giymeden durduğu için ayağının numarası ve şekli değişmişti." En rahatsız edici şey ailenin işkenceden olduğunu düşündüğü izlerdi. "Hapisten çıktığında vücudunda bir sürü sigara yanığı vardı," demişti Hanım. "Ne olduğunu sorduğumuzda bize alerji olduğunu söyledi."

1984 yılının Temmuz ayında Beşir'in hapisten çıkışından üç ay ve el-Ramla'daki evi inşa etmesinin üstünden kırk sekiz yıl sonra Ahmed Hairi öldü. Yetmiş yedi yaşındaydı ve hayatının yarısından fazlasını sürgünde geçirmişti.

O yılın sonlarına doğru Beşir kuzeni Şehrazad ile evlendi. Sorulduğunda, bu birliktelik hakkında çok az şey söylüyordu. "Beni en iyi anlayabilecek kişinin o olduğunu biliyordum." 1985'de ilk çocukları doğmuştu. Arap geleneğinde çocuğa büyükbabasının ismi verilirdi; Ahmed.

Aynı yıl, Moşe Eşkenazi öldü. Solya sekiz yıl önce ölmüştü ve şimdi evde kimse yaşamıyordu. "Çok üzücüydü," demişti Dalia. "Bütün tarihinizin olduğu bomboş bir ev, "ebeveynlerin ölmüş. Şimdi o ev benimdi."

Yasal olarak o ev Dalia'nındı. Bununla beraber, "bütün o yıllar ben orada yaşarken, bu evi inşa etmiş olan ailenin sürgünde olduğunu inkar edemem. Bu gerçekleri nasıl değerlendirirsin? Bunlarla nasıl yüzleşir ve nasıl cevap verirsin?"

"Bir şeyler yapmak benim elimdeydi," diyordu. "Ev sanki bana bir hikaye anlatıyordu. Hikayeden fazlasını. Buna karşılık vermeliydim." Hep Beşir'in uzun süre ceza çekmesine neden olan suçu düşünüyordu. Bunun ışığında nasıl cevap verebileceğini merak ediyordu. Sonunda onun davranışlarının onunkini belirleyemeceğine karar verdi. "Düşünmekte özgürdüm, hareket etmekte özgürdüm, vicdanımla ve anlayışımla."

Dalia küçük bir kızken, yıldızı ve İslam'ın sembolü hilali Ramla'daki evin kapısından söküp attığı zamanı düşünüyordu. "O kadar güzeldi ki," diyordu. "Geriye koyabilmeyi isterdim. Yaptığımdan utanıyordum."

Bir gece evle ilgili ne yapacağını derin derin düşünürken, rüyasında melek Cebrail Dalia'ya geldi. "Hilalin bulunduğu kapının etrafında uçmuş ve üstüne tünemişti ve sembolün olduğu yere bakıyordu ve gülümsüyordu. Evi, beni ve evle yapmak istediğim şeyi kutsuyordu."

PATLAMA

Hapisten çıkmasından bir yıl sonra, 1985 baharında, Beşir Ramallah'taki Filistinli Anglikan papazından bir mesaj aldı. Adı Audeh Rantisi'ydi. Lydda asıllıydı ve 1948 Temmuz'unda evinden zorla çıkarıldığı zamana ait çok canlı anıları vardı.

Rantisi Kudüs'ten bir telefon aldığını söyledi. Arayan Dalia'nın kocası Yehezkel Landau'ydu. Yehezkel, Solya'nın sekiz yıl önce ölmüş olduğunu ve sonra bu yıl da Moşe'nin öldüğünü ve Ramla'daki evin boş olduğunu açıklamıştı. Dalia, Beşir ile buluşup evin geleceğini görüşmek istiyordu. Buluşmak ister miydi?

Dalia neler yapabileceğini düşünüyordu. İki tarihin temelinde hareket etmek istediğini biliyordu. "Bu evin benim çocukluk evim olduğunu kabul etmeliydim, annem ve babam ölene kadar burada yaşamışlardı, benim bütün anılarım buradaydı. Kesinlikle bütün bunları kabul etmeliydim."

Bir ay içinde Dalia ve Yehezkel kendilerini işgal altındaki Batı Şeria'ya arabayla giderken buldu. Rantisi'nin yönettiği Ramallah Evanjelist Erkek Okulu'nun yanındaki evinde Rantisi ve karısı Patricia ile buluştular. Beşir orada bekliyordu.

Dalia ve Beşir Rantisi'nin oturma odasındaki rahat koltuklarda yüz yüze oturdu. Ne kadar olmuştu? On altı yıl? On sekiz? Şimdi Dalia otuz yedi yaşındaydı, parmağında evlilik yüzüğü vardı ve Beşir kırk üç yaşında yeni evlenmişti. Bir tutam gri saç alnına düşmüştü. Dalia sol elinin cebinde olduğunu fark etti; her zaman öyle olurdu.

Karşılıklı sohbet ettiler. Beşir'in sağlığı yerinde miydi? Özgür olmak nasıl bir duyguydu? Planları neydi?

Dalia buluşma nedenine geldi. Evi ve tarihini düşünmekten kendini alamadığını açıkladı. Bu ev iki aileyi, iki toplumu, iki tarihi barındırıyordu. Ve şimdi, Moşe'nin ölümü üzerinden bir aydan az bir zaman geçtikten sonra, ev boştu. Hiç bitmeyen acı, misilleme, acı, misillime döngüsünü düşünüyordu. Buna hitap edebilecek ve iki ailenin tarihini onurlandırabilecek bir şey yapıp yapamayacağını merak ediyordu. Bu sadece Beşir'e yapılan bir jest değildi, tüm Hairi ailesi içindi. *Bir insan ortak yarayı nasıl kabullenir?* diye hiç durmadan düşünüyordu. *Kalp bir şey yapmak istiyor. Kalp yarayı iyileştirmek için harekete geçmek istiyor.*

Dalia Hairilerle evin sahipliğini paylaşamayacağını veya onların adına geçiremeyeceğini anlıyordu. Bir başka çözüm gerekiyordu.

"Biz açığız," dedi Dalia. "mülkünüzü tazmin etmeye hazırız." Evi satabileceğini ve elde edilen geliri Hairilere verebilme olasılığını ortaya attı.

"Hayır, hayır, hayır," dedi Beşir çabucak. "Satış yok. Babadan kalan miras satılık olamaz."

"Peki ne olacak, Beşir?" diye sordu Dalia. "Ne yapmalıyız?"

Beşir'e göre çözüm, hakları ve Filistinli olarak hayat boyu yaptığı mücadele ile istikrarlı olmalıydı. "Bu ev benim anavatanım," dedi Dalia'ya. "Çocukluğumu burada kaybettim. Bu evin el-Ramla'daki Arap çocuklarına çok güzel zaman sağlamasını istiyorum. Burada mutlu olmalarını istiyorum. Benim hiç olmayan çocukluklarının olmasını istiyorum. Burada kaybettiğimi, onlara vermek istiyorum."

Dalia ve Yehezkel hemen Beşir'in fikrini onayladı: Ramla'daki ev İsrail'deki Arap çocuklarının anaokulu olacaktı. Onların da başka fikirleri vardı ama bu iyi bir başlangıçtı. Belki babasının inşa ettiği ev için önerdiği isimle olmasa da Beşir'in isteklerini onurlandıracaklardı: "Ramla'nın Arap Çocukları İçin Dalia'nın Yuvası."

"Özür dilerim," diyerek Patricia Rantisi kibarca oturma odasının kenarından sözlerini kesti. "Yemek hazır."

PATLAMA

Beşir, Dalia, Yehezkel ve Audeh Rantisi, yemek masasında Patricia'ya katılmak üzere yerlerinden kalktı. Sohbet öğlen yemeğinde devam edecekti.

Ekmeği koparmaya hazırlanırlarken, Dalia ve Yehezkel masanın üzerinden Arap komşularına baktılar ve İbranice bir dua okudular:

Mübareksin, ölümsüzsün,
Tanrımız, kainatın yöneticisi,
Topraktan ekmeği çıkaran.

On bir

SINIRDIŞI

Beşir, İsrail askeri yük kamyonunda gözleri bağlı ve yüzü yere çevrili bir şekilde Batı Şeria'nın Nablus'undan güneye doğru gidiyordu. Elleri arkadan kelepçelenmişti, bacakları diğer üç mahkumla birlikte bağlanmış ve zincirlenmişti.

Özgürlüğü fazla uzun sürmemişti. Hapisten çıktıktan üç yıl sonra Beşir Hairi tekrar nezaretteydi.

O sabah –13 Ocak 1988'de– Beşir ve diğer üç adam Nablus'taki Jneid hapishanesindeki hücrelerinden alınmışlar ve hapishanenin beton zemininde çıkışa doğru yönlendirilmişlerdi. Uluslararası diplomatik topluluk, basın, insan hakları avukatları, Arap dünyası ve Jneid'deki parmaklıkların arkasındaki sekiz yüz Filistinli için yapılan eylem sürpriz olmamıştı. Dört adamın tutuklanması, Gazze'deki ve İsraillilerin isyan olarak gördükleri ve Arap dünyasına göre ayaklanma olan –Arapça intifada– Batı Şeria'daki huzursuzluğun nedeni olduğundan şüphelenilen örgütlere karşı alınan geniş sıkı tedbirlerin bir parçasıydı.

Beş hafta önce, Gazze ve sonra Batı Şeria'da İsrail'in kurallarına karşı gösteriler patlak vermişti. Yirmi yıl boyunca, İsrail tarafından kontrol edilen bölgelerde yaşayan Filistinliler neredeyse sosyal hayatlarının her yönünde işgal gücünün emirlerini görmüşlerdi. İsrailliler okulun müfredat programına karar veriyor, sivil ve askeri mahkemeleri yönetiyor, sağlık hizmetlerini ve sosyal hizmetleri idare ediyor, işgal vergileri çıkartıyor ve hangi öngörülen işlerin işletme izni alacaklarına karar veriyordu. Her ne kadar İsrailliler sendika ve hayır cemiyetleri gibi bazı sivil kuruluşlarına izin vermiş olsa da, 1980'lerin ortalarında 1.5 milyon Filistinli Batı Şeria ve Gazze'de işgal altında hırslanıyordu. Filistinlilerin yaşadıkları toprakları İsrailliler kontrol ediyordu ve içinden ve altından geçen akıntıları ve akiferleri koruyorlardı. Gazzelileri veya Batı Şerialıları, halkın görüşüne sunulmayan değişen kanunlar altında ve askeri kurallar içinde, tutuklayabiliyorlar ve hapsedebiliyorlardı. Yirmi yıl boyunca öfke ve direniş çoğalmış ve 1987 sonlarında patlama noktasına ulaşmıştı.

8 Aralık 1987'de bir İsrail aracı –bazı beyanlar tarım kamyonu olduğunu, bazıları ise tank olduğu noktasında ısrar ediyordu– İsrail'den düşük ücretli günlük işten Gazze'ye dönen Filistinli erkeklerin bulundukları uzun araba katarının üstüne sürüldü. Dört Arap öldü. Aynı gün, dört adamın cesetlerinin, aslında öldürüldükleri ve İsrail birlikleri tarafından kanıtları örtmek için Cabalya mülteci kampına vermedikleri söylentisi yayıldı.

Daha sonra Cabalya kampında cenaze için birkaç bin insan toplandı ve ayaklanma patlak verdi. Bir sonraki gün, erkek çocuklar ve genç erkekler İsrailli askerlere taş atmaya başladı. Yüzlerce taş, askerlerin üzerine düşüyordu, onlar da buna ateşle karşılık veriyordu. Yirmi bir yaşında genç bir adam olan, Hatem el-Sisi öldürüldü: Ayaklanmanın ilk şehidi olarak bilinecekti. Gösteriler hemen yayıldı, önce Gazze'nin geri kalan kısmında ve sonra Batı Şeria'da, genç adamlar, buluğ çağındaki gençler, hatta sekiz yaşındaki çocuklar bile İsrail tanklarına ve birliklerine taş yağdırdılar. İsrail eşyalarını boykot ettiler ve "doktor ve eczacı kardeşleri" ve "kardeş işadamlarını ve bakkalları" dükkanlarını kapatmaları için çağırdılar—göstericiler ile dayanışmadan bundan böyle işgal altındaki bölgelerde hayatın eskisi gibi olmayacağını açıkça gösterdiler. Ayaklanma başlamıştı.

Şimdi Filistinliler dünya televizyonlarının ekranlarında uçak kaçıran ve havayollarını bombalayan veya çocuk kaçıran ve olimpiyat atletlerini öldüren maskeli adamlar olarak değil, taş atıp karşılığında kurşunlanan gençler olarak dikkatleri çekmişti. İsrail'in uzun yıllar boyunca batıda düşman Arap denizindeki Davud görüntüsü yerini Golyat'a bırakmıştı.

Ayaklanma ilk olarak İsrail savunma bakanı Yitzhak Rabin tarafından yerel huzursuzluk olarak nitelendirilerek önemsenmemişti ama Ortadoğu politikasının dinamiğini değiştirecekti. Filistinliler buna "Taş Devrimi" diyorlardı. Ünlü bir İsrailli tarihçi bunu "bağımsızlık için sömürge karşıtı savaş" olarak nitelerken, bir diğeri "Filistinlilerin Bağımsızlık Savaşı" diyordu. Ne tür bir bağımsızlık sorusu gelecek yıllarda Filistinlileri bölecekti.

Arafat'ın Fetih'i merkezde olmak üzere milliyetçi direniş gruplarının bir koalisyonu olan FKÖ, Filistin politik tezine hakimdi. Ama ayaklanmanın beşinci gününde ayaklanmanın yayıldığı Gazze mülteci kampından yeni bir grup ortaya çıktı. İslami Direniş Hareketi, Arapça baş harfleri alındığında, Hamas adı ortaya çıkıyordu. Liderleri kötürüm, sakallı, orta yaşlı, adı Şeyh Ahmed Yasin olan, 1948 yılında el-Jora köyünden ailesi ile kaçmış bir adamdı; daha sonra köy yok edilmiş ve yıkıntılarının üstüne İsrail kenti Aşkelon kurulmuştu.

Hamas İsrail'i tanıma ve geri dönme haklarından taviz verme taraftarı değildi. Örgüt, Filistin'de İslami bir devlet arayışındaydı. Tüzüğünde Yahudileri "dünyayı yönetmek" için gizli anlaşmalar yapan kişiler olarak tarif etmiş ve İsrail'in yok edilmesinin Selahattin'in sekiz asır önce Haçlılar karşısında aldığı zafere paralel olacağını ilan etmişti. Hamas'ın mültecilerin evlerine geri dönme hakkındaki uzlaşmaz tutumu ve grubun işgal bölgelerinde sosyal haklar programında büyüyen rolü popülerliğini gösteriyordu. Grup, temelde, Yaser Arafat da dahil olmak üzere liderinin Tunus'ta sürgünde olan FKÖ'ye rakip olarak görülmüştü.

Arafat'ı zayıflatmak isteyen İsrail başlangıçta Radikal Müslüman Kardeşler'in büyümesini teşvik etmişti, sonradan bunların üyeleri Hamas'ı kurmuştu. Şimdi Hamas, "Siyonist varoluş" ve onun baskısını hararetli bir şekilde duyuruyordu.

İntifada Hamas'ın veya FKÖ liderlerinin Tunus'tan sınırlı olanaklarla olaylara yön vereceklerinden çok daha öteye gitmişti. Direnişin çoğunluğu kendiliğinden gelişiyordu, özellikle ilk aylarında. Gösterileri koordine etmek, İsrail askeri müfrezelere vur kaç eylemleri planlamak, İsrailli yetkililer yerel okulları kapattıklarında gizli eğitim yürütmek, İsrail vergilerini protesto etmek, yerel marketlerden İsrail ürünlerini kaldırmak ve erkekler İsrail'de artık çalışamayacak durumunda olduklarında para kazanmak yerine ekmek, kümes hayvanları ve dikiş kooperatifleri kurmak için, halkın içinden yerel komiteler seçildi. Birçok aile, İsrail ürünlerinin yerine "zafer bahçeleri" dikti, eski buzdolaplarının iskeletinde tavukları kuluçkadan çıkardı ve eski hayvan derilerine sütleri döktü, derileri, sütten yağ elde edene kadar çalkaladılar. Taş, intifadanın kalbiydi ama bazı topluluklar şiddet içermeyen sivil itaatsizliklerle oyalanıyordu. Beyt Sahur'da, Beytülehem yakınlarında, binlerce Filistinli, İsraillilere karşı vergi isyanının bir parçası olarak, İsrailliler tarafından basılmış kimlik kartlarını geri vermişler ve belediyede sessiz protesto içinde oturmuşlardı. İsrail birlikleri onları biber gazı ile dağıtmıştı.

Vergi isyanının tepesinde, Dalia, Beyt Sahur'a büyük bir dinci Yahudi grubu ile birlikte hareket etmişti. "Temsilcileri yoktu ve vergilendiriliyorlardı," diye hatırlıyordu Dalia. İsrail askerleri, grubu kontrol noktasında durdurdu. Onlar, asker-

SINIRDIŞI

lerin önünde durarak, Kuran'dan ceza ve masumiyet üzerine bir sure okudular, St. Francis'ten nefretin olduğu yerde sevgi tohumu ekmek üzerine bir dua okudular ve barış için yazılmış Hasidik duasını söylediler:

Tanrı savaşa ve toprağa dökülen kana bir son versin ve büyük ve harika bir barışı dünya üzerine yaysın, böylece ulus ulusa karşı kılıç kuşanmasın, artık savaşı öğrenmesinler...
Dünyadaki, büyük veya küçük hiçbir insanı utandırmayalım...
Ve yazıldığı gibi zamanımız geçsin, "ben de toprağa barış vereceğim ve sen de yatacaksın ve kimse seni korkutmayacak. Vahşi yaratıkları topraklardan kovacağım ve kılıç bir daha toprağından geçmeyecek."
Barış olan Tanrı, bizi barışla kutsa!

Ayaklanmanın ilk üç haftasında, İsrail askerleri gerçek mermi kullanma politikasına devam ettiğinden, gösterilerde yirmi dokuz Filistinli öldü; kısa süre sonra uluslararası eleştiri dozunun artışıyla yüzleşen Yitzhak Rabin, İsrail Savunma Güçleri'nin, Savunma Bakanlığı'nın politikasını "güç, yetki, dayak" olarak değiştirmiş, askerler kasıtlı olarak taş atanların ellerini ve kollarını kırmaya başlamıştı. Hâlâ ölüm oranı yükseliyordu; ayaklanmanın ilk yılında en azından 230 Filistinli, İsrail birlikleri tarafından vurularak öldürülmüştü ve 20.000'den fazlası tutuklanmıştı. Binlercesi, şafakta mülteci kamplarına yapılan saldırılar sonucunda, askerlerin evlerin kapılarını kırıp, taş atan gençlerin evlerinden dışarı sürüklenip otobüslere yüklenmesiyle ele geçirilmişti. Genç erkek ve erkek çocukların birçoğu itham edilmeden "idari tutuklama" altında hapishanelere konulmuştu. İsrailli yetkililer Batı Şeria ve Gazze'de dokuz yüz okulu kapattı; işçilerin İsrail'e çalışmaya gitmelerini engellemek amacıyla uzun bir sokağa çıkma yasağı koydu ve uluslararası çığlıklara rağmen Beşir'in de içlerinde olduğu, intifada örgütü mensubu olduğunu düşündükleri erkekleri Lübnan'a sınırdışı etmeye başladılar.

Dalia Kudüs'te hastane yatağında yatarken doktorların ve hemşirelerin intifada hakkındaki konuşmalarını dinliyordu. 1988 Ocak ayıydı.

Son günlerde, Filistinlilerin ayaklanma haberleri geliyordu: Bir arkadaşı gazete getirirdi, hastane hademesi ona bir televizyon programı açar veya Dalia arka üstü yatarak hastane personelinin kederli seslerini dinlerdi.

Dokuz ay önce, Dalia'ya kanser teşhisi konmuştu. İlk biyopsisi ve tedavisinin ardından, daha sert yöntemleri şiddetle tavsiye eden dört tıbbi görüş almıştı; bu tedavide rahmin alınması gündemdeydi. İstemeden bu yöntemi kabul etti ama ameliyata çok az kala Dalia hamile olduğunu fark etti. Kırk yaşındaydı. Doktorlarının tüm tavsiyelerine rağmen, ameliyatı reddetti. Hamileliği devam edecek olursa hayatının tehlikede olacağı konusunda uyardılar. Kanserin geri gelip gelmeyeceğini önceden bilmenin yolu yoktu. Bir uzman ona "doktor olarak karşı çıkıyorum," dedi. "Ama bir insan olarak, saygı ve hayranlık duyuyorum, kabulleniyorum."

Birkaç hafta sonra bir akşam, Dalia Eski Şehir'e yürüdü. Bebeğini tutma kararından dolayı mutlu hissediyordu ve Ağlama Duvarı'nda dua etmek istemişti. Eve geldiğinde yoğun kramplar hissetti. Hastanede ona kanser tedavisi nedeniyle riskli bir hamileliği olacağını anlattılar. Hemen hastane yatağına yatırdılar, günde yirmi dört saat yatacaktı. Bu durumdayken intifada hakkındaki ilk haberleri duydu.

Ocak ayının başlarında Dalia'nın kocası Yehezkel, Beşir'in sınırdışı edilmek üzere olduğu haberi ile yatağının başına geldi. Ayaklanmayı örgütlediğinden şüphe ediliyordu ve her an askeri mahkeme onu sınırdışı edebilir görünüyordu.

"Neden bir şey yapmıyorsun?" diye sordu Yehezkel.

Dalia bu sorunun komik olduğunu düşündü. Bir şey yapmak? Altı aylık hamileydi ve hayatını tehdit eden kanserle mücadele ediyordu. Aylardır yatağa bağlanmıştı. Banyoya bile gerilme hissetmeden kalkıp gidemiyordu ve gerilme önleyici kuvvetli ilaç titremesine neden oluyordu.

"Ne gibi?" diye sordu Dalia.

"Belki tarihini yazarsın," diye cevap verdi Yehezkel. "Beşir ve Ramla'daki evin tarihi hakkında."

"Hayır, Tabii ki olmaz," dediğini hatırlıyordu Dalia kocasına. "Kendimi açığa çıkarmak istemiyorum. Huzur ve gizliliğe ihtiyacım var. Yapmak istemiyorum."

Yehezkel olayı kapattı.

13 Ocak 1988'de Jneid hapishanesinde, Beşir, Cebril Recep, Hüssam Kader ve Cemil Cabara sıra sıra hücrelerin önünden yürüyerek geçerken, diğer mahkumlar parmaklıklara vurmaya ve "Allahu ekber!"—"Allah büyüktür!" diye bağırmaya ve Filistin ulusal marşını, "Billadi, Billadi, Billadi!" ("Vatanım, Vatanım, Vatanım!) söylemeye başladı. Gürültü kulak tırmalayıcı düzeye ulaştığında, İsrailli gardiyanlar hücrelere biber gazı attı ve bağırışlar ve vuruşlar yerini öksürüğe ve inlemeye bıraktı. Çıkışa yaklaşırlarken, gürültü azaldı, birkaç mahkumun hâlâ bağırdığını duyuyorlardı: "Onları sınırdışı etmeyin! Onları yurtlarından ayırmayın!"

Bir gün önce askeri mahkemedeki sınırdışı oturumu çok hızlı geçmişti: Beşir ve diğer üç mahkumun İsrail ve Arap avukatları, sürecin yasallığı olmayan bir mahkeme tarafından yürütülen 'hukuki bir pandomim' olduğunu bildirmiş ama sınırdışı edilmelerini önleme girişimleri aynı mahkeme tarafından geri çevrilmişti. Bir basın toplantısında, insan hakları avukatı Leah Tsemel, "Oyun başından belliydi," demişti. Mahkemede dört adamın, Batı Şeria ve Gazze'deki huzursuzlukların "liderleri ve kışkırtıcıları arasında" oldukları söylenmişti. Bunun sonucunda yargıç, birçok ulusun ve ABD'nin karşı çıkmasına ve Birleşmiş Milletler Güvenlik Konseyi'nin yazılı önergesine rağmen, dört Filistinlinin sınırdışı edilmesini onaylamıştı. Önerge Beşir'in, arkadaşlarının ve Filistinli çeşitli grupların sınırdışı edilmelerini teşvik etmişti.

Dört adamın nereye sınırdışı edildikleri hakkında hiçbir fikirleri yoktu. "Beni sınırdışı edebilirsiniz," dediğini hatırlıyordu Cebril Recep yargıca. "Ama kalbimden Filistin'i, sınırdışı edemezsiniz. Bizi sınırdışı edebilir, öldürebilir, yok edebilirsiniz. Ama bu, size hiçbir zaman güvenlik sağlamayacaktır."

Savunma bakanı olarak, Yitzhak Rabin, Beşir ve arkadaşlarının sınırdışı edilmelerinde merkezde yer alıyordu. Sadece günler önce, Beşir, Rabin ile Jneid hapishanesinde karşılaşmıştı. Savunma bakanı insan hakları gruplarının mahkumlara dönük davranışlar hakkında yaptıkları şikayetleri takip etmek için gelmişti. Beşir, Rabin'e İsrail hapishanelerindeki ortamın köpekler için bile yeterli olmadığını söylemiş ve hatta hapishanenin İsrailli yöneticisi Haim Levy bile aynı şeyi söylemişti. Rabin, Beşir'in hapishane ile ilgili şikayetini dinlemiş ve "Eğer barış olursa, mahkumlarla ilgili hiçbir sorun olmaz," demişti. Günler içinde, 1948'de el-Ramla ve Lydda'dan zorla Filistinlileri kovan askeri güçlerin bir parçası olan Rabin, Beşir ve diğer üç adamın Lübnan'a sınırdışı edilmelerini onaylamıştı.

***

SINIRDIŞI

Askerler, Beşir ve diğer üç mahkumu askeri kamyondan dışarı çekti. Soğuk bir Ocak sabahıydı. Çıplak yerde duran Beşir, helikopterin pervanelerinden gelen soğuk rüzgarı hissedebiliyordu ve içeri doğru itildiğini hissetti. Helikopter yükselmeye başladı, kuzeydeki bir noktaya doğru döndü. Beşir göremiyordu ve nereye gittiği hakkında hiçbir fikri yoktu.

Gözü bağlı dört adam aşağılarındaki toprakları hayal edebiliyorlardı. Altlarında, sol taraflarında, Akdeniz kıyıları Yafa ve Tel Aviv'den kuzeye Hayfa ve Akka'ya doğru (İsrailliler Akre veya Akko olarak bilirlerdi) kıvrılıyordu. Arkalarında kıyı düzlüğünün içlerine doğru el-Ramla ve Beşir'in babasının elli iki yıl önce inşa ettiği ev vardı; daha arkada, doğuya doğru Ürdün Nehri, Galilee Denizi'nden güneye Ölü Deniz'e doğru akıyordu. Nehir ve deniz arasında Yafa'dan Batı Şeria dağlarına kadar –eski Arap limanı Kudüs'te Kubbetüs Sahra'dan medeniyetin beşiklerinden biri sıcak Eriha'ya– en geniş yeri altmış mil olan bu toprakların kıvrık parmağı tüm dünya tarafından İsrail, Batı Şeria ve Gazze olarak biliniyordu. Beşir ve diğer sınırdışı edilenlere göre ise buraları hâlâ sadece Filistin'di.

"Altı kez hapse girdim," diye anlatıyordu Cebril Recep. "Bana göre sınırdışı edilmek hepsinden en kötüsüydü. Filistin'de doğmuştum. Ebeveynlerim, büyük ebeveynlerim, büyük büyük ebeveynlerim ve büyük büyük büyük ebeveynlerim hepsi Filistinliydi. Anılarım bu ülkedeydi. Bu ülkenin bir parçası olarak hissediyorum. Bu ülkede yaşamaya hakkım olduğunu hissediyorum. Ailemle, arkadaşlarımla, vatanımda."

Helikopter İsrail'in kuzey sınırından geçti ve güney Lübnan'da bir yola indi. Beşir, Cebril, diğer iki eylemci ve onları gözaltında tutan İsrail Savunma Gücü'ndeki İsrailli askerler "güvenlik bölgesi"ndeydiler. İsrail bundan sonra Güney Lübnan'da kalmıştı. Niyetinin Kuzey Galilee'ye yapılan saldırıları ve roket saldırılarını durdurmak olduğunu ilan etmişti ama işgal, hem Lübnan'da hem de İsrail'de giderek daha fazla benimsenmemeye başlanmıştı. Bu anlaşmazlık zaten "İsrail'in Vietnam'ı" diye biliniyordu.

Beşir helikopterin pervanesinin altında durdu ve birinin gözünün bağını çözdüğünü hissetti. Cebril ve diğer iki adamı görebiliyordu. Dört eylemci, bekleyen iki siyah sedan Mercedes arabayı gördü.

Bir İsrailli yetkili, Beşir'e 50 $ verdi ve gözlerine baktı. "Eğer geri gelmeye kalkarsan seni vururuz."

Dört adam, maskeli, Lübnanlı yedek erler tarafından kullanılan siyah sedanlara bindiler ve "güvenlik bölgesi"nden hızla kuzeye doğru, Lübnan'ın Beka'a Vadisi'ne doğru gittiler.

İSRAİL BM'YE MEYDAN OKUDU VE DÖRT FİLİSTİNLİYİ SINIRDIŞI ETTİ; 14 Ocak tarihli Londra *Times* gazetesinin başlığı sınırdışıları bu sözlerle bildiriyordu. "İsrail Birleşmiş Milletler Güvenlik Konseyi'ne dün açıkça meydan okudu ve dört Filistinliyi Güney Lübnan'a sınırdışı etti ve hükümet işgal bölgelerinde azalmadan devam eden huzursuzluklara bir son vermek amacıyla bundan daha sert tedbirlere onay verdi," diye yazıyordu makalede.

Aynı gün, DÖRT GİZLİ SÜRGÜN başlığı altında, *Kudüs Postası* ön sayfasında Beşir ve diğer üç adamın "isyana teşvik etmek"le suçlandığını, "Güney Lübnan'ın kuzey sınırındaki Güvenlik Bölgesi'ne, ailelerine veya avukatlarına bir tek söz bile söylemeden gizlice transfer edildiğini yazıyordu. Gazete, sınırdışı edilmelerin, insan haklarının bir ihlali olduğunu ve anlaşmazlığa barışçı bir çözüm bulmaya ters düştüğünü söylüyordu. Hatta ABD Dışişleri Bakanlığı bile müttefiğinin eyleminden duyduğu "derin üzüntüyü" bildiren bir beyanat yayınladı. İsrail'in BM büyükelçisi, Benjamin Netanyahu adında genç bir politikacı, sınırdışı edilmelerin "tamamen yasal" olduğunu ve Birleşmiş Milletler Güvenlik Konseyi'nin adil bir hakem olamayacağını çünkü "Arap tarafının yaptığı şiddete göz yumduğunu, ama İsrail'in buna karşı yaptığı misillemeleri kınadığını" bildiren bir cevap verdi.

İsrail toplumu sınırdışı edilmeler, güney Lübnan'ın işgal edilmesi ve intifada süresinde Filistinlilerin davranışları yüzünden gittikçe bölünmeye başlamıştı. Sağda Yitzhak Şamir'in, Filistinlilere karşı sürekli sert politikayı savunan Likud hükümeti duruyordu. BM büyükelçisi Netanyahu, Entebbe, Uganda'da FHKC'nin kaçırdığı bir uçağa İsrail'in düzenlediği bir saldırıda erkek kardeşi Yonatan'ın ölümünden sonra kendi inançlarının çoğunu değiştirmişti.

İsrail'in politik merkezini, Beşir'in sınırdışı edildiği akşamda, Filistinli mültecilerin "üzüntülerini" anlayan, Yitzhak Rabin'in lideri olduğu muhafazakar İşçi Partisi temsil ediyordu. "Bir asker olarak, bu insanların saygıyı hak eden bir cesaretle savaştıklarını hissediyordum," demişti eski Mısır başbakanı ve Camp David anlaşmasının mimarı Mustafa Hail'e. "Bir kimliği hak ediyorlar. FKÖ değil, devlet değil ama ayrı bir kimlik." Rabin, İsrail'in Filistinlilerin merkezi politik isteklerini kabul edemeyeceğini biliyordu—Filistinlilerin taban temsilcisi olarak FKÖ'nün ve liderleri olarak Yaser Arafat'ın tanınması kabul edilemezdi. Bunun kabul edilmesi, İsrail'in binlerce Filistinli mültecinin geri dönme hakları konusunda taviz vermesi demek olduğuna inanıyordu ve Savunma Bakanı bunun "ulusal intihar" olacağını savunuyordu.

Rabin'in yönetiminde, İsrail Savunma Gücü politikasının merkezinde demir yumruk yönetimi devam ediyordu: Ayaklanmayı askeri güçle bastırmak ve FKÖ ve FHKC eylemcilerini Lübnan'a sınırdışı etmek. Ama diğer İsrailliler bu mantık üzerinde tekrar düşünmeye başlamıştı. 14 Ocak'ta *Kudüs Postası*'nın aynı baskısının arka sayfasındaki başmakalede, sınırdışı edilmeler ve işgal altındaki bölgelerdeki İsrail'in sıkı tedbirlerinin yarattığı uluslararası taşkınlığın ortasında sakin bir ses ortaya çıkmıştı.

Bu ses kırk yaşında, Ramla'da yetişmiş bir kadına aitti. Makalesinin başlığı "Bir Sürgüne Bir Mektup" adını taşıyordu.

"Sevgili Beşir," diye yazmıştı Dalia. "Birbirimizi olağandışı ve beklenmedik şartlar altında yirmi yıl önce tanıdık. Ondan sonra da birbirimizin hayatının bir parçası olduk. Şimdi senin sınırdışı edilmek üzere olduğunu duydum. Şu an hapiste olduğundan ve belki bunu seninle irtibata geçebilmek için son şansım olduğunu düşündüğümden bu açık mektubu yazmaya karar verdim. Önce hikayemizi tekrar anlatmak istiyorum."

Dalia, Yehezkel'in kendi tarihini yazma düşüncesini önce aklından çıkarmıştı. Sonra, "İçimdeki bir ses, içimdeki bir inanç dalgalar halinde yükselerek, *Evet, bunu yapman doğru. Bunu yapmalısın,* diyordu. O anda cesaretim geldi. Ve, evet, ben orada olacaktım, bunu biliyordum."

İsrailli okuyuculara Eşkenazilerin, Hairilerin ve Ramla'daki evin hikayesini tekrar anlattı: Beşir'in Altı Gün Savaşı'ndan sonraki ziyaretini, Dalia'nın Ramallah'a ziyaretini ve politik farklılıklar denizinin üzerinden kurdukları "sıcak kişisel bağlarını"; ve onun anlayışını, sonunda, 1948 Kasım'ında Moşe ve Solya'nın taşındığı evin "terk edilmiş bir mülk" olmadığını" aktardı:

Yirmi yıl önce genç bir kadın olarak, saklı birkaç gerçekle uyanmak benim için çok zordu. Mesela, bizi Ramla ve Lod'daki Arap toplumunun 1948 yılında İsrail ordusu gelmeden çok önce her şeylerini bırakıp korkakça kaçtıklarına inandırmışlardı. Bu inanç bize güvence vermişti. Suç ve vicdan azabını önlemek içindi. Ama 1967'den sonra, sadece seninle değil ama Ramla ve Lod'dan sürgüne şahsen katılmış bir İsrailli Yahudi ile de tanış-

mıştım. Bana hikayeyi yaşadığı şekliyle anlatmıştı ve Yitzhak Rabin hatıralarında daha sonra bunu onaylamıştı.

"Ülkeme duyduğum sevgi," diye yazıyordu Dalia, "masumiyetini kaybediyordu... Bakış açımda bazı değişiklikler yer almaya başlıyordu." Sonra "o unutulmaz günü" tekrar anlatıyordu, Ahmed Hairi'nin kendi inşa ettiği eve yaptığı tek ziyareti, limon ağacının yanında gözlerinden yaşlar akar dururken, Moşe Eşkenazi'nin birkaç limonu dalından koparıp Ahmed'in eline bıraktığı anı...

Uzun yıllar sonra, babanın ölümünden sonra, annen bana, babanın kendini endişeli hissettiği ve uyuyamadığı zamanlarda Ramallah'taki kiralık evinizde elinde limonla yürüdüğünü anlattı. O limon, babamın o ziyarette ona verdiği limondu.

Ondan sonra seni her gördüğümde, bu evin sadece benim evim olmadığı duygusu giderek şiddetlendi. Bize çok meyve ve huzur veren limon ağacı diğer insanların kalbinde de yer alıyordu. Bu ferah ev, yüksek tavanlarıyla, büyük camlarıyla ve geniş bahçesiyle, çekici mimarisi olan ev, sadece bir 'Arap evi' değildi. Şimdi onun arkasında yüzler vardı. Duvarları diğer insanların hatıralarını ve gözyaşlarını hissettiriyordu.

Dalia ailesini Beşir'e bağlayan şeyi "garip kader" olarak nitelendiriyordu. Her ne kadar evi bir kreşe ve Arap-Yahudi diyaloğu için bir merkeze çevirmek uzun bir süre için ertelenmiş olsa da, bu "kader" onun hâlâ aklındaydı. "Çocukluk anılarımızın bağlandığı bir evdi," diye yazıyordu, "bizi yüz yüze getirdi." Ama Dalia, kendisiyle Beşir arasındaki geniş uçurumun aşılarak gerçek bir uzlaşmanın olası olup olmadığını sorguluyordu. Beşir'in inancını ve Supersol marketine atılan bomba ile üç sivilin ölmesi sonucunda hapis şartlarını ("Hâlâ kalbim o zaman öldürülenler için acıyor.") ve sonra Beşir'e politikasını değiştirmesi için yalvardığını hatırlıyordu.

Dalia, Beşir'e, George Habaş'a ve FHKC'ye verdiği desteğin –hiçbir zaman kabullenmediği ama Dalia'nın varsaydığı– "Filistin'in hiçbir parçasında Musevi bir devlete katlanmamayı" temsil ettiğini, öyle bir durumda "Filistinlileri kendi kararları için yaptıkları mücadelede desteklemeye hazır Yahudileri soğutacağını," söyledi.

Senin gibi insanlar, büyük bir sorumluluk taşıyor. FHKC'nin İsrail'in yerine 'asırlarca sürecek bir devlet' kurma kararlılığı ve bu hedefe ulaşmak için terörü kullanması bu endişelerimizi doğruluyordu.

"Eğer kendi geçmişindeki terörist eylemlerinden sıyrılabilirsen, kendi insanlarına bağlılığın benim gözümde daha gerçek bir manevi güç kazanacaktır. Terörün subjektif bir bakış açısından daha göreceli bir şart olduğunu gayet iyi anlıyorum. Bazı İsrailli politik lider de geçmişte teröristti ve hiç pişman olmadılar. Bizim tarafımızdan terör diye düşündüğümüzü senin halkının, 'silahlı mücadele' olarak gördüğünü biliyorum. Filistin hedeflerini havadan bombaladığımızda ve kaçınılmaz olarak sivilleri de vurduğumuzda bunu kendimizi savunma hakkı olarak düşünürken siz bunu gelişmiş teknoloji ile havadan yapılan kitlesel terör olarak algılıyorsunuz. Her iki tarafın da kendi durumunu doğrulamak için yaratıcılığı mevcuttur. Daha ne kadar bu kısır döngüyü devam ettireceğiz?...

Sonra Dalia Beşir'i sınırdışı eden kendi hükümetinin eylemine döndü, bu eylemin "İnsan haklarını ihlal" olduğunu ve "Filistinliler arasında daha büyük acı ve aşırılık yaratacağını" ve sınırdışı edilenlerin "dışarıdan İsrail'e karşı eylem planlamaya daha özgür kalacaklarını" söyledi. Ama Dalia Beşir'in sınırdışı edilmesinin gerisinde politikadan daha önemli bir şeyin olduğunu anlıyordu:

SINIRDIŞI

Sen, Beşir, çocukken Ramla'dan sürgünü zaten yaşamışsın. Ve şimdi kırk yıl sonra başka birini Ramallah'ta yaşamak üzeresin. Böylece iki kere mülteci oluyorsun. Karından ve iki çocuğun, Ahmed ve Hanine'den, yaşlı annenden ve ailenden geri kalanlardan ayrılabilirsin. Çocukların onları babalarından ayıranlardan nefret etmekten nasıl kaçabilir? Acı nesiller boyu gittikçe artacak ve sertleşecek mi?

Bence, Beşir, şimdi senin bir liderliği üstlenmek için bir fırsatın var. Seni sınırdışı ederek aslında, İsrail senin gücünü arttırıyor. Sana hakların için şiddet içermeyen bir liderlik göstermeni rica ediyorum...

Hem Filistinlilerin hem de İsraillilerin güç kullanmanın bu anlaşmazlığı çözemeyeceğini anlamalarını rica ediyorum. Bu öyle bir savaş ki, bunu kimse kazanamaz veya her iki toplum da özgür olur ya da hiçbiri.

Çocukluk anılarımız trajik bir biçimde kesişti. Eğer bu trajediyi ortak bir lütufa dönüştürme yolunu bulamazsak, geçmişe takılmamız geleceğimizi yok edecek. Sonra başka bir neslin mutlu çocukluğunu çalacağız ve kutsal olmayan bir neden için bunu kabusa çevireceğiz. Senin ve Tanrı'nın yardımıyla çocuklarımızın bu kutsal toprakların güzelliği ve cömertliği içinde rahat olmaları için dua ediyorum.

Allah'a emanet ol. Tanrı seninle birlikte olsun.

Dalia

Beşir haftalarca Dalia'nın açık mektubunu okuyamamıştı. Yayınlandığı gün o ve diğer üç sürgün Lübnan bölgesinin içinde Beka'a Vadisi'ndeki FHKC eğitim kampındaydı.

Bir sonraki gün, Lübnan'daki FHKC lideri Salih Salih tarafından yönetilen bir ambulansın içinde "güvenlik bölgesi" sınırına yakın Ksara'nın bir köyüne gitmişlerdi. Bu bölgenin çoğu, İsrail'in masraflarını karşıladığı ve örgütlediği alanı, Güney Lübnan Ordusu'nun yardımıyla kendi kontrolleri altındaydı ama bölge barıştan çok uzaktı. İsrail işgali altında tedirgin olan düşman köyleri Allah'ın Ordusu'nu Hizbullah'ı hayata geçirmişti. Hedefleri İsrail'i Güney Lübnan'dan kovmaktı. Sovyet yapımı Katyuşa roketlerini Kuzey İsrail'e fırlatmaya başlamışlardı.

1982 yılında Beyrut'u istila eden ve saldıran İsrail altı yıldır Lübnan'ı işgal altında tutuyordu. 1970'deki Kara Eylül'den sonra Arafat'ın FKÖ'sü, Habash'ın FHKC'si ve diğer isyancı gruplar Ürdün'den ayrılmış ve örgütlerini Lübnan'da kurmuştu. Devlet içinde gerçek olmayan devletleriyle İsrail'e, aynen Hüseyin'in krallığındaki gibi, saldırılar düzenlediler. İsrail, Filistinli militanların varlığından ve Lübnan'daki Müslüman toplumun hızlı artışından korkan Lübnanlı Hıristiyan milislere on milyonlarca dolar akıttı. Milisler İsrail adına Filistinli gruplara karşı savaştılar ama pek başarılı olamadılar ve 1982'de General Ariel Şaron ve İsrail kuvvetleri Beyrut'u kuşattı. Binlerce bomba Lübnan'ın başkentine yağdı; Şaron Güney Beyrut'un "yerle bir edilmesi" gerektiğini bildirmişti. Şaron'un amacı Arafat ve Filistinli kuvvetleri Lübnan'dan ve İsrail'den daha uzağa sürmekti. FKÖ kuvvetleri beklenenden daha sert direniş gösterdi ama Temmuz sonlarında, Arafat ve FKÖ yönetimi kaçınılmazı düşünmeye başladı: Lübnan'ı boşaltıp sürgünde daha güvenli bir sığınak bulmak.

21 Ağustos 1982'de ilk dört yüz Filistinli gerilla, Yunan ve Türkler tarafından kontrol edilen bölgelere ayrılmış olan, Lübnan açıklarındaki adaya, Kıbrıs'a gitmek üzere Lübnan'dan ayrıldı. Bundan sonraki iki hafta boyunca, on dört bin gerilla daha onları takip etti. Arafat'ın kendisi, 30 Ağustos'ta, ABD'nin altıncı filosu tarafından korunan Yunan bandıralı bir ticari gemi ile Lübnan'dan ayrıldı. 1 Eylül'de FKÖ üçüncü kez sürgünde, değişik bir ülkede kuruluyordu: Arafat ve askerlerinin

kendileri için yeni bir seçenek olduğunu düşünen, Akdeniz'e kıyısı olan Kuzey Afrikalı ülke, Tunus'ta. Lübnan'da geride yarım milyon Filistinliyi sefil mülteci kamplarında bırakmışlardı. Onlar Lübnan'a 1948'de, "on beş gün içinde" evlerine dönecekleri sözüyle gelmişti. Otuz dört yıl sonra bile hâlâ çocuklarına çoktan yok edilmiş köylerinin sokak isimlerini öğretiyorlardı. Hiçbirine Lübnan vatandaşlığı verilmemişti, zaten kendilerini misafir edenlere bunu istemediklerini bildirmişlerdi. Tek arzuları, BM'nin onayladığı eve dönüş haklarını kullanmaktı.

FKÖ kuvvetlerinin ayrılmasından iki hafta sonra, Beyrut'taki Sabra ve Şatilla mülteci kamplarındaki yüzlerce sivil Filistinli katledildi. Katliam, İsrail'in dost bir devlet başkanı olacağını umut ettikleri Lübnanlı Hıristiyan Başkan Beşir Gemayel'in ölümünden bir gün sonra başladı.

İnfazcılar, Gemayel'in ölümünden sonra Ariel Şaron ve diğer İsrailli askeri yetkililerin cesaretlendirmesi ile kamplara gelen Falanjist Hıristiyan milislerdi. Görevleri, görünüşte, FKÖ'nün ayrılmasından sonra hâlâ kamplarda gizlendiği varsayılan iki bin militanın kökünü kurutmaktı. İsrailli generaller ve piyadeler kampların dışında beklerken ve İsrail kuvvetleri milislerin aramalarını kolaylaştırmak için aydınlatma fişeklerini atarlarken Falanjistler kırk sekiz saat süren öldürme işlemine başladılar. Bu iki kampta yaşayan her canlı –erkekler, kadınlar, bebekler hatta eşekler ve köpekler bile– Falanjistler tarafından katledildi. Bu hikaye *Washington Post*'ta Loren Jenkins tarafından şöyle anlatılıyordu:

Cumartesi günü yabancı gözlemciler geldiklerinde, Şatilla kampındaki sahne tam bir kabus gibiydi. Kadınlar sevdiklerinin cesetlerinin başında feryat ediyordu, cesetler sıcak güneş altında şişmişti ve sokaklar binlerce kullanılmış şarjörle doluydu. Evle-

re, yaşayanlar daha içindeyken dinamit atılmış ve buldozerlerle üzerlerinden geçilmişti. Kurşun delikleri ile dolu duvarların önünde gruplar halinde cesetler yatıyordu, görünüşe göre orada infaz edilmişlerdi. Diğerleri geçitlere ve sokaklara dağılmıştı, büyük bir olasılıkla kaçmaya çalışırlarken vurulmuşlardı. Issız binalar arasındaki her küçük, pis geçitte, Filistinlilerin, 1948 yılında İsrail'in kuruluşunun ardından ülkelerinden kaçtıklarından beri yaşadıkları bu yerler, hepsi ayrı dehşet hikayelerini anlatıyordu.

İsrail kuvvetleri, Lübnan kuvvetlerinin büyük mezarlıklar kazması için buldozer temin etti. İsrail'in son tahminlerine göre, en azından 700 Filistinli katledilmişti; bağımsız uluslararası bir komisyon ölü sayısını 2.750 olarak belirlemişti.

Sabra ve Şatilla katliamı dünyayı şok etmiş ve İsrail'de zulüme karşı insanları harekete geçirmiş, Dalia ve Yehezkel'in de içlerinde olduğu neredeyse dört yüz bin gösterici Tel Aviv sokaklarını doldurmuş ve resmi bir soruşturma istemişlerdi. Dalia, "Diğer insanların başına böyle bir olay geldiğinde bir insan kenarda beklemez. Bu Yahudilere uymayan bir davranıştır" diye uyarıyordu.

Beş ay sonra, İsrail Kahan Komisyonu, İsrail ve Şaron'un katliamdan dolaylı sorumluluk taşıdıklarını bildirdi. Komisyon savunma bakanını, "Falanjistlerin mülteci kamplarındakilere karşı intikam dolu hareketlerini göz ardı etmekle" suçladı ve İsrail hükümeti tarafından bulunduğu mevkiden hemen alınmasını tavsiye etti. Çok geçmeden Şaron, İsrail'in politik olarak dokunulmamış bölgelerine geçici geziler yapmaya başladı.

Beşir, Cebril Recep, diğer iki sürgün Lübnan'a kağıtları olmadan ulaşmışlardı. 14 Ocak 1988'di. Lübnan'daki mülteci kamplarında bulunan diğer Filistinliler gibi vatansızdılar, Lübnan yetkilileri tarafından istenmiyorlardı ve eve dönmeye kararlıydılar. Mültecilerin aksine onların sınırdışı edilmeleri uluslararası dikkati üzerlerine çekmişti, bunu Filistin davası ve özellikle ayaklanma için her yönüyle kullanmaya niyetliydiler.

Cebril'in bir fikri vardı: Dört eylemci Lübnan'ın mümkün olan en güney ucunda çadırlarını kuracak bir yer bulsa ne olurdu? FHKC rehberleri, Salih Salih dört adama bunun çok zor olacağını söyledi. Eylemler çok sınırlandırılmıştı ve Beka'a Vadisi'nin tam kontrolünü elinde tutan Suriye tarafından tutuklanma riski vardı. Adamlar mümkün olduğunca gizlice hareket etmeliydiler.

Beşir, Cebril ve diğer sürgünler Salih Salih tarafından kullanılan bir ambulansın arkasına saklandı. Ambulans Beka'a Vadisi'nin arka sokaklarında kıvrılarak uluslararası Kızılhaç'ın bir ofisinin bulunduğu Ksara köyüne doğru ilerledi. Adamlar Kızılhaç'ın kendilerini görmekten memnun olmayacaklarından emindiler ama onları kovacak da değillerdi.

Kızılhaç binasının önündeki alanda ambulanstan indiler. Biri onlara çadır verdi. Hemen yanına bir Filistin bayrağı diktiler. Birkaç saat içinde yerel destekçiler birçok çadırla geldiler ve çok geçmeden dört meşhur sürgün, gittikçe genişleyen eylemci gruplarının, ileri gelenlerin ve uluslararası basının ilgi odağı oldu. "En az yüz kişinin olmadığı hiçbir akşam hatırlamıyorum," diyordu Beşir.

FKÖ ve FHKC liderleri onları görmeye geldi. Cezayir Dışişleri Bakanı onları ziyaret etti. Lübnanlı ve Suriyeli yetkililer onların durumlarını tartıştı ve Güney Yemen büyükelçisi Lübnan Başbakanı ile konuşacağına ve hareketlerini kolaylaştırmak için dört adama pasaport alacağına söz verdi.

İşgal, İsrail'de bile sayıları gittikçe artan birçok Filistin davası destekçisini şiddetle tahrik eden bir sorundu. Bu destekleyicilere göre çözüm, İsrail'in 1967 yılı öncesi sınırlarına, Yeşil

Hat'tın ardına kadar çekilmesi ve hattın diğer tarafında bir Filistin devletinin kurulmasıydı. Bazı Filistinliler, 242 sayılı BM önergesinde şekillendirilmiş uzlaşmanın bu anlaşmazlığa son vermenin en iyi yolu olduğuna inanıyordu. Ama Beşir ve yüz binlerce mülteciye göre "2-4-2" yeterli değildi. Onlar hâlâ, şu an İsrail topraklarında bulunan evlerine dönme hakkını içeren 194 sayılı önergeye (ilk BM önergesi) inanıyordu.

Kızılhaç alanındaki çadırların arasında dururken "Tek çözüm geri dönmek," dedi Beşir muhabirlere. "Biz vatanımıza geri dönmek istiyoruz." Muhabirler bu geri dönüşün –İsrail'in gücü, onlarca yıl Arapların aldığı yenilgiler ve hatta güney Lübnan'dan sınırdışı edilenlerin kendilerini ifade etmelerine izin veren Arap hükümetlerinde artan huzursuzluk düşünüldüğünde– nasıl olabileceğini bilmek istiyordu.

"Burada olmamıza karşı bir Arap kararı varken," diye cevapladı Beşir, "Araplardan bize uçak vermelerini istedik, böylece evimize Filistin'e dönebiliriz. Ve bu bir intihar eylemi olur." Beşir bu isteklerinin yerine getirilmeyeceğini çok iyi biliyordu; aynı zamanda muhabirlerin bu düşüncelerini yazacaklarını ve tüm dünyanın bunları duyacağını da biliyordu.

Salih Salih hayranlıkla Beşir'i izliyordu. İşte tam bir erkek diye düşündü Salih: Her zaman daha geniş politik sorunlara odaklanmış görünerek basının dikkatini üzerine nasıl çekeceğini bilen biri. "O bunu bir İsrail politikası olarak analiz ediyordu, kişisel bir şey değildi," dedi Salih. "Kendisini bunun dışında tutuyordu. Kendi kişisel acılarından bahsetmiyordu." Beşir'in stili sakin ama etkileyiciydi. Vurgulu, alçak sesle ve nadiren gülümseyerek konuşuyordu. Her zaman olduğu gibi sol eli cebindeydi ve sağ elinin avuç içi yere dönük bir şekilde havayı jilet gibi kesiyordu. Filistinli gruplarla yaptığı toplantılarda hırslı ve bazen kavgacı olarak biliniyordu ama halka açık yerlerde ölçülü konuşur ve azami etki yaratmayı hedeflerdi.

SINIRDIŞI

Beşir o zamanlarda Lübnan'da seçilmiş milliyetçi liderler ile İsrail güvenlik bölgesinde tam bir kontrol uygulamaya devam eden Suriyeliler arasında aşırı bir gerilimin varlığından haberdardı. "Her sözü ölçülüydü," diye anlatıyordu Salih. "Çok nazikti. Recep gibi değildi."

Cebril Recep, 1965'te Arafat ve Ebu Cihad tarafından kurulmuş gerilla grubu ve sonra FKÖ'nün ana organına dahil olan Fetih'in gençlik hareketinin ateşli lideriydi. Genç eylemci, Suriye-Lübnan politikasının hassasiyeti karşısında Beşir'den daha az sabırlıydı. 1988 yılının başlarında bir gün, Kızılhaç bürolarının dışında ufak bir çadırda geçirdikleri birkaç haftadan sonra, Cebril Suriyelilerin kamptaki Filistinli mültecilere karşı davranışlarını öfkeli bir konuşmayla ifşa etti.

Salih bu konuşmanın yoldaşlarının Lübnan'daki zamanlarını bitirdiğini fark etmişti. Dört sürgünü gizlice önce Güney Lübnan'dan Beyrut'a ve oradan da bir uçakla Kıbrıs'a kaçırdı. Bu zahmetleri sonunda Salih Suriye istihbaratı tarafından yakalandı ve on sekiz ay boyunca Suriye Başkanı Hafız Esad'ın adaletiyle tanışacağı hücre hapsine alındı. "Salih benim konuşmamın bedelini ödedi," diye kabulleniyordu Cebril Recep on yedi yıl sonra.

Şubat'ta, Batı Şeria'dan Lübnan'a sınırdışı edilmelerinden birkaç hafta ve Kıbrıs Rum tarafına kaçışlarından birkaç gün sonra, Beşir Atina uçağına bindi. FKÖ, davalarına dikkat çekmek için yeni bir yol bulmuştu: El-Avda (Geri Dönüş Gemisi), Rum tarafındaki Limasol limanından kalkacak ve Hayfa'ya doğru yol alacaktı. Bazıları için bu yolculuk Filistinlilerin Batı Şeria ve Gazze'de eyalet olma arzularını temsil ediyordu; Beşir ve diğerleri için ise sembolik olarak Filistinlilerin geri dönme haklarını ilan ediyordu. Bazı yolcular gemiyi, 1947 yılında Hayfa'ya doğru yol alırken İngiliz engeliyle karşılaşan, Soykırımdan kurtulanları taşıyan *Exodus* gemisi ile karşılaştırıyorlardı. Gemide Beşir ile birlikte, diğer 130 sürgün ile Filistinlilerin irtibata geçtikleri Amerikalı Yahudiler ve İsrailli destekleyicileri bulunacaklardı. İsraillilerden biri orijinal *Exodus* ile yolculuk yapmıştı.

Yunanistan'da birkaç yüz Filistinli mülteci ve sürgünün destekçilerine gazeteciler de katılmıştı. Beşir orada kendisine bir ay önce *Kudüs Postası*'nda yayınlanan Dalia'nın "bir sürgüne bir mektup" yazısı hakkındaki düşüncelerini soran bir muhabirle karşılaştı. Muhabirlerden biri Beşir'e bir kopyasını verdi. Bu Beşir'in mektubu ilk görüşüydü. Gelecek haftalarda bu mektubu defalarca okuyacaktı.

Beşir, Cebril ve diğer iki sürgün bu yolculukta sanki takdir ve sevgi yağmuruna tutulan ünlü bir dörtlü gibiydiler ve birer rock yıldızı gibi hatırlanacaklardı. Bazı İsrailliler bu gösterişten rahatsızlık duymuştu. Bir yetkili, muhabirlere sınırdışı edilenlerin "suç işledikleri yere geri dönmeye çalışan suçlular" olduklarını söylemişti.

Sınırdışı edilenlerin, destekleyicilerinin ve eylemcilerin planı Kıbrıs'a gemiye binmek için hareket etmeden önce bir geceyi Atina'da geçirmekti. Ama çok geçmeden İsraillilerin Rum gemi sahibine FKÖ ile anlaşmasını iptal etmesi için baskı yaptıkları haberi yayıldı. Seyahat gecikmişti. İsrail geminin hareket etmemesi konusunda çok kararlıydı.

Atina'daki endişeli delegeler FKÖ'nün bir başka denizyolu şirketine gittiklerini duydu ve bir üçüncüsüne ve bir dördüncüsüne ama her defasında aynı şey oldu: İsrailli tüccarlar her gemi sahibine anlaşmayı iptal etmesi için baskı yaptı. Atina'da delegeler bu inanılmaz bekleme oyununda, gitmek üzere bavullarını hazırlıyor ve sonra yine boşaltıyorlardı. FKÖ tarafından beş yıldızlı bir otele yerleştirilen küçük Amerikan delegasyonundan Hilda Silverman bu dönemi "hayatımın en garip deneyimiydi. Sanki bir başka gezegendeydik. Burada inanılmaz lüks içinde yaşıyorduk—hayatımda ilk defa beş yıldızlı bir otelde kalıyordum. Bu politik projede ileri doğru harekete geçmeye çabalarken, gün içinde Partheon'a yürüyüş yapıyorduk," diye anlatıyordu.

Sonunda FKÖ *Sol Phryne* adında bir gemi satın almaya karar verdi ve adını *El-Avda* olarak değiştirdi. 17 Şubat'ta, yolculuğa çıkılacak gece, Beşir ve diğerleri otelden çıkışlarını yaptılar ve Kıbrıs Rum tarafına gitmek üzere Atina havaalanına doğru yola çıktılar. Haberi aldıklarında otelden daha yeni çıkmışlardı: Gemideki bir patlama sonucu alt güvertede bir delik açılmıştı. Çok daha sonra dalgıçların teknenin gövdesine patlayıcılar yerleştirdiklerini öğrenmişlerdi. *El-Avda* yola çıkmasına saatlere kala batırılmıştı. "Kimliği bilinmeyen kişiler" sorumluydular. Tüm şüpheler İsrail istihbarat birimi, Mossad üzerine yoğunlaşmıştı.

Beşir, Tunus'a sürgüne gitmek üzere Kıbrıs'tan ayrıldı. 1988 yılında ilkbaharın sonlarına doğruydu. Tunus'un başkentinde ufak bir daire buldu ve günlerini okumakla, yazmakla, siyasi toplantılara katılmakla ve direniş için yeni bir hamle düşünmekle geçirdi. Şu ana kadar İsrail, ayaklanmayı örgütlediğinden şüphelenip sınırdışı ettiklerinin, Beşir ve diğer birçok kişinin, işgal bölgelerindeki bu ayaklanma ile bir ilişkileri olmadığını anlamıştı.

Hatta İsrail vurucu timinin 16 Nisan'da gece yarısında Tunus'taki dairesine dalıp Ebu Cihad'a suikast yapmaları bile ayaklanmanın ilerleyişini yavaşlatmamıştı. Filistinliler tarafından çok sevilen birinin yok edilmesi İsrail Savunma Gücü Başkan Yardımcısı Ehud Barak tarafından yönetilmişti. Fetih'in kurucu ortağını bir terörist ve ayaklanmayı uzaktan kumanda eden bir kukla oynatıcısı olarak görüyorlardı. Bu ölümün, işgal bölgelerindeki "isyanlara" bir son vereceğini düşünüyorlardı.

Ama Ebu Cihad'ın katledilmesi tam ters etki yapmıştı. Ayaklanma daha da güçlendi.

8 Mayıs 1988'de Nuha ve Gıya Kudüs'te Dalia'yı hastanede ziyarete gittiler. Dalia'nın hassas bir hamilelik geçirdiğini ve son yedi aydır hastane yatağına bağlı kaldığını Tunuslu bir gazeteciden öğrenen Beşir onlara haber vermişti. Gıya, Yehezkel'i aramış, Eski Şehir'de buluşmuşlar ve hastaneye gitmişlerdi.

Odaya girerlerken, Dalia'nın dikkati, pileli eteği, uzun kollu bluzu ve topuklu ayakkabılarıyla, kırmızımsı kahverengi saçları güzel bir şekilde yapılmış, şık ve asil görünümlü Nuha'nın üzerindeydi. Nuha'nın büyük kahverengi gözleri doğrudan Dalia'nın gözlerinin içine bakıyordu ve hepsi yatağın başında toplandıklarında Dalia'ya en yakın o duruyordu. *Kudüs Postası*'nda çıkan mektubundan beri, dört aydır Dalia gazeteci ve televizyon yapımcılarının ziyaret akınına uğruyordu. "Bazen çok fazla geliyordu," diye anlatıyordu Dalia, ama Nuha ve Gıya geldiğinde "bir yakınlık hissettim," diyordu

"Ziyaretine gelmeyi uzun zamandır istiyorduk," dedi Gıya. Dalia'nın ve bebeğin sağlığını sordular ve Dalia onlara iki gün içinde sezaryenle doğurmayı planladıklarını söyledi.

Dalia Nuha'ya Beşir hakkında yeni haberleri sordu. Nuha Beşir'in şu an Amman'da olduğunu söyledi ama ağlamak istemediği için başka bir şey söylemek zor geldi. Gıya, Dalia'ya Beşir'in onun açık mektubuna bir cevap yazdığını ve kurye olarak hizmet verecek bir gazetecinin ona Kudüs'te bu mektubu teslim edeceğini söyledi.

"Ahmed nasıl?" diye sordu Dalia, Beşir ve Şehrazat'ın şimdi üç yaşında olan oğullarını kastederek. Kızları Hanine daha bebekti.

"Babasını soruyor," dedi Nuha.

"Ona ne anlatıyorsunuz?"

SINIRDIŞI

"Yahudilerin onu sınırdışı ettiklerini."

Dalia çocuğun aklından geçirdiklerini hayal ediyordu: *Genç Ahmed büyük bir düşmanla yaşıyor, Yahudiler. Babasını ondan ayırmaya yetecek gücü olan bir bela.* Kırk altı yaşında, hayatında gördüğü en güzel kadınlardan biri olan Nuha'ya baktı ve gözlerinin ardında "tarihlerine ve acı çeken insanlarına yapılanları affetmeyen bir bağlılık," gördü.

Gıya çekinmeden konuştu: "1967'de babamın evine gittim. Babamın evi inşa ettiği zamanı hatırladım. Söyle bana," dedi Yehezkel'e bakarak, "Neden, neden insanlarınız bizim vatanımıza geldi?"

Yehezkel bir şeyler söylemeye çalıştı ama Gıya devam etti: "Neden bedelini ben ödemek zorundayım?"

"Bütün bu yıllar boyunca biz de kendimizi sürgünde hissettik," diye cevapladı Yehezkel. "Sen de kendini sürgünde hissetmiyor musun?"

"Evet, hissediyorum," dedi Gıya. "El-Ramla'da bir sokak lambasının altında uyumayı Ramallah'ta bir sarayda uyumaya tercih ederim."

"Çocukların Ramla'da doğmadı. Onlar da aynı şeyi hissetmiyorlar mı?"

"Evet, onlar da aynı şekilde hissediyor."

"Peki ya onların çocukları, onlar da aynı şekilde hissetmeyecek mi?"

"Evet, tabii onlar da hissedecek."

"Biz de öyle hissediyoruz," dedi Yehezkel. "Atalarımız ve atalarımızın babaları."

Dalia hasta yatağında dümdüz yatarken tartışmayı gözleriyle takip ediyordu. Gıya'nın, halkının, atalarının evine dönme özlemini anlamaması onu derinden sarsmıştı.

"Ama onlar burada doğmamıştı," diye itiraz etti Gıya. "Örneğin, Yahudi arkadaşım Avraham, o ve babası ve onun babası burada doğmuştu. Aileleri Yafa'dandı. O tam bir Filistinlidir."

Yani bu benim olmadığım anlamına geliyor, diye düşündü Dalia.

"Bu değişik bir anlayış," diyerek karşı çıktı dindar bir alim olan Yehezkel. "Bunun için ne yapacaksın? Neden İsraillilerin sizden korktuklarını düşünüyorsun? Biz tam teçhizatlı Suriye ordusundan bile sizden korktuğumuz kadar korkmuyoruz. Bunun sebebinin ne olduğunu sanıyorsun?"

Gıya şaşkınlık içinde Yehezkel'e baktı. Yehezkel devam ederken Nuha ve Dalia sessiz kaldı. "Çünkü sadece sizin bize karşı yasal bir şikayetiniz var. Ve reddedenler bile içlerinin derinliklerinde bunu biliyor. Sizinle temasa geçerken bu bizi rahatsız ve huzursuz ediyor. Çünkü bizim evlerimiz sizin evlerinizdi, siz gerçek bir tehdit oldunuz."

"Neden aynı devlette hep birlikte barış içinde yaşayamıyoruz?" diye sordu Gıya. "Neden iki devlete ihtiyacımız var?"

"Sonra babanın evine gidebileceğini mi düşünüyorsun?" diye sordu Yehezkel.

Dalia yatağında doğruldu. "Peki, zaten sizin evde yaşayan insanlara ne olacak?" diye sordu.

Onlar için, "yeni evler inşa edecekler," diye cevapladı Gıya.

"Yani," dedi Dalia, "siz eski evlerinize dönebilmeniz için onlar tahliye edilecek? Umarım İsraillilerin neden sizden korktuklarını anlayabiliyorsundur. İsrail bu rüyaların gerçekleşmesini önlemek için elinden geleni yapacaktır. Hatta bir barış planı çerçevesinde bile eski evlerinize dönemeyeceksiniz."

"Biz ne istiyoruz? Sadece haklarımızı ve barış içinde yaşamayı."

"Sizin için adalet 1948'de kaybettiklerinizi geri almak. Ama bu adalet başka insanların zararına olacak."

Gıya Dalia'ya baktı. "Beşir bana 1967 veya 1968'de 'Sürgün yanlıştı. Ama bir yanlışı başka bir yanlış düzeltmez' dediğini anlatmıştı."

"Gerçekten o kadar yıl önce mi söylemişim?"

"Neden kendinize ait bir devlet istiyorsunuz? Ve madem bir tane devlete ihtiyacınız vardı, neden yıllar önce Uganda veya başka bir yere gitmediniz? ABD'de ne kadar Arap var? ABD'den kendilerine ait bir devlet istiyorlar mı?"

"Sana Siyon'a duyduğumuz sevginin bizim için ne demek olduğunu anlatmayacağım," dedi Dalia. "Sadece şunu söyleyeceğim, bizi bu topraklarda yabancı olarak gördüğünüz için, sizden korkuyoruz. Benim korkmadığımı sakın düşünme. Korkmak için iyi bir nedenim var: Tüm Filistin halkı Musevi yerleşimini bu topraklarda kabul etmedi. Birçoğunuz bizi aranızdaki kanserli bir varlık olarak düşünüyorsunuz. Korkularıma rağmen sizin haklarınız için mücadele ettim. Ama haklarınız bizim yaşam ihtiyaçlarımızla dengede olmalı. Bu yüzden ikna olmuyorsunuz. Size göre, her türlü uygun çözüm adaletten yoksun olacak. Bir barış planında, *herkes hak ettiğinden daha azına razı olmak durumundadır.*"

Bir an kimse konuşmadı. Geç oluyordu, Nuha ve Gıya Ramallah'a geri dönmek zorundaydı.

Gıya hastane yatağının üzerinden baktı ve Yehezkel'e "Umarım oğlun olur!" dedi.

Nuha Dalia'ya baktı ve "Sadece oğlan hayal ederler. Hepsi," dedi.

Gıya, azimle devam etti, "Ve umarım senin gibi düşünür, Yehezkel."

"Ben Yahudi'yim ve Siyonistim ve eğer benim gibi düşünürse, Yahudi ve Siyonist olur!"

LİMON AĞACI

Şimdi herkes gülüyordu ve Gıya, "Ona okuması için İslam kitapları veririm ve asla oğlunun ne düşüneceğini bilemezsin!" diyerek onları daha çok güldürdü.

Gitmek için hazırlandılar. Yehezkel, Gıya ve Nuha'yı Eski Şehir'deki Nablus kapısına götürecekti, oradan onlar Ramallah'a bir taksi ile gidecekti.

Nuha Dalia'ya doğru eğildi ve elini tuttu. "Umarım sağlıklı bir çocuğun olur," dedi. "İnşallah."

İki gün sonra, 10 Mayıs 1988'de, Rafael Yakov Avıkay Landou, Kudüs'teki Misgav Ladah (Fakirlerin Koruyucusu) hastanesinin C-bölümünde doğdu. "Tüm hastane personeli için büyük bir mucizeydi," diye anlatıyordu, Rafael'in annesi Dalia on yedi yıl sonra. Tüm doktor ve hemşireler, Dalia ve Yehezkel ile oğullarının doğumunun kutlamasını paylaşmak istiyordu. Rafael "Tanrı'nın iyileştiricisi" anlamına geliyordu. Dalia aylarını hastane yatağında geçirmişti. Damarına damlatılan seruma ve devamlı durumunu izleyen, bipleyen makineye bağlanmıştı. Şimdi ise kollarında sağlıklı bir bebek tutuyordu.

Hastane odasının dışında –Ramallah'ın ve Cenin'in kuzeyinde, Beytülehem ve Hebron'un güneyinde, Erika'nın doğusunda, Gazze'nin batısında– ayaklanmanın sona ereceğine dair hiçbir işaret yoktu. Dalia, Filistinlilerin kendi kararlarını verme haklarını şereflendirirken İsrail'in komşularıyla barış içinde yaşama hakkını kabul edecek, BM önergesi gibi bir uzlaşmanın ihtiyacı karşılayacağını umuyordu. Bunun Beşir'e özlediği veya istediği her şeyi vermeyeceğini biliyordu. *Ama, bunca zamandan sonra hepimizin uzlaşma istemesi gerekmez mi?* diye düşündü.

1988 sonlarında, Beşir'in sürgün hayatı Tunus'ta devam ederken, Filistin hareketindeki genişleyen politik uçurum daha belirgin olmuştu. Görünüşe göre Arafat heybetli bir politik uzlaşma düşünüyordu. Her ne kadar FKÖ başkanı İsrail ile pazarlığını ve iki devlet çözümünü desteklediğini kamuya açıklamamış olsa da, Beşir gibi geri dönme hakkına takılı olanları endişelendirmeye yetecek işaretler vardı.

Arafat intifadanın Filistin devleti için kapı açtığına ve bu kapıdan geçmenin bir bedeli olduğuna inanıyordu. Tunus'ta yanında eski, sert FHKC eylemcisi Bassam Ebu Şerif vardı. Daha 1979'larda Mısır İsrail ile barış imzaladığında, Bassam'ın, George Habaş'la ve Halk Cephesi'nin İsrail ile uzlaşmaz tutumuyla hayal kırıklığı artmaya başlamıştı. "Neden İsrail'i silahlı mücadele ile yeneceğimizi sanalım," diyordu. "Bu olası değilse, neden gerçekle yüzleşip, bu gerçekle baş etmeye çalışmayalım?"

1988 yılı sonlarında, hâlâ yüzünde on altı yıl önce yüzünü parçalayan bombalı mektuptan kalan derin yaraları taşıyan, eski FHKC sözcüsü, ayaklanmanın sağladığı "inanılmaz fırsatı" yakalamak için Arafat ile birlikte çalışıyordu. İki adam da çok büyük risk aldıklarını biliyorlardı. Arafat, tarihi Filistin'in özgürlüğü ve Filistinli mültecilerin geri dönmesi için uzun zamandır savaşıyordu ve İsrail'i tanımalarının diğer Filistinli gruplar arasında kopmalar yaratacağını ve bu adımının ihanet olarak algılanacağını da biliyordu. Ama soğuk savaşın yavaşladığını gören Bassam eski patronu ve FHKC lideri Habaş'ı arayıp buldu.

1988 Haziran'ında ABD ve Sovyetler Birliği arasındaki zirve toplantısının akşamında "Dr. George" dedi Bassam Habaş'a, "Reagan ve Gorbaçov Moskova'da toplanacaklar. Politik kargaşa olan yerleri –Orta Amerika, Ortadoğu– tartışacaklar. Filistinliler politik planlarıyla orada olmalı." Bassam, artık Filistinlilerin Ürdün Nehri ve Akdeniz arasındaki tüm topraklara dönme isteklerinin gerçekçi olmayacağını savundu. "Bak, nehirden denize kabul edilmez," dedi Bassam Habaş'a. "Dünya toplumu bunu yutamaz. Bu İsrail'in yok edilmesi anlamına gelir. Bu insanların geçemeyeceği bir çizgidir." Bir sonraki ay, 1988 yılının Temmuz ayında, Kral Hüseyin ile "FKÖ'ye hürmeten", gelecekte kurulacak bağımsız bir devlete yol açmak için, Batı Şeria ile büyükbabası Abdullah'ın kırk yıl önce krallığına kattığı topraklarla, tüm hukuki ve idari ilişkisini kesti.

7 Aralık'ta Gorbaçov'un, Sovyetlerin Doğu Avrupa'da askeri varlığını zayıflatacağını bildirmesiyle, İsrail ile uzlaşmanın gerekliliğini Bassam daha iyi anladı. Şimdi Sovyet uydusu ülkelerin kendi kaderlerini seçme hakları vardı. Bassam, uzun zamandır Sovyetler Birliği tarafından desteklenen Filistinli politik grupların da çok yakın bir zamanda kendi hallerine bırakılacağını anlamıştı. Bassam harekete geçme zamanının geldiğine ve birçok 242 sayılı BM önergesi destekleyicilerinin planladığı gibi "iki devlet çözümünün" temel alınması gerektiğine inanıyordu.

1988 yılının Aralık ayının ortasında, FKÖ başkanının ABD'ye girişinin engellenmesinin ardından BM'nin özel bir toplantısına çağrılan Arafat Cenevre'ye uçtu. 14 Aralık'ta, intifadanın başlamasından bir yıl sonra, Arafat, İsrail'in "barış içinde güvenle ve belirlenen sınırlarda tehdit ve güç olmadan yaşama hakkını" tanıma maddesi de bulunan 242 sayılı BM önergesine şartsız destek verdiğini ilk defa açıkladı. Ayrıca Arafat "her türlü terörizmi, bireysel, grup ve devlet terörizmini" de reddetti. Bu ABD'nin FKÖ örgütü ile temasa geçeceğini ilan eden ABD Dışişleri Bakanı George Shultz için yeterliydi. Ama ABD hâlâ bir Filistin devletine karşı çıkıyordu. Bununla beraber, ABD'nin tanıması, bilinen Madrid görüşmelerine ve sonucunda Oslo'ya tesir edecekti. Uzlaşmaya giden yol açılmıştı.

Beşir memnun değildi. Eğer Filistinliler 242'yi kabul ederse, o zaman İsrail'in de varlığını kabul etmeleri gerektiğini biliyordu.

Ve eğer İsrail'i ve iki devlet "çözümünü" kabul ederlerse o zaman Beşir'in İsrail devletinin topraklarındaki el-Ramla'ya dönüş hakkı ne olacaktı? Peki ya, Arap dünyasında ve onun ötesinde mülteci olan Hayfa'dan, Yafa'dan, Lydda'dan ve Batı Kudüs'ten; Galilee ve Negev çöllerinden diğer yüz binlerce insana ne olacaktı? Geri dönme rüyası tam kırk yıldır –Filistin kimliğinin yanında– Beşir'in kimliğinin çok önemli bir parçasıydı. Beşir, ona 194 sayılı BM önergesi ile sunulan haklarında ısrar ediyordu. Neredeyse tüm hayatı boyunca, İsrail'in Ortadoğu'dan, Etiyopya'dan, Arjantin'den ve Sovyetler Birliği'nden dalgalar halinde gelen Yahudilere yerleşim hakkı tanırken kendisinin eve dönme hakkını inkar etmesini izlemişti. Beşir yetişkin hayatının yarısını hapiste geçirmeye, aşağılanmaya, işkenceye, vatansızlığa ve şimdi sınırdışı edilmesine Arafat'ın düşündüğü türden bir uzlaşma için katlanmadığını hissediyordu.

Beşir'in arkadaşlarından biri bu zamanlarda Beşir ve Arafat arasındaki hararetli bir tartışmayı anlatıyordu ama Beşir bundan veya diğer Filistinli liderlerle olan anlaşmazlıklarından veya eylem stratejilerinden hiç söz etmezdi. Bu ailesi için de geçerliydi; politik çalışmaları hakkında çok az şey biliyorlardı. "Bizim için çok büyük bir sırdı," dedi Hanım. Ama Filistin hareketinin kapalı kapıları ardında Beşir, düşüncelerini açıkça söylemesiyle ünlüydü. "ABD'nin şartları altında bir uzlaşma politikasına karşı olduğunu söylemeye cesaret etti," diye anlatıyordu eski yoldaşı. "Kamuya karşı birlik gösterirdi. Ama sadece Filistinlilerin olduğu ortamda, görüşlerini savunmada çok sertti. Hiçbir şeyi ballandırmazdı."

Beşir yalnız değildi. Arafat'ın kendi örgütündekiler bile ona karşı çıkıyorlardı. 1989'un Ağustos ayında, Arafat tarafından kurulan FKÖ'nün ana grubu Fetih, İsrail'e karşı yeni bir silahlı mücadeleye onay verdi.

1989 sonbaharında, Beşir'in Lübnan'daki çadır kampından

FHKC yoldaşı Salih Salih, Suriye'deki on sekiz aylık hapis cezasından sonra Tunus'a gelmişti. Beşir hapishanenin bir adama neler yapabileceğini gayet iyi biliyordu ama yine de bir deri bir kemik kalmış arkadaşını görünce şok oldu. "Şu kadarını söyleyeyim, hapse girdiğimde yetmiş beş kiloydum ve çıktığımda ise elli dört kilo," diyordu Salih.

Beşir ve Salih Tunus'ta birbirlerine komşu oldu. Genelde beraber yemek hazırlıyorlardı; Beşir arkadaşını yiyebildiği kadar yemesi için cesaretlendiriyordu. Satranç ve tavla oynuyorlar, nargile içiyorlar ve Filistin'in geleceği ve bağımsızlık mücadelesi ile ilgili stratejilerini konuşuyorlardı.

Bazı öğleden sonraları, Beşir ve Salih, planlar yaparak güneşte bahçe sandalyelerinde otururlardı. Ara sıra Beşir Dalia'yı ve el-Ramla'daki evi Salih'e anlatırdı. "Bana yanında taşıdığı belgelerle dolu dosyayı gösterirdi," diyordu Salih. "Dosyada gazete kupürleri ve kişisel mektuplar vardı." Dalia'nın mektubu da bunların içindeydi.

Beşir *Kudüs Postası* kupürünü defalarca okumuştu. Dalia'nın, el-Ramla ve Lydda'dan zorla çıkarıldıklarını kabul etmesinden; "bu evin sadece benim evim olmadığı hissinin gittikçe büyüdüğünü" ve "bize meyve ve zevk veren limon ağacının başka insanların kalbinde de yaşadığını" bildiren açık mektubundan çok etkilenmişti. Ama Dalia'nın "geçmiş terörist eylemlerini" ima etmesi ve politikasını değiştirerek şiddet içermeyen politikaları kucaklamasını rica etmesi de Beşir'i derinden sarsmıştı. Ne kadar mizahi diye düşündü, mektubu ilk defa okuduğunda; Filistin'e barışçı bir yolculuk yapacakları geminin, *El-Avda*'nın "kimlikleri meçhul" kişiler tarafından patlatılmasının üzerinden sadece saatler geçmişti.

Beşir yıllarca Dalia'ya en iyi ne şekilde cevap yazması gerektiğini düşünmüştü. Ona söylemesi gereken önemli bir şey vardı, yirmi bir yıldır tanımasına rağmen ona asla açıklayamadığı bir şey...

Dalia Beşir'in mektubunu tam olarak ne zaman, nerede aldığını veya kimin getirdiğini bile tam olarak hatırlamıyordu. Belki Tunus'tan Kudüs'e gelen gazeteci tarafından teslim edilmişti; belki Beşir'in bir arkadaşı tarafından veya İsrailli bir barış eylemcisi tarafından.

Mektup Arapça'dan tercüme edilmişti; tek sayfaya daktilo edilmiş ve kalın bir zarfın içine konulmuştu. On yedi yıl sonra mektubun orijinal Arapça'sı ve Beşir'in kendi el yazısı hâlâ Dalia'daydı. Mektup, "Sevgili Dalia" diye başlıyordu.

Mektubunda bahsettiğin gibi olağanüstü ve beklenmedik durumlarda tanıştığımız doğrudur... Ve tanıştıktan sonra, her birimizin diğerinin hayatının bir parçası olduğu da doğrudur. Dalia sende hissettiğim ahlak, hassasiyet ve duygusallığın bende yarattığı etkiyi inkar gözardı edemem. Hatta, bana tanıştığım bu insanoğlunda yaşayan canlı bir vicdanın olduğunu ve bir gün kendini ifade edeceğini söyleyen altıncı hissim bile mevcuttu.

Mektubun vatanımdan, vatanımın topraklarından, Filistin'den sürgündeyken, karşılıklı konuşmamızdan, sohbetlerimizden sonra ve tanışıklığımızı medyada basının konuşmasından ve hatta gerçekten ne olduğunu anlayan ve ne olduğunu tekrar düşünen vicdanlı insanların konuşmalarından sonra geldi.

İlk olarak bana yazdığından ve mektubunda içeren fikirlerini cesaretle sunmandan dolayı sana duyduğum hayranlığımı, takdirlerimi ve saygımı sunmama izin ver. Çok takdir ettiğim eşin Yehezkel Landau'ya saygılarımı sunuyorum...

Dalia Beşir'in mektubunun, Beşir 1969 yılında hapse girmeden önce yapmış oldukları sohbetleri yansıttığını gördü: Bir şekilde keder ve güvensizlik uçurumuna köprü olan çok büyük kişisel sıcaklık. "Cezamı –gençliğimin ilk on beş yılını– sadece vatanına aşık olan ve davasına kendini adamış bir özgürlük savaşçısı olarak, yaşayan ölülerin mezarında" çekerken, yoldaşlarına ondan bahsettiğini söylediğini hatırlıyordu.

Dalia, Beşir'in kendi açık mektubunda eylemlerinin "ekili nefret" ile yapıldığı düşüncesine karşı çıkıyordu. Tersine o, "Siyonist liderliğin bir nesilden diğerine nefret ektiğini" yazıyordu.

> Arpa eken, Dalia, hiçbir zaman buğday biçemez. Ve nefret eken de hiçbir zaman sevgi biçemez. Liderlik kalplerimize nefret ekti, sevgi değil. Çocukluğumuzu, varlığımızı ve kendi vatanımızın toprağında yaşama hakkımızı yok ettiği gün, tüm insanlık değerlerini yok etti. Senin değişimin, Dalia ve senin yeni bakış açın araştırmalar ve soruşturmalar sonucunda elde edildi. Ve senin, sana anlatılan şekilde değil gerçekte olan şekilde görme yeteneğin.
>
> Biz orduların gücüyle zorla sürüldük. Yaya olarak sürüldük. Toprağı yatak olarak alarak sürüldük. Ve gökyüzü örtümüzdü. Ve hükümetlerin ve uluslararası örgütlerin aralarında sadaka olarak verdikleri kırıntılarla beslendik. Sürüldük ama ruhumuzu, umutlarımızı ve çocukluğumuzu Filistin'de bıraktık. Neşemizi ve kederimizi bıraktık. Her köşede ve Filistin'in her kum tanesinde bıraktık. Her limon meyvesinde ve zeytin yaprağında bıraktık. Güllerde ve çiçeklerde bıraktık. El-Ramla'daki evimizin girişindeki gururla duran çiçek açan ağaçta bıraktık. Babalarımızın ve atalarımızın mezarlarında bıraktık. Şahit olarak ve ta-

rih olarak bıraktık. Geri dönme umuduyla onları bıraktık.

Dalia, Beşir'in eylemlerinin terörist olarak tanımlanmasına karşı çıkmasını okuyordu: "İnsanların özgürlük ve bağımsızlık ve hür irade mücadelelerini diğerlerinin saldırganlığı, yayılmacılığı ve baskısı ile eşit göremezsin." Dalia'nın açık mektubunda ileri sürdüğü, şiddet içermeyen yaklaşıma çabalaması için de şöyle yazıyordu:

> Dalia, ben Gandhi'nin yolunu benimseyerek, El-Avda (Geriye Dönüş Gemisi) ile Filistin'e geri dönmeye çalıştım. Bir güdümlü mermi veya bir bomba taşımıyordum... sadece tarihimi ve vatanıma olan sevgimi taşıyordum. Peki sonra ne oldu, Dalia? Gemi denize açılamadan batırıldı. Kıbrıs'taki bir limanda demirliyken batırıldı. Geriye dönmememiz için batırıldı... Neden geri dönüş hakkımız bize verilmiyor? Neden geleceğimize karar vermemiz ve kendi devletimizi kurmamız engelleniyor? Neden vatanımdan sürüldüm? Neden çocuklarımdan, Ahmed ve Hanine'den, karımdan, yaşlı annemden, erkek kardeşlerimden ve kız kardeşlerimden, ailemden ayrıldım?

"Yeni bir şey duymanı istiyorum, Dalia," diye Beşir devam ediyordu.

> 1948'de, çocuk masumiyetiyle, Siyonistler tarafından –Stern, Haganah ve İrgun– serpiştirilmiş bubi tuzaklı oyuncaklardan biriyle oynadığımı biliyor musun, Dalia? Filistinli çocuklara Siyonist terörist örgütler tarafından verilen hediyeler...

LİMON AĞACI

Ramallah'tan geldikten kısa bir süre sonra 1948 sonlarında aile Gazze'deydi, diye açıklıyordu Beşir. Beşir, Nuha ve diğer erkek ve kız kardeşleri beton evlerinin pis bahçesinde oynuyorlardı. Güneşte parlayan bir şey görmüşlerdi. Yuvarlak fitili sarkan bir şeydi. Fanusa benziyordu. Çocuklar onu içeri getirmişti. Diğer çocuklar etrafında toplanırken Beşir yeni oyuncağı elinde tutuyordu. Toprak bir su testisi masanın tezgahında duruyordu; çocuklardan biri ona çarptı ve testi yere düştü. Çocukların hepsi dağıldı. Beşir elinde oyuncakla tek başına kalmıştı. Birden bir patlama olmuştu.

> Bubi tuzaklı oyuncak sol elimde patlayarak avucumu ezdi, kemiklerimi ve etimi parçaladı. Ve Filistin'in toprağına karışması, limon meyvelerini ve zeytin yapraklarını kucaklaması, hurma ağacına ve fitna ağacının çiçeklerine sıkıca sarılması için kanımı akıttı.

Gazze'deki patlamada altı yaşındaki Beşir dört parmağını ve sol elinin avcunu kaybetti.

> Kimin birleşmek için daha fazla hakkı var, Dalia? Filistin ile sözlü bir tarihi olmayan Rus Şaranski'nin mi? Yoksa, Filistin'e dil, kültür, tarih, aile ile bağlı ve Filistin'de bıraktığı avucunun kalıntıları ile Filistinli Beşir'in mi? Dünya bana kendimi birleştirme hakkımı, vücudumla avucumu birleştirme hakkımı borçlu değil mi? Neden avucumun kalıntıları Filistin'deyken ben kimliksiz ve vatansız yaşamalıyım?

Dalia sayfaya şaşkınlık içinde bakıyordu. Donmuştu. Yirmi bir yıldır Beşir'i tanıyıp da sol elinin olmadığını nasıl bilmezdi? Sonra yavaşça aklına geldi: Eli her zaman cebindeydi. Her zaman saklıydı—o kadar iyi saklıydı ki hiçbir zaman bilmedi, hiçbir zaman görmedi. Şimdi Dalia hatırlamıştı: Sadece bir kere sol başparmağını cebine takılı olarak görmüştü. O kadar doğal görünüyordu ki.

Çocukluğundan beri Dalia kendini başkalarının yerine koyma becerisine sahipti—Soykırımdan kurtulanların çocuklarının, okuldaki İspanyol kökeni Yahudi sınıf arkadaşlarının ve bir zamanlar Beşir gibi Ramla'da yaşamış Arapların. Her bir durumda başkasının tecrübesini kendi hayal gücüyle yaşama mücadelesi vermişti. Elini Gazze'de 1948 yılında kaybeden altı yaşındaki Beşir'i düşündü.

Dalia, Filistinli çocukları sakatlamak amacıyla Gazze'nin kumlarına bubi tuzaklı "oyuncakları" Siyonistlerin koyduğunu düşünerek Beşir'in hayatı boyunca onları suçladığını fark etti. "Siyonizmi bu kadar kötü bir şekilde yoğun algılaması karşısında çok şaşırmıştım ve bu, onun deneyimiydi," dedi. Ama o Siyon çocuğuydu, "Tanrı'nın dağı." "Siyonistleri, insanlarımı, beni, karanlığın bir ifadesi olarak tarif etmesini kabul etmem olanaksızdı. Bana göre Siyon çok eski bir özlemin ifadesiydi, bana göre insanlarım için bir limandı ve burada ortak görüşümüzü sembolize ediyordu. Ve ona göre terörün bir türüydü. Savaşılması gereken bir şey. Ver her türlü şekilde direnilmesi gereken bir şey. Çünkü ona göre, eğer Siyonizm terörün saltanatıysa, o zaman terörizm de ona uygun bir cevaptı!"

Dalia'nın sesi yükseliyordu. Tekrar konuşmaya başlamadan önce sustu ve kendini topladı: "Ve ben bir yanlışa karşı başka bir yanlışla savaşmaya dayanamayacağımı söylüyorum. Bu bizi hiçbir yere götürmez!"

Beşir mektubunun sonuna yaklaşmıştı. "Sana yük olmak istemiyorum, Dalia," diye yazıyordu.

Ne kadar hassas olduğunu biliyorum. Nasıl incindiğini biliyorum. Sana acı vermek istemiyorum. Tek isteğim senin ve benim, sevgi dolu insanların demokratik bir halk devletini barış ve özgürlük içinde kurmaları için birlikte mücadele etmek. Ve Dalia Çocuk Yuvası'nı hayata geçirmek için beraber mücadele etmek. Ve yaşlı anneme, karıma ve çocuklarıma, vatanıma geri dönmem için, avucumu, Filistin toprağının her zerresine dökülen kanımı birleştirmek için benimle mücadele etmen.

Saygılarımla, her zaman dostun,
Beşir

Dalia uzun bir süre sessizce "oldukça sarsılmış" bir halde gözlerini mektuba dikerek oturdu. Bunu yazan kişinin psikolojik gerçeğine inmeye çalıştı. Beşir Dalia'ya anavatanı ile birleşmesine yardım etmesi için rica ediyordu. Ne uğruna? diye kendine sorup duruyordu. Uzun zaman önce Beşir'in tüm tarihi Filistin halkı için İsrail ve Filistin topraklarının tek bir demokratik, laik bir devlete dönüştürülmesi fikrini duymuştu. Ama o bir tek devletin anlamının İsrail'in sonu olması demek olduğuna inanıyordu ve bu yüzden Beşir'in fikrine veya Filistinlilerin eski evlerine dönme hakkı inancına destek veremezdi. Dalia'nın evini Beşir'e geri vermeyi teklif ettiği doğruydu veya bir yolunu bulup mirası paylaşma teklifi de ama bu sadece kendi kişisel tercihiydi, bunu Filistinlilerin geri dönme haklarına onay verme anlamında almamalıydı. Beşir ve Dalia'nın farklılıklarının hiçbir zaman uzlaşmayacağı kaçınılmaz gibi görünüyordu.

1989 yılının Eylül ayında Tunus'tan gelen Beşir'in mektubunu defalarca okuduktan kısa süre sonra, Dalia Kudüs'ten artık yaşadığı yere doğru yola çıktı; Kastel tepesine doğru, Haganah'ın ülkesinin bağımsızlık savaşında büyük rolü olan yolun kontrolünü kazandığı ana savaşın yapıldığı, yumuşak virajlı ana yola çıktı; Ebu Goş'un, Arap köyünün camisinin minarelerini geçti;

Vadi Kapısı'nın, dağ duvarlarını kapadığı yamaçtan aşağı indi; geçen savaştan bombalanan ciplerin ve şimdi çelenklerle donanmış İsrail ordusu kamyonlarının yanmış iskeletlerini geçti; Latrun vadisinden, eski aşina olduğu çimento fabrikasını ve sonunda Ramla'nın dışındaki tren yolunu zıplayarak geçti. Dalia kendi şehrine geri dönmüştü.

Hairi ve Eşkenazi ailelerinin ortak tarihlerini onurlandıracak planı harekete geçirmenin zamanı gelmişti. Dalia Ramla belediyesi binasını geçti –bir zamanlar Şeyh Mustafa Hairi'ye ait eski bir Arap evi– ve Weizman caddesinde şehrin kültür merkezinin dışına park etti ve kendini Mikail Fanous adlı genç bir Arap'ın elini sıkarken buldu.

Ramla'da Fanous ailesinin tarihçesi asırlar öncesine dayanıyordu. Mikail'in babası, Salem, Hıristiyan bir bakandı, 1948'de el-Ramla'nın işgalinden sonra İsrail ordusu tarafından mahkum olarak tutulmuştu. Salem Fanous çalışma kampında cezasını çekmesini Tanrı'nın bir isteği olarak kabul etmiş ama çocuklarına ancak yıllar sonra, ancak ölümünden birkaç gün önce anlatmıştı. Mikail'e "Hıristiyanlık sevgidir. Yahudilerden nefret etmenizi istemedim. Onlar sizin komşularınızdır," demişti.

"Toprakları elinden alınmıştı," dedi Mikail. "Çok değişik bir hayata, değişik bir kültüre, değişik bir gerçeğe uyanmıştı. Dokuz ay hapiste kalmıştı. Evinde kendini yabancı hissediyordu. Ve hep İsa'dan konuşuyordu. Ve onu inciten insanlardan asla nefret etmemişti. Şaşırtıcıydı."

Mikail otuz yılının çoğunu İsrail'e Hıristiyan Filistinli vatandaşı olarak kimliğini kabul ettirmeye çabalayarak geçirmişti. Bir Arap çocuğu için doğal olarak kafa karıştıran Siyonist hikayelerle büyümüştü. Sınıf arkadaşları diğer Arapların Ramla'dan korkaklar gibi kaçtıkları konusunda ısrar ettiklerinde Mikail, "Hayır, kaçmadılar, babama sorun!" diye bağırırdı.

LİMON AĞACI

1970'lerin başlarında Mikail, Batı Şeria'da ortaokula başlamıştı ve işgal altında Filistinli olarak yaşamanın ne demek olduğunu anlamıştı. Daha sonra Ramla-Lod Koleji'ne gitmek üzere eve dönmüş ve yeniden Siyonist çevreye uyum sağlamaya çabalamıştı. Hatta, Ramla'da neredeyse tüm öğrencileri Yahudi olan kolejde öğrenci temsilciliğine doğru ilerlerken Siyonist hikayeleri benimsemeye bile çabalamıştı. 850 öğrencinin sadece 6 tanesi Arap'tı. Son yılında, Musevi sınıf arkadaşları ile askeri eğitim kampına katılmaya hakkı olmadığı söylenmişti. Mikail nedeninin sırf Arap kimliğinden dolayı olduğunu anlamıştı. İnsanların İsrail'de ona neden "toplumsal sorun" olarak ima ettiklerini anlamaya başlamıştı.

1989'da Mikail Fanous Ramla Belediye Konseyi'ne seçilmişti—1948'den beri bu konseye seçilen ikinci Arap'tı. Parti programı, ırkçılık aleyhine ve İsrail'de nüfusun neredeyse yüzde 20'sini oluşturan Arap azınlığın haklarını savunmaya dayalıydı.

Dalia'nın Ramla'daki kültür merkezine gelmesinden kısa bir süre sonra, o ve Mikail derin bir sohbete dalmıştı. İlk önce toplantıdaki diğer İsrailliler konudan rahatsız olmuş görünüyordu ama sonra ne Dalia ne de Mikail onlara fazla dikkat etmedi. Dalia Mikail'e kendi öyküsünü ve 1936'da Ahmed Hairi tarafından inşa edilen, kendi hayatının ve Beşir'in hayatının merkezi olan evin öyküsünü anlattı.

Mikail'in isteği Ramla'daki Arap nüfusa bildiği en iyi şekilde hizmet etmekti; belki onun da, Dalia'nın da rüyalarını paylaşarak birlikte çalışabilecekleri akıllarına gelmişti. Her ikisi de Arap toplumu için bir şey yapmak ve Araplarla Yahudilerin buluşabileceği bir yer sağlamak istiyordu.

Dalia Mikail'e Arap ve Yahudilerin tarihine şahitlik edecek olan yatırımda Hıristiyan Arap olarak ortak olmasını teklif etti.

Bu, Ramla'nın Arap çocukları için bir yuva ve Arap-Musevi varlığı için bir merkezi kapsıyordu.

"Benim öykümü anlatan biri vardı," diye hatırlıyordu Mikail o zamanları düşünürken. "1948'in bir öyküsü, bir insan ev bulurken diğerinin evini kaybetme öyküsü. Biri olmadan diğerinin olması olanaksızdı."

Dalia'ya baktı ve "Birlikte hayal edebiliriz," dedi.

1991 Ekim'inde, ilk dört Arap yuva çocuğu Ahmed Hairi'nin elli beş yıl önce yaptığı, güvenli kapıdan geçti. Bu Beşir'in rüyasının başlangıcıydı: El-Ramla'nın Arap çocuklarına neşe vermek. Çok geçmeden bu görev genişleyecek, Dalia ve Yehezkel'in ve Mikail'in hayallerini gerçekleştirecekti: Arap ve Yahudiler'in beraber olacakları bir yer olacaktı.

Adını Açık Ev koyacaklardı.

Shlaim, Howard. *Güçlü Adamı Dışarı Çıkartın: Şiddet ve Musevi Karakteri.* New York: Funk & Wagnalls, 1969.

Slyomovics, Susan. *Hafızanın Amacı: Filistin Köyünün Arap ve Yahudi Öyküsü.* Philadelphia: Pennsylvania Üniversitesi Basımevi, 1998.

Sprinzak, Ehud. *Kardeş Kardeşe Karşı.* New York: Free Basımevi, 1999.

Stein, Kenneth. *Filistin'deki Toprak Sorunu, 1917-1939.* Chapel Hill, N.C.: Kuzey Carolina Üniversitesi Basımevi, 1984.

Steinberg, Milton. *Modern Yahudi'nin Yapılanması.* Lantham, Md.: Amerika Basın Üniversitesi, 1976.

Swedenburg, Ted. *İsyan Anıları: 1936-1939 İsyanı ve Filistin Milli Geçmişi.* Minneapolis, Minn.: Minnesota Üniversitesi Basımevi, 1995.

Swisher, Clayton E. *Camp David Gerçeği: Ortadoğu Barış Sürecinin Çöküşünde Anlatılmayan Öykü.* New York: Nation Books, 2004.

Tamir, Vicki. *Bulgaristan ve Yahudileri: Belirsiz Ortak Yaşamın Tarihi.* New York: Sepher-Hermon Basımevi, Inc., Yeshiva Üniversitesi Basımevi, 1979.

Tavener, L. Ellis. *İsrail'in Yeniden Canlanması.* Londra: Hodder & Stoughton, 1961.

Tavin, Eli ve Yonah Alexander. *Psikolojik Savaş ve Propaganda: Irgun Belgeleri.* Wilmington, Del.: Bilim Kaynakları Inc., 1982.

Teveth, Shabtai. *Temmuz Tankları.* Londra: Weidenfeld & Nicholson, 1968.

Todorov, Tzvetan. *Cömertliğin Kırılganlığı: Bulgar Yahudileri Soykırımdan Neden Kurtuldular?* Fransızca'dan çeviri Arthur Dener. Princeton, N.J.: Princeton Üniversitesi Basımevi, 1999.

Tyler, Warwick P. *Zorunlu Filistin'de Devlet Toprakları ve Kırsal Gelişim, 1920-1948.* Brighton, U.K.: Sussex Akademi Basımevi, 1988.

Vassileva, Boyka. *Bulgaristan'daki Yahudiler 1944-1952*. Bölümler Bulgarcadan Polia Alexandrova tarafından çevrildi. Sofya: Üniversite Basımevi, St. Kliment Ohridski, 1992.

Yahya, Adel H. *Filistinli Mülteciler, 1948-1998: Bir Sözlü Tarih*. Ramallah: Filistin Kültürel Değişim Merkezi, 1999.

Yablonka, Hana. *Soykırımdan Kurtulanlar: Savaştan Sonra İsrail*. New York: New York Üniversitesi Basımevi, 1999. Ş I